U0450595

从小学到文学，分享人类智慧

［英］乔纳森·伊斯雷尔（Jonathan Israel） 著

朱莹琳 译

III
The Dutch Republic
荷兰共和国

Its rise, greatness, and fall 1477—1806

崛起、兴盛与衰落
1477—1806

天地出版社 | TIANDI PRESS

目 录

第 1 章　导论　　1

第一部分

创建共和国，1477—1588 年

第 2 章　迈入近代　　9
第 3 章　1470—1520 年：人文主义与宗教改革的缘起　　47
第 4 章　1516—1559 年：领土合并　　64
第 5 章　1519—1565 年：荷兰宗教改革早期　　87
第 6 章　大起义前的社会　　125
第 7 章　1549—1566 年：哈布斯堡政权的崩溃　　154
第 8 章　1567—1572 年：阿尔瓦公爵的镇压　　184
第 9 章　大起义的开始　　201
第 10 章　大起义与新国家的诞生　　213

第二部分

黄金时代早期，1588—1647 年

第 11 章　1588—1590 年：共和国的巩固　　275
第 12 章　1590—1609 年：成为大国　　284
第 13 章　共和国的体制　　326
第 14 章　荷兰世界贸易霸主地位的肇始　　363

第 15 章	大起义之后的社会	388
第 16 章	新教化、天主教化与认信运动	429
第 17 章	身份认同的分化:《十二年停战协定》	476
第 18 章	1607—1616 年:荷兰政治体内部的危机	502
第 19 章	1616—1618 年:奥尔登巴内费尔特政权的倾覆	517
第 20 章	1618—1621 年:反抗辩派的加尔文宗革命	537
第 21 章	1621—1628 年:身陷重围的共和国	571
第 22 章	1629—1647 年:迎来胜利的共和国	605
第 23 章	1590—1648 年:艺术与建筑	654
第 24 章	1572—1650 年:智识生活	678

第三部分

黄金时代晚期,1647—1702 年

第 25 章	1647—1650 年:威廉二世执政期	713
第 26 章	社会	731
第 27 章	1647—1702 年:宗教	765
第 28 章	自由与宽容	813
第 29 章	17 世纪 50 年代:巅峰时期的共和国 I	839
第 30 章	1659—1672 年:巅峰时期的共和国 II	884
第 31 章	1672 年:灾难之年	952
第 32 章	1672—1702 年:威廉三世执政期	965
第 33 章	1645—1702 年:艺术与建筑	1031
第 34 章	1650—1700 年:智识生活	1062
第 35 章	殖民帝国	1117

第四部分

衰落的时代，1702—1806年

- 第36章 1702—1747年：摄政官治下的共和国 　1149
- 第37章 社会 　1195
- 第38章 教会 　1220
- 第39章 启蒙运动 　1244
- 第40章 1747—1751年：第二次奥伦治革命 　1280
- 第41章 蹒跚的共和国与"南部"的新活力 　1293
- 第42章 1780—1787年：爱国者党革命 　1316
- 第43章 共和国的落幕 　1333
- 第44章 尾声 　1344

注　释 　1354

参考文献 　1479

译后记 　1537

第33章

1645—1702年：艺术与建筑

城市扩张、城镇规划与艺术

与经济活动类似，荷兰艺术和建筑的新阶段开始于17世纪40年代末，此前维持了25年的朴素风格在17世纪40年代中期结束。荷兰黄金时代展开过程中诞生的新阶段呈现出了新特征：规模更大、效果更震撼、色彩更丰富多变，并且努力实现细节和景观方面的进一步纯熟。如上文所述，就像埃特泽马、彼得·德拉库尔、彼得·德赫罗特等时人所评述的，1647—1672年间，荷兰贸易（波罗的海大宗货运除外）进入到比此前25年具有更大范围、更具活力的阶段。如埃马纽埃尔·范德胡芬（Emmanuel van der Hoeven）在18世纪初的评论，作为这一时期发展的直接结果，各个城镇大多数最精致、最雄伟、最辉煌的建筑和雕刻纪念碑在17世纪五六十年代成形。这种情况不仅出现在他所在的阿姆斯特丹，也出现在海牙、莱顿、哈勒姆和多德雷赫特。[1]在城市发展和规划方面，这也是荷兰黄金时代里最大规模扩张的时期。此外，运用在城市规划、建筑和雕塑方面的技艺也运用到了绘画和装饰艺术领域。这一绘画和建筑领域的新阶段标志着荷兰艺术成就在规模、纯熟度和国际影响方面进入巅峰时期。直到1672年的艺术，以及经济和政治大崩溃前，它一直持续不衰。

毫不奇怪，17世纪二三十年代，由于经济增长放缓，以及对西战争和三十年战争的进行，城市发展和大型建筑的建造工程明显趋于延宕。农业前所未有的繁荣，对土地开垦和排水计划的研究不断加速。然而，城镇压力重重，在1621年之后的25年里都不愿考虑重大变革，不愿推倒老旧破败的建筑，为新发展提供建造场所。因此，就整体而言，尽管这一时期沿海省份人口在异乎寻常地猛增，各城镇议事会却还是将修建新宅邸、城墙、城门、教堂、港口设施和教育机构的工程束之高阁。无论是在阿姆斯特丹，还是在其他城镇，1621年之后城市房屋建造速度的放缓都意味着城市贫民区越来越拥挤。

这种延宕时日的有名案例就是阿姆斯特丹新市政厅的建设计划。1648年《明斯特和约》签订时，该城议事会决定拨付资金，以建造一座规模适当、雄伟壮丽的新市政厅，现有的市政厅早就不足以承担它不断扩张的职能了。[2] 还有许多其他例子。以莱顿为例，1647年之前很长的一段时间里，该城残破的城门就已然需要修缮，但新城门的建造要到1648年才开始。各城镇还迫切需要新的大教堂，来容纳越来越多的归正会礼拜者。在荷兰省和泽兰省17世纪中叶所建的一系列宏伟教堂中，莱顿的玛勒教堂是第一座。它的设计稿早在1639年就已经完成，但是大部分工程要留待17世纪40年代末才完成，而它耗资最多的器宇轩昂的门面，要到50年代才完工，而当时一大批大型工程也同时在该城进行。[3]

有些时候，新教堂建造的搁置造成了严重的拥挤问题。在1616年以前，弗卢辛的归正会仪式都只能在该城的主教堂举行，而后，仪式才能在第二座教堂继续进行，因此17世纪20年代该教堂得到了扩建。

要到1648年之后弗卢辛的第三座教堂才开始建造，而此前的很长一段时间里，该城教堂都无法容纳全体会众，这迫使议事会请求执政批准用他在该城的亲王府邸来为教堂无法容纳的信众举行仪式。[4] 弗卢辛的第三座归正会教堂主要于1650—1654年修建。

城市的迅速扩张和发展是新阶段的特征，这一进程始于17世纪40年代末。其背后的动力首先来源于经济和社会的发展。在莱顿、哈勒姆和代尔夫特这类城市，制造业构成了城市繁荣和发展的基础。它们的摄政官和大商人将发展计划视为刺激制造业进一步增长的手段，同时也是安置现存人口的方式。[5] 为了繁荣发展，这些城市必须从别处吸纳劳动力、技术和投资，并在吸引移民方面相互竞争。17世纪四五十年代广受讨论的莱顿新城区设计方案就得到了纺织业老板的热情赞助。彼得·德拉科尔是其中之一，他告诫市长们，纺织工人缴纳的房屋租金增长过快，如果该城不能启动大规模的城市扩张、提供更多廉价住所，那么莱顿发展的前景和生命力都将遭受致命损害。哈勒姆城里对城市重建的讨论依旧胶着，范坎彭、彼得·坡斯特和萨洛蒙·德布雷为其提供了建筑专业技术和方案。[6] 在市中心的几个大型项目完工后，议事会在1671年决定启动大规模城市扩张。推动做出这一决定的因素包括该城纺织业的活力，以及为纺织工人提供更多廉价住所的需求，并且这也为哈勒姆吸引更多工业活动而起到激励作用。这个决定极具风险，而事实也证明了它野心过大。但1671年时，没人知道这一点。阿姆斯特丹于1663年开启城市扩张计划，这是阿姆斯特丹17世纪最大规模的扩张，也是多年里该城的热点话题。英格兰公使唐宁预言这项计划野心太大，而事实证明他错了。这一时期，阿姆斯特丹不断修建新运河和扩建旧运河，漂亮的宅邸不断出现，其中许多都可称得上是共和国精美的城市宅邸典范。[7] 17世纪40年代早期和中期，大规模的扩张启动前，阿姆斯特丹豪宅的价格飞涨；17世纪50年代，它们增速平缓；到60年代末，阿姆斯特丹的富人宅邸价格轻微回落。这一状态基本上稳定地维持到1672年。[8]

重大工程也在鹿特丹和海牙启动。多德雷赫特没那么野心勃勃，但是范德胡芬明智地将该城列入了自己的规划名单，因为1647年这里也开始了城市扩张的工程：海港被扩建，以适应1647年之后增长的内河贸易；城市也新建了数座新城门。除了主要的荷兰省城镇、米德尔堡和格罗宁根城（该城兴建了一座宏伟的新教堂），乌得勒支也在17世纪五六十年代对城市扩建和翻新议论纷纷。乌得勒支城主导的商议是经济、社会、政治和文化各种动机融合的典型，这些动机指导着这一时期共和国城市的发展计划。乌得勒支摄政官急于为工匠提供廉价住房，以便利经济活动的扩展，同时也急于通过修建精美宅邸吸引富人。他们还担心荷兰省富丽堂皇的城镇会让乌得勒支相形见绌，因而渴望美化城市，以提升该省的声望和市民的自豪感。[9]

因此，城镇之间的竞争既是经济的，也是政治和艺术的。现实的考量至关重要，而美学的判断也意义重大。许多摄政官都是知名的艺术鉴赏家，如阿姆斯特丹的赫里特·雷因斯特、约安·海德科珀，以及科内利斯和安德里斯·德格雷夫两兄弟，还有多德雷赫特议长霍法尔特·范斯林厄兰特。[10] 而对这些人来说，艺术不只是私事，它还引导着城市的改善。在黄金时代的巅峰时期，民众渴望大幅改善城市是共和国环境塑造方面的典型特征，它也解释了为何建筑、雕塑、绘画和装饰艺术得以如此高程度地相互影响。而1647年之后，这种高度融合也成了荷兰艺术的另一特征。

17世纪40年代中叶到1672年这段顶峰时期的标志性事件是一系列宏伟教堂的建立。从1572年到1795年共和国灭亡，荷兰的重要教堂大多在1645—1675年间修建或装潢。它们是人口增长和认信运动发展的结果。不过就非归正会的重要教堂（包括阿姆斯特丹的两座大型犹太教堂）而言，这主要源于第一个无执政期代表性的日渐宽容。这一系列建筑活动始于莱顿的玛勒教堂。它是一座令人叹为观止的大型八角建筑，由阿伦特·范斯赫拉弗桑德设计。17世纪中叶五大荷兰古典主义建筑师之一的雅各布·范坎彭也部分参与其中。[11] 接着修建的是哈勒姆新教堂，由范坎彭设计，修建于1645—1651年。下一座，也是最美丽的一座，是米德尔堡的东教堂，它建于1647—1667年，当时正值该城归正会讲道者人数从10人增至11人的史上峰值之际。它是共和国第二大八角形教堂，由范斯赫拉弗桑德和彼得·坡斯特设计，主要参考了莱顿玛勒教堂的模型。[12] 海牙漂亮的新教堂是该城第三座重要教堂，也是几个世纪以来该城建立的第一座教堂。它于1649—1656年建造，由议事会和荷兰省高等法院联合发起，设计师是斯赫拉弗桑德的兄弟彼得·诺维茨（Pieter Noorwits）。与其他城镇不同，阿姆斯特丹在17世纪早期就建立了数座新教堂，但随着城市的持续扩张，新教堂数仍不足，于是归正会的东教堂在1669—1671年间拔地而起。

不过在阿姆斯特丹，这一时期尤为耀眼的是为该城非归正会团体建设的宏伟教堂。其中尤其引人瞩目的有：路德宗共同体在1667—1671年间兴建的壮丽的圆顶教堂——它的圆顶令人叹为观止，给建筑行家带来巨大冲击，该教堂能同时容纳5 450人；[13] 德系犹太人的主要犹太教堂——由埃利亚斯·博曼（Elias Bouman，1635—1686年）设计，建造于1669—1671年；雄伟的"葡萄牙系犹太教堂"——这是荷兰省最大规模的建筑之一，同样由博曼设计，动工于1671年，但1672—1674年法兰西入侵导致了停工，迟至1675年才建成。这两座犹太教堂不仅在共和国内，在西欧也属于首批壮观的犹太教建筑。因为在意大利城邦，包括威尼斯和罗马，获许修建的那些犹太教建筑只能对内部进行美观装潢；[14] 建造者还不得打造令人震撼的外观。

与这批雄伟教堂相伴的是其他各种规模巨大的房屋和建筑。它们都建于《明斯特和约》签订后的25年里。阿姆斯特丹将大批资金和资源砸到新市政厅上，因为它无疑是一场整个共和国进行的且最令人震撼的建筑探险活动。到1648年10月工程开启的时候，市长们已经为他们宏伟的新指挥部的设计，而与范坎彭和芬格博斯等建筑师商讨了近十年。主导阿姆斯特丹议事会的三级会议派，尤其是对最终结果发挥主要影响的科内利斯·德格雷夫希望这栋大厦成为共和国最宏伟的建筑：它不仅要表现阿姆斯特丹的伟大，而且要表达该城市民、精英和摄政官的世俗价值观和城市自豪感。[15] 然而在17世纪40年代末，此事必须对议事会中严厉的加尔文宗成员做出一些让步，因为新市政厅地址一旁的新教堂于1645年被火灾毁坏，需要大面积重建和修缮，以防它完全被规划中的市政厅的辉煌所遮蔽——毕竟，在许多讲道者和加尔文宗正统派看来，新市政厅太过浮华。范坎彭和阿图斯·奎利纳斯（Artus Quellinus）在监督市政厅修建工作的同时，也受委托整修邻近的教堂。当局原计划扩建教堂，以匹配市政厅的宏伟，但威廉二世去世后，随着三级会议派重夺上风，扩建的主体部分被摒弃。

阿姆斯特丹市政厅是那个时代最伟大的建筑和艺术工程，同时它也以庄严雄伟、新古典主义的风格，成为黄金时代顶峰阶段的深刻代表。在进行这项规模史无前例的工程（当时并不存在符合构想的典型范例）时，范坎彭成功地将各种帕拉第奥式和其他意大利式的新古典主义潮流融为一体，同时又带着鲜明无误的荷兰风格。[16] 1655年，新建筑的启用仪式在各种官方、艺术和文学的庆典中举办，其中一个项目是朗诵冯德尔受委托而创作的诗歌。不过这些还只是建筑的外壳。市政厅内部的雕像和大型公共画作大多在17世纪50年代末到60年代创作完成。

不过，作为共和国的核心地区，阿姆斯特丹是独特的，17世纪中叶只有它需要新的市政厅。17世纪40年代到1672年间，除了阿姆斯特丹，更具典型性的城市工程其实是城门、过秤房、慈善场所和装饰性门面——如斯赫拉弗桑德设计并用来装饰莱顿市中心的中世纪堡垒的门面。除了阿姆斯特丹，在修整和改善城市面貌方面走得最远的是莱顿和哈勒姆。哈勒姆的城市发展或许主要意在扩建城市和增加廉价住房储备，但改善城市面貌也是优先考虑之事。值得注意的是，作为当时欧洲最大的制造业城镇之一，莱顿被葡萄酒交易商让·德帕里瓦尔（带着可让人理解的热情）描述为"欧洲最为整洁和怡人的城市"，尤其是因为它具有"建筑的美丽"。[17] 17世纪40年代以来，该城的呢绒和羽纱业的繁荣撑起了这幅辉煌壮丽的景象，这种城市想象和建筑灵感源自一种城市自豪感——力图超越哈勒姆、海牙、代尔夫特，并想与阿姆斯特丹比肩的愿望。

莱顿开凿新运河和铺设街道的热潮出现在17世纪50年代到60年代初，直到60年代中期的瘟疫暴发之前结束。[18] 议事会将主要的建筑委托任务先后交给斯赫拉弗桑德和彼得·坡斯特。1638—1655年间，斯赫拉弗桑德担任该城的市政建筑师。他在17世纪30年代为弗雷德里克·亨德里克建造宫殿时学到了这门营生，接着又因为设计了玛勒教堂而广受认可。他也是莱顿贩布大厅的建筑师，这座大厅是17世纪40

年代早期新兴的呢绒行业的总部。17世纪50年代初，斯赫拉弗桑德沉浸于莱顿的建筑工程狂潮中，他的设计包括：该城的首个新城门——射击场门（Doelenpoort，1648年）；招待官方访客的市政旅馆——绅士旅馆（Heerenlogement，1652年）；城市监狱（1654年）；典雅的蒂修斯图书馆（Bibliotheca Thissiana，1655年）；该城最负盛名的运河拉彭堡运河沿岸的数座威严宅邸。斯赫拉弗桑德离开后，坡斯特崭露头角，设计了该城的过秤房（1657年）和附近的黄油屋。

在环绕莱顿城的八座最负盛名的城门中，斯赫拉弗桑德的射击场门是第一座，它建于1648—1672年。[19] 它们用昂贵的材料打造，意图震慑世人。[20] 侧门（Zijlpoort，1667年）由巨型大理石浮雕装饰，点缀以巴洛克风格的战利品、雄狮和大炮。这座城门由龙鲍·费胡尔斯特（Rombout Verhulst）负责建造。他是这一时期活跃于共和国最为重要、最具影响力的雕塑家，其影响力主要通过阿姆斯特丹市政厅的雕塑传播。在装点莱顿时，议事会展现出了对公共时钟和钟塔名副其实的狂热。一个时钟装在白门的顶上（1650年），附近就是客运驳船上下乘客的地方，以此鼓励驳船准时离行。莱顿最大的公共时钟之一在海牙制造，而后于1648年装到了玛勒教堂的八角塔楼上。

在阿姆斯特丹，新市政厅让其他一切事物黯然失色。不过，在17世纪40年代末到1672年，除了市政厅、教堂和犹太教堂，正在进行的还有许多其他大型工程。该城的两座主要孤儿院都被更宽阔的建筑所取代。1657年，归正会孤儿院按照埃利亚斯·博曼的图纸建造，预计容纳800名孤儿，这相当于一个村庄的人口数。[21] 1656—1661年间，新的大型海事建筑也在建造中，以应对第一次英荷战争之后阿姆斯特丹海事部门的职能扩张，它威风凛凛的门面让人想起了市政厅。这一次，议事会同样委任冯德尔创作诗歌，以便在启用仪式上朗诵。为了装点内部，费迪南德·博尔受托创作了4幅巨型寓言画，为此他得到了2 000荷兰盾的报酬。[22]

1663年开启的城市扩张催生了许多新城区，许多地带被批量拍卖，以供精英大商人、金融家和摄政官建造门庭宽广的豪宅。对于该城最成功的人士而言，如今有强大的诱惑吸引着他们到声望卓著的绅士河和皇帝河沿岸的新地带去建造宅邸并移居于此。如果他们希望维持一定的社会地位，那么即便不在这些地区，那至少也要在别处建造规模相当的宅邸。最为气派的新宅邸包括：特里普兄弟的房子（特里普宅），它动工于1660年，依照于斯特斯·芬格博斯（Justus Vingboons）的图纸建造；约瑟夫·多伊茨（Joseph Deutz）和耶罗尼默斯·哈泽（Jeronimus Haase）的宅邸，它们都在1670—1672年间由菲利普斯·芬格博斯在绅士河畔建造。[23]特里普宅用尼古拉斯·马斯（Nicolaes Maes，1632—1693年）和卡萨尔·范埃弗丁恩（Caesar van Everdingen）的画作装点，宅邸里面还饰有雅各布·特里普夫妇的著名肖像画，这是1661年伦勃朗为这座宅邸创作的。

在城建方面，阿姆斯特丹和莱顿的恢宏程度远超其余城镇。但是许多重建工作，包括许多大型工程，也在其他城镇同时展开。1654年的代尔夫特火药库大爆炸摧毁了数百座建筑，许多市民因此殒命，其中包括伦勃朗最具禀赋的学生卡雷尔·法布里蒂乌斯。此后，代尔夫特市中心的许多地方需要大面积重建。豪达也在推行一些工程，最著名的有坡斯特设计的新过秤房，它建于1668年。在接下来半个世纪里，该地堆积的奶酪可能比世上任何地方都多。鹿特丹同样在这一时期修建了新运河、街道和精美建筑，其中包括斯希兰斯宅（Schielandshuis）。它由坡

第33章 1645—1702年：艺术与建筑 1039

斯特设计，建于1662—1665年，是荷兰古典主义建筑的一大杰作。

海牙进行的建筑和艺术工程尤为重要。如果说阿姆斯特丹市政厅是城市自豪感和共和美德的极致体现，那么典雅的豪斯登堡宫则是奥伦治家族荣耀的全面表达。在1647年弗雷德里克·亨德里克去世时，豪斯登堡宫还是半成品，到了17世纪50年代，它才在阿马利娅·冯·索尔姆斯手下竣工。阿姆斯特丹市政厅与豪斯登堡宫这两个伟大工程的相似之处都基于以下事实而得以强化：范坎彭在豪斯登堡宫工程中也是建筑师，并在整体上把控艺术活动。宫殿的艺术重心落在奥伦治厅上，里面画满了赞颂弗雷德里克·亨德里克功绩的壁画。[24] 其中一些由安特卫普艺术家雅各布·约尔丹斯和冈萨雷斯·科克创作，另一些则由荷兰艺术家范坎彭、赫里特·范洪特霍斯特、卡萨尔·范埃弗丁恩、萨洛蒙·德布雷、扬·利文斯和彼得·索特曼（Pieter Soutman）绘制。

豪斯登堡宫和新教堂是17世纪50年代海牙着手打造的两大工程，此外还有第三个大工程——三级会议厅。这座厅堂位于三级会议大厦建筑群中，是荷兰省三级会议开会的地点。三级会议派出委员会监督这项大规模翻修工程，约翰·德维特是其中最积极的成员之一，他与建筑师彼得·坡斯特的关系尤为密切。

繁荣的荷兰省城镇彼此高度相似；17世纪60年代发展至顶峰的客运驳船[25]让人们能轻而易举地享受舒适的观光旅程，普通民众因此也能欣赏公共和私人的建筑，比较不同城市的变化。坐在驳船上抽着烟、聊着天的旅客也能欣赏荷兰省和乌得勒支省沿岸的许多乡村别墅。两省由此成了某种橱窗，规整的花园也成了必不可少的重要展品。

这些乡村别墅及其花园点缀在乡村各处，尤其集中在哈勒姆以北、海牙四周，以及乌得勒支与须德海之间的费赫特河沿岸——特别是马尔森和布勒克伦（Breukelen）四周。这些豪宅里到处都是绘画、墙幔、瓷器和其他装饰品，它们大多属于有归正会背景的阿姆斯特丹大商人和摄政官。其中最精美的一座，即位于马尔森的豪德斯泰因（Goudestein），属于阿姆斯特丹市长约安·海德科珀，他赞助的艺术家扬·范德海登多次作画。不过也有些费赫特河沿岸的宅邸和花园属于天主教教徒、门诺派和葡萄牙系犹太人。

17世纪20年代末到30年代，西班牙入侵内陆的危险刚消减，打造世外桃源的潮流就开始退却，但是，荷兰乡村宅邸的古典主义时代从17世纪40年代中期一直延续到了1672年。这些年里，许多最为精致的宅邸拔地而起，一些早先的旧宅，包括海德科珀的豪德斯泰因，也经历了重新设计和翻修。这些别墅是大商人财富和权贵地位的象征，也是海牙官僚机构和高官的财富的象征。海牙周围的宅邸包括了17世纪50年代早期为雅各布·卡茨所建的索赫弗利特（Sorghvliet，宅邸名），以及康斯坦丁·惠更斯的宅邸霍夫维克（Hofwijck，宅邸名）。1651年，惠更斯以2 824行的亚历山大体写作了赞美乡村宅邸的诗歌，在理想化乡村生活的同时贬低了城市生活，并由此给乡村别墅的潮流增添了动力。[26] 哈勒姆以北更为著名的别墅有皮尔默圩田上的弗雷登堡。它是为弗雷德里克·阿勒韦因（Frederik Alewijn）而建，该家族是这片圩田的排水工程最重要的投资人之一。菲利普斯·芬格博斯和彼得·坡斯特都参与了这座宅邸的设计，宅邸最终在1652年前后竣工。另一个重建的别墅是哈勒姆附近的埃尔斯沃特（Elswout，宅邸名），它建于17世纪50年代末期，主人是阿姆斯特丹大商人、丹麦国王的"代理人"加布里埃尔·德马塞利斯（Gabriel de Marcelis）。

17世纪40年代以后，农业活动开始大规模、高强度地发展，这主要但并不仅限于发生在荷兰省。农业的发展加上城市扩张的计划催生出鉴赏和研究建筑的热潮。在欧洲很多地区，重大的建筑项目由王公、贵族和有权势的神职人员决定，他们只在私下与艺术家和建筑师商议。与此形成鲜明对比的是，荷兰各城镇的惯例是由摄政官组成的委员会监督项目的进行。因此，项目中也产生了更多的讨论，建筑师之间有更多的正式竞争机会，各种模型也得到了更多对比。雅各布·范坎彭是受认可度最高的建筑师，他的地盘是哈勒姆，除此之外，他还对阿姆斯特丹、海牙和乌得勒支省的费赫特河沿岸施加了主导性的影响。尽管如此，他为哈勒姆新教堂设计的方案也是经过了与坡斯特和德布雷的方案的角逐，才最终被选中。[27] 这座新教堂最终于17世纪40年代修建。

城市重建和扩张还有一个关键特征，即重大项目咨询的所有建筑师、设计师和艺术家都是在北尼德兰接受的专业训练。帕拉第奥式和其他意大利式新古典主义影响是其中的关键因素。但是荷兰并没有密切模仿意大利、法兰西或英格兰的模式。[28] 17世纪第二个25年里，在塑造荷兰建筑品位方面，康斯坦丁·惠更斯是个极具影响力的人物。他以弘扬朴素、鲜明的北尼德兰古典主义风格为个人宗旨。外国的建筑教材起了部分作用，但影响摄政官做决定的主要因素还是邻近荷兰城镇的最新发展状况。类似的，一些打算修建乡村宅邸的摄政官与大商人参考的也是附近的别墅而非外国的设计。正是这点，才能解释黄金时代荷兰建筑发展的独特性和一致性，才能解释为何整个联省对新建筑计划怀抱着浓烈兴趣，甚至在建筑物本身具象化之前就是如此。

亨德里克·德凯泽通过出版《现代建筑》（*Architectura Moderna*，

1631年）一书，而让自己的设计在整个共和国广为人知。范坎彭、坡斯特、德布雷和菲利普斯·芬格博斯都模仿过他的设计范例。1665年，阿姆斯特丹艺术品交易商克莱门特·德约赫（Clement de Jonghe）出版了凯泽设计方案的详尽版本。弱小省份、公地和邻近的德意志加尔文宗城镇，如埃姆登和克莱沃，也从这些案例中吸取灵感。这些地方的重大新建筑工程起源于荷兰省，但在时间上都明显滞后。由此，1643—1647年间，埃姆登以阿姆斯特丹40多年前开始建造的南教堂（Zuiderkerk）为模型，建造了自己的新教堂；而格罗宁根建于1660—1665年的北教堂则以阿姆斯特丹的北教堂为模型，后者始建于1620年。[29]

总而言之，要论更与时俱进、更能表现荷兰黄金时代巅峰时期建筑庄严的古典主义特征，则要数米德尔堡壮美的东教堂。1660年左右，它主要在斯赫拉弗桑德的监督下建成。尽管这座米德尔堡建筑深受莱顿玛勒教堂的影响，但它也展现出诸多新颖特征，甚至更令人震撼，事实上也可算作是荷兰省之外共和国最重要的建筑之一。果然，到1657年，一份展示米德尔堡教堂的建筑设计图就已经在荷兰省流传，而这距这座建筑接近完工还为时尚早。另一个展现联省紧密一致的建筑风格的案例是彼得·坡斯特被选来设计马斯特里赫特的市政厅这件事。该市政厅的建造时间是1659—1664年。马斯特里赫特远离荷兰省，但即便如此，坡斯特的设计仍然通过他1664年出版的、令人印象深刻的建筑版画，而迅速为荷兰省摄政官和建筑行家所熟知，就像他的其他工作一样。

第三阶段：约1647—1672年的绘画巅峰时期

城市发展，新建筑涌现，此外在荷兰海外贸易体系发展的第三阶段，荷兰贸易整体重构；这些因素必然从根本上、在多个侧面影响绘画艺术。在绘画方面，荷兰城市景观转变鲜明地表现在城镇景观和城市全景这些新类型的崛起上、表现在对建筑画日益浓厚的兴趣上。彼得·萨恩勒丹是城市全景画的先驱，他首先在17世纪20年代发展出了"现实主义建筑画"。在整个职业生涯中，他一直绘制小型、透视教堂内外的画作。不过，这类绘画的大潮要到17世纪40年代末才正式开始，当时一批艺术家才开始涌现。其中成就最高的包括赫拉德·豪克赫斯特（Gerard Houckgeest，约1600—1661年）、埃马纳埃尔·德维特（Emanuel de Witte，约1617—1692年）和亨德里克·范弗利特（Hendrik van Vliet，约1611—1675年）。大概从1650年之后所引入的荷兰建筑画采用了更繁复的透视法，在这方面，他们影响重大。[30] 作为一种独特的类别，城镇景观画兴起于1650年。60年代，该类别在技法纯熟度和宏观场面方面发展到了极致，而这10年也正是城市本身发展达到顶峰的时期。这一类别部分可视为对主要城镇中心面貌转变和改善的反映，以及对新风景和景观影响的回应。之后，最宏伟的建筑工程——阿姆斯特丹新市政厅就成了建筑画最受欢迎的主题之一。这一新派别的主要大师包括：约布·贝克海德（Job Berckheyde，1630—1693年），他画了无数的阿姆斯特丹景观，包括1668年所描绘的经过翻新的交易所；他的弟弟赫里特·贝克海德（Gerrit Berckheyde，1638—1698年）在1671年绘制了哈勒姆大规模改建的全景图；心灵手巧的艺术家兼发明家扬·范德海登绘制了许多阿姆斯特丹的宏观场景。萨恩勒丹同样展现出对四处拔地而起的新建筑的热切关注。1649年，范坎彭的哈勒姆新教堂竣工后，萨恩勒丹创作了至少3幅画作和8幅教堂内外景观的素描。[31] 建筑画家和城市景观画家的一个共同关注点便是以适宜的光线，从增强效果的视点，描绘象征着城市自豪感的建筑。代尔夫特的教堂画家中掀起了一股描绘该城新教堂内景的热潮，他们的画通常可以让观众一瞥沉默的威廉的陵墓，对于奥伦治派买主来说，这无疑具有情感上的吸引力。[32]

荷兰黄金时代里，最具原创力的一个类别就是17世纪六七十年代繁荣的城市全景画，其中最精妙的范例出自荷兰省最伟大的风景画大师雅各布·范雷斯达尔之手。[33] 这些绘画微妙地表现出城镇与乡村的互动，表现出云和光转瞬即逝的效果，这让艺术家从新的高度上征服物理现实——一些例子确实实现了字面的意思。勒伊斯达尔的一幅最精致的全景画创作于17世纪60年代中期，是在环绕着新市政厅最高塔楼的脚手架顶端绘制的，或至少是以在那里画下的素描为基础完成的。另一幅绘制于1675年前后，从城市南部揭示出城市转变的面貌，画面展示了新城门、防御堡垒和葡系犹太教堂。

人们不太需要这种反映新教堂或城门的画作。反而在描绘阿姆斯特丹市政厅、绅士河沿岸新豪宅和乡村别墅方面，需要大批量比过去更宏伟的绘画艺术。如果说荷兰黄金时代艺术的第二阶段（1621—1647年）的特点是黑白色的朴素、小规模和宁静，那么第三阶段（1647—1672年）则是浮华、精致的时代。当然，这并不意味着人们不再需要小型画作、描绘厨房餐具的静物画或热闹的景象画，毕竟一直都有这些画作存在的空间。但是随着市场改由富裕大商人、摄政官和老到的鉴赏家控制，绘画的基调和方向已然转变。这些客户需要大型、华丽和风雅的画作。与此同时，阿姆斯特丹市政厅和新海事大楼这些官方建筑也需要带着共和信息的新式巨型公共画作。

这种转变反映在各种类型的画作中。在静物画领域，17世纪二三十年代描绘餐具的冷色朴素静物画到40年代让位于所谓的华丽静物画。这一领域的三大画家是扬·戴维斯·德海姆（Jan Davidsz. de Heem，1606—1684年，乌得勒支画家）、亚伯拉罕·范贝耶伦（Abraham van Beyeren，1620—1690年）和威廉·卡尔夫（Willem Kalf，1619—1693年）。[34] 德海姆的画作卖出了尤其高的价格。卡尔夫的华丽静物画也卖出了高价，并且它们几乎悉数绘制于17世纪50年代到60年代初。[35] 在风景画方面，范霍延黑白色的肃穆转变为范勒伊斯达尔和迈因德特·霍贝玛（Meindert Hobbema）更宏大和诗意的风格。海景画领域，过去只有一两只小船的小型画作转变成广阔的海景风格，代表人物是小威廉·范德费尔德（Willem van de Velde the younger，1633—1707年）和吕多夫·巴克海森（Ludolf Bakhuysen，1631—1708年）。[36] 范德费尔德长年与其父老威廉·范德费尔德一同工作。后者得到海事当局的支持，在快艇上围观过英荷战争的多场重大战役，绘制了数张草图。这让他的儿子得以达到极高的现实主义水准，绘制的恢宏的海战场景在一定程度上成为历史记录。它们常常被买来装饰市政厅和海事委员会这些公共场所。

17世纪40年代艺术重建的另一方面是意大利式风景画的繁荣和地中海海港景观画的增加。17世纪40年代末的荷兰贸易和海运的一个重大转变在于荷兰地中海贸易的强势复兴。地中海海港景观画热潮恰在这时兴起，这绝非巧合。[37] 这些南方港口的景观画和更壮阔的新一代意大利风格景观画原先仅限流行于乌得勒支，但自从17世纪40年代开始，就密集地在哈勒姆和阿姆斯特丹出产。它们典雅而昂贵，其创作意图是装点精英大商人和摄政官的宅邸。阿姆斯特丹从事威尼斯贸易的主要商人之一扬·雷因斯特（Jan Reynst）就是其中一个买主，他也是富裕艺术家卡雷尔·迪雅尔丁的密友。[38] 而迪雅尔丁、扬·巴普蒂丝塔·韦尼克斯（Jan Baptista Weenix，1621—1660年）、亚当·皮纳克（Adam Pynacker，1625—1673年）、扬·博特（Jan Both，1615—1652年）、约翰内斯·林格尔巴赫和尼古拉斯·贝尔赫姆（Nicholas Berchem，1620—1683年）都是新画风的主力。这些鲜艳明媚的画作绘着古老的遗迹、甲板上戴着脚镣的奴隶，它们很难说是属于"现实主义"。事实上，这些绘画的创作目的是唤起脑海中一个异域、宁静的世界，它沐浴在耀眼的阳光下，温和地将买主的注意力从对南部通常更具商业性的关注上转移开。这些画面还谨慎地加入了一丝色情元素，这在韦尼克斯及其子扬·韦尼克斯（Jan Weenix，1642—1719年）的作品中尤为明显。画家们利用远离荷兰社会的异域设定，突出穿着低胸、轻薄装束的深肤色女人，她们半露着胸，还常常被牧羊人爱抚着。[39]

在《明斯特和约》签订后的25年里，许多荷兰艺术家名利双收。他们的成功不仅改善了自己的生活，而且提升了他们所绘的城镇的名望。尽管荷兰两大艺术中心——哈勒姆和乌得勒支为阿姆斯特丹市场和出口生产了大批画作，但即便在哈勒姆，也出现了一个鲜明的新趋势：相当大一部分艺术产品被出产的城镇自己买走，或留在该城。[40] 比起别处的艺术家，收藏家和鉴赏家对在自己城镇生活和工作的艺术家另眼相待、更有好感。地方艺术流派的生命力部分源于强烈的城市认同感和自豪感，无论在多德雷赫特、海牙、鹿特丹和米德尔堡，还是五大中心——阿姆斯特丹、哈勒姆、乌得勒支、莱顿和代尔夫特，情况都是如此。对于杰出的艺术家，更是如此。相应的，一个画家越是受到外国王公贵族尊敬，他也越受自己城市鉴赏家的欢迎。在一些事例中，这种形势将画家的作品价值炒得异常之高。这种鉴赏行为的一个典型案例就是鉴赏家争相收藏赫里特·道的作品。道蜚声欧洲，以天价出卖自己的画作。最果决地购买他作品的两人是鹿特丹领导人约翰·德拜（Johan de Bye）和著名医学教授弗朗索瓦·德勒·博埃·西尔维于斯（Franciscus de Le Boë Sylvius）。教授在拉彭堡拥有一座大宅邸，到他去世时，里面收藏了162幅画，其中包括许多道和范米里斯的作品。范米里斯是当时另一个名满欧洲的莱顿画家。[41] 德拜也是个家喻户晓的人物，17世纪60年代早期，他因为在莱顿竭力为抗辩派礼拜争取宽容而惹得该城议事会大为光火。1665年，在与城镇议事会展开巧妙竞争时，他公开展出自己收藏的全部29幅道的画作，地点就在正对着市政厅的屋子里，由此也向其他城镇的艺术爱好者宣传了他的展品。[42] 他是在以这种方式宣称，在耕耘莱顿的声望和荣光方面，没人比得上他。

地方画家的名望是城镇议事会声望的一种来源，也是其窘迫的一种缘由。1669年，艺术爱好者、未来的托斯卡纳大公科西莫三世（Cosimo Ⅲ）游历共和国，到访莱顿。他最渴望参观的一个地方就是范米里斯的工作室，它跟范米里斯本人一样，都是莱顿城的荣耀。主要考虑到范米里斯和道在共和国内外都享有如此高的声望，莱顿议事会随后决定，委托范米里斯和道各自绘制一幅作品，这样该城就能同时拥有他们的代表作品。议事会在接下来的数个月里继续讨论此事，但随后全盘放弃了这个想法，原因可能是对方要价过高。[43]

其他画家则是在荷兰省广受认可，尽管主要是家乡的人在购买他们的作品。维米尔在世时，他的画作大多留在了代尔夫特；17世纪最后25年，他的很大一部分作品，包括《倒牛奶的女佣》，都由当地赞助人、富裕的代尔夫特食利者彼得·克拉斯·范勒伊芬（Pieter Claesz. van Ruijven）收藏。他还藏有埃马纳埃尔·德维特和西蒙·德弗利赫的数张画作。维米尔的其他作品由代尔夫特的一个面包师收藏。这位面包师至少还藏有代尔夫特的另一位艺术家安东尼·帕拉梅德斯（Anthonie Palamedes）的两幅画。[44] 多德雷赫特令人瞩目地留住了一批它造就的天赋异禀的艺术家。阿尔贝特·克伊普绘制了多幅该城及其市郊的迷人景象。他几乎一生都在这里度过。他娶了多德雷赫特摄政官圈子的一位女士，成了归正会宗教法院的成员，并且将他的大多数画作卖给地方名人。[45] 萨米埃尔·范霍赫斯特拉滕（Samuel van Hoogstraeten，1627—1678年）则于17世纪40年代在阿姆斯特丹伦勃朗手下接受训练，而后到国外广泛游历，但身在共和国时，他主要是居住在多德雷赫特。在这儿，他获得了省铸币厂的一个职位，至少为多德雷赫特铸币厂领导画了两张大型群体肖像，以装饰铸币长的墙壁。尼古拉斯·马斯（Nicolaes Maes，1632—1693年）同样在伦勃朗手下接受训练，但后来返回多德雷赫特作为独立的师傅工作。从1653年开始，他一直留在该城，直到1672年艺术市场因法兰西入侵而崩溃后，他才迁往阿姆斯特丹。[46] 霍德弗里德·斯哈尔肯（Godfried Schalcken，1643—1706年）是个十分成功的艺术家，其父是多德雷赫特归正会讲道者和拉丁语学校校长。斯哈尔肯先后在范霍赫斯特拉滕和道手下接受训练，学到了两者极其精湛的技术。他也定居多德雷赫特，并成了名人，在民兵中担任军官。直到职业生涯的尾声，他才搬到海牙。艺术家扎根于特定城镇的现象更全面地反映出城市活力的分布情况。这

第33章　1645—1702年：艺术与建筑　　　　1049

一现象也受到圣路加行会体系的鼓励。（至少在阿姆斯特丹之外）行会在各个城镇起到了限制画作销售的作用，基本上只有属于当地行会，因此也是城镇公民的人才能进行售卖活动。[47]

技艺精湛的画家大多来自中等阶级和富足家庭。但值得注意的一点是，很多时候艺术技艺高超会增长他们的财富，也常常随之提升他们的社会地位。较之此前的时代，在17世纪的第3个25年里会有更多荷兰画家在国外获得认可，而这种认可既提升了他们在城市社会中的地位，也增长了地方摄政官和大商人鉴赏家的热情，以及著名艺术"展示柜"所有者的热情。他们进而也愿意为此出更高的价钱。在1678年出版的论艺术的著作中，范霍赫斯特拉滕提出，在荷兰的环境中，艺术是一条成名的途径，能获取进入权贵家庭并在那里用餐的资格，还有可能受到外国宫廷的注意。[48] 外国的认可会增强城市自豪感和艺术家在地方的地位，这种现象在洪特霍斯特、道、范米里斯、范德费尔德、巴克海森、德海姆、范德海登、弗林克、博尔、范德赫尔斯特、特尔·博赫、马赫、内切尔和斯哈尔肯*的例子中表现得尤为明显。

艺术家更高的名望和更远播的声名提高了城市的身份认同感和自豪感。不过，除了填满摄政官、精英大商人和官僚的"展示柜"，一流艺术家还要为市政厅、海事大楼和其他机构提供大型公共画作。这些委托任务常常报酬丰厚，并赋予受雇艺术家极大的声望。由于1650—1672年间，正在进行大批艺术活动的荷兰省和乌得勒支省没有执政，而三级会议派又需要提升公众对该派政治、社会观念和价值观的认识，这便意味着一种特别的荷兰共和主义公共艺术在50年代兴起，而

---

* 以上皆为各种风俗画画家。——编者注

此现象在阿姆斯特丹尤为显著。

这类艺术最宏大的实践便是阿姆斯特丹新市政厅的公共旁听席所需的绘画。正如我们从彼得·德霍赫1670年左右所绘制的景象中看到的，市政厅的这一部分对广大公众、随机访客，甚至对小狗开放。德格雷夫兄弟和议事会同僚认真地考虑着这一项目，它最重要的目的是赞颂"自由"和共和美德。他们这些绘画能构成前后连贯的系列，并选取了巴达维亚人为自由而反抗古罗马的故事为主题。这是荷兰省三级会议派最喜欢的主题，因为它突出了荷兰省而非各城市的特殊主义，同时又不牵扯其他省份。它理想化地将为自由而战描述成荷兰省历史发展的中心，而没给奥伦治派宣传留下任何余地。弗林克是德格雷夫兄弟的朋友，也是当时该城最负盛名的艺术家——伦勃朗这时颇有些失宠。于是，弗林克受托绘制整个系列的画作，不过在1660年工程刚开始不久他就去世了。[49]议事会随后决定将该项目切割，将巴达维亚起义的各个事件分派给不同艺术家。伦勃朗分到了这一系列的第一幕——巴达维亚领袖克劳迪亚斯·西维利斯的反罗马密谋。1662年，这幅画曾被短暂地挂在旁听席上，但是招致了批判，于是画作被搬走、送还给未收到报酬的艺术家。[50]遭反对之处很可能是伦勃朗给西维利斯戴上了极不妥当的王冠，以及西维利斯对场面的控制，这并非咨议性共和主义观念的特征。

公共建筑中，荷兰共和国艺术的核心职能是赞颂公共精神、正直和公民美德。为此，罗马早期史被视为最合适的主题，也一直是画家们富饶的灵感源泉。各类罗马名人作为不可腐蚀、拥有公共美德的模范为人所知。最著名的例子就是费迪南德·博尔1656年为阿姆斯特丹市长会议厅绘制的大型画作，为此他收到了1 500荷兰盾。画作讲述了一名罗马使者的故事：他坚定不移地抵抗马其顿国王皮洛士所有企图——先是贿赂，后是威胁。[51] 博尔为阿姆斯特丹的海事大楼创作的画也是类似角色。

当然，反西班牙大起义激动人心的事件，以及对地方城镇身份认同意义重大的历史事件，也同样赢得了关注。17世纪60年代，莱顿、哈勒姆和代尔夫特市政厅的主要房间全都进行了大面积翻新。当时，市政厅委托创作并装设了许多新画和挂毯。荷兰共和主义艺术的另一个意图是赞颂当时荷兰共和国的一些英雄，不过不能是摄政官领导人自己——这是一种规定。因此当时基本上没有为公共建筑而绘制市长或其他摄政官官方肖像的委托。只有一个例外是为代芬特尔议事会创作的精美集体肖像，它几乎是绝无仅有的一例。它由赫拉德·特尔·博赫于1667年绘制，至今依然悬挂在代芬特尔的市政厅。[52] 通常情况下，摄政政治家的肖像都是为私人用途创作的，其中也包括奎利纳斯在1665年为德维特打造的大理石半身像，今天它藏于多德雷赫特博物馆。[53] 摄政官为国家利益而进行的著名活动的图景也是如此，例如特尔·博贺所绘的阿德里安·保1646年抵达明斯特的景象，以及卡斯帕·内切尔所绘的范贝弗宁克在1671年受到西班牙王后接见的场景。这些画作中显然不合常规的是描绘科内利斯·德维特"梅德韦胜利"的画作（查理二世对此颇有微词）。1670年，这幅画被悬挂在多德雷赫特市政厅，但它存在的时间不长，在1672年的暴乱中被暴民摧毁。[54]

摄政官也不赞颂军功，因为1650年之后共和派政权的整体基调是贬低共和国生活中军事的价值和军队的作用。无论如何，赞颂军功都意味着提升奥伦治亲王和其他将领的形象：前者在1650年之前一直指挥军队；后者并不是外国人，通常是来自其他省份而非荷兰省本省的贵族。于是，在第一个无执政期，共和国公共艺术选来赞颂的群体是荷兰省和泽兰省出身的海军将领，但他们并不参与政治进程。他们在绘画和雕塑中得到称颂。1666年四日战争之后，费迪南德·博尔受托绘制海军将领德勒伊特的肖像，它的副本随后被悬挂在共和国全部5个海事委员会中。还有一处尤为重要的地方是总三级会议，以及荷兰省和泽兰省三级会议设立的纪念性公墓，它们用以纪念在战役中或为共和国服役时去世的重要海军将领。特龙普在1653年8月抗击英格兰的战役中牺牲后，总三级会议决定通过在代尔夫特的旧教堂设立大型公共纪念碑，而让他名垂千古。1654年3月，范坎彭、坡斯特和费胡尔斯特各自设计的方案被呈递到总三级会议面前竞选，费胡尔斯特的方案胜出。[55] 费胡尔斯特完成了一座大型的巴洛克式陵墓，其特色是特龙普最后一次海战的大理石浅浮雕。由此就开启了一系列类似雄伟的海军将领墓的修建浪潮，并且都为它们举办了隆重的落成仪式，遍及代尔夫特、阿姆斯特丹、乌得勒支和泽兰省。其中最宏伟的是德勒伊特墓，它同样由费胡尔斯特负责，设在阿姆斯特丹新教堂内，保存至今。

1672年大崩溃之后的艺术

1672年的法兰西入侵破坏了荷兰艺术市场和整个艺术世界，同时它也瘫痪了贸易和公共建筑的建设，损害了财政信心。恐慌导致各家银行出现挤兑。社会陷入骚动。大批华服、珠宝、艺术品，还有现金暂时转移到国外，如安特卫普和汉堡。在哈勒姆，1671年开始的大型城市扩建工程被叫停。[56] 在阿姆斯特丹，葡萄牙犹太人共同体的长老看到该城其他公共建筑都已停工,判断继续建造宏伟的犹太教堂是不合适的,于是命令这一工程暂停了两年。

艺术市场复杂的运行机制也陷入混乱。没人想要买入,人人都想卖出。费赫特河沿岸的豪华别墅大多遭到法军洗劫,里面堆积的许多装饰品和艺术品遭到偷窃,并可能被低价出售,乌得勒支的情况尤甚。在阿姆斯特丹,艺术品价格灾难性暴跌。阿姆斯特丹重要的艺术品交易商赫里特·厄伊伦堡于1672年破产,手上留有滞销的50件雕塑和画作,它们出自提香、丁托列托、鲁本斯,还有伦勃朗、道、范米里斯和加布里埃尔·梅苏(Gabriel Metsu)。厄伊伦堡在1673年1月的一份公证书中证实,所有东西的价格,"尤其是绘画和类似珍品的价格,都骤降、暴跌,原因是这灾难的时代和我们亲爱的祖国的悲惨状态"[57]。

荷兰所有的艺术中心都遭到沉重打击,无数艺术家破产或远走他乡。扬·戴维斯·德海姆退到安特卫普。小威廉·范德费尔德移居英格兰。卡雷尔·迪雅尔丁于1674年返回意大利,在威尼斯度过了生命的最后4年。其他人留在原地、艰难求生。1675年12月弗美尔去世后不久,他的遗孀证实:在与法兰西国家交战的岁月和此后的几年里,她的丈夫挣得很少,或者说几乎没有收入。于是他先前购买和经销的艺术品不得不被抛售以养育孩子,损失惨重。[58] 弗美尔自己的作品则在1676—1677年代尔夫特的数场抛售活动中被拍卖(拍卖人正是著名科学家列文虎克),成交价极低。[59]

这场危机不是暂时性的。17世纪八九十年代,荷兰各城镇售卖的新画作要比先前少得多。列入阿姆斯特丹货物清单的画作中,当代艺术家作品的比例明显下降,这一数据在60年代依然高于50%,到70年代降至42%，80年代则只剩14%。[60] 此外，情况一旦恶化到如此程度，当代艺术家的影响力此后就再难恢复。经受训练并进入这一行业的艺术家人数或许从17世纪60年代就开始下滑。但到70年代，收缩加速了。各类画作的需求都在减少。过去最受尊敬的大师，包括伦勃朗，依然能卖出相对高的价格，但仍比1672年之前的低得多。从这一点上看，艺术品市场直到18世纪早期都一直不太景气。

一些艺术家移民他国，而另一些艺术家享有足够的地位和财富，能够退出艺术行业，靠其他手段过上舒适生活，或至少可以画得比从前少些。威廉·卡尔夫的产量从17世纪60年代中期就开始下降，到70年代则进一步跌落，而且质量跟随产量同时滑落。[61] 到1672年，"华丽静物画"的时代已经终结。[62] 1672年之后，显见于许多艺术家身上的一个尤为常见、明确无误的趋势就是技艺的退步：他们重复先前的作品，给予光影效果和画中人物的关注在不断减少，也不那么在意色彩和笔法的作用了。人们常论及灵感的衰退，这既是一个普遍现象，也体现在具体艺术大师身上。彼得·德霍赫在17世纪五六十年代画出了荷兰风俗画的一些经典作品。他在1670—1684年间绘有75幅画，占到其现存作品的45%，然而，在用心、精致度和整体质量方面，后一部分显示出明显的退步。[63] 尼古拉斯·贝尔赫姆在1672年之后也产量颇丰，但是相比他在1672年之前所绘的意大利风格景观画，如今大量炮制的都是毫无灵气、例行公事的产品。雅各布·奥赫特费尔特（Jacob Ochtervelt，1634—1682年）在1672年之后的作品也展示出类似的退步，它表现在构图和对人物和阴影的处理上。[64] 可以确定的是，质量退步的一大原因在于人们不再那么愿意为了追求精湛的效果而耗费大量时间和优质材料。17世纪末期难得一见的杰作几乎都是偶然之作。以迈因德特·霍贝玛的《米德尔哈尼斯大道》(*The Avenue Middelharnis*)为例，它画于1689年，这时的艺术家已经几乎完全退出绘画界，靠其他方式谋生。艺术市场变化的环境是这种退化背后的主要原因。不过移居外国也会促使质量下跌。1672年移居伦敦之后，威廉·范德费尔德的艺术水准降低，还有一种说法认为，这是因为英格兰当时使用的是次等颜料和釉料。[65]

先前繁荣的诸多绘画类别都在1672年之后衰落，包括景观画、静物画和底层生活画。但在17世纪末更受限的环境中，能更好地满足荷兰精英口味的类别得以更好地存活，它们包括神话绘画、花卉画、城镇景观画，还有一些风俗画。尽管荷兰艺术世界受到1672年事件的破坏，但它绝没被摧毁。准备材料的专业知识和最优秀的画室提供的训练都是经过一个多世纪累积下来的资产，它们并没有突然消失，也不会轻易被外国赶超。荷兰艺术和艺术家的声名仍在，事实上直到18世纪的头几十年依然高涨。这一点值得强调。因为19和20世纪的欧洲品位和现代世界公共收藏所遵循的选品原则会将大量的艺术品筛掉，但是，从质量，以及它们在整个18世纪欧洲享有的高声望来看，这些艺术品都是黄金时代名副其实、令人赞叹的艺术品位的延续。换言之，现代品位和博物馆制造了这样的印象——荷兰的艺术活动和质量在1672年左右被腰斩，而现实远不那么简单。[66]

17世纪中叶的几十年里，在联省工作的艺术家数量十分庞大，以至于尽管17世纪70年代出现了急剧收缩（据估计这大概也只削减了50年代水平的四分之一），[67]共和国产出的艺术品也依然比北欧其他地方的总和多，并且共和国仍旧有许多欧洲最富声望的画家。最耀眼的成功故事当数鹿特丹艺术家阿德里安·范德韦夫（Adriaen van der

Werff，1659—1722年）。他是一个磨坊主的儿子，1696年开始声名鹊起。那年，普法尔茨选帝侯约翰·威廉游历荷兰省时，被他的一幅画深深吸引。选帝侯在阿姆斯特丹买的画，而后前往鹿特丹，到这位艺术家的工作室里拜访他。选帝侯给他拨付了高达每年6 000荷兰盾的宫廷津贴，买了他许多画，还经常把他带到杜塞尔多夫，并最终将他封为贵族。不过，他虽然成了选帝侯的宠儿，却选择留在鹿特丹。他声名在外。8月，萨克森选帝侯兼波兰国王，以及沃尔芬比特尔（Wolfenbüttel）的安东·乌尔里希（Anton Ulrich）大公都拜访了他的工作室。这又让他在鹿特丹获得极高地位。他当上民兵军官和老人院的主管，还收到议事会的委托项目，其中最重要的是设计鹿特丹新交易所。布伦海姆战役（1704年）之后不久，马尔伯勒（Marlborough）也到鹿特丹，让范德韦夫为他绘制肖像。

范德韦夫的成名只是更广泛的现象的一部分。在17世纪末到18世纪开始的那些年里，罗梅因·德霍赫依然活跃，而且被公认为欧洲技艺最精湛的雕刻家之一。斯哈尔肯也依然活跃，并且在1700年左右依然备受尊敬。那时鹿特丹海事委员会委托他创作历任奥伦治亲王的系列肖像。吕多夫·巴克海森也活跃到新世纪初。他声望极高，托斯卡纳大公、数位德意志王公，以及彼得大帝都到他的工作室拜访过他。[68]拉赫尔·勒伊斯（Rachel Ruysch，1664—1750年）是科学家弗雷德里克·勒伊斯（Frederik Ruysch，1638—1731年）和玛丽亚·坡斯特（那位著名建筑家彼得·坡斯特的女儿）的女儿。她从17世纪80年代开始画画，尽管生了10个孩子，她依然凭借细腻的花卉画在共和国内外获得巨大成功。17世纪七八十年代，阿姆斯特丹和海牙最有名、最成功的人物之一，要数来自列日的移民杰拉德·德莱雷西

（Gerard de Lairesse，1641—1711年）。他因为强调有必要将绘画与建筑相整合、主张大型天花板绘画的革新而闻名。[69] 他擅长用典雅、古典主义的风格描绘寓言故事，不过也公开拒绝使用意大利人的手法。1672年后，艺术和建筑普遍转向更具贵族气派的风格，而德莱雷西的画风与这股潮流极为相适。失明之后，德莱雷西还就艺术发表演说，这些内容在1690年被汇编成书。在书中，他力图贬低公众最熟悉的艺术家伦勃朗的地位，称赞凡戴克庄严典雅的风格，并拒斥此前的现实主义。[70] 事实上，他是荷兰黄金时代绘画发展第四阶段（也是最后的阶段，始于1672年）最具代表性的人物之一。

与绘画和雕塑类似，建筑挨过了17世纪70年代的创伤，并直到下个世纪初都呈现出勃勃生机——且比人们通常意识到的更加鲜活。不过，建筑的设计重心则发生了转移。在该世纪的第三个25年里，随着荷兰海外贸易体系发展到巅峰时期，新建筑主要在沿海各省的城镇和乌得勒支崛起，或是作为这种现象的延续。与乡村别墅类似，它们大多属于精英大商人和摄政官。与此形成鲜明对比的是，《奈梅亨条约》签订后将重点变成建造和重建执政宫殿以及执政宠臣和同盟机构高级官员的乡村宅邸。如今，建筑、装饰艺术及花园的新发展，更多源自乡村和贵族的环境，而非城市环境，并且比先前更大程度地反映出法兰西和其他外国宫廷对该方面的影响。此外，威廉三世还偏爱胡格诺派艺术家达尼埃尔·马罗（Daniel Marot，1663—1752年）。《枫丹白露敕令》发布不久，马罗就来到联省，从此深得亲王宠爱。尽管有上述这些因素的影响，但正如绘画一样，17世纪最后25年里的许多荷兰建筑或许依然应被视为第三个25年的城市古典主义的实际发展。马罗确实成了执政的某种综合性艺术顾问，但是他的影响力主要统治的是内部装潢、花园设计和雕像品位领域，而非建筑物本身。

塑造1677年之后荷兰古典主义建筑风格复兴的两个关键人物是斯泰芬·芬内科尔（Steven Vennecool，1657—1719年）和雅各布·罗曼（Jacob Roman，1640—1715年）。二者都在荷兰城镇学习并营生，曾设计了几座建筑，同时他们也为威廉三世及其宠臣工作。芬内科尔主要的城市建筑是恩克赫伊曾的新市政厅，它建于17世纪80年代末，是荷兰晚期古典主义的珍宝。[71] 罗曼的父亲是雕塑家，曾在弗雷德里克·亨德里克的宫殿里工作。1681年，罗曼被任命为莱顿城的建筑师。充斥着各种大型工程的莱顿城市扩建时代已经结束，罗曼在该城只接到一些小项目，但他曾建造出具有浓厚古典主义风格的典雅建筑，这使得他在1689年有资格被任命为执政兼国王的首席建筑师。

罗曼广泛参与到威廉三世所有荷兰宫殿的建造工程。罗宫（Het Loo）就设计和建造于17世纪80年代晚期，虽然它是多位建筑师的心血结晶，但到底是罗曼还是马罗在其中发挥了更主要的作用，依然具有争议。罗曼还设计了奥代克位于宰斯特（Zeist）的典雅宫殿，以及许多气派的乡村宅邸。其中最有名的是聚特芬附近的德福尔斯特（De Voorst），它建于90年代晚期，主人是阿尔比马尔领主阿诺尔德·约斯特·范凯佩尔。1691年，芬内科尔和罗曼同时收到委托，与罗梅因·德霍赫等艺术家和作家合作完成设在海牙三级会议大厦前面的凯旋门等建筑工程。这些工程是国家庆典的一部分，目的是纪念1688年以来威廉三世首次在共和国的驻足。

外国旅客照例更关注荷兰省而非其他省份。他们很少留意到1700年前后建筑领域的新颖和代表性元素，只对精致的花园印象深刻。具有国际影响力的花园大多位于海牙附近，处于外国外交官和贵族容易触及的地带。德因雷尔(Duinrel)是总三级会议财务总管科内利斯·德约赫·范埃勒梅特(Cornelis de Jonge van Ellemeet)的豪宅，位于海牙以北，由罗曼于17世纪80年代末设计建造。它的花园被认为既新颖，又极其精致。更受时人赞誉的是索赫弗利特的花园，这座宅邸原属于雅各布·卡茨，1674年被本廷克买下，并进行了大面积改建。本廷克于1689年被任命为英格兰王室花园工程的负责人，因此在联省，他被视为花园的主要鉴赏家之一，并强烈影响了罗宫的规划。[72] 海牙附近的另一个著名花园属于克林亨达尔宅(House Clingendael)。它建造于17世纪70年代，属于首批深受法兰西影响的建筑。其主人菲利普斯·道布莱特(Philips Doublet)是同盟机构的财务总管、法兰西花园鉴赏家。荷兰花园的建造在1675—1725年发展至顶峰，这无疑在很大程度上归因于法兰西的范例。不过，荷兰花园在某些方面与法兰西花园有着根本区别。它们并不像法兰西花园那样高度统一、围绕中心展开设计。荷兰花园是分散的，没有太多整体一致性，里面高耸的树篱会将花园分隔成一系列的"绿屋"。[73] 荷兰的精美花园规模小、规整，里面堆满奇珍异宝，不仅有植物、奇石和喷泉，还有贝壳、塑像和洞穴。本廷克花园的一个著名特点就是在特殊设计的亭台里展示贝壳和珊瑚。

著名的花园大部分都聚集在海牙附近，至于建筑物和装饰物设计，则是乌得勒支、海尔德兰和上艾瑟尔正在进行的创新探索更为重要。事实上，内陆乡村宅邸的建造和翻新是17世纪最后25年共和国最重要、最具代表性的文化现象之一。1672—1674年间法军对这些省份的占领和明斯特对格罗宁根、德伦特的入侵，导致众多贵族宅邸遭到洗劫和摧毁。诚然，17世纪60年代末以来，严重的农业衰退给贵族带来了深远影响。但是，在威廉三世执政期，奥伦治派贵族挽回了部分损失，也获得了新财富：他们担任陆军将领、军事长官和外交官，而且像奥代克、本廷克、戴克费尔特和凯佩尔一样，从政治权力和庇护关系带来的机遇中获利丰厚。于是，许多贵族意欲设计和建造比以前更气派的宅邸，并毫不犹豫地采取了行动。他们常常为旧宅添上花园，并模仿罗宫和宰斯特宫殿的优雅别致，种上许多橘子树盆栽——这是与亲王紧密相连的符号。毕竟众所周知，执政常常在罗宫花园里散步。[74]

这些翻修工程中最有名的例子就是阿纳姆附近的米达赫顿（Middachten）城堡，它在1672年遭到洗劫。霍达德·范雷德·范欣克尔（Godard van Reede van Ginkel）斥巨资，根据芬内科尔的方案对其进行全面重建。欣克尔是威廉三世最信任的将军之一，在1691年被封为阿特龙（Athlone）伯爵。乌得勒支阿默龙恩（Amerongen）的旧城堡同样在1672年被严重损毁。17世纪70年代末，依照毛里茨·坡斯特（Maurits Post，建筑师彼得·坡斯特之子）的设计，旧城堡得以大规模重建。也有时候，建筑物外壳得以幸存，但内部需要彻底重修，巴滕堡的城堡就是这样。这里的工程由威廉三世的另一个军事爱将霍恩伯爵威廉·阿德里安负责，他成功地让城堡再次成为海尔德兰优雅贵族的重要关注点。

17世纪八九十年代的建筑与花园反映了1672年以来共和国权力转移的现实。尽管荷兰省依然是国家的金库和驱动力，但就暂时而言，还只是贵族宠臣、军官和官僚这些新贵在决定着荷兰文化的基调。

第34章

1650—1700年：智识生活

思想危机

17世纪是"新哲学""科学革命"和"欧洲思想危机"的时代，它标志着西方世界思想、文化和宗教历史上一场最具决定性的转折。然而，这一转变并不是同时发生在所有西欧国家的。事实上，这一进程极其不均衡。三个国家——英格兰、法兰西和荷兰共和国站在尤其前沿的位置，在一些方面，荷兰还走在另两个国家之前。于是，要正确理解欧洲的整场思想危机，17世纪联省的思想史和科学史至关重要。

笛卡儿正是在荷兰省和乌得勒支省进行研究、写作，并出版重要著作的，也是在这里，欧洲争论机械论世界观的笛卡儿主义战争正式开始，这比法兰西本土的斗争早了几十年。17世纪40年代早期在笛卡儿主义者与富修斯派首次交锋之后，镇压荷兰学术界中的笛卡儿机械论哲学的努力显然暂时难以取胜。对笛卡儿观点及相关争论的认识远没有遭到镇压，它们反而侵入所有大学和高等学校，传播到越来越多的思想和研究领域。到17世纪40年代末，荷兰知识生活中出现了翻天覆地的变化。

富修斯派坚持认为，笛卡儿主义以怀疑为基础，意味着摒弃亚里士多德科学和哲学的原则，本质上等同于一种隐蔽的无神论。他们说服大学当局，宣扬笛卡儿主义有损大学以往所教授的知识的根基，威胁信仰本身及教会内部的和谐，进而成功促使大学理事会禁止笛卡儿主义。即使如此，这却没能阻止或遮蔽振奋着荷兰学术界的、日渐升级的观念冲突，以及这背后迅猛发展的笛卡儿主义哲学和科学。由此，官方表面上的学术政策与大学背地里实际上教授和讨论的内容之间出现了明显的不一致。1648年6月，莱顿三级会议学院的摄政官向校监抱怨，他的同事约翰内斯·德拉伊（Johannes de Raey）公然在讲座中谈论笛卡儿主义，"由此阁下将这些派系清除出大学的美意就作废了"[1]。之后大学重申禁令，但却不能执行。"在莱顿大学，"1656年范费尔特赫伊森记录道，"几乎所有读哲学的学生都是笛卡儿主义者。"[2] 1651年6—7月，这一问题变得突出，笛卡儿主义开始从荷兰各大学向德意志各加尔文宗学院蔓延，拿骚-迪伦堡伯爵必须决定是否准许在他的黑博恩（Herborn）大学教授笛卡儿学说。他提议按照黑博恩的惯例，跟从荷兰的领导、弄清楚他们的立场。于是他致信荷兰的全部5所大学，询问他们对笛卡儿学说采取的措施。[3] 5所大学全都回复说，笛卡儿学说是有害的，已被查禁。乌得勒支大学援引1642年的决议，谴责笛卡儿思想与官方哲学和正统神学相悖；莱顿大学也引述了1648年的否定性裁决；哈尔德韦克大学则谴责笛卡儿学说是"瘟疫"。而格罗宁根大学当局多少在意效果，他们补充道，不同于莱顿大学和乌得勒支大学，他们还在实践中坚持禁令。

反笛卡儿运动受到一些重要教授的阻挠，这些人越来越公开地宣传笛卡儿观念，说服很大一部分学生，由此也使共和国（和德意志加尔文宗）的知识和政治精英开始相信笛卡儿学说。对于乌得勒支的笛卡儿主义者而言，1651年该城三级会议派在议事会中获胜后，气氛有所改善。这让医学教授亨里克斯·雷吉乌斯这些人，以及迄今为止只是秘密支持笛卡儿科学的人，日益走向公开。[4] 莱顿大学的三位神学教授之一、科齐乌斯的亲密盟友亚伯拉罕·海达纳斯很快公开支持笛卡儿学说。克里斯托弗·维蒂希厄斯（Christopher Wittichius, 1625—1687年）是荷兰笛卡儿-科齐乌斯主义的主要思想家之一。早在1653年，他就用拉丁语出版了一本极具争议性的著作，主张富修斯派所援引的那些所谓与笛卡儿学说不相容的《圣经》篇章，不应当按照字面意义阐释。[5] 即便在格罗宁根大学，托比亚斯·安德烈埃（Tobias Andreae, 1604—1676年）教授也作为笛卡儿学说的主要捍卫者，在1653年果断行动，回应对雷吉乌斯的攻击。安德烈埃是与海达纳斯、维蒂希厄斯类似的德意志加尔文宗信徒。在他们职业生涯剩下的时间里，雷吉乌斯、海达纳斯、维蒂希厄斯和安德烈埃全都深度卷入与富修斯派神学家，以及亚里士多德哲学和科学的争执中。

17世纪50年代早期，莱顿大学和乌得勒支大学当局支持，或至少不反对笛卡儿学说的传播，但同时并没有撤销之前官方对笛卡儿观点的批判。[6] 毫不令人惊讶，这激起了社会对容许笛卡儿学说的激烈争论。在乌得勒支，新议事会的名人兰贝特·范费尔特赫伊森认为，笛卡儿学说如今已得到允许。[7] 富修斯则坚持认为并没有。[8] 在某种意义上，双方都是正确的。格罗宁根大学的重要神学教授马雷修斯既反对富修斯，也反对科齐乌斯。他对笛卡儿的看法是矛盾的，他的观点同时得到上述两派的支持。在奈梅亨、布雷达、斯海尔托亨博斯和代芬特尔的高等学校也有类似的脚踏两条船的趋势，官方对某些教授传播笛卡儿学说的行为睁一只眼闭一只眼。[9]

这种令人不安的矛盾导致莱顿对1654年德拉伊出版的《核心哲学》(*Clavis Philosophiae*)做出了诡异的回应。该书是献给莱顿大学校监的。作者在书中主张，笛卡儿是哲学的革新者、自由的英雄，而且新哲学与亚里士多德学说之间的分歧也不像笛卡儿的反对者认为的那么大。校监们一开始接受德拉伊的献礼，并奖励他一份津贴，而再三思考之后，要求他删去尚未卖出的副本扉页上笛卡儿的名字。正是在1653年争论正在进行且亚里士多德学说一半被颠覆时，伦勃朗创作了名画《亚里士多德对着荷马半身像沉思》。它或许影射着哲学真理的飘忽不定。

荷兰生活和文化中思想冲突的中心点根源于富修斯的论点——笛卡儿学说颠覆所有既存的宗教、哲学和科学。荷兰学术界的笛卡儿主义者——海达纳斯、雷吉乌斯、维蒂希厄斯和托比亚斯反对的正是这一点。他们是公共教会的真诚支持者，相信笛卡儿可以让哲学分离出神学，并完好无损地保留着宗教和神学教义的结构。在1653年为笛卡儿所做的辩护中，安德烈埃将富修斯派描绘成"黑暗的孩子"，因而触怒了他们。富修斯派谴责笛卡儿主义教授用拉丁语传播瘟疫般的学说，而费尔特赫伊森在他们口中更是以荷兰语传播"疾病"。莱顿一位反笛卡儿牧师表示："新哲学家并不满足于在大学生中传播这些新奇观念，他们还渴望将普通民众转变为笛卡儿主义者。"[10]这确实是富修斯派此时尤为担心的一点。因为正是在1656年，第一版荷兰语译本的笛卡儿著作面世，译者是阿姆斯特丹再洗礼派成员扬·亨德里克·赫拉泽马克（约1619—1682年），他后来还翻译了斯宾诺莎的著作。[11]那年笛卡儿的《谈谈方法》《第一哲学沉思集》(*Meditationes*)和《论灵魂的激情》(Passions de l'ame)全都以荷兰语面世,而后便是《哲学原理》(Principia Philosophica)。同样于1656年在乌得勒支出版的还有范费尔特赫伊森的著作,他用荷兰语对反笛卡儿攻击进行回应。他向公众保证,无论笛卡儿的原则还是(日益引发争端的)日心说[12]都没有与"神的话"相冲突。乌得勒支大学、哈尔德韦克大学和格罗宁根大学的多位杰出教授,以及奈梅亨学院的维蒂希厄斯,也都认可笛卡儿学说。[13]

笛卡儿主义者最令富修斯派愤怒的主张正是连接起笛卡儿学说和科齐乌斯派神学的论点:《圣经》的部分章节不应照字面意义解释,而应从象征的角度、放在历史语境中理解。按照笛卡儿的判断,奇迹超越了数学的自然法则。鉴于此,笛卡儿主义者对《圣经》讲述的神迹抱着怀疑态度,这也导致剧烈冲突。富修斯派讲道者抱怨,如今头脑简单的平民在家里、酒馆里热烈地讨论以下问题:地球是不是绕着太阳转?上帝是否真的把摩西手中的杖变成蛇?他是否真的应约书亚的要求,让太阳在空中停留了一整天?[14]

17世纪50年代中期,归正会的长老监督会和宗教会议里聚集起强大的反对意见。海牙长老监督会领头,号召在1656年4月召集宗教会议,以敦促荷兰省三级会议叫停损害《圣经》权威的活动和"各所大学"教授、学生中的争论。[15]南荷兰省宗教会议的行动引起了海达纳斯的极大惊恐,他向德维特和三级会议派领导人求助。德维特极其认真地对待这场威胁,在接下来的几个月里为此事投入了大量精力。他完全理解:新哲学和科学在公共教会中引起了重大争论,此事也隐含了政治意味,从荷兰省三级会议的优势地位考虑,有必要想方设法缓和教授之间的冲突,缓解宗教会议累积的愤怒。[16]

这并不单是属于荷兰的问题。1656年7月,在克莱沃、马克、于利希和贝格宗教会议的集会上,莱茵河下游的德意志加尔文宗各教会谴责笛卡儿学说有害于普通人的信仰,并同意服从荷兰归正会宗教会议达成的任何行动决议。[17] 海达纳斯希望德维特说服荷兰省三级会议介入,以阻止南荷兰省宗教会议通过谴责笛卡儿哲学和科学的决议。他主张,哲学并不是适合省宗教会议的议题,就范围而言,哲学是国家的、国际的。德维特也是笛卡儿数学的信徒,为了赢得他对更广阔的笛卡儿主义事业的支持,海达纳斯给德维特送了本《沉思》(*Bedenckingen*,1656年)——对笛卡儿哲学的沉思。德维特记录道,他即刻阅读了该书,以让自己提前了解这场争论。[18]

德维特的信件表示,他的关注点主要是缓和思想冲突,找到"和平的"解决方案。然而,在当时的环境中,他追求的基本上是一种"笛卡儿主义"战略,这表示他由始至终都紧密地与海达纳斯站在一边。此时,笛卡儿主义者处于相对强势的地位。南荷兰省宗教会议发现自己陷入了分裂,其中一些成员偏于"温和"——这是德维特喜欢的神学术语——或至少是顺从于"温和"的论断。此外,莱顿大学的校监支持海达纳斯,驳斥海牙长老监督会的结论——教授无可挽救地发生分裂,莱顿大学的神学如今成了哲学的婢女,而不是像从前那样正好相反。[19] 海达纳斯得到同事科齐乌斯的支持。科齐乌斯察觉到,富修斯派对笛卡儿哲学的攻击,与他们对科齐乌斯派神学的进犯相连。[20] 德维特保护哲学思考的自由,同时保护哲学家,使其免受讲道者和宗教会议的审查。另外,他认为,要实现这一点,三级会议需要强化笛卡儿学说中暗含的哲学与神学的分离。

海达纳斯和科齐乌斯与德维特一样,希望荷兰省三级会议颁布法令将神学与哲学相分离。但是,莱顿大学的第三位神学教授约翰内斯·霍恩贝克（1617—1666年）激烈反对，并坚持莱顿大学只应教授亚里士多德哲学和科学。不过，让德维特和海达纳斯松了一口气的是，霍恩贝克被说服不公开违背莱顿神学院的建议，这样荷兰省三级会议就能出台与神学院整体的"指导"相一致的法案。[21]所有荷兰省的城镇议事会都同意法令的草案，只有奥伦治派占上风的莱顿例外。德维特在给莱顿各市长的信中，巧妙地解释这一文本，说其目的是"阻止哲学思考的自由被滥用，从而损害真正的神学和《圣经》"。尽管如此，莱顿议事会依然表示极力反对。[22]这项法案于10月通过，它宣称哲学和神学各自有其相适的领域，应该自行其是，不过在必定会出现重叠的地方，也就是在神学和哲学真理出现显性分歧时，哲学教授必须服从神学家，避免"根据自己的原则"对《圣经》做出争议性解释。南荷兰省宗教会议承认德维特的方案是维护大学和教会统一、避免破坏性分裂的一种解决方式。[23]不过霍恩贝克和其他许多人都认为，法令表面所规定的哲学对神学的服从是无关痛痒的，其核心点在于二者的分离，由此将哲学从神学的监督中解脱出来。

莱顿大学校监将法案的副本递送给6位神学和哲学教授，并在1657年1月8日召集他们签名、宣誓，要求遵从法案条款。3位神学家（海达纳斯、科齐乌斯和霍恩贝克）和3位哲学家［德拉伊、海雷博特（Heereboordt）、博尼厄斯（Bornius）］如期照做。[24]在避免明确论及笛卡儿及其著作、避免引起争端地论及《圣经》的情况下，这项行动等同于为教授和讨论笛卡儿哲学和科学移除了障碍。通过迫使神学家与哲学家相分离，缓和双方的论战，德维特实际上挫败了在大学里禁止笛卡儿哲学、限制哲学讨论自由的企图。

1657—1672年间，有关笛卡儿主义的争论在莱顿和乌得勒支进入了相对沉默的阶段，而在海尔德兰、格罗宁根，特别是在弗里斯兰，争论则日渐激烈。1656年，费尔特赫伊森宣称，笛卡儿哲学如今在格罗宁根，以及莱顿、乌得勒支占据优势地位；加尔文宗的杜伊斯堡大学公开教授笛卡儿哲学；奈梅亨高等学校上一年任命维蒂希厄斯为神学教授，由此也认可了笛卡儿学说。[25] 17世纪50年代末，海尔德兰发展出了一场声势浩大的反维蒂希厄斯运动，但最终海尔德兰宗教会议在1660年做出了有利于维蒂希厄斯的裁决。[26] 与此相反，在弗里斯兰，直到1666年，备受争议的约翰内斯·维贝纳（Johannes Wubbena）被任命为弗拉讷克大学的哲学教授，笛卡儿学说才真正影响到该大学。维贝纳的讲座激起了讲道者强劲的反笛卡儿回应。1668年4月，吕伐登长老监督会宣布笛卡儿哲学是对信仰和学术的威胁；他们强烈要求颁布省级法令，禁止笛卡儿学说在该省传播，并规定讲道者职位的候选人必须正式宣布反对一系列被谴责的笛卡儿主义观点。[27]

然而，为应对来自代理三级会议的压力，弗里斯兰宗教会议决定暂时不采取任何行动。这时，出现了一名笛卡儿哲学的雄辩捍卫者——巴尔塔萨·贝克尔（1634—1698年）。他是弗拉讷克的一名年轻讲道者，他将在17世纪后三分之一的时间里，对荷兰思想生活发挥重大影响。在《论笛卡儿哲学》（*De Philosophia Cartesiana*，1668）一书中，贝克尔主张神学和哲学各有其独立的领地，再不能依照《圣经》解释自然，而应从自然中推导神学真理。他承认，近年来某些自称"笛卡儿主义者"的作者确实发表了有损于信仰和公共教会的新学说，但他坚持认为，笛卡儿哲学本身并不会损害信仰。[28] 他极具赞赏地将海达纳斯、维蒂希厄斯和他的前任安德烈埃称为正直、忠于公共教会的"笛卡儿主义者"。他提出，那些超越笛卡儿哲学内容的边界、造成破坏的人，不能被冠以"笛卡儿主义者"的称谓。[29] 贝克尔如今成了弗里斯兰的名人。

与此同时，一场激烈的论战席卷格罗宁根大学。一方是神学教授萨米埃尔·马雷修斯；另一方是贝克尔的良师益友雅各布斯·阿尔廷（Jacobus Alting，1618—1679年）。这是主要院系中一场有失体面的骚动，这样说主要是因为这场骚动损害了大学名声并引起了格罗宁根三级会议的困扰。[30] 阿尔廷是跟随安德烈埃学习的笛卡儿-科齐乌斯主义者。过去，马雷修斯有所保留地支持笛卡儿学说，至少像科齐乌斯一样敌视富修斯（他数十年来一直厌恶富修斯）。如今在他出版的《论笛卡儿哲学的泛滥》（*De Abusu Philosophiae Cartesianae*，1670年）一书中，他既赞扬又谴责笛卡儿。不过，相比于两年前的贝克尔，他在更广泛的意义上定义笛卡儿学说的有害性元素，并对维蒂希厄斯展开了尤为激烈的攻击。[31] 与此同时，他还加强了对科齐乌斯的抨击，说对方的神学理论是"折磨教会和宗教的瘟疫"。

格罗宁根大学的校监将马雷修斯对阿尔廷的指控交给莱顿神学院评判。科齐乌斯和海达纳斯不出意外地支持阿尔廷。这大大激怒了马雷修斯，致使后者与宿敌富修斯妥协。两人同意，如今科齐乌斯和"笛卡儿哲学的泛滥"是对公共教会的两大威胁，所有的加尔文宗正统派成员都必须团结起来击败这些恶魔。[32] 1669年，三种有关马雷修斯与阿尔廷争论的论述在阿姆斯特丹出版，这让格罗宁根三级会议错愕不已。他们担心这会造成该省宗教会议破坏性的分裂，于是请求荷兰省三级会议查禁这些书，并承诺如果荷兰省希望格罗宁根省帮助查禁任何书籍，该省都会十分乐意遵从。

随着德维特政权倾覆，威廉三世执政上台，整个思想氛围发生了明显转变。[33] 从1672年起，富修斯派的反攻势力就在莱顿和乌得勒支聚集——不过是绝不可能在弗拉讷克的。荷兰省和乌得勒支省的大学当局极力避免任命科齐乌斯派和笛卡儿主义者为教授。在莱顿，神学家兼大学图书馆馆长弗雷德里克·施潘海姆（Frederik Spanheim，1632—1701年）的势力如今占据上风。施潘海姆的父亲与他同名，是来自普法尔茨的强硬派加尔文宗信徒。施潘海姆追随父亲和约翰内斯·霍恩贝克，坚定反对笛卡儿主义和科齐乌斯主义。"温和"的归正会笛卡儿主义者如今失宠，且备受压力。与此同时，他们自己也越来越强硬地抨击激进的笛卡儿主义者和斯宾诺莎主义者，以便与这些人划清界限，而为自己辩护。斯宾诺莎在1675年9月的一封信中对此有所抱怨。他说归正会讲道者在奥伦治亲王及城镇治安法官面前谴责他，并补充道，"因为人们相信笛卡儿主义者支持我，但他们现在为了摆脱这项嫌疑"，开始猛烈地抨击他的学说。[34] 在17世纪最后25年里，笛卡儿-科齐乌斯主义者对激进笛卡儿主义者和斯宾诺莎主义者的谴责变得日益激烈。

到1675年，打压笛卡儿-科齐乌斯主义者、激进笛卡儿主义者和激进斯宾诺莎主义者的信号已然相当鲜明。在乌得勒支，富修斯派极力反笛卡儿的新任哲学教授赫拉尔杜斯·德弗里斯（Gerardus de Vries）将笛卡儿的相关内容从该大学的哲学课程中剔除。1676年1月，在施潘海姆的挑唆下，莱顿大学校监拟出20条尤为有害的笛卡儿-科齐乌斯主义学说，提议禁止在神学、哲学和科学课程中教授它们。这些学说包括"《圣经》是照顾到平民百姓的偏见谬误而进行表述的"以及"哲学应当成为《圣经》的阐释者"。[35] 这份查禁观点的清单得到奥伦治亲王的认可，他还认可了校监的新政策——仅任命同意回避科齐乌斯派和笛卡儿主义信条的人当教授。[36]

富修斯派的反击行动是一种学术的进程，但也对有教养的公众、长老监督会和宗教会议产生了广泛影响。如今，这些人群对科齐乌斯神学和笛卡儿学说的敌意都在日益增长。莱顿禁止的20条学说不仅来自大学教授的演讲，也同样来自长老监督会的讨论——他们谴责新观点在公众中流传——以及来自富修斯派讲道者在小册子中争论的学说。据说，17世纪70年代阿姆斯特丹书店橱窗里摆满了荷兰语书籍和小册子，内容都是讨论笛卡儿主义和科齐乌斯主义内部论战的。莱顿大学校监1676年1月的决议本身成了畅销书，几天之内就在阿姆斯特丹卖出了2 000本。它的一些读者恶意地猜测，施潘海姆和安东尼·许尔修斯（校监们仅仅咨询的两位教授）的动机主要是嫉妒（学生们更喜欢笛卡儿-科齐乌斯主义者的讲座，而不是他们的），而不是对上帝真理的热爱。

泽兰也存在着对论战的强烈兴趣，以及汹涌的反笛卡儿-科齐乌斯主义潮流。1673年9月，南贝弗兰岛的长老监督会抱怨，地球围绕太阳转的学说被用来说服卑微的民众：不应该按照字面意思解读《圣经》；在《圣经》与自然法则相冲突的地方，《圣经》要么是比喻性的，要么是有误的。[37] 长老监督会认为，这种对神的话的不敬，部分源自笛卡儿，部分源自科齐乌斯学说，而主要源自维蒂希厄斯教授的讲座——科齐乌斯本人去世之后，维蒂希厄斯就成了最讨人厌的科齐乌斯派成员。泽兰长老监督会建议在莱顿大学学习的泽兰人联合抵制维蒂希厄斯的讲座。

为了为笛卡儿-科齐乌斯主义世界观做辩护，海达纳斯、维蒂希厄斯和比尔哈德斯·德福尔德（Burchardus de Volder，1643—1709年）共同给校监做了长篇回复，相关内容同样在1676年出版。回复坚持认为，遭禁止的20条学说提取自笛卡儿、迈耶和其他非大学教授的人，它们并不能反映莱顿大学教授的内容。[38] 福尔德教授将物理学的现场实验引入莱顿大学，并建起了该大学的物理实验室（1675年）。海达纳斯独自为这本匿名出版物负责，他被传唤到校监面前，被剥夺了教职。然而，这不过是重新吊起了人们对该书的兴趣，它在1676年被重印了两次。撤销海达纳斯的教职也没有阻止科齐乌斯主义和笛卡儿学说继续出现在莱顿大学的讲座中，渗透到大多数更有创造力的人心里。然而，这场反扑确实将富修斯主义置于无可争辩的上风位置，驱使笛卡儿-科齐乌斯派越来越多地诉诸影射和婉转表达。

在莱顿和乌得勒支，笛卡儿学说和科齐乌斯主义如今受到冷落。然而，威廉三世对富修斯主义的偏爱不可避免地在弗里斯兰起到了反作用。弗里斯兰执政及其宫廷展现出对科齐乌斯主义日渐增长的偏爱。1677年，遵照亨德里克·卡齐米尔的意愿，范德韦延被任命为弗拉讷克大学神学教授，由此开启了科齐乌斯派在该大学占上风的时期。这与弗里斯兰宗教会议的基要主义极不相称。事实上，范德韦延在政治方面更为重要，他主要是意识形态的旗手而非有创造力之人。而德意志科齐乌斯主义者赫尔曼·亚历山大·勒尔（Herman Alexander Röell，1635—1718年）在1685年被任命为弗拉讷克大学哲学教授后，成了荷兰思想生活中的一位主力。他是科齐乌斯派人士威廉默斯·莫马的学生，而后者在1676年被威廉三世驱逐出了米德尔堡。在建立神学与理性的联系、试图调和新哲学与归正会神学方面，勒尔走得比此前的任何科齐乌斯派神学家都深远。他捍卫基督的神性，反对索齐尼主义，但其表达方式震惊了富修斯派。此外，他还陷入了与许贝尔及坎佩吉乌斯·维特林哈（Campegius Vitringa，1659—1722年）的激烈争执中。维特林哈是弗里斯兰保守科齐乌斯主义的学会派支持者。许贝尔则是伟大的法学家、弗拉讷克大学起领导作用的保守派思想家。他批判范德韦延和勒尔将笛卡儿的方式运用到神学领域，这是笛卡儿本人都没敢做的。[39] 许贝尔本身并不是反笛卡儿主义者，但是他却在深切忧虑着荷兰笛卡儿主义发展的方向。弗里斯兰代理三级会议多次插手缓和弗拉讷克大学的论战。维特林哈则出版了《格言》(*Aphorismi*，1688年)，意图以此诉诸广大读者。这本书出版了5个拉丁语版本、4个荷兰语版本，维特林哈也由此成了共和国最著名的科齐乌斯派神学家之一。

大学

17世纪，荷兰共和国在欧洲声望卓著，其中的一个原因是其大学和学术文化。与英格兰和法兰西类似，许多地方的重大思想进步发生在正规学术领域之外。而与英格兰或法兰西相比，荷兰的大学所做的贡献要重要得多。如果考虑方方面面的知识成果，那么从16世纪末到18世纪初，共和国与法兰西和英格兰一道位列欧洲三大思想中心。但如果我们仅聚焦大学，那么在规模和学术成果的整体重要性上，共和国或许要超过其他所有的欧洲国家，包括英格兰和法兰西。宗教改革之后，欧洲陷入教派分裂，这意味着再没有中世纪意义上的共同的泛欧洲学术世界。共和国的大学和高等学校属于新教机构。而此时共和国的三所大学——莱顿大学、乌得勒支大学和弗拉讷克大学，共同构筑了一个学术论坛；至少在新教世界，它是个国际性、泛欧洲的论坛，规模比别处的大。

在荷兰的大学处于巅峰时期的半个世纪里，即大概1620—1672年间，5所大学的学生总人数略微超过英格兰的牛津、剑桥两所大学的学生总数，而后一数字在1626—1650这25年间达到1.6万左右。5所大学之一的哈尔德韦克大学从未取得其他几所的地位，它规模依然很小，在1650年甚至仅有84名学生。尽管哈尔德韦克大学由海尔德兰三级会议设立，但它实际上只是阿纳姆区的地方大学。莱顿大学处于另一极端，拥有远多于其他大学的学生。尽管乌得勒支大学、弗拉讷克大学和格罗宁根大学都吸引了众多学生，但莱顿大学的学生占了共和国大学生总数的40%左右。如前文所述（参见686—687页），同样是莱顿大学接受了比例最大的外国学生，尽管其他大学也因外国学生数量之庞大而令人瞩目。从建校到1689年，在格罗宁根大学学习的6 400名学生中，近三分之一是德意志人。而17世纪最后的25年里，荷兰的大学对欧洲其他新教地区的吸引力显著减弱。[40] 然而，由于荷兰招生的人数同时也有所下降（参见表40），外国学生的比例依然很高，大部分时间在莱顿大学超过了40%，弗拉讷克大学也有36%左右。这反映出，荷兰的大学依然享有极高的国际声望。这些现象尤其符合莱顿大学的情况，但绝不仅限于莱顿大学。1684年约翰·洛克探访弗拉讷克大学时，大学的建筑和图书馆并没有令他印象多么深刻，他转而评论道：这证明"知识依赖的并不是"这些东西，"因为这所大学已经造就了许多学识渊博之人，现今这里的教授中也有一些造诣极高之人"[41]。

这些大学和高等学校的非荷兰学生虽然来自各个欧洲新教地区，但吸引力的传播并不是均衡的。一直有学生从法兰西、英格兰和苏格兰涌入荷兰高校。但这些国家也有自己声誉卓著的新教大学——至少1685年之前（法兰西的情况）如此。因而，在影响这些地区的学术生活方面，荷兰大学的作用是次要和补充性的。但在德意志的一些地方，在丹麦到挪威，瑞典至芬兰，匈牙利到特兰西瓦尼亚（Transylvania）一带，情况并非如此。在这些地方，荷兰的学术影响力无处不在，在一些学科里还发挥着普遍的主导作用。

荷兰高校的外国学生中，占比最高的是德意志新教徒。1626—1650这25年间，光是莱顿大学就招收了5 713名外国学生，其中大部分（约3 000人）来自德意志新教地区。[42] 弗拉讷克大学的情况类似，1620—1670年这半个世纪里，德意志新教徒占了该校外国学生总人数的56%。[43] 这些学生来自德意志各个新教邦国，不过主要生源地还是德意志波罗的海地区，包括东普鲁士、库尔兰（Courland）和但泽，毗邻共和国的加尔文宗地区，包括东弗里斯兰，克莱沃至马克一带，于利希到贝格和本特海姆。德意志人之外，外国学生的主要群体还包括瑞典人、丹麦人、波兰人和匈牙利人——暂时不算法兰西人、英格兰人和苏格兰人（在莱顿大学，他们占到留学生总人数的20%，但在其他地方，他们的占比较低）。在1650年之前的莱顿大学，匈牙利人是那里的第四大群体，等到该世纪第三个25年波兰学生销声匿迹之后，匈牙利人成为第三大群体。对于其他外国学生来说，莱顿大学最具吸引力，但对于匈牙利人来说，尽管他们在所有荷兰高校都人数众多，但他们与乌得勒支大学，特别是与富修斯建立了尤为密切的联系，而匈牙利至特兰西瓦尼亚的归正会极为敬重富修斯。弗拉讷克大学的匈牙利人还异常多：1620—1670年这半个世纪里，这里至少有26%的留学生来自匈牙利至特兰西瓦尼亚一带。1643—1795年间，超过700个匈牙利人在乌得勒支大学学习，[44] 并且直到18世纪70年代，仍有许多匈牙利人来到乌得勒支大学和弗拉讷克大学。

表40　1575—1794年莱顿大学每25年间招收的学生数量

（单位：人）

时间	总人数	荷兰人	外国人	年均人数
1575—1600年	2 725	1 705	1 020	105
1601—1625年	6 236	3 546	2 690	249
1626—1650年	11 076	5 363	5 713	443
1651—1675年	9 940	6 381	3 559	398
1676—1700年	8 108	4 533	3 575	324
1701—1725年	6 722	3 558	3 164	269
1726—1750年	5 915	3 236	2 715	238
1751—1775年	3 845	2 713	1 132	154
1776—1794年	2 686	2 152	534	141

数据来源：Colenbrander,'Herkomst der Leidsche studenten', 276—278; Wansink, Politieke wetenschappen, 7.

与本国人口数相称，匈牙利人构成了留学生中人数最多的一类。但共和国内的匈牙利学生趋向于集中在神学院。[45] 他们大多受训成为匈牙利至特兰西瓦尼亚的归正会讲道者。对于来自德意志加尔文宗地区的学生而言，神学院也是主要吸引力。这些地方的大学，如拿骚-迪伦堡的黑博恩大学、克莱沃的杜伊斯堡大学，往往在教学、神学态度和图书采购方面紧随荷兰大学的脚步。荷兰学术对匈牙利至特兰西瓦尼亚，以及德意志加尔文宗地区的影响主要集中在神学领域，但对于来自路德宗国家和地区的学生而言，情况截然不同。少许丹麦和瑞典学生在荷兰的大学里攻读神学，不过大多数斯堪的纳维亚半岛人，以及德意志路德宗信徒聚集在其他学院。德意志路德宗信徒主要被法学院和医学院吸引。[46] 丹麦人和瑞典人尽管也贡献了许多医学生，但大部分被艺术院系吸引。莱顿大学的医学研究能处于举世公认的领先地位，这主要归因于他们高标准的实践教学和临床研究。1637年大学医院成立后，在弗朗索瓦·德勒·博埃·西尔维于斯教授的影响下，这一点尤为明显。西尔维于斯（1614—1672年，也是道的画作的收藏家）尤其强调实践教学，重视化学的应用。[47]

丹麦人和瑞典人分散于各个院系，但古典研究和哲学研究对他们最具吸引力。在斯堪的纳维亚半岛，荷兰学术的某些影响力可以从以下事实推断出来：1640—1660年，乌普萨拉（Uppsala）大学几乎半数的教授都曾在莱顿大学学习；1640年奥博（Åbo）大学在芬兰建立时，到那里任教的人也有半数曾在莱顿大学学习。[48] 17世纪中叶，丹麦几乎所有的数学家、医生和各个等级的科学家都是在联省接受的训练。

法律和医学是世俗专业中的重点学科，一些荷兰和外国学生从专业知识上攻读它们，同时又出于对知识的兴趣，学习科学学科或哲学。从17世纪中叶开始，随着新笛卡儿哲学的传播，对知识的狂热成了荷兰大学生活的显著特征，这股热情持续了数十年。在17世纪后半叶，许多重要的荷兰摄政官都以对新学科的浓厚兴趣而著名，而这大多是他们在莱顿大学做学生时习得的。

科学

荷兰科学的伟大时代从17世纪40年代关于笛卡儿学说的早期争

论延续到18世纪的头25年。在17世纪四五十年代，以及随后的数十年里，笛卡儿哲学和科学都对荷兰文化产生了巨大影响。但除此之外，另有两大因素参与塑造了这段伟大时代。一是与17世纪中后期荷兰工业扩张和相关的技术进步所带来的影响。在许多生产领域，尤其是资本集中行业和精密行业，一些精英一直都在探寻新技术、新方法，同时公众也对范德海登的路灯和消防泵这类新发明怀有兴趣。这些都成了刺激科学发展的因素，促进着新仪器、新设备的发明，而新发明又反过来推动新型研究的开展。通常认为莱顿大学是第一批在医学和物理学教学中使用仪器、进行实际演示的学校。事实的确如此，不过在一个格外强调技术革新的社会，这一点并不令人惊讶。另一个重大因素是荷兰海外贸易体系第四（1647—1672年）和第五（1672—1702年）阶段"高利润贸易"带来的文化影响。远距离贸易的成功在精英大商人和摄政官中催生了一股狂热：从欧洲以外的世界收集"珍奇物"——植物、动物、化石、贝壳和矿物，并进行分类。这项活动一直延续到18世纪，而且要算作是荷兰为欧洲启蒙运动所做的最大贡献之一。

荷兰最伟大的科学家要数克里斯蒂安·惠更斯（1629—1695年），他是弗雷德里克·亨德里克秘书康斯坦丁·惠更斯之子。惠更斯追求以笛卡儿传统为基础的综合方法来研究科学、数学和技术，追寻隐藏在可见世界背后的机械论原则。[49] 他是个伟大的数学家，跟随范斯霍滕学习。惠更斯在诸多领域有所成就，尤其是数学中的曲线研究。他也是个出色的天文学家，以制造、改进望远镜和显微镜出名。1655年，惠更斯利用一台12英寸的大型望远镜，发现了土星环和土星的一颗卫星，并因为论述土星和行星系的著作《土星系》（*Systema Saternium*,

1659）而成为家喻户晓的人物。

惠更斯将他对数学理论的掌握与操作性实验的技艺结合在一起。1656年，他发明了钟摆，并证明它能够以优于此前所有类型时钟的精确度计时。这项发明获得了荷兰省三级会议授予的专利（这些年间，该省三级会议经常为新发明颁发专利）。在专利权的保护下，17世纪50年代末，惠更斯与钟表制造专家萨洛蒙·科斯特（Salomon Coster）合作，开始在海牙生产带摆挂钟。在1672年之前，海牙和莱顿一直是欧洲精确钟表制造的中心。现存最古老的荷兰立钟（长箱钟）——也是最早装上秒针的钟——就是1670年在莱顿的拉彭堡运河沿岸、莱顿大学主楼对面建造的，现藏于赞斯堡（Zaanse Schans）时钟博物馆。

到了60年代，随着惠更斯制造出更为精致的模型，并演示它们在海上确定精度的功用，德维特和各摄政官开始对惠更斯的摆钟产生强烈兴趣，英格兰海军部也紧随其后。1665年9月（第二次英荷战争爆发后不久），伦敦皇家学会的秘书亨利·奥尔登堡（Henry Oldenburg）在给斯宾诺莎的信中询问过：他是如何看待"惠更斯的钟摆，尤其是那种据说能精确地计时，甚至可以用来在海上确定精度的"？[50] 17世纪60年代中期，斯宾诺莎曾在海牙与惠更斯密切合作，研究光学仪器，但是，在这个节点，他并不怎么愿意在给英格兰的信中讨论惠更斯的成果。

在事业发展的后期，惠更斯在巴黎工作了许多年，得到路易十四的津贴。随后他退休，在生命的最后一年回到海牙。他最长远的贡献是在光学领域。在这个领域他投入了毕生心血，也是在这里，他发展了笛卡儿的学说。笛卡儿曾试图将光的现象整合到机械论哲学中，用机械论的类比，从物质与运动的视角解释光。惠更斯发展并修正了笛卡儿的构想，论述了他著名的光的波动说，并最终以数学方式总结了光的反射定律、折射定律和双折射定律。他将这些成果总结在《光论》（*Traité de la lumière*，莱顿，1690年）一书中。

惠更斯尊称笛卡儿是位"希望将一切归于机械论理性的作家"[51]；但到晚年，惠更斯却积极驳斥了笛卡儿的形而上学，坚持主张一种更加纯粹的数学和经验主义的哲学。尽管在巴黎期间，惠更斯表面上是荷兰归正会的成员，但他似乎并不认为《圣经》是神圣的启示，他更像是一位自然神论者而非任何意义上的基督徒。[52] 而他对人的境况的看法，则否定了上帝与人之间的任何直接关系。就这种观点及其对笛卡儿的修正主义态度而言，惠更斯或许与他同时代的哲学家斯宾诺莎类似，尤其是在数学概念优于实验这一倾向上。

在17世纪60年代的海牙，许多名人与斯宾诺莎都有联系，惠更斯是其中之一。推测这位伟大科学家对那位伟大哲学家的观点感兴趣，是颇为诱人的，但是并没有相关的证据。或许，惠更斯与斯宾诺莎结交的唯一原因在于他对后者的镜片和显微镜感兴趣。斯宾诺莎则对科学研究的实践方面展现出持久兴趣。在伦勃朗1669年去世前不久，斯宾诺莎在一封信里描述他刚为研究水压而精心设计的实验。实验利用了特制的管子，还需要两名助手的协助。如果说在物理学方面他是个业余爱好者，那么在显微镜和放大镜方面，这位哲学家可被视为共和国的主要专家之一。惠更斯承认，在某些方面，斯宾诺莎的显微镜比他自己的更加先进。[53]

显微镜在17世纪早期由科内利斯·德雷贝尔（Cornelis Drebbel[*]，约1572—1633年）发明。他是17世纪初荷兰最心灵手巧的发明家之一，

---

[*] 传统上认为列文虎克磨制镜片，亚斯·詹森与汉斯·利珀希各自独自发明显微镜，时间大约在16世纪末。而科内利斯约在17世纪早期提出了该发明，即显微镜由两个凸透镜组成的概念。——编者注

第34章　1650—1700年：智识生活

还发明了温度计。不过，要到17世纪60年代，经过阿姆斯特丹摄政官、数学家和科学家约翰内斯·胡德（1628—1704年）改良后，显微镜作为科研仪器的潜质才被开发出来。[54] 惠更斯和斯宾诺莎都为显微镜的早期发展做了贡献，不过开发这一新仪器的关键人物要数科学家扬·斯瓦默丹（Jan Swammerdam，1637—1680年）。他的父亲是阿姆斯特丹药剂师，因其出色的自然史收藏而著名。斯瓦默丹在著名的莱顿大学教授博埃·西尔维于斯手下学习临床实践和解剖。与惠更斯一样，他也着迷于笛卡儿的观点，以及新设备和镜片提供的研究可能性。在探究身体力学的过程中，斯瓦默丹开启了解剖学和生理学的全新领域。同时他也是血液红细胞，大脑、肺和脊髓这些人体结构的发现者。然而，他在解剖学领域的诸多发现都不太为人所知，直至多年以后，他未出版的作品以《自然圣经》（*Biblia Naturae*，1737—1738年）之名问世才声名鹊起。笛卡儿令人困扰的解剖学研究引来支持者与反对者的激烈争论，对此倍感厌倦的斯瓦默丹转而研究昆虫，试图解剖和研究昆虫的身体结构。他设立的新学科的研究传统成了荷兰科学的荣光之一。他的代表作《普通昆虫史》（*Algemeene Verhandeling van de bloedeloose dierkens*，1669年）奠定了昆虫学的基础。最终，这本书在17世纪80年代得以出版其拉丁语和法语版本。[55]

研究昆虫的过程中，斯瓦默丹揭示了一个新世界。他用自己配置的独创约剂保存标本，并以此著名。同时，他也比此前任何人都更有力地展示了这个新世界。而到17世纪70年代，他摒弃了科学转而全身心地投入宗教。他的位置则由代尔夫特的安东尼·范列文虎克（Anthonie van Leeuwenhoek，1632—1723年）接替。列文虎克是个自学成才的研究者，他不认识拉丁文，因而别的科学工作者都以居高临下的态度对待他。但这并没有阻碍他作为研究者赢得国际声誉。在1697年到访荷兰省期间，沙皇彼得大帝特意前往代尔夫特观赏列文虎克的显微镜，而这正如1668年托斯卡纳大公科西莫在游览荷兰省期间特地到斯瓦默丹处观摩后者的仪器一般。[56] 在不知疲倦地从事解剖学、昆虫学和植物学研究时，列文虎克采用的科学观念同样渗透着笛卡儿的机械论世界观。[57] 他的研究方法大多承继自斯瓦默丹和其他前辈。与惠更斯和斯宾诺莎类似，他能极其熟练地使用镜片和镜筒来工作，但列文虎克超越了前者，从起点的40倍开始逐渐增加放大倍数。他制造了将近520个显微镜，一般用铜制的镜筒，偶尔用银制的。在现存的显微镜里，最大放大倍数达270倍，不过，他的纪录似乎曾达到过500倍。[58]

列文虎克在17世纪70年代开始取得重大突破。他最重要的出版物问世于80年代。他从斯瓦默丹止步的地方启程，进一步研究血液的构成。1676年，他以自己作为小市政官员的能力，竟拍下了弗美尔的众多画作，同年，他发现了细胞。次年，即斯宾诺莎去世的年份，他揭示了人类精子的结构。此后，他接着研究狗、兔、蛙和鱼的精子以及血液的构成。[59] 他还在研究昆虫身体和翅膀作用力方面超越了斯瓦默丹。伦敦的皇家学会在这之前便认识到了他的成就，并最终在1680年将他选为通信会员，后来，他给学会留下了26个显微镜。此时的荷兰共和国本身并没有专为科学设立的学会或联络机构。

列文虎克驻足在代尔夫特，惠更斯则从1666年起身居巴黎，不过偶尔也在海牙停留数日，并从1681年起定居海牙。在阿姆斯特丹，斯瓦默丹之后重要的科学人物要数弗雷德里克·勒伊斯（Frederik Ruysch，1638—1731年）。勒伊斯是该城的解剖学讲师，他的一项任务就是指导该城的助产士。勒伊斯还追随斯瓦默丹研究人类解剖学

第34章　1650—1700年：智识生活　　1083

和生理学的诸多领域。[60]他用酒精保存器官，积累下了欧洲最著名的解剖学收藏之一。他的出版物众多，顶尖的成就是《解剖学词典》（*Thesaurus Anatomicus*，10卷本，1701—1715年）。勒伊斯还是植物学家，并于1685年被任命为阿姆斯特丹新建植物园的负责人。这座植物园也是欧洲最重要的植物研究中心之一。他的女儿、著名的拉赫尔·勒伊斯（Rachel Ruysch，1664—1750年）似乎重现了他对植物的热情，为花卉画的精确度设定了新标准。

另一个改善标本保存方法的是分类学行家、再洗礼派信徒勒维纳斯·文森特（Levinus Vincent，1658—1727年）；尽管他并不是一名职业的科学家，但他可能建造了17世纪晚期荷兰省自然史领域最著名的"珍品展示柜"。[61]他用新的方式保存和展览了大批昆虫，将斯瓦默丹对昆虫的热情转变成17世纪末阿姆斯特丹最时尚的活动之一。他的藏品还包括贝壳、鸟类、草药和诸多花卉画。17世纪90年代，彼得大帝和欧洲一些小王公都曾造访文森特的博物馆。他出版了自己的藏品目录《自然的奇迹》（*Wondertoneel der Nature*，1706年），上面装饰着罗梅因·德霍赫设计的精美扉页。

阿姆斯特丹摄政官圈子，尤其是胡德市长，偏爱笛卡儿的思想路径，给予新研究支持，投入公共经费提供便利。范伯宁亨是斯瓦默丹的主要支持者之一。摄政官也是珍稀植物和昆虫的首要收藏者，维特森家族的昆虫博物馆尤为出名。[62]他们持续跟踪植物学的新发展，并给予推动。这方面的重要人物是富裕药材商约翰内斯·科默林（Johannes Commelin，1629—1692年），他是1672年被安置到该城议事会的新摄政官之一。科默林深度参与了1682年阿姆斯特丹新植物园的建立，推动了此后植物园在科学方面的迅猛发展。作为一位出色的植物学家，他为《阿姆斯特丹珍稀草药园概述》(*Horti Medici Amstelodamensis Rariorum Descriptio*，1697年）贡献了大量文字。这是阿姆斯特丹植物园珍稀物种的总目录，勒伊斯和科默林的侄子卡斯帕·科默林（Caspar Commelin，1668—1731年）也参与了编撰。

将珍稀、异域植物进行分类，为之绘画，成了荷兰科学的主要专长领域之一。这项传统可以追溯到17世纪早期，不过著名出版物《巴西自然史》(*Historia Naturalis Brasiliae*，1648年）的植物部分才标志着它的首次成熟。这本著作综述了在荷属巴西进行的研究。它们是约翰·毛里茨·范拿骚-锡根在当地任总督时赞助的。书中论述巴西植物、鸟类和动物的文章质量极高，它们大多是在莱顿学习的德意志学者格奥尔格·马克格拉夫（Georg Markgraf，1610—1644年）之作。他的研究标志着荷兰植物学研究和出版的伟大时代来临。

18世纪之前，最宏大的项目是《印度马拉巴尔植物园》(*Hortus Indicus Malabaricus*，阿姆斯特丹，1678—1693年）一书。这是一部综合性研究书籍，长达12卷，有至少1 794张插图。该项目由亨德里克·阿德里安·雷德·托特·德拉肯斯泰因（Hendrik Adriaen Reede tot Drakenstein，约1636—1691年）资助和发起。他是一名在马拉巴尔海岸工作的东印度公司官员，17世纪60年代晋升为荷兰驻科钦（Cochin）要塞的指挥官。他于1678年返回尼德兰，在短暂地活跃于乌得勒支贵族院之后，又作为高级官员返回南印度。他研究马拉巴尔植物的宏伟计划得到了阿姆斯特丹摄政官科默林的协助，后者贡献了一些插图和文字。这个工程极其浩大，因此它基本上仅局限于拉丁语版本——翻译为荷兰语和英语版本的计划在项目早期就被放弃了。

不过，植物学领域最具创造力的研究或许出自格奥尔格·埃弗拉德·鲁姆菲乌斯（Georg Everard Rumphius，约1627—1702年），他被称为印度的普林尼。[63] 鲁姆菲乌斯是东印度公司雇用的德意志员工，他的成年时光大部分在摩鹿加群岛（注：一般指马鲁古群岛）度过。他成了一名热情的植物学家和综合性的自然科学家，并且即便在1670年失明之后，他仍在巴达维亚当局的协助下继续研究。巴达维亚当局则为他提供资金等支持。他的鸿篇巨制《安波那植物志》(*Amboinsch Kruidboek*)是对安波那地区植物的全面研究。这部著作好几次差点儿遗失。1687年，一场火灾烧毁了安波那的许多地区，这部作品也因此部分被损毁。而后鲁姆菲乌斯不得不重绘手稿。1692年，在从巴达维亚运往荷兰省的途中，一份稿件因船只被法军击沉而毁灭。幸运的是，还有一份稿件存于巴达维亚，并在数年之后被安全地运到阿姆斯特丹的"十七绅士"手中。然而，稿件的规模让他们望而却步，他们并未将之付梓，而是把它藏于档案馆。最终，几家出版商在18世纪40年代才联手将其出版，共六大卷。鲁姆菲乌斯去世之前，他的另一本著作《安波那稀世珍宝展览》(*Amboinsche Rariteitenkamer*) 也未出版。这本著作以此前40多年的严谨研究为基础，论述的是安波那的鱼、珊瑚和矿物。1705年它才在阿姆斯特丹出版。作为黄金时代的科学家，他的遗产直到启蒙运动时代才为欧洲所广知。

到18世纪的头10年，荷兰科学与其艺术和哲学一样，依然蓬勃发展，并且其生命力与创造力都没有任何衰减的迹象。在许多领域，荷兰科学始终在欧洲处于领先地位，尤其是显微镜、解剖学、植物学、昆虫学、光学，以及化学的一些领域。此外，荷兰的临床诊疗法和科学在医学中的应用不仅先进，还最广为人知。

反索齐尼运动

到17世纪40年代，由于弗雷德里克·亨德里克宽容政策的影响、抗辩派的抵抗，以及对天主教秘密集会的积极破坏的停止，加尔文宗强硬派不得不多少缓和了一些1619年反抗辩派那种毫不妥协的不宽容政策。17世纪40年代，富修斯本人不情愿地发展出一套有限的宽容教义，随后又将其发表在《教会政治》一书中。[64] 对于他们来说，在威廉二世早逝这一惊人的事件之后，富修斯派的加尔文宗正统派模式必须接受如下事实：他们所在的国家给予了异议教派礼拜自由，天主教仪式可以在私宅中完成（只要出席人数不过多），这些都是他们无力改变的。但是富修斯及其信徒划定了教义的界限，明确那些在他们看来损害基督教根本原则的内容，尤其是那些否认基督神性、三位一体说和原罪论的观念，也就是索齐尼主义、自然神论，还有或明或暗的无神论。1650年左右，反索齐尼运动在联省聚集起势头。在此后的半个多世纪里，反索齐尼主义都是荷兰思想和文化中的重要元素，也成为那些限制和削减思想及宗教自由政策的主要驱动力和辩护理由。

富修斯《教会政治》的核心原则之一是在基督教社会中，索齐尼主义和广义的反三位一体说都不被准许且不可宽容。[65] 对富修斯而言，这意味着受到宽容的异议教派，例如抗辩派和门诺派这类缺乏归正会式的教会纪律和权威组织的派别，以及路德宗（和天主教教徒）必须一直承受监督和压力，以防范反三位一体思想在他们中间传播，并同时诱使他们清洗持反三位一体说的成员。此外，知识分子的影响力，如伊拉斯谟的，[66] 如果以任何方式推动阿里乌斯派和索齐尼主义的思考方式，就应当受到公共权力机构的压制。富修斯认为，将索齐尼主义和其他反三位一体说根除出社会（首先是根除出它们的天然避风港，即异议教派及其学会派这类支流）是国家的职责，无论是否能得到门诺派和抗辩派领导层的合作，富修斯派都必须为之奋斗。在1664年的一封信中，富修斯很高兴地称赞起了荷兰门诺派领导人，因为他们与公共权力机构合作，打击自己教会内部的索齐尼主义。[67]

科齐乌斯派在实践层面没那么不宽容，不过从神学角度来说，他们也同富修斯派一样驳斥反三位一体说。科齐乌斯的《立约与圣约教义概要》读起来像是与索齐尼和其他索齐尼主义作家的对话。[68] 在注释段落，科齐乌斯反复提到他认为索齐尼主义者在阐释《圣经》时存在的谬误，以及他们没能参考对三位一体说的解释。富修斯和科齐乌斯都坚持认为，基督的神性和降临都内含于《旧约》和《新约》之中。索齐尼主义认为基督缺乏神性，而《旧约》不过是序言，与《新约》比起来无关紧要——这样的观点颠覆了基督教信仰的基本原则。笛卡儿-科齐乌斯主义的元老级人物海达纳斯认为反三位一体说是对基督教的主要威胁，他为抗击这一学说投入了大量精力。该世纪稍晚些时候，勒尔也在辩称，他的激进创新是抵御索齐尼主义和反三位一体说的最好方式。

到17世纪40年代，索齐尼主义和反三位一体说显然已经得到荷兰社会的广泛认可，至少在沿海省份和弗里斯兰如此。1638年，在阿姆斯特丹避难的波兰索齐尼主义讲道者约翰内斯·萨托里乌斯（Johannes Sartorius）报告称，许多人私底下否定三位一体说，而由此形成了隐藏的反三位一体说信徒，或用他的话说是"尼哥底母主义者"[69]。在17世纪40年代后期和1650年威廉二世去世后占上风的三级会议派是宽容的支持者，但他们也在担心归正会讲道者会败坏他们在民众中的声誉。1650年左右，有许多迹象显示了荷兰省三级会议对此的忧虑。在1653

年7月发布的公告中,三级会议谴责某些讲道者发起的讽刺行动,是在意图"诋毁荷兰省三级会议的真挚动机和有益决议""散布有关本省摄政官虔诚和正直表现的阴险言辞"。[70] 富修斯派讲道者认为,在支持宗教和公共教会方面,荷兰省摄政官不称职得令人悲痛。而三级会议不断经受这类批判。摄政官数次警告该省讲道者,在布道和私人对话中,应展现出"臣民对其合法主权者应有的尊重和服从"[71]。

17世纪40年代末到50年代,索齐尼主义之所以成为中心事件,部分是因为大批波兰和德意志索齐尼主义者由于波兰和勃兰登堡的迫害加剧而拥入阿姆斯特丹,部分则是因为共和国里出版了一些荷兰语本的索齐尼主义著作。这些书籍被秘密印刷和售卖,一旦被当局截获就予以销毁。1645年,鹿特丹市长发现了100本克雷柳斯(Crellius,索齐尼派的主要神学家)的荷兰语译本书籍,随即销毁。而索齐尼成为事件中心的其他原因还包括:学会派运动传播到阿姆斯特丹,并主要集中出现在17世纪40年代。因此越来越多的证据显示,一些荷兰人受到索齐尼主义教义的影响。[72] 1653年,北荷兰省和南荷兰省的宗教会议都还在向荷兰省三级会议请愿时,泽兰已经开始采取行动抗击"疾病"。他们称索齐尼主义是基督教里最危险、最有"犹太"色彩的异端,声称它正在向荷兰省、弗里斯兰和格罗宁根迅速传播——这也就意味着,门诺派被认为是最容易受索齐尼主义观点影响的群体。[73]

1653年9月,荷兰省三级会议适时禁止索齐尼主义和其他反三位一体说团体的"秘密集会",并警告参与者,如有违抗,将被指控为渎神者和"和平破坏者"[74]。书商如果被发现囤积反三位一体说的书籍,将被处以1 000荷兰盾的罚金,而印刷反三位一体作品则将被罚3 000荷兰盾。法令打击的目标是学会派和其他易受反三位一体说影响的人，当然还有参与集会、公开承认身份的索齐尼主义者。整个荷兰省及相邻的乌得勒支省都出现了严厉打击反三位一体说的行动。这些行动在17世纪50年代一直持续不断，无疑也效果卓著。在鹿特丹，"佛兰德"再洗礼派的宗教法院迫于服从法令要求，进而结束了再洗礼派的自由讨论会——此前他们每周都在集会。[75] 鹿特丹的抗辩派宗教法院分裂：一些自由派想违抗法令（他们得到了年轻的阿德里安·佩茨的支持）；大多数决定服从当局，关闭"星期五会"。在阿姆斯特丹，学会派也有数年被迫在私人宅邸中进行更小型、更谨慎的聚会。[76] 在1656年于多德雷赫特召开的南荷兰省宗教会议上，归正会长老监督会报告称当局颁布的反索齐尼法令得到了令人满意的执行，至少在大城镇如此。这体现了鹿特丹和海牙等地的思想氛围出现了明显的转变。[77] 对反三位一体说的严厉打击还延伸到乡村。1655年3月阿尔克马尔的巴尔尤夫致信德维特，报告了他在"主要乡村的摄政官"协助下，对该城周边乡村进行的调查，在附近地区有没有索齐尼主义者或反三位一体说书籍这一问题上，他的结论是否定的。[78]

与泽兰和乌得勒支的三级会议类似，荷兰省三级会议认为打击反三位一体说是一项明智之举，弗里斯兰和格罗宁根省三级会议的态度也是如此。他们这样做的原因部分是将这项行动视为保卫自己名声的政治手段，部分是对反三位一体说事实上的不宽容——在这一点上，只有最开明的摄政官圈子是例外。但是，这绝不意味着三级会议派在这一问题上屈从于公共教会。宗教会议希望对此采取更强力的措施，尤其是在图书审查方面，但三级会议拒绝让宗教会议获得比现在还多的对三级会议和城镇议事会的影响力。1654年12月，荷兰省两个宗教会议联合要求设立省级审查委员会（或称图书审查会）作为永久的监督机构。对此荷兰省三级会议予以拒绝，并断言"在这片土地上采取这种措施将导致极为危险的后果"[79]。

与其他省份形成鲜明对比，在荷兰省，反索齐尼主义的动力几年后就松懈了，他们仍在打击的只有最明目张胆的反三位一体说。在阿姆斯特丹，事实证明了不可能长期阻断索齐尼主义出版物潮流。17世纪50年代末，前抗辩派讲道者弗兰斯·凯珀（Frans Kuiper）转向索齐尼主义，而后开始以"波兰兄弟会丛书"为名，出版系列图书。他们在暗中印刷和传播。该系列中有索齐尼本人的著作，也有克雷柳斯和约纳斯·施利希廷（Jonas Schlichting）等重要索齐尼主义神学家的著作。1659年，学会派成员扬·科内利茨·克诺尔（Jan Cornelisz. Knol）出版了荷兰语本的拉科（Rakow）教理问答，这是波兰索齐尼主义者的信条。同样在1659年，荷兰省高等法院的前官员、贵族兰塞洛特·范布雷德罗德（Lancelot van Brederode）匿名出版了一部563页的图书，抨击公共教会，驳斥三位一体教义。[80] 这本书印刷了900本，并委托给阿姆斯特丹的学会派书商分销。荷兰省三级会议和高等法院都激烈反对这本书，因此该书很快被查禁，作者被揭露、审判，并罚以重金。当局还竭力追回在流通的副本，不过没能彻底查禁它。

学会派的大型聚会，或者说"学会（'colleges'）"在17世纪60年代初复兴。1661年，阿姆斯特丹归正会宗教法院向议事会抱怨称"索齐尼主义者的集会过于庞大，贵格会和博雷尔派混迹其中，与会人数有时有100人，有时150人，有时甚至更多"[81]。这方面争论的中心并不是学会派团体的存在本身，而是不再有足够的压力，迫使他们只能在私宅里小规模集会。宗教法院警告称，这会导致危险的后果，而且人们"已经能在门诺派成员中察觉到它"——宗教法院指涉的是阿姆斯特丹再洗

第34章　1650—1700年：智识生活　　1091

礼派共同体中日渐增长的有关三位一体说的分歧。事实上，学会派并不是反三位一体说者。17世纪40年代，阿姆斯特丹学会派运动的奠基人——丹尼尔·德布伦（Daniel de Breen）、亚当·博雷尔和门诺派领袖哈勒纳斯·亚伯拉罕斯·德汉都没有公开反对三位一体说。17世纪60年代，博雷尔派，以及神秘主义者、千禧年说信徒彼得鲁斯·泽拉里厄斯这类重要人物依然在宽泛的意义上赞同三位一体说。[82] 但是，归正会宗教法院依然将学会派的复兴视为该城宗教生活中的重大转变。学会派运动的核心在于这样的理想：建立以《圣经》研究为主的基督教，信徒效仿基督生活，远离一切教会权威和教派纷争。[83] 莱茵斯堡派运动是教会权威的对立面，它制造的氛围让反三位一体说得以盛行。在阿姆斯特丹，学会派运动的很大一部分成员，包括弗兰斯·凯珀、克诺尔和斯宾诺莎的盟友洛德韦克·迈耶都是公开的反三位一体说者。

1660—1672年间，反索齐尼运动多少有些放缓，至少在阿姆斯特丹、鹿特丹和荷兰省的其他一些地方如此。但在共和国的大部分地区，对反三位一体说的打压仍然存在于17世纪末到18世纪初宗教、文化和政治生活的基本方面。17世纪80年代，上艾瑟尔宗教会议不断警惕着索齐尼主义在门诺派中的影响增长，而这些信徒就集中在该省西北部地区、布洛克宰尔（Blokzijl）附近。[84] 17世纪80年代在格罗宁根成立的莱茵斯堡式"学会"遭到格罗宁根"老佛兰德"门诺派的激烈打击，并且多次被指控持有反三位一体说。但格罗宁根的学会派坚持称自己没有信纲或教条，只相信基督是上帝之子，是"我们的先知、最高牧师和国王"。1702年，格罗宁根城议事会查禁了该学会，并且持续破坏学会派的集会，直到1712年左右。[85] 然而，索齐尼主义主要是在弗里斯兰才成为地方生活的重大议题。在该省，索齐尼主义者、贵格会和学会派的影响力都在逐渐增长，特别是在开明的再洗礼派信徒中。1662年，该省三级会议发布了一份打击索齐尼主义者和贵格会信徒的严厉法令。它不仅威胁要罚以重金和监禁，而且授权该省归正会讲道者在治安法官介入前"审查有嫌疑的个人"，这种非正式的调查方式从未引入荷兰省。[86] 1687年，该省三级会议重申1662年法案，当时有关门诺派新成立的自由"学会"的争论日渐升温。这些学会都是17世纪80年代从吕伐登、哈灵根和一些小地方兴起的。

反索齐尼运动中的一个关键事件是弗里斯兰人弗克·弗洛里斯（Foecke Floris，约1650—约1700年）的案件。它之所以重要，是因为它证明了未必是公开的索齐尼主义者或反三位一体说者才会遭受压迫。弗洛里斯是个开明的再洗礼派讲道者，就职业来说是个铁匠。他在赫劳（Grouw）创立了追随者团体，或者说"学会"。赫劳的归正会讲道者指控他是"索齐尼主义者"。一开始这没引起什么反应，然而在1687年，弗洛里斯在吕伐登出版了著作《捍卫上帝的价值》（*Bescherming der Waerheyt Godts*），以回应他的敌手在印刷品中对"索齐尼主义异端这一恶疾"的整体攻击和对他本人的个别攻击。[87] 弗里斯兰宗教会议以此书为证据，谴责弗洛里斯是"索齐尼主义者"。代理三级会议查禁该书，下令焚毁全部副本，禁止弗洛里斯布道。他还被短暂监禁于吕伐登，随后被驱逐出该省。在这之后，他前往荷兰省，在赞地区重新开始传教。北荷兰省宗教会议立刻向肯嫩默兰（Kennemerland）的巴尔尤夫投诉，后者随即开始调查。在哈勒纳斯·亚伯拉罕斯的帮助下，弗洛里斯向威廉三世求助。当时，威廉三世正在海勒富特斯勒斯筹备入侵英格兰的大型舰队。而此时，威廉三世恰好特别希望强调自己宽容主义的原则，于是下令暂停审查进程。

到17世纪90年代初，宗教会议再次施压，巴尔尤夫于是于1692年禁止弗洛里斯传教。而后，弗洛里斯又再次开始布道，这件事情不了了之。他在赫劳的教团则多次因为"索齐尼主义"而被调查。[88]

17世纪下半叶，联省出于两个主要原因而查禁非政治、非色情类书籍：一是反三位一体说，二是"无神论"的哲学思潮。对索齐尼主义和反三位一体说的正式查禁开始于17世纪50年代，随后延续了数十年。这成了思想和神学审查的核心，即便在阿姆斯特丹也是如此。1669年，荷兰省高等法院向阿姆斯特丹斯霍特投诉，"波兰兄弟会丛书"（*Bibliotheca Fratrum Polonorum*）各卷几乎在该城畅通无阻地流通，这有违1653年法令。于是，高等法院命令斯霍特突袭书店，以抄没相关书籍、惩处违法书商。[89] 阿姆斯特丹市长认为必须遵从指令，至少表面上要如此。然而，实际的执行有所减缓，因为阿明尼乌派摄政官提前警示书商们，搜查行动即将开始。

相比当时欧洲的其他社会，荷兰共和国无疑更自由，也给予了更多的教会和宗教宽容，允许不同信仰者出版自己的书籍，宽容对《圣经》的竞争性解释。然而，共和国依然坚持全面的审查制度，给特定教派和哲学观点的表达制造了真实存在且强劲的障碍。1678年，乌得勒支城在重申该省三级会议和该城议事会曾于1655年发布的法案时，议事会解释说审查政策的目的是要查禁所有"索齐尼主义、阿里乌斯派的，以及亵渎神明和全然有害的书籍，尤其是'波兰兄弟会丛书'、霍布斯的《利维坦》、迈耶的《圣经哲学解释》（*Philosophia Scripturae Interpres*）、斯宾诺莎的《神学政治论》及其《遗著集》（*Opera Posthuma*）"[90]。

激进笛卡儿主义者与斯宾诺莎主义者

笛卡儿原则和科齐乌斯主义共同催生了17世纪下半叶荷兰共和国在哲学、神学和科学领域的自由思想大潮。它在神学方面灵活有弹性，宽容哲学创新，渴望细致阐释笛卡儿的机械论世界观。在大学、城镇议事会（civic government）和公共教会内外，这股思想和科学领域的宽广自由潮流即便算不上势不可当，也可以说是汹涌澎湃。尽管如此，它同样也认同某些界定严苛的边界，边界之外是哲学家、神学家、科学家和诗人都不得踏足的。主要的禁区包括：基督的神性、三位一体说、原罪论、灵魂不朽和《圣经》作者身份的神圣性。这些边界得到省政府（provincial-government）、公共教会和大学的支持，也得到科齐乌斯、海达纳斯和勒尔，以及富修斯及其派别的认可。

由此，又鉴于笛卡儿原则可以跨越这些边界的方式运用，荷兰（和德意志加尔文宗）环境中出现了温和与激进笛卡儿主义的根本对立。温和笛卡儿主义者和笛卡儿-科齐乌斯主义者不仅坚持这样的区分，而且声称越界之人根本无权自称"笛卡儿主义者"。然而到了17世纪60年代，激进笛卡儿主义思想虽然遭到富修斯派和笛卡儿-科齐乌斯主义者的反对，却依然成了荷兰文化和思想舞台的中心特征。

胆敢越界的思想家进入了危险地带。追随兰塞洛特·范布雷德罗德进入禁区的人中，资历最深、最有能力的是弗朗西斯库斯·范登恩登、洛德韦克·迈耶、阿德里安·柯巴赫和最重要的斯宾诺莎。斯宾诺莎出生于阿姆斯特丹的葡系犹太人共同体。1656年7月，他因为"哲学地"对待上帝、质疑《圣经》和拉比权威，而被逐出犹太会堂。不过几周之后，荷兰省三级会议就颁布了将哲学隔离出神学的法令。被驱逐出犹太会堂后，斯宾诺莎混入学会派圈子。他首先是在阿姆斯特丹，而后又到了莱顿附近的莱茵斯堡。布雷德罗德事件期间，斯宾诺莎写下了《简论上帝、人及其心灵健康》(*Short Treatise on God, Man and his Well-Being*)，这本书到1662年仍在修改。[91] 在这本书中，斯宾诺莎就已从完全不同于传统犹太教和基督教的角度，来定义上帝和世界，排除了神对人类事务的介入以及撒旦和魔鬼的存在。

看到阿姆斯特丹和鹿特丹正采取行动打击自己的学会派伙伴，斯宾诺莎已经很清楚假如自己的论集出版会招致什么样的后果。他告诉身在伦敦的通信者亨利·奥尔登堡："我不把上帝分离出自然"，这正如"我知道的所有人所做的一样"；[92] 然而，"我并没有任何具体的出版计划，这自然是因为担心我们这个时代的神学家可能会感到被冒犯，进而带着他们惯常的敌意攻击我，而我厌恶争执"。奥尔登堡劝斯宾诺莎不要担心"触怒我们时代的侏儒"，反而应依靠荷兰共和国以之闻名的自由。不过，斯宾诺莎比奥尔登堡更了解共和国，因此最后依旧没出版他的作品。直到19世纪中叶，他的作品才最终以印刷品面世。

斯宾诺莎是强有力的思想家，他对周围的人产生了深刻影响。1662—1663年，他成功地在阿姆斯特丹和莱茵斯堡组建起支持者团体。他们致力于阅读和讨论斯宾诺莎的手稿。用一位成员西蒙·德弗里斯（Simon de Vries）的话说，他们已经准备好了"捍卫真理……抵抗那些迷信的教徒，对抗全世界的攻击"[93]。斯宾诺莎绝不是那种不关心世界、满足于将观点保密的隐士哲学家。相反，他是意志坚决且伟大的哲学家，并有建立声名的雄心；他也是个现实主义者，一直审视着周围的荷兰政治、神学和哲学景象。在写作和出版方面，他的总策略是适应荷兰当下的环境。

斯宾诺莎厌恶争论，明白自己必须谨慎前行，以避免威胁到他哲学思考所需的宁静，也避免遭到攻击、诽谤和打压。但他的目标是实现可与笛卡儿媲美的影响，将社会中思想和科学的方方面面改革一新。显然，要在荷兰思想竞技场中心获得优势地位，最好也是最安全的办法就是暂时掩饰自己的哲学，并作为主流笛卡儿主义者出现在公众面前。斯宾诺莎希望以此方式获得认可，并赢得身居高位的朋友，也就是那些致力于保卫笛卡儿哲学免遭富修斯派迫害的摄政官和学者们的支持。他向奥尔登堡解释道："或许能说服我国一些身居高位的人去读我承认出自我手的其他作品，这样他们便会确保我能在没有被打扰的危险情况下出版作品。"[94] 如果这一方法顺利，斯宾诺莎就打算尽快出版自己的哲学作品；如果不顺利，他则打算"保持沉默，而不是违逆国家的意愿，将我的观念强加给世人，引来他们的敌视"。与此同时，他稳步地推进着自己重要的哲学作品《伦理学》(*Ethics*)。

因此，斯宾诺莎出版的首部作品是对笛卡儿哲学的阐释（1663年），这并非偶然。该书激发了读者的兴趣，但从斯宾诺莎的角度看，结果仍悬而未决。他成了名人。次年，这一拉丁语著作被翻译成荷兰语，由他的一个伙伴彼得·巴林（Pieter Balling）筹备。巴林是与西班牙有联系的门诺派商人。然而，前景似乎依然险恶。斯宾诺莎把手稿的草稿拿给有权势的朋友看，却被告知要禁止出版他自己的哲学，原因是"普通人对我的"成见，以及"他们从未停止对我支持无神论的指责，我被迫竭尽所能地不断驳斥这类指控"。[95] 他也依然担心："……神学家的偏见，因为我知道，在人们将思维应用于哲学时，没有比这更大的障碍了。"[96] 斯宾诺莎断定，即便在17世纪60年代盛行的、相对自由的思想氛围中，自己也不能出版《伦理学》。于是，他像迈耶一样，开始进行一种《圣经》

批判，它质疑《圣经》作者身份的神圣性，动摇神学家的主张，进而削弱民众对公共教会的崇敬，以此为"哲学真理"的出版和被民众接受打开门路。联省归正会讲道者把持权势，以作为神圣启示的《圣经》为武器，然而如果证明《圣经》并非神圣启示，则讲道者也就被缴了械。

迈耶首先以《圣经哲学解释》加入论战，很可能并没有获得斯宾诺莎的许可。这本书1666年在阿姆斯特丹匿名出版，并掀起了广泛抗议。在前言中，迈耶声称要将笛卡儿方法运用到它尚未运用的领域——神学中。迈耶主张，神学这个"各学术学科的公主"如今处于如此混乱的状态。当下存在对《圣经》纷繁且相互敌对的解释，让普通人变得极度困惑，满是疑虑。他认为，拯救的办法就是遵从笛卡儿，剥去一切可疑之物，直达毋庸置疑、鲜明可见的真理。[97]因为《圣经》是神学的基础，他提出以哲学家的身份检验《圣经》，暂不承认它是神圣启示。这项实践的最终结论是，《圣经》充满了矛盾、分歧和缺陷，上帝即便是原作者，也不可被认为是我们所拥有的这份文本的作者。[98]由此，迈耶给富修斯派提供了迄今为止最好的证据，证明如果不让哲学严格地臣服于神学，那么哲学很快就会征服神学。

富修斯派和笛卡儿-科齐乌斯主义者都在谴责迈耶的书。莱顿大学神学院发表的谴责文章由科齐乌斯和海达纳斯署名。贝克尔是两大流派中谴责该书的众多讲道者之一。信奉三位一体说的学会派也目瞪口呆。阿姆斯特丹的神秘主义者、千禧年说信徒彼得鲁斯·泽拉里厄斯与迈耶和斯宾诺莎交好（而且泽拉里厄斯很可能知道作者是谁）。他斥责该书作者在哲学这座偶像前低头。[99]泽拉里厄斯赞同对教会弊病丛生的认知，但他认为，当前盛行的精神错乱与《圣经》中的分歧没有关系，而是源于在《圣经》解读中没有注入神圣精神。

该书很快在弗里斯兰遭到查禁，荷兰省的查禁则更为零星。在迈耶之后登场的是斯宾诺莎圈子里的另一个成员阿德里安·柯巴赫（1632—1669年）。他的作品鲜明展现出对学会派和贵格会的偏袒和对公共教会的敌意。柯巴赫的《千万喜悦之花园》贸然以实名出版，里面充满了反教会、反三位一体说和斯宾诺莎主义的观点。他的第二本，也是更为激进的作品正在印刷时，对柯巴赫首部作品的强烈抗议让印刷商直接通知了当局。柯巴赫躲藏在屈伦博赫，而后被当地治安法官发现、逮捕，并移交给阿姆斯特丹同僚。他被判处10年监禁和4 000荷兰盾的罚款。更让盟友悲痛的是，柯巴赫在1669年10月死于狱中。他的弟弟约翰内斯·柯巴赫（Johannes Koerbagh）也因为反三位一体说而遭到监禁，不过后来被阿姆斯特丹治安法官释放。释放所依据的原则是：在联省，写书或召集集会的人，不得因不敬神的观点而受惩罚。

柯巴赫抨击三位一体说，让神学屈居于哲学之下，还说《圣经》是混乱之源，并比迈耶更断然地宣称《圣经》并非神圣启示。[100] 他坚持称，这些信息应当向人民解释，以防他们继续被教会人士误导。[101] 这些话，他全用荷兰语写下来，并为此付出了代价。在柯巴赫遭遇残酷的命运打击之后，斯宾诺莎深受触动，携《神学政治论》进入战场。该书在阿姆斯特丹匿名出版，并谎称出版地是汉堡。在前言中，斯宾诺莎自述，他的目的是将个人和社会从恐惧造就的"迷信"中解放出来，并且通过让社会摆脱迷信，而让个人脱离知识的奴役状态。[102] 在影射科齐乌斯派与富修斯派的战争时，他评论道，他那个时代的神学家"滔滔不绝，却不关心如何引导人民，而是竭力赢取仰慕；他们嘲讽反对派，自己散播奇谈怪论和矛盾说辞"。在斯宾诺莎看来，这些全是毫无意义的。他指控教会歪曲宗教，让"信仰成为轻信和偏见的复合体"[103]。斯宾诺莎要将理性之光带到《圣经》研究中，摒弃先前的"原则，即《圣经》的每一篇章都是神圣的真理"。他渴望借此结束神学论战，终结与之相伴的仇恨、不宽容和分歧。

斯宾诺莎《神学政治论》的出版立即激起了整个荷兰省的骚动，尽管他打算仅以拉丁语出版，而且积极采取行动，阻止其荷兰语本的问世。赫拉泽马克翻译的荷兰语本直到1693年才最终上市。1670年5月，莱顿的宗教法院满腔愤怒地讨论了这份拉丁语文本，在哈勒姆情况也类似。[104]宗教法院向市长派出了代表团陈述意见，市长表示认同，因为这些引起他们关注的章节确实不可容忍。于是，市长安排从书商那里收缴该书。几周之后，南荷兰省宗教会议在斯希丹召集，各城宗教法院决心查禁近来出现的一批"愚蠢、渎神的书籍"，而《神学政治论》被认为是其中最具冒犯性的。[105]宗教会议决定应该普遍仿效莱顿的处理方式。会议要求代表在确保所有城镇的治安法官都遵照现行的反索齐尼法令的同时积极查禁该书。大多数人也确实照做了。

与此同时，斯宾诺莎拒绝公开承认他是本书作者。不过，他依旧日益成为咒骂和怀疑的对象。此时，他从福尔堡（Voorburg）搬到海牙市中心。无疑，这至少部分是为了住到荷兰省三级会议和德维特眼皮底下，进而尽量减少遭到任何纯属地方的机构骚扰的危险。他寄住在一位路德宗宗教法院长老的房子中，在那里度过了生命的最后几年。

不过，这本书引起的轩然大波并不只有消极意义。显然，它产生了广泛的影响，动摇了许多读者。贝克尔后来评论道：斯宾诺莎的影响力渗透至深，"引诱"了众多最聪明的头脑。[106]早在1673年，斯图佩就报告称，斯宾诺莎"拥有大量全然支持他观点的狂热信徒"[107]。作为斯宾诺莎损害联省名誉行动的一部分，斯图佩接着表示，虽然《神学政治论》的"主要目的是摧毁所有宗教，尤其是犹太教和基督教"，但荷兰神学家极少费力去驳斥斯宾诺莎的论点。斯图佩的这一论断遭到了布伦的强烈驳斥。

1672年德维特政权倒台，这件事让斯宾诺莎深感绝望。此后《神学政治论》在1674年被荷兰省三级会议和高等法院命令查禁，一同遭禁的还有迈耶的《圣经哲学解释》和霍布斯的《利维坦》。1675年，在共和观念复兴和威廉三世遭到抵抗的那段时间，斯宾诺莎为他的杰作《伦理学》在阿姆斯特丹的出版而做了最后的努力。然而，光是有关他要出版新作的流言就引起了强烈抗议，这在讲道者中尤为严重，斯宾诺莎因而断定，当前氛围过于严峻。

1677年2月，这位伟大的哲学家去世。此后，迈耶和其他盟友马不停蹄地筹备他哲学遗产的出版。斯宾诺莎在海牙的新教堂下葬，10个月后，朋友们替他出版了《伦理学》和未完成的《政治论》，此外还有他的信件和《希伯来语语法》。这些书都有拉丁语和荷兰语版本，但未标注出版地、译者姓名和出版商。1678年6月，这些书的所有版本都遭到了荷兰省三级会议的严厉查禁，因为内容中含有"极多世俗、渎神和无神论的观念，未受教育的读者可能会因此被误导，偏离唯一正确的得救道路，受害者还不仅是他们"[108]。三级会议的法令还禁止日后对斯宾诺莎作品的一切翻译和摘录。

尽管这项法令执行得不尽完善，斯宾诺莎的作品也显然可以继续售卖和阅读，但无论如何，种种迹象表明这些法令产生了强大的影响。公开宣传或捍卫斯宾诺莎是不明智的，有世俗野心的人也不认为自己的观点与斯宾诺莎的有相关性是妥当的。对斯宾诺莎的连环驳斥来自富修斯派、科齐乌斯派、再洗礼派和犹太人，而且持久不衰。1680年，在佩茨的鼓励下，[109] 范费尔特赫伊森发表了驳斥斯宾诺莎的论集。塞法迪犹太出版商伊萨克·奥罗维奥·德卡斯特罗因为出版《哲学斗争》（*Certamen philosophicum*，1684年）而成为反斯宾诺莎运动的领袖之一。1690年维蒂希厄斯（1625—1687年）出版了《反斯宾诺莎》（*Anti-Spinoza*）。但斯宾诺莎的影响渗透依然深远，并且在17世纪90年代在普通民众中的发展远远超越以往的水平，这可由以下事实证明：这次的出版狂潮从拉丁语转变为荷兰语。[110] 1693—1694年期间，《神学政治论》有两种不同的荷兰语译本面世。1694年，维蒂希厄斯《反斯宾诺莎》的荷兰语本也接踵而至。[111] 但造成最大轰动的是1697年哲学兼神学小说《菲利普提传》（*Het leven van Philopater*）续作的出版，作者是约翰内斯·德艾克里厄斯（Johannes Duijkerius，约1661—1702）。

这本惊世骇俗之作的第一部分描绘了一个年轻人精神发展的阶段，最初他成为狂热的富修斯派信徒。作品将富修斯派与科齐乌斯派的斗争描绘成一场徒劳无果的论战，让人想起中世纪吊钩派与鳕鱼派的持久纷争，它也因此招来攻击。然而，这本书销量很好，它的成功鼓励了作者和出版商考虑出版续作。续作有现成的市场，而且可能成为在广大民众中宣传禁忌观点的强劲工具。德艾克里厄斯是公共教会的见习讲道者（因为口吃没能获得职位），又是个失业的学校教士。他穷困潦倒地生活在阿姆斯特丹，依靠磨镜片艰难度日——正如他的英雄斯宾诺莎一样。[112] 阿姆斯特丹书商阿尔特·沃尔斯赫林（Aart Wolsgryn）是个著名的图书供货商，专向阿姆斯特丹公众提供科齐乌斯派、笛卡儿主义和激进笛卡儿主义文献。他也是个狂热的斯宾诺莎主义者。1695年在出版意大利著名教牧诗《忠诚的牧羊人》(*Il Pastor Fido*)时，他就将斯宾诺莎主义观点偷偷塞到了尾声中。[113] 然而，出版《菲利普提传》续作是更加胆大妄为的举动。这本书公然地详尽阐释曾被称为斯宾诺莎"极端唯物主义"解释的东西，采纳斯宾诺莎对待《圣经》的方式、对神迹的否定和其他观点。不仅如此，它还与乌尔尔·达·科斯塔一样，否认灵魂不朽，并且在这一点上比斯宾诺莎的《伦理学》更明目张胆。[114]

所以也可以预先断定，这一普及斯宾诺莎主义观点的妄为之举必然遭到当局最为严厉的镇压。自范登恩登以来，激进的"无神论"哲学家就在考虑如何才能最高效地普及具有挑战性的新观点。在这方面，范登恩登早先曾对剧院抱有很高的期望。[115] 但荷兰的剧院一直受到严格的管理。凭借哲学小说，德艾克里厄斯找到了一条前途无量的大道。

新书于1697年12月在阿姆斯特丹问世，首印1 500本。同月，鹿特丹宗教法院惊恐地回应，力劝治安法官采取行动。海牙的宗教法院很快就得到该城议事会的支持，向荷兰省高等法院申诉。高等法院下令查禁该书，要求荷兰省和泽兰省所有市政当局抄没存货。在鹿特丹，市政当局于1698年5月在市政厅门前焚毁收缴的禁书。弗里斯兰代理三级会议同样查禁该书。此外，尽管扉页没写出版商的名字，而且谎称出版地是格罗宁根，阿姆斯特丹治安法官依然查出了出版商的身份。沃尔斯赫林被逮捕、审讯，并于1698年4月被判8年监禁，而后驱逐出荷兰省25年，外加4 000荷兰盾的罚金。这些判决全是根据1653年反索齐尼法案做出的。撇开其他事情不说，《菲利普提传》确实在反三位一体说。[116] 因此，荷兰省的反索齐尼主义立法依然是共和国思想审查的关键。德艾克里厄斯本人也被传唤，不过他坚决否认自己是作者。世俗权威没有对他做出惩罚,但宗教法院让他名誉扫地。1702年,他在穷困潦倒中死去。

简单化的斯宾诺莎主义观点在荷兰传播,引起了世俗和教会当局更为激烈的反击。这些现象对此后联省思想和文化史的发展造成了深远影响。多年后,17世纪90年代斯宾诺莎狂热制造的某种氛围被刻画在一段奇闻中。讲述者是共和国最著名的医学学者——伟大的赫尔曼·布尔哈弗(Herman Boerhaave,1668—1738年)。1693年,还是一个学生的他,在客运驳船上偶然听到旅客对斯宾诺莎的热烈讨论。看人们如此激烈地表达着反对意见,他询问一个批评者是否真的读过斯宾诺莎。此时,另一个旅客询问并记录了布尔哈弗的姓名。结果,他在莱顿时被怀疑是斯宾诺莎主义者,并因此丧失在公共教会发展事业的机会。[117]

17世纪90年代,打击斯宾诺莎及其同伴的运动日益高涨。这估计不是富修斯派的杰作,而很可能出自笛卡儿主义者、科齐乌斯派和共和国启蒙运动早期的其他重要代表。通过打击斯宾诺莎和斯宾诺莎主义,共和国思想界的领袖可以钝化富修斯派的攻击,证明新哲学和新科学并不会导致无神论,并且以宗教和道德秩序捍卫者的姿态现身。这一时期,共和国里影响力最广的对斯宾诺莎的批判出自"鹿特丹哲学家"皮埃尔·培尔(1647—1706年)。1696年,培尔的《历史与批判辞典》(*Dictionnaire historique et critique*)的初版面世,其中"斯宾诺莎"的词条是篇幅最长,也是最重要的条目之一。弗朗索瓦·哈尔马(François Halma)是当时荷兰首屈一指的法语与荷兰语翻译家,同时是出版商和荷法词典的编者。他将培尔这段有关斯宾诺莎的文章翻译成荷兰语,并作为单行本出版。在自己写作的前言中,哈尔马表明自己非常担忧《菲利普提传》出版以来斯宾诺莎主义观点在民众中的传播,但他相信,培尔文章的荷兰语版本是可获得的最佳"解毒剂"。[118] 当时有人怀疑，培尔投入如此大的热情、用"无神论"的刷子抹黑斯宾诺莎，为的是转移皮埃尔·朱里厄（Pierre Jurieu）等胡格诺派批判者对他自己的无神论指控。

培尔谴责《神学政治论》是"一本有害、可憎的书，（斯宾诺莎）偷偷在其中播撒了无神论的种子，这些观念在《遗著集》中暴露无遗"[119]。这些论述标志着出版物攻击斯宾诺莎的顶峰。培尔本人也解释，他的目的更多是在抗击当时的"斯宾诺莎主义者"，而非斯宾诺莎本人。[120] 这必然也是哈尔马和彼得·拉布斯（Pieter Rabus）的目的。拉布斯是17世纪90年代荷兰语书评主要刊物《欧洲书房》（*Boekzaal van Europe*）的编辑，荷兰启蒙运动早期的关键人物。[121] 哈尔马和拉布斯精心组织了一场世俗意义上的反斯宾诺莎运动。这场运动给神学家和学者的活动增添了势头。一直到18世纪末，甚至在更晚些时候，这场运动都对整个荷兰文化保持着清晰可见的影响。

魔鬼之死

斯宾诺莎对欧洲思想的一大贡献是否认了撒旦和所有魔鬼。如历史的发展所呈现的一样，荷兰启蒙运动早期最重要的思想论战正是围绕魔鬼的问题而展开。它爆发于17世纪90年代早期，且正值斯宾诺莎论战的白热化时期。

笛卡儿主义运动曾一度在联省创造出宽松的思想环境，人们越来越能够带着超离和怀疑的态度，看待撒旦、恶魔、巫术，甚至是天使。富修斯派与公共教会内部的笛卡儿-科齐乌斯主义对手争论的一个中心点就是后者倾向于将天使视为比喻性的装饰物，《圣经》为了诗意化的效果才提到他们，现实中并不存在天使。[122] 哈勒姆再洗礼派医师安东尼·范达勒（Anthonie van Dale，1638—1708年）采取的行动进一步动摇了民众的超自然观念。在《论神谕》（*De Oraculis*，1683年）中，他将让·勒克莱尔描绘为"与所有迷信不共戴天的敌人"。该书主张，罗马人和希腊人书里提到的神迹建立在人民迷信上，祭司则为了他们自私的目的而利用民众对恶魔和魔力的轻信。范达勒著作的荷兰语和法语版本在1687年面世。17世纪90年代，拉布斯在《书房》里称赞范达勒是打击民众迷信的主要支持者之一。

对迷信的打击其实早已开始，不过在17世纪90年代，大部分社会成员，包括讲道者，脑子里仍满是有关撒旦、魔鬼、天使的信念，并且通常还有关于巫术的思想。因此，巴尔塔萨·贝克尔在联省写作和出版对魔鬼进行最持久、最系统的抨击性著作《论着魔的世界》（*De Betoverde Weereld*，1691年）造成了轰动性影响。这是欧洲启蒙运动早期的主要著作之一，也几乎必定是最具争议性的著作。

贝克尔避免断然声称撒旦、恶魔和天使并不存在，但此前，没有人如此系统地考察过有关魔鬼的整个问题，也没有人主要以《圣经》本身为依据、如此切中要害地论证侵入人们观念、恐惧和梦境之中的魔鬼、恶魔和天使并不是真实存在的灵魂，而是迷信想象的虚构之物。他极尽翔实地阐述的中心论点是：经过严谨的考查证明，《圣经》所有涉及撒旦、恶魔和天使之处，都纯粹是有关罪恶、罪行和上帝力量的比喻性、诗性寓言。[123] 无论是约伯、保罗、基督，还是《圣经》中描绘的任何人，都没有真的遇到魔鬼。在一步步证明上述结论的过程中，贝克尔将笛卡儿-科齐乌斯主义的寓言注释方法延展到了极致，将《圣经》描绘为充满诗性发挥和比喻表达的作品,它根据古希伯来人因轻信而来的观念进行裁剪。

贝克尔沉浸在笛卡儿思想和科齐乌斯神学中,同时公开宣称自己是激进笛卡儿主义者和斯宾诺莎主义者公开的敌人。结果,他极其震惊地发现,在数十年里,自己的书竟然引起了共和国最大的思想骚动,遭到主流科齐乌斯派,以及富修斯派的攻击。他被指控为霍布斯、斯宾诺莎和柯巴赫这些无神论的洪水猛兽打开了闸门,而他本人却十分痛恨这些人的观点。[124] 一些批评家还将贝克尔对魔鬼的否认与大卫·约里斯的《圣经》自由主义相连。在荷兰启蒙运动早期的思想界,约里斯的《奇迹之书》依然是前哲学时代对《圣经》进行自由思考和颠覆的代表。[125]

富修斯派和科齐乌斯派都在严厉斥责贝克尔,但是,他们的语调和抨击思路截然不同。自从17世纪60年代在弗里斯兰热情洋溢地捍卫笛卡儿学说以来,贝克尔就成了富修斯派的眼中钉。他们认为这也是根顺手的大棒,可用来打击荷兰文化中所有笛卡儿-科齐乌斯主义。富修斯派强调,贝克尔对魔鬼的否认源于科齐乌斯主义和笛卡儿主义两种根源。相较而言,科齐乌斯派原将贝克尔视为他们当中的一员,直到1688年他发表论但以理预言的小册子。[126] 在这本书中,贝克尔同意《旧约》预言了基督的降临,但否认科齐乌斯的观念——但以理预言了基督教教会的兴起。总体而言,他同意《旧约》的很多内容是为了适应古代以色列人的迷信观念而写的。但同时,他斥责科齐乌斯及其追随者在滥用《圣经》中的寓言,没能充分坚持《圣经》平白朴实的含义。贝克尔在此观点中坚持称,但以理涉及的仅是以色列史。[127] 为此,科齐乌斯派抨击贝克尔是不忠实的成员,扭曲了科齐乌斯派的方法。1693年,赫鲁纳维亨和约翰内斯·范德韦延更是在弗拉讷克发表了长达651页的书抨击贝克尔。[128] 富修斯派和科齐乌斯派都在谴责贝克尔的书籍以荷兰语出版，并由此将斯宾诺莎和柯巴赫的毒药传播到贫穷、无知和半文盲的人群中。[129] 在攻击贝克尔的行动中，柯巴赫与斯宾诺莎的名字也一道被提及。基要主义者库尔曼则控诉称，贝克尔引导平庸的神学学生相信国定本《圣经》中的某些篇章是从希伯来语或希腊语《圣经》那里误译来的。[130]

对贝克尔的攻击是双重的，但两股抨击力量各有不同的动机和目标。富修斯派力图通过攻击贝克尔，而将笛卡儿-科齐乌斯主义与斯宾诺莎和柯巴赫归为一类；科齐乌斯派则希望通过将贝克尔与斯宾诺莎和柯巴赫捆绑，而把贝克尔剔除出去，让笛卡儿-科齐乌斯主义得以完好保存。贝克尔早些年被弗里斯兰驱逐，1679年起在阿姆斯特丹担任归正会讲道者。他的新书几乎让整个阿姆斯特丹宗教法院敌视他。尽管富修斯派要求采取强硬措施，但当时包含49名成员的宗教法院中，其他人，尤其是在俗成员，都力劝北荷兰省宗教会议在不正式谴责该书、不撤销贝克尔牧师职位的情况下，解决此事。温和派希望贝克尔在随后的版本中撤回部分篇章、修改其他篇章，并做出能让他留任归正会讲道者的"澄清"。贝克尔从自己的角度考虑，表示愿意做出澄清，"以消除所有的斯宾诺莎主义嫌疑"[131]。

但温和派还是失败了。鹿特丹和乌得勒支的富修斯派宗教法院发起了更大规模的运动，以打压贝克尔及其著作，增强对斯宾诺莎主义的指控，并竭尽所能地损害笛卡儿主义和科齐乌斯主义。鹿特丹致函整个共和国的其他宗教法院，谴责阿姆斯特丹的谨小慎微，主张如果贝克尔不被谴责、不被剥夺牧师职位，那么对《圣经》的敬意就会衰减，斯宾诺莎主义则会进一步在民众中传播。鹿特丹和乌得勒支宗教法院的激进行动得到米德尔堡、坎彭、吕伐登和格罗宁根的强力支持。[132]

公共教会内部的反应也是一派压倒性的敌意。但是，在教会和神学院之外，贝克尔拥有众多支持者。于是出现了一个特殊情况：在越来越多"已启蒙"的公众看来，贝克尔已经成了抨击撒旦、藐视蒙昧主义者大军的英雄人物。德艾克里厄斯在《菲利普提传》中赞美他为"弗里斯兰的赫拉克勒斯"。培尔先前就指出，莱顿大学的学生和"那些精神受到启发的人"倾向于通过支持维蒂希厄斯充满"笛卡儿主义"和"科齐乌斯主义"的讲座，来抵抗政府和大学当局的富修斯主义。[133] 在莱顿，许多学生和有教养的平信徒也以同样的方式回应那些抗议贝克尔的呼声，共同捍卫贝克尔。[134] 贝克尔本人观察到，在阿姆斯特丹支持他的多是见多识广的平信徒，而支持富修斯派讲道者的是信奉加尔文宗的中下层民众，他们也是构成加尔文宗基要主义传统大本营的主力军。[135]

很大一部分民众对贝克尔论战颇感兴趣，这一点显而易见。1691年存在两个版本的《论着魔的世界》，阿姆斯特丹版的5 000本和弗里斯兰版的750本全都迅速售罄。[136] 有一类杰出的平信徒和出版商挺身而出，捍卫贝克尔，埃里克斯·瓦尔滕、安东尼·范达勒和彼得·拉布斯都在其中。根据他们的提议，一些纪念章被铸造出来，以庆贺贝克尔摧毁了魔鬼。库尔曼曾谴责范达勒是自由主义者，常常说些"无神论"和"亵渎神明"的话。如今，范达勒给贝克尔提供了物质帮助。他站在了贝克尔一方，将自己的名字与之相连，而后还自己出版了一本书抨击迷信，即《论偶像崇拜与迷信的起源和发展》(*De Origine et Progressu Idolatriae et Superstitionis*，1696年)。该书探讨了宗教"迷信"的起源和类型。他在书中指控包括归正会在内的各个教会，总是故意鼓励民众轻信一些迷信或实行偶像崇拜。

培尔和胡格诺派出版商没能介入贝克尔论战,因为它主要以荷兰语进行,而他们对荷兰语的掌握十分有限。不过,作为唯一一份荷兰语刊物的主编,拉布斯给了贝克尔可贵的支持。拉布斯自己也受到了鹿特丹富修斯派宗教法院的攻击,因此必须谨慎行动。他对贝克尔论战的评论便是谨小慎微的典范。然而,这没能阻止鹿特丹宗教法院对其亲贝克尔立场进行愤怒回击,宗教法院向市长请愿,要求查禁《书房》(*Boekzaal*)。好些年里,拉布斯及其盟友不得不为这份刊物的生存而战。[137] 最终在1694年3月,鹿特丹议事会决定不查禁《书房》,但下令,以后在未经宗教法院检查员审核的情况下,拉布斯不得出版任何东西。事实上,富修斯派已经让共和国唯一一份荷兰语刊物闭嘴了。

贝克尔最直言不讳的盟友是共和派作家、光荣革命的赞颂者埃里克斯·瓦尔滕。虽然他是个奥伦治派,但瓦尔滕决不是教会权威或富修斯派的盟友。事实上,他是"宽容"的热情支持者,总是激烈批判讲道者在荷兰社会中的势力。1691年,他匿名出版了本一针见血的小册子《机敏的魔鬼》(*Aardige Duyvelary*),支持贝克尔,嘲讽其反对者。[138] 贝克尔承认,瓦尔滕"让许多人开眼"看到魔鬼的实质和正在发生的真相,但同时,贝克尔认为,因为对归正会讲道者和宗教法院的刺耳评论,瓦尔滕也使得整场论战走向了一个危险的急转弯。随后,瓦尔滕把注意力引向论战的政治意涵,因而给事件带来了更危险的转折。

17世纪90年代初,富修斯派在共和国所有省份发起联合运动,以争取威廉三世和奥伦治派出面,采取决定性行动,终结公共教会内部的纷争。这是共和国史上加尔文宗正统派最后一次竭力争取政权,为其镇压神学敌手、让对方闭嘴并将他们驱逐出公共教会。[139] 人们普遍认为,与执政本人相比,他的宠臣本廷克更倾向于支持更激进的亲富修斯立场。1692年，在富修斯派利用贝克尔事件对科齐乌斯主义和笛卡儿主义施压时，瓦尔滕极其莽撞地发表了致本廷克的公开信。瓦尔滕在信中主张，正如不列颠的詹姆士二世党人阴谋废黜执政兼国王，迎回詹姆士二世一般，贝克尔的敌人意图压制"宽容"，复辟被废黜的魔鬼。他告诫道，倘若亲王支持魔鬼的捍卫者，那么不仅贝克尔会被击败，他的敌人还会赶走联省中所有不认同他们的教授和讲道者。过去的执政捍卫"宽容"，如今，瓦尔滕力劝，希望未来让执政继续充当"宽容"的支持者。经过这次舆论的爆炸，瓦尔滕让自己成了名人，但也丧失了那些能保护他的人的宠爱。富修斯派发起打击瓦尔滕的运动。1694年3月，他被荷兰省高等法院逮捕，同月，《书房》被置于富修斯派的审查下。瓦尔滕的文书被没收，而他本人因亵渎神明、诽谤公共教会、传播有关《圣经》的无神论观点而受审。其中一项指控称，瓦尔滕说《新约》中撒旦诱惑基督的故事是"琐事"。[140] 埃里克斯·瓦尔滕是荷兰启蒙运动早期对"宽容"、宪政统治和压制教权最坚定不移的支持者。1697年，即被捕后的第三年，他在海牙的监狱中去世。几步开外，就是25年前约翰和科内利斯·德维特兄弟被暴徒谋杀的地点。

在荷兰省，围绕贝克尔和魔鬼的斗争发展到白热化。鹿特丹极力要求进行公开谴责。但荷兰省的许多宗教法院要么陷入了内部分裂，要么就是科齐乌斯派占上风。富修斯派提议动员南荷兰省宗教会议向北荷兰省宗教会议施压，但代尔夫特和多德雷赫特拒绝支持这类行动。代尔夫特宗教法院认为，这件事应留给阿姆斯特丹宗教法院定夺。[141] 在荷兰省，贝克尔控诉：富修斯派对手煽动吕伐登、格罗宁根和米德尔堡的长老监督会恶意介入，以便"击垮那些遵从笛卡儿和富修斯学说的人"，其手段则是将这些人与霍布斯、斯宾诺莎绑在一起；此外，富修斯派还力图唤起德意志加尔文宗圈子的激烈抗议。[142]

北荷兰省宗教会议的氛围日渐变为敌视阿姆斯特丹宗教法院的温和。霍伦的长老监督会（当时属于富修斯派和基要主义，与科齐乌斯派的恩克赫伊曾相对）领导了羞辱贝克尔的运动。1692年7月，北荷兰省宗教会议在阿尔克马尔召集。大多数代表反对阿姆斯特丹的立场。会议氛围迫使贝克尔否认宗教会议有权审查他出版的东西。会议不出所料地谴责了贝克尔，宣布他不再适合担任归正会讲道者。宗教会议要求阿姆斯特丹议事会剥夺他神职人员的身份。阿姆斯特丹市长被迫服从，这是因为，如果他们违逆宗教会议，坚持允许贝克尔继续布道，那么他们就将与公共教会龃龉，而该城也很可能因此爆发骚乱。另一方面，他们也不希望自己看起来完全屈从于宗教会议，同时还要顾及该城及其议事会的许多人同情贝克尔这个事实。于是，市长们没有正式剥夺他的职位，而是令其停职、薪俸照旧，同时他们还拒绝遵照宗教会议的要求查禁他的书。乌得勒支和另外几座城镇确实也在当地查禁了《论着魔的世界》，[143] 但阿姆斯特丹和荷兰省三级会议却从未遵从该法令。

荷兰的两场启蒙运动

贝克尔《论着魔的世界》一书引发的风暴是欧洲启蒙运动早期持续时间最长、影响最为深远的事件之一。该书制造了前所未有的骚乱。在它出版之后的三年里，大约有170种书相继问世，它们或支持或反对贝克尔，或相信或否认魔鬼。一些回应之作甚至比《论着魔的世界》篇幅还长，如库尔曼和范德韦延的作品。然而，这场观念和态度的剧变并未在法兰西或英格兰掀起任何涟漪。1695年,该书的第一部分的英译本以《着魔的世界》之名问世。但不列颠对它的兴趣甚微,不久该书就"似乎被遗忘了"[144]。法语本(1694年)似乎也无甚影响。即便在今天的不列颠和法兰西,在谈论启蒙运动早期时,人们也常常完全忽略荷兰的论战。

这着实是令人好奇的路线分化的一种表征。这种分化将启蒙运动早期的诸多方面一分为二,在联省情况尤其如此。身在荷兰省的培尔和其他胡格诺派作家、知识分子费了很多力气在欧洲宣传新思想,但他们发现很难理解共和国新近的笛卡儿主义和科齐乌斯主义运动。部分问题在于这些雪崩一样的材料是以荷兰语呈现的,这让运动基本处于胡格诺派知识界的能力范围之外,因为他们不太能理解这门语言。培尔发现自己对此多少有些挫败,[145] 不过他仍付出了比其他人都要多的心血去提升人们对这些争论的认识。通过这样的进程,荷兰论战的意义才得以从胡格诺派和其他法兰西、英格兰知识分子的经验与知识中显现出来。在培尔的《历史与批判辞典》中,他适宜地列出了在欧洲启蒙运动早期应该读什么、讨论什么这些问题。这部巨著的一个显著特征就是并未收录或提及荷兰的论战及其参与者,而只有斯宾诺莎和维蒂希厄斯是例外。剩下的人都被彻底地从这幅论战图景中抹去,包括科齐乌斯、海达纳斯、勒尔、范利姆博赫、迈耶、柯巴赫、范达勒、瓦尔滕和贝克尔。这一趋势因为荷兰瓦隆宗教会议推行的法规而得以巩固——它规定法语讲道者必须避免介入科齐乌斯派和富修斯派的争论及其相关事宜中。

17世纪末共和国发生了重大的思想变革,它几乎与胡格诺派无关,但其影响却并不仅限于联省。它既是荷兰语精英观念*的变革,也

---

* 指讲荷兰语的人为精英阶层的思维观念。——编者注

在一定程度上是民众观念的变革。正如富修斯派讲道者雅各布斯·莱德克（Jacobus Leidecker）1692年指出的，许多去教堂的普通人和一些归正会讲道者不再相信天使或撒旦，这样的事实不能简单归罪于斯宾诺莎和霍布斯。造成这一结果的是渗透到荷兰文化世界各个角落的笛卡儿主义和科齐乌斯主义，特别是科齐乌斯、勒尔和贝克尔的作品。[146] 此外，虽然共和国的剧变没对不列颠和法兰西造成什么直接影响，但却极大地影响了中欧地区。自古以来，荷兰文化对中欧的影响就比对英格兰或法兰西的影响显著。直到18世纪早期，荷兰文化的影响依然遍布其间。虽然贝克尔的《论着魔的世界》遭到培尔几近轻蔑的忽视，[147] 但它的出版在德意志却是重大事件。该书的第一版德语译本出现在1693年的阿姆斯特丹，第二版在1695年的汉堡出现。1694—1695年间，有关贝克尔和荷兰论战的热烈讨论接踵而至。它在影响力巨大的莱比锡《学报》（*Acta Eruditorum*）上展开，且部分内容是报道拉布斯《书房》刊登的讨论内容。与《书房》的情况类似，这份书评刊物在不列颠和法兰西鲜为人知，在德意志却备受讨论。[148] 参与贝克尔论战的德意志人的反应方式大多与荷兰富修斯派一样，坚持认为贝克尔是霍布斯和斯宾诺莎的继承人，新无神论的支持者。

不过在德意志，启蒙运动同样激动人心。尽管法兰西和英格兰对该运动有着相当大的影响，但在启蒙运动早期，荷兰的思想影响或许比二者的都要大。17世纪90年代到新世纪的头几年激进观念的影响尤其如此。1701年，一名德意志路德宗领首神学家在一份新神学刊物的发刊词上评论道：20年前，德意志公众和神职人员曾处在天真的快乐中，不知危险将至。随后，他们错愕地得知，在"自由过度"的国家——荷兰，洪水一般涌来的有害新书引起了骚乱。此后，他们带着惊恐闻知"某个叫斯宾诺莎"的人的观点，还有贝弗兰、达·科斯塔和霍布斯的观点；最后，"在过去的10年"中，眼看着不敬神及"残酷无情"的文本涌入"我们德意志新教地区的所有书店"。[149] 贝克尔论战向德意志外溢的过程中，不仅给荷兰出版物入侵德意志书店增添了势头，而且鲜明地增强了一些新观念对淳朴平民的影响。一些德意志的贝克尔批评者在解释自己给予其书的额外关注时，如此说道：贝克尔试图引诱虔敬的民众相信撒旦和天使都不存在，这一行为已经对德意志社会造成了广泛且令人担忧的影响。弗里德里希·恩斯特·克特纳（Friedrich Ernst Kettner）在《论两个骗子——巴鲁赫·斯宾诺莎和巴尔塔萨·贝克尔》（*De Duobus Impostoribus, Benedicto Spinosa et Balthasare Bekkero, Dissertatio*，莱比锡，1694年）中，将贝克尔和斯宾诺莎共同列为对德意志虔诚和心灵平和的两大思想威胁。[150] 类似的还有埃诺希·措贝伦（Enoch Zobeln），他在《辩护宣言》（*Declaratio Apologetica*，莱比锡，1695年）中也主张德意志新教地区正被"荷兰"涌入的邪恶观念所毒害。他将贝克尔之名与斯宾诺莎、霍布斯和大卫·约里斯（这颇引人注目）并列。[151]

但绝不是整个德意志学术界都持这样负面的观点，至少对贝克尔如此。克里斯蒂安·托马修斯（Christian Thomasius）曾领导了一场思想运动，力图贬损德意志的巫术迷信。在《论巫术之罪》（*De Crimine Magiae*，1701年）中，他谨慎但持肯定态度地援引了贝克尔的观点。到启蒙运动晚期，德意志也没有完全遗忘贝克尔。正如莱辛和启蒙运动的主要思想家对斯宾诺莎报以更为肯定的评价，到18世纪末，一些人开始尝试性地承认贝克尔的贡献。1780年，拉芬斯堡（Ravensburg）伯爵领地的归正会讲道者约翰·莫里茨·施瓦格尔（Johann Moritz

Schwager）出版了一本带有同情性质的贝克尔传记，里面主张贝克尔是德意志启蒙运动早期的一个关键人物，属于那些为对抗魔鬼和巫术迷信做出最大贡献的人。施瓦格尔解释道，贝克尔之所以不再被广为铭记，是因为他的作品的德语译本水平拙劣、不准确。[152] 施瓦格尔筹备了一个新译本，于1781年在莱比锡出版。

第35章

殖民帝国

领土

1640年前后,荷兰似乎正走在巩固其殖民帝国的康庄大道上——殖民地一个位于西半球,一个位于东半球,而且全都地域广阔、利润丰厚。荷属巴西(或者按荷兰人取的新名字称它为"新荷兰")从亚马孙河口一直绵延到圣弗朗西斯科河口的莫里斯堡(Fort Maurits,大约位于累西腓与巴伊亚之间)。在西印度公司统治下,这里似乎安全、繁荣。第一任(也是最后一任)新荷兰总督约翰·毛里茨·范拿骚-锡根基本成功的任期(1637—1644年)内尤其如此。约翰·毛里茨·范拿骚-锡根后来还出任荷兰陆军的高级指挥和勃兰登堡选帝侯的克莱沃-马克省长。占据着巴西北部的荷兰完全掌控了欧洲的糖市场。西印度公司还似乎开始主导横跨大西洋的奴隶贸易活动,并且也是迄今为止在非洲实力最强的欧洲国家。在1637年,荷兰人从葡萄牙人手中夺取埃尔米纳,1640年征服查马(Chama)和布特里(Boutry),1642年拿下阿克西姆(Axim),至此完全控制住了几内亚海岸。1641年5月,从巴西出发、由西印度公司独腿指挥官彼得·科内利茨·约尔(Pieter Cornelisz. Jol,卒于1641年)率领的3 000人的远征军还从葡萄牙手中夺取了安哥拉。同时,在巴西以北,荷兰人保住了他们在圭亚那的埃塞奎博、德梅拉拉（Demerary）和伯比斯（Berbice）这些小拓居地。1634年攻占库拉索岛后，荷兰人又夺取数座加勒比海小岛屿。于是到1648年，现代荷属安的列斯（注：2010年已解体）的六座岛屿都已在荷兰旗帜下，包括：向风群岛的库拉索岛、阿鲁巴岛（Aruba）和博奈尔岛（Bonaire）；北部背风群岛的圣尤斯特歇斯岛、萨巴岛和一半的圣马丁岛（Saint Martin）。最后，荷兰人还建立了"新尼德兰"。西印度公司从这里的两个基地控制着北美的皮毛贸易，一个基地在曼哈顿岛（时称新阿姆斯特丹），另一个在奥伦治堡（今奥尔巴尼）。

但是这个占领了南大西洋两岸的雄伟帝国崩溃得比其兴起更快。1645年，巴西北部信奉天主教的葡萄牙种植园主起义反抗西印度公司的统治，同时也对抗所有荷兰新教徒和葡系犹太人。他们对这两个群体的憎恶既有经济和宗教的原因，也有政治原因。他们发动的战争迅速横扫新荷兰种植区，摧毁糖种植园。到1645年末，西印度公司实际上已经丧失了对巴西北部大部分地区的控制权。荷兰人和犹太人被围困在累西腓和其他几个防卫要塞。联省的人们普遍希望1648年对西战争的终结能让总三级会议派充足的军力到巴西，以解救西印度公司，镇压叛乱。荷兰确实派遣了充足的军力，却未能完成任务。1648年3月，维特·德维特率领同盟远征军到达巴西，这里的荷兰军队人数由此增至6 000人以上。他们意图击退累西腓附近的葡萄牙人。然而，在第一次瓜拉拉皮斯（Guararapes）战役（1648年4月）中，这支由德意志军官西吉斯蒙德·冯·朔佩（Sigismund von Schoppe）率领的荷兰军败给了规模较小的葡萄牙军。此后不久，一支来自巴西南部的葡萄牙的远征军迫使安哥拉的荷兰守军投降。第二次为累西腓解围的行动，即第二次瓜拉拉皮斯战役（1649年2月），甚至以比第一次更打击士气的惨败收场。这场战役实际上决定了荷属巴西的命运，因为如今已难以预见能以什么方式恢复西印度公司在该地区的统治和稳定。1648—1649年间殖民地的三次惨败自然在共和国产生轰动效应，极大地影响了本土政治危机的走向，让威廉二世和泽兰、乌得勒支、格罗宁根三级会议恰好得以将共和国的羞耻归罪于荷兰省三级会议领导人。这三省反力主同盟机构更强势地介入巴西。1654年累西腓投降，荷属巴西寿终正寝。1645—1654年间，西印度公司的股票几乎化为废纸，民众对这项事业的信心也丧失殆尽。

尽管这些年看着前景惨淡，且在西半球建立宏伟荷兰帝国的愿景毁于一旦，但在17世纪五六十年代，西印度公司确实通过与共和国大私商合作成功地建立了繁荣的跨大西洋贸易帝国。西印度公司永久放弃了宏大野心和先前的行动方式、做派。与东印度公司不同，它不再是一支强大的军事或海军力量。但是，它占领的加勒比海岛屿、圭亚那殖民地和它在西非的要塞编织出了一张贸易站和仓库的网络，这让荷兰依然得以充当欧洲大西洋贸易中的一支重要力量。[1] 从17世纪40年代末以来，最为重要的贸易包括：荷兰在加勒比海的大宗货运贸易，以及随后在加勒比海与西属美洲大陆之间展开的大宗货运贸易，这两项贸易都主要以库拉索岛为基地；荷兰的跨大西洋奴隶贸易，它以库拉索岛为中转站，目的地是西属美洲殖民地。奴隶贸易是与一种"席位制"（asiento）共同发展起来的贸易，它意味着一种定期、受监管的奴隶贸易专营权，并由西班牙国王维持。[2] 西印度公司依然保有专属的荷兰奴隶贸易、几内亚黄金贸易和通向西非要塞的所有航运。

与此同时，在东印度，东印度公司在17世纪三四十年代早期取得了令人瞩目的成就。1638—1641年间，荷兰人与僧伽罗人（Sinhalese）的统治者康提国主联盟，夺取了葡萄牙人在锡兰的六大据点中的三个。1641年，荷兰人经过长久且代价高昂的围攻，拿下葡萄牙的大型基地马六甲，它扼守着沟通印度洋与中国南海的海峡。于是，到17世纪40年代，荷兰人根深蒂固地盘踞在印度次大陆、马来半岛和印度尼西亚（以及1662年之前的中国台湾地区）。17世纪50年代，东印度公司继续集中主要兵力打击锡兰的葡萄牙人。经过对科伦坡（Colombo）漫长而艰辛的围攻（1655—1656年），东印度公司控制了该岛的整片肉桂产区。1657—1661年，联省与葡萄牙爆发战争（主战场在巴西）。经过这场战争，尤其是印度南部的决战，荷兰人不仅实现了对锡兰海岸的征服，而且攻克和兼并了葡萄牙人在印度南端的一整串防御基地，包括纳加帕蒂南（Negapatnam）、杜蒂戈林（Tuticorin）、坎努尔（Cannanore）、克兰加诺尔（Cranganore）和柯钦。（参见地图14）从1660年左右至18世纪20年代，荷兰一直是盘踞印度的主要欧洲力量。

因此，尽管在1654年退出荷属巴西、1662年退出中国台湾、1664年失去新尼德兰，但在17世纪下半叶到18世纪头25年，荷兰殖民帝国仍处在鼎盛时期。在此期间，荷兰的贸易和海运在东西半球同时扩张。整体而言，殖民事业为荷兰贸易体系运转所做的贡献稳步增长。在印度尼西亚列岛，东印度公司极大地扩展了自己的势力。其中尤为重要的一步是在1667年，科内利斯·斯佩尔曼（Cornelis Speelman，1628—1684年）率军征服马卡萨（Macassar）。他的竞争对手赖克洛夫·范胡恩斯（Rijcklof van Goens，1619—1682年）率领荷兰军队在南印度取得胜利，并于1682年兼并万丹。与此同时，在西半球，荷兰人在1667年（用泽兰省三级会议派出的军队）征服了苏里南，并由此拓宽了他们在圭亚那至今狭长的领地。苏里南随后发展成西半球最繁荣的糖业种植殖民地之一。当时，苏里南被认为是对丧失新尼德兰殖民地的充分补充。

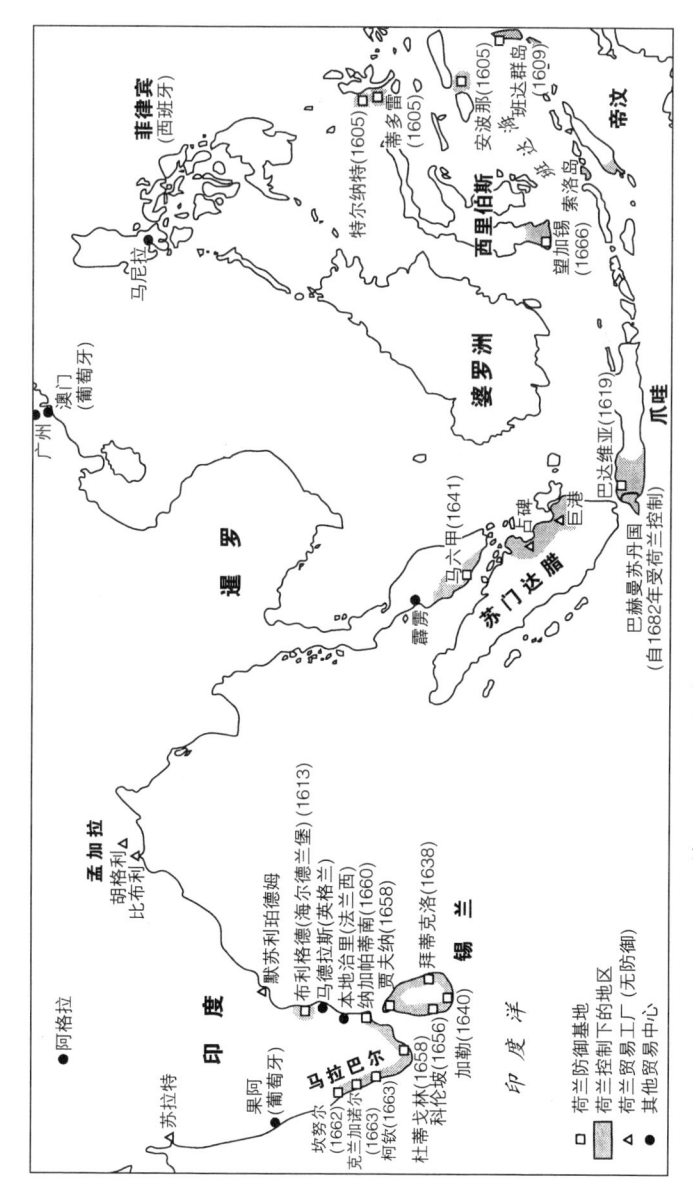

地图14 1688年前后荷兰共和国鼎盛时期在亚洲的领地

第35章 殖民帝国

东印度公司在非洲南端的殖民地,即开普殖民地,设立于1652年,即第一次英荷战争之初。它也被称为"两洋间的酒馆"。其设立目的是在共和国到东印度的航线上获取至关重要的站点。它的功能主要是在战略和后勤方面为出海远航和返航的东印度公司舰队提供水和食物补给。由于当地不能提供符合公司要求的黑人劳动力,白人农民被鼓励到此定居。开普殖民地于是成了新尼德兰以外,唯一一个由白人殖民者亲自参与劳动的荷兰殖民地。它最初很小,而后慢慢扩张。在西蒙·范德斯特尔(Simon van der Stel)的总督任期内(1679—1699),这里的农场、果园和葡萄园扩展到了开普半岛以外的地方。同时,一直有小股的移民流入此地。

对补给的需求是巨大的,并且在日渐增长。平均而言,1652—1700年间每年有大约33艘荷兰船只停靠开普敦,1715—1740年间增长到69艘。斯泰伦博斯(Stellenbosch)内外的农业发展开始于1680年,到了1685年,已有大约100户人家在此定居。随着定居地的扩展,南非的荷兰归正会将殖民地划分为三个分会——开普敦(1666年)、斯泰伦博斯(1685年)和德拉肯斯泰因(1691年),它们都有各自的宗教法院、学校和福利机构。到17世纪90年代,荷属南非的产物已足够丰富,能开始定期向巴达维亚出口小麦,供那里的荷兰民众和驻军使用。为了应对最繁重的农业工作,在17世纪90年代有一定数量的西非奴隶被引入殖民地。1672年,这片殖民地仅有53个奴隶,而到1711年,这里的1 756个白人自由民共占有至少1 781个黑人奴隶。[3] 为了进一步发展殖民地,东印度公司还在17世纪80年代末采取行动,吸引胡格诺派难民。数百名胡格诺派信徒定居开普殖民地。但是与共和国本土的省政府和城镇议事会不同,东印度公司没有费力设立单独的法语教会、学校和福利体系，而是更愿意将胡格诺派信徒与现存的荷兰和德意志人口融合。于是，该殖民地上的法兰西文化迅速销声匿迹。

在亚洲，随着荷兰人占领万丹苏丹国、主张在苏门答腊岛的权力，他们的权势在17世纪80年代达到顶峰。1688年，东印度公司在亚洲拥有至少20个人员过百的要塞，它的主要基地设在巴达维亚、爪哇岛西北部、安波那、马卡萨、班达群岛、马六甲、锡兰和印度南端（参见表41）。在南非，东印度公司维持着大约200人的驻军。此外，该公司在印度北部和暹罗（注：今泰国）还有一连串不设防的贸易商馆，以及欧洲人在日本的唯一一座商馆。东印度公司在亚洲共有大约1.15万名雇员，其中三分之一驻扎在爪哇岛，比例稍高于此的雇员驻扎在印度和锡兰。

表41 荷兰东印度公司于1688年在亚洲的雇员分布情况

（单位：人）

地 区	军队	海员和工匠	行政管理和贸易	总数（估算）
爪哇岛				
巴达维亚	1 900	600	200	2 700
万丹	340	75	10	425
哲帕拉	660	170	15	845
印度尼西亚其他地区				
安波那	600	150	50	800
班达群岛	500	150	30	680

（续表）

地　区	军队	海员和工匠	行政管理和贸易	总数（估算）
马卡萨	350	100	20	470
苏门答腊岛	235	200	35	470
特尔纳特-蒂多雷	290	100	25	415
印度南部				
纳加帕蒂南和科罗曼德尔海岸	500	70	100	670
科钦和马拉巴尔海岸	420	150	50	620
锡兰				
科伦坡				
尼甘布				
贾夫纳	1 700	600	150	2 450
加勒				
拜蒂克洛				

数据来源：Van Dam, *Beschryvinge*, ii, part 1, 320—321; Gaastra, *Gesch. van de VOC*, 85.

荷兰在亚洲贸易衰落的转折点可追溯到九年战争，这也是荷兰的西非贸易（以及整个荷兰海外贸易体系）发展的转折点。东印度公司的势力衰退始于17世纪末，当时欧洲对亚洲产品的需求模式发生了转变，这进一步刺激了棉花、棉布、生丝、茶和咖啡这些货物的进口，而荷兰在这些产品的产地没有驻军。在转变的局势中，尤其是在中国的茶贸易中，荷兰在开拓新贸易线路方面展现出的劲头明显不如英格兰和法兰西。17世纪90年代，荷兰优势地位的滑落已经十分明显，并且这一点在南印度从1700年左右变得更加明显。[4] 尽管荷兰在1693年夺取了法兰西的基地本地治里，并且到1693年都一直占据着它，但从长期看来，荷兰不太可能遏制法兰西或英格兰的扩张。荷兰主力部队从科罗曼德尔海岸（Coromandel）的布利格德（Pulicat）撤到更南边的纳加帕蒂南，这实际上意味着荷兰放弃了自己在科罗曼德尔海岸中部和北部地带的势力。[5]

与此相反，对于苏里南、荷兰控制的西圭亚那（埃塞奎博、德梅拉拉、伯比斯和波默伦）和6座加勒比沿海岛屿（特别是库拉索和圣尤斯特歇斯岛）而言，18世纪的头三分之二的时间才是真正的黄金时代，至少对白人殖民者和种植园主而言就是如此。在苏里南和西圭亚那，产业繁荣的基础是糖、咖啡和黑人奴隶；在库拉索和圣尤斯特歇斯岛，则是与加勒比海其他地区以及北美的纽约、费城和波士顿的海上贸易。苏里南的种植园数目从1680年的近50个增长到1800年的600多个，不过该地的糖出口量在18世纪50年代才达到峰值。18世纪上半叶，咖啡产量也在急剧增长，不过此后便趋于停滞。对西圭亚那的殖民开拓也在不断推进中，不过直到1815年彻底被不列颠拿下，这块殖民地都不及苏里南更加重要和繁荣。1782年的一份报告称，荷属西圭亚那有387个种植园，共3.4万个奴隶。

东、西印度公司的贸易、海运和海员

1657年，东印度公司在亚洲海域至少拥有160艘船。[6] 贸易和海运是荷兰殖民帝国的核心,也是帝国兴起和发展背后的主要动机和推力。但是,荷兰在亚洲、非洲和新世界创造的繁荣商业体系是以一定的特定因素作为基础的,它包括:对殖民地的占领;由共和国严格管理的舰队和航线;强势帝国框架下的两个巨型殖民公司。荷兰在非欧洲海域的商业体系实际上就是贸易帝国。

在荷兰占据世界贸易霸主地位的第三阶段(1621—1647年),荷兰成长为迄今为止在亚洲势力最强的欧洲国家。由于西班牙的封锁政策,从西班牙和西属印度流往共和国的白银锐减,而这一形势给东印度公司造成了严峻的财政困难,使得公司难以为欧洲市场采购胡椒、香料和生丝。17和18世纪,亚洲人对欧洲商品的需要极少,因此所有身在亚洲的欧洲人都必须用真金白银入货。西班牙是欧洲主要的白银之源,而在西班牙白银的流入减少的情况下,为了支撑贸易的扩张,荷兰采取了新的动向:打造充满活力的亚洲内部贸易,以累积所需的额外购买力。在这方面,近代早期没有哪个欧洲国家能做到类似的规模。[7]因此,荷兰东印度公司与英格兰东印度公司呈现出鲜明的差异。前者发展了亚洲内部的贸易航线网络,成了亚洲贸易巨头;后者则一直专注于英格兰与亚洲之间的直接贸易。

在17世纪的第二个25年中,荷兰的亚洲内部贸易中最重要的元素包括:将南印度的棉纺织品运往印度尼西亚;将中国生丝从中国台湾岛运往日本,再经东印度公司在长崎的商馆,换取日本的银和铜;将印度尼西亚的香料运往印度和波斯,以帮助抵偿采购印度纺织品和波斯生丝的费用,波斯生丝则主要销往欧洲市场。1660年之后,荷兰经由中国台湾岛与中国大陆进行的贸易,以及与日本的贸易开始走下坡路,以马六甲为基地的亚洲内部贸易也是如此。虽然如此,东印度公司却依然在亚洲不断扩张。1647年之后，再次流入联省的西班牙白银刺激了这一进程。于是，荷兰亚洲内部海上贸易的相对重要性也有所下降。东印度公司参与亚洲内部贸易的船只数量在1641年有56艘；1670年左右，这一数字增长到峰值——107艘；而后开始逐渐减少。[8]不过，中国海域的贸易衰退得到了部分补偿：东印度公司征服锡兰和印度南端之后，亚洲内部的新型贸易兴起，它在这些地区与印度北部，特别是孟加拉之间进行。17世纪50年代之后，孟加拉成了东印度公司主要的生丝源，越来越多的孟加拉生丝被出口到共和国。于是，尽管参与亚洲内部贸易的荷兰船只数量下降，但直到18世纪，它们仍有相当大的规模。荷兰船只数量在1700年减至66艘，1725年减至52艘，1750年减至43艘，1775年还剩30艘。[9]

荷兰亚洲内部航运繁荣之时，东印度公司的大部分船只都受雇在亚洲各地之间航行。17世纪80年代的情况仍是如此；然而，到1700年，平衡被打破，亚洲内部的航运锐减，共和国与巴达维亚的直接运输扩大。到1725年，主要用于亚洲内部航运的船只不到东印度公司船只总数的三分之一。东印度公司的船只大多规模庞大、武装完备、人员密集，也有一些规模较小的船只被用于印度尼西亚列岛之间的沟通。于是，东印度公司需要大批海员来支撑共和国与亚洲的直接沟通和亚洲内部的航运。按照近代早期的标准，这个数字相当庞大，荷兰本土捉襟见肘的海员储备远不能满足东印度公司的需求。18世纪，东印度公司雇用了为数不多的亚洲海员，但大部分海员依然要靠招募德意志新教徒、斯堪的纳维亚半岛人和其他非荷兰的欧洲人来获得，士兵的情况也基本相同。

1688年，东印度公司的亚洲要塞和贸易站有近1.2万名雇员。除此之外，它外出和返乡的数支舰队还有6 000名工作人员。从事亚洲内部贸易的80多艘船只另需要4 000人来装备。于是，其人员总数多达近2.2万人。[10]这些工作人员中，三分之一以上是海员，约有8 500人（参见表42）。17世纪80年代之后，在欧洲海域活动的荷兰商船和渔船雇用的海员数量大幅下跌，但从1688年到1750年，东印度公司雇用的海员人数增长了三分之一。在所有受雇于荷兰商船的海员中，东印度公司的雇员占比从1610年微小的6%，增长到1680年17%，到1770年更是涨到25%以上。[11]

表42　1688—1780年东印度公司雇用的海员人数

（单位：人）

年　份	亚洲基地	亚洲内部贸易	外出舰队	返乡舰队	总数
1688	1 400	3 500	2 490	1 050	8 440
1700	1 400	3 500	2 790	1 230	8 920
1753	3 500	2 500	4 860	1 860	12 720
1780	2 900	1 000	4 320	1 530	9 750

数据来源：Gaastra,'VOC in Azië tot 1680', 200—201; Bruijn and Lucassen, *Op de schepen*, 135—137; Gaastra, *Gesch. van de VOC*, 82.

东印度公司驶向亚洲的航次从17世纪20年代的每十年117次，增长到17世纪90年代的每十年235次，翻了一倍。此后，直到18世纪20年代航次进一步增长到最高；而后，这一数字开始逐渐下滑，在18世纪40年代骤跌。从亚洲返回联省的航次也反映出类似趋势——当时它们不许到访欧洲的其他地方。这一数字先从17世纪20年代的每十年70次，翻倍到80年代每十年140次；随后到18世纪20年代前都在持续上涨；之后，航次开始下降，并且在18世纪40年代下降得尤为明显。[12] 从规模上看，1730年之后东印度公司的舰队开始收缩（在利润方面更是如此，不过此趋势开始得更早）。但让人注目的是，东印度公司海员中的外国人占比依然在上升，到1770年，外国人更是占了将近半数。[13] 他们当中绝大多数是德意志路德宗信徒和斯堪的纳维亚半岛人。

在亚洲海域，东印度公司要求，所有的荷兰航海活动都只能用东印度公司自己的船只。彼得·范丹（Pieter van Dam）是东印度公司阿姆斯特丹分公司的秘书，后来他还完成了近代早期有关东印度公司的最翔实记录。1662年在公司相关情况的报告中，他提议允许荷兰的私商和殖民者在亚洲内部的海岸贸易中使用自己的船只。[14] 但是，公司董事选择拒绝这一发展方向。西印度公司则做了不同的选择。1654年丢失荷属巴西后，"只得用该公司船只进行航海活动"的规定就仅适用于西非了。西印度公司力图维持自己在西非以及与此密切相连的荷兰跨大西洋奴隶贸易的垄断权。私船不仅获许在加勒比海从事库拉索岛广泛的岛内贸易，以及该岛与西属美洲大陆间的贸易，而且获许加入共和国与加勒比海之间的远距离贸易。

17世纪到18世纪初，荷兰奴隶贸易大体由西印度公司垄断，尽管一直有人插手其中——泽兰人尤其如此。因为他们无法带着奴隶闯进任何一块荷属加勒比海殖民地，便常常用丹麦的圣托马斯岛作仓库中转。与英格兰和法兰西的奴隶贸易不同，西印度公司垄断时期荷兰的奴隶贸易主要以西属美洲市场为导向，尤其是卡塔赫纳（Cartagena）、委内瑞拉和巴拿马。在17世纪的最后25年里，西印度公司每年从西非向加勒比海派出三四艘运奴船，这还不包括它派往圭亚那各荷属殖民地的货运船只。[15] 西印度公司的所有活动都由5个分公司按照从1到9的顺序分享。阿姆斯特丹分公司负责9项中的4项，泽兰分公司2项，另外3个分公司——马斯、北区和格罗宁根各负责一项。（这一模式反映了西印度公司联合管理董事会的座席分派）就奴隶贸易而言，西印度公司规划了一轮9次的行动计划。每一次，运奴船都从共和国出发前往西非，而后再驶向加勒比海。每一轮都遵循固定的顺序，阿姆斯特丹分公司组织第一、第三、第五、第九共4次，泽兰分公司组织2次，其余3个分公司各自1次（其中格罗宁根分公司排在第八位）。

除了贩奴船和驶向几内亚海岸的其他船只，西印度公司和其他私人公司还定期向圭亚那和加勒比海（尤其是库拉索岛）派遣大型船只，它们装载着纺织品、白兰地和其他欧洲货物。这些商品大多不是要卖到荷属殖民地，而是要填满威廉斯塔德（Willemstad）的货仓。威廉斯塔德拥有保护得最好的海港，位置靠近西属美洲大陆。运到这里的货物而后又被分销到整个加勒比海地区，尤其是委内瑞拉、新格拉纳达（哥伦比亚）、波多黎各（Puerto Rico）、圣多明各、圣托马斯和英格兰殖民地——包括北美殖民地。尽管根据英格兰法律，这些交易是非法的，但仍有无数的船只从纽约、波士顿和费城驶向库拉索岛，它们装载着面粉、腌肉和其他粮食补给（这些东西是库拉索岛的稀缺品）而来，带着荷兰的香料和制造品返回英属北美殖民地。[16] 由此，以库拉索岛为基地、由各种三桅帆船和单桅帆船组成的舰队也成了荷兰西半球商业帝国这台机器上的重要齿轮之一。许多船只为犹太人所有，他们将货物分销到加勒比海地区的各个角落，而后又带着委内瑞拉的可可、染料、木料、糖、靛蓝和白银返回威廉斯塔德。在17世纪八九十年代这段巅峰时期，以库拉索岛为基地的舰队共有80多艘三桅帆船，每艘配备着15—80名工作人员。[17]

加勒比海的本土贸易用私人船只展开，上面的工作人员由住在库拉索岛的海员充当。跨大西洋贸易则混合着西印度公司的船只和大型私船，后者需向西印度公司缴纳规费和税金。与东印度公司的另一个区别在于，西印度公司船只的运输活动主要是为了私商而不是公司的利益。这些私商通过捐客为自己的货物预订舱位。从1707年起，阿姆斯特丹与库拉索岛之间的贸易部分由有海军护航的船队组织。从17世纪末到18世纪初，库拉索岛上的主要代理商是新教徒，他们常常是德意志人；而威廉斯塔德的中小商人大部分是塞法迪犹太人，他们通常与阿姆斯特丹和苏里南的家族关系密切。

18世纪，圣尤斯特歇斯岛也因为充当加勒比海地区和北美的综合转运港而变得相当重要。大约从1720年起，大批船只在这里卸下供给欧洲市场的殖民地货物，又装上从联省运来的商品。不过它与库拉索岛有所不同。库拉索岛主要用的是自己的舰队；而圣尤斯特歇斯岛基本来说是个便利的集结地，停泊在这里的船只大多属于法兰西人、英格兰人、西班牙人、北美人或荷兰人，而非荷属背风群岛当地人。例如，1773年停泊在圣尤斯特歇斯岛的146艘船中，三分之一来自法属殖民地马提尼克和瓜德罗普（Guadeloupe），其余很大一部分是来自新英格兰和中部殖民地的北美船只。[18] 在18世纪的数次英法大战期间，圣尤斯特歇斯岛远离炮火，法属殖民地的商品通过这里继续销往欧洲市场。

荷兰跨大西洋贸易的另一条主线是共和国与苏里南（和西圭亚那）的贸易。苏里南一带是糖种植园和咖啡种植园（1700年之后）。它们的糖和咖啡专门销往荷兰省和泽兰省，同时也只能从共和国进口欧洲商品。在1730年西印度公司对荷兰奴隶贸易的法定垄断权终止以前，西印度公司也是它们获取奴隶的唯一官方渠道。随着糖和咖啡产量的逐步增长，从这些殖民地开往阿姆斯特丹的船只数量也增长到1720年之后的每年20艘以上；从1740年到18世纪80年代这段巅峰时期，船只数量更是超过每年40艘。于是阿姆斯特丹—苏里南航线成了18世纪荷兰远距离航海最重要的线路之一。[19]

到1730年，在私商的压力下，荷兰省和泽兰三级会议与总三级会议被争取到开放奴隶贸易的一方。他们期望以此增加流入荷属殖民地的奴隶，从而降低奴隶价格，并让荷兰种植园比法兰西、英格兰的种植园更具竞争力。[20] 从此，荷兰大商人只需要购买西印度公司的许可证，便可到西非买奴隶。专长于这项贸易的主要是泽兰人。新政策的结果是流入苏里南和西圭亚那的奴隶显著增多。而库拉索岛则相反，根据《乌得勒支和约》（1713年）的条款，向西属美洲贩卖奴隶的专营权转移给了不列颠，库拉索岛此后再未重夺它先前作为奴隶贸易仓库的重要地位。在1750—1780年这段巅峰时期，每年抵达苏里南的贩奴船有12艘，带来三四千奴隶。[21]

权力、政治和任免权

在位于亚洲和南非的整个荷兰帝国里，东印度公司是唯一、至高的权力机构，它受到总三级会议的主权监督。东印度公司由共和国内的联合董事会，即所谓的"十七绅士"管理。董事会成员是公司

4个分公司的代表（参见前文379—380页）。此外，尽管这些分公司全都坐落于荷兰省和泽兰省，"十七绅士"和总三级会议的政策一直是：公司代表整个联省在亚洲进行贸易和外交；并且作为一支维持着陆军、舰队和防御要塞的军事力量，公司也是同盟机构的延伸。因此，所有驻亚洲和南非的东印度公司总督、陆海军指挥官和外交官总是承担双重职责，许下双重誓言——既效忠联省同盟机构，又效忠东印度公司。1619年，荷属东印度总督扬·彼得斯·库恩（任期1619—1623年，1627—1629年）在他新驻防的海港雅加达为公司设立了永久指挥部。他本人为这座新城选了"新霍伦"之名，以纪念他的故乡。但这一选择被"十七绅士"否决，他们选了"巴达维亚"之名，原因正是该名广泛的北尼德兰含义。最初的几十年里，公司在印度的基地设在科罗曼德尔海岸的布利格德，时称"赫尔德里亚堡"（Fort Geldria）。为了代表来自各个省份的投资者，而非只代表荷兰省和泽兰省，1613年之后东印度公司遵循如下规则：乌得勒支、弗里斯兰和海尔德兰各自持有阿姆斯特丹分公司董事会20个席位中的一个；从1647年开始，格罗宁根在泽兰分公司获得一个常设董事席位；上艾瑟尔的代表则在代尔夫特分公司。其他新规定则让没有分公司驻扎的荷兰省和泽兰省特定城镇在分公司获得常设代表。于是，1648年之后，哈勒姆和莱顿各在阿姆斯特丹分公司获得一个常设席位；而泽兰省分公司给本省的12个董事名额则分了9个给米德尔堡、2个给弗卢辛、1个给费勒。[22]

最初几年过后，摄政官担任董事的情况在阿姆斯特丹分公司变为常事，在其他小的分公司更是如此。[23]这意味着，荷兰省和泽兰省摄政官的政见和利益总是与亚洲"贸易帝国"的运行紧密相连，并且，如今是城市权贵而非活跃的大商人掌舵，而他们主要关心的是地方政府和行政管理。这件事还意味着,在最初的几十年过去后,董事可以通过他们在城镇议事会的势力而获得公司职位,而不是通过贸易或管理经验。17世纪末在经营东印度公司方面权力最大的人物是昆拉德·范伯宁亨、约安·海德科珀和约翰内斯·胡德这类阿姆斯特丹主要的摄政官。从一开始,东印度公司就体现出荷兰邦联国家整体权力分散的典型特征。直至1795年,荷兰殖民帝国也从未由海牙的官僚或阿姆斯特丹城把持,尽管阿姆斯特丹的影响一直至关重要。

在政府职能、行政管理和官员任免上,共和国本身和东印度公司在荷兰省、泽兰省的分公司都排斥君主制原则,同时青睐权力分散和咨议式的决策方式。鉴于此,东印度公司和西印度公司自然也都不希望他们在两印度的总督和地方总督看起来像西班牙和葡萄牙帝国的总督那般强势。两个公司都坚持,在东、西印度地区都要通过咨议程序来行使权力、做出决策,巴达维亚总督和次级总督都被要求只能与其"政治参事会"共同采取行动。

在东印度,驻巴达维亚的总督和印度参事会共同站在政府顶层。与西班牙或葡萄牙总督不同,东印度公司的总督只被视为参事会的"首席成员",不得独自做决策或向"十七绅士"做报告。官方的沟通和法令必须以总督和参事会的共同名义进行。[24] 参事会地位第二高的成员是理事长(director-general),监管公司在整个亚洲的贸易。参事会的其余成员包括负责账目的总审计、巴达维亚司法委员会主席,以及公司的陆军和海军首领。

这个咨议型政府体系随后复制到整个帝国的地方层面。1651年,巴达维亚参事会得知,当时的荷属锡兰总督在未经锡兰参事会同意的情况下做决议。随后,他们告诫这位总督:"以后,除非参事会事先同意，共同做出决断，否则你不得采取重大行动，或做重大决定——就像我们这儿，像所有维持着井然秩序的地方一样。"[25] 来自亚洲各个重要荷兰基地、有关任何重大事宜的通信必须递送巴达维亚的总督和印度参事会，它们上面必须有地方总督及其"政治参事会"的署名。在南非，殖民政府也是参事会，与总督同等地位。去掉总督，参事会剩下的成员则构成"司法委员会"。1685年之后，时常有市民代表出席司法委员会，开始有两个，后来有三个。但是，他们仅偶尔获准在掌权的"政治参事会"里代表殖民者。[26]

谁来担任总督和次级总督？在17和18世纪的西班牙、葡萄牙、不列颠和法兰西殖民帝国，总督总是由贵族出任，代表君主。但是荷兰帝国的情况并不如此，这里作为统治者的总督并非贵族。共和国两大公司控制权由摄政官和几个非摄政官的精英大商人共掌。不可避免的是，荷兰本土的董事为了亲友的利益行使影响力——在一定程度上，他们靠着恩宠而非能力争取职位，这在两个公司位于殖民地的商业组织中尤为明显（这些地方腐败横行）。有几个官员被委任了巴达维亚的高级职位，而此前他们根本没有在印度工作的经验。[27] 然而，由于"十七绅士"和各个分公司首先关注的是利润，而利润要求能力，因而他们更青睐有经验的人和已经在帝国高级行政管理、军事事务中证明了自己能力的人。在1747年的奥伦治派革命前情况尤其如此。于是，各级总督往往出身较低，少数情况中出身相当寒微，但只要他们足够能干，便能担当大任。任职时间最长的总督是律师约安·马策伊克（1653—1678年）。他来自名不见经传的天主教家庭。1636年，他第一次被提名出任巴达维亚的一个高级司法职位时，遭到"十七绅士"其中一名成员的反对，理由是他只是名义上的归正会成员。[28] 由于出众的能力，他迅速通过司法和外交体系晋升为锡兰总督（1646—1650年），而后又成为驻巴达维亚负责商业的理事长（1650—1653年）。赖克洛夫·范胡恩斯曾担任驻锡兰和印度的荷兰军指挥官（1657—1663年；1672—1675年），率军征服马拉巴尔海岸，而后出任锡兰总督（1653—1672年），并最终晋升为巴达维亚总督（1678—1681年）。他出生在克莱沃公国的雷斯，父亲是弗里斯兰的低级军官。10岁时，他在巴达维亚成了孤儿；17世纪40年代，他从一个职员奋斗成为高级采购员；1650年，他成为东印度公司驻暹罗的特派员。[29] 第三位有名的总督是科内利斯·扬茨·斯佩尔曼（1681—1684年）。他出生在一个鹿特丹市民家庭，18岁时坐船到东印度，在那里度过了余生。一开始，他通过东印度公司鹿特丹分公司得到一个低级官员的职位；之后，凭借自己的能力，当上科罗曼德尔海岸各堡垒的指挥官（1663—1665年）；而后于1667—1669年指挥远征军征服马卡萨。另一位总督是虔诚的加尔文宗信徒约安内斯·坎普赫伊森（Joannes Camphuys，1684—1691年）。他于1659年来到亚洲，在包括日本在内的多个地方任职，而后在1678年成为巴达维亚参事会的成员。17世纪下半叶，在荷兰帝国内担任高级职务的贵族少之又少，其中之一是乌得勒支贵族院成员、大名鼎鼎的亨德里克·阿德里安·雷德·托特·德拉肯斯泰因。他于1657年进入东印度公司，成为驻马拉巴尔海岸的东印度公司军队的指挥官。南非德拉肯斯山脉便是以他的名字命名。

至于西半球的帝国，1622年时，人们原计划由一个贸易公司，即西印度公司行使最高权力，当然它也同样被置于总三级会议的终极主权之下。但与东印度不同，这里从一开始就有很多不由西印度公司直接管理的边缘殖民地和势力范围。一些私人公司愿意到不那么重要的地区开拓，为了从这类活动中获益，西印度公司给某些愿意承担指定地区殖民活动的商业赞助人颁发特许状，他们将处于西印度公司的一般性庇护下，自行负责管理工作。虽然这些地区都没有发展成繁荣的殖民地，但是少数地区确实在荷兰帝国的边缘地带有所发展。1627年，有一份这样的特许状颁给了泽兰摄政官亚伯拉罕·范佩雷（Abraham van Pere），西印度公司将西圭亚那伯比斯河口划给了他。位于伯比斯的这一小块殖民地由范佩雷家族统治了数十年。1650年，另一个泽兰摄政官家族兰普辛（Lampsin）家被授权殖民多巴哥岛，他们将该地改名为"新瓦尔赫伦岛"。多巴哥被荷兰人占据（1654—1678年）的大部分时间里，都由兰普辛家族直接统治，该岛的主要堡垒被称为兰普辛堡。

此外，虽然荷属巴西和几内亚海岸的数座堡垒由作为整体的西印度公司管辖，但在西印度公司其他占领地或势力范围里，出现了将责任分派给某个分公司，如阿姆斯特丹分公司、泽兰分公司、马斯分公司、北区分公司（North Quarter）和格罗宁根分公司的趋势。于是，阿姆斯特丹分公司专门负责库拉索岛和新尼德兰；泽兰分公司负责西圭亚那，早期还负责荷属背风群岛。至于属于贸易势力范围的地区，西非的冈比亚地区被划给格罗宁根分公司。

1657年，泽兰分公司将它对西圭亚那的责任移交给米德尔堡、弗卢辛和费勒三城。他们设立由市长控制的联合理事会来管理该地。这一地区更名为"新泽兰"，下辖埃塞奎博和伯比斯，以及泽兰人在更西边的波默伦设立的定居点。1674年，原初的西印度公司解散、新西印度公司成立时，西圭亚那首次由新西印度公司直接管理，但伯比斯除外，它依然归范佩雷家族所有。

1667年，泽兰人征服苏里南之后，事情变得更为复杂。新殖民地起初由瓦尔赫伦岛三城——米德尔堡、弗卢辛和费勒组成的理事会管理；1674年，西印度公司成立后，它被置于泽兰省三级会议的直接管理下。最终，到1682年，名为"苏里南社"的新机构成立。西印度公司和阿姆斯特丹都是它的主要赞助人，但阿森·范索梅尔斯代克家族持有重大股权。[30] 与此同时，荷属背风群岛——圣尤斯特歇斯岛、萨巴岛和圣马丁岛依然为业主所有，直至第三次英荷战争期间被英格兰夺取。1674年，荷兰根据和约收复它们时，圣尤斯特歇斯岛和萨巴岛的所有权被西印度公司和范佩雷家族平分。而后，范佩雷家族又在1683年把所有权卖给西印度公司，自此，3个岛屿首次全部归由西印度公司直接统治。[31]

尽管存在这样四分五裂的图景，但西半球的殖民地管理中，也有一些与东印度和南非的立场类似的原则，至少在主要殖民地如此。西印度公司的总督和主要官员也都不是贵族，政府也是咨议式的。荷兰在几内亚海岸的数个基地由驻扎在埃尔米纳城堡的西印度公司几内亚海岸理事长管理。不过，他做重大决定时必须跟同样驻扎在埃尔米纳的参事会一道行动。类似的，兼管阿鲁巴岛和博奈尔岛的库拉索总督由西印度公司联合董事会任命。他必须同时宣誓效忠公司和总三级会议。而他也要依照规定，与驻扎在威廉斯塔德的参事会联手治理二岛。理事会成员包括驻军指挥官、西印度公司的奴隶贸易特派员和3名公民代表。苏里南的情况也类似，防御、司法和治安，包括镇压奴隶起义，都应由帕拉马里博的总督和参事会共同负责。

宗教与纪律

东印度公司和西印度公司或许主要致力于贸易，但没有军事和领土权力，他们在欧洲和殖民地所追寻的那样大规模的利润是不可能获得的。同时，在近代早期，宗教也是控制领地和民众的最有效工具。

颁发给东印度公司（1602年）和西印度公司（1622年）的特许状将总三级会议在陆海军和外交方面的主权委托给两个公司，由它们行使。于是，东印度公司和西印度公司在亚洲、非洲和美洲采取的一切陆海军行动和外交活动都是同时以总三级会议和公司的名义进行的。但在其他方面，两大殖民公司则是荷兰邦联国家的延伸。因此，按照特许状和董事会的指令，它们必须推广和保护荷兰归正会，它是殖民地唯一的公共教会，同样它们也必须按照《乌得勒支同盟协定》的规定，赋予个人良心自由的权利。两个公司和殖民地政府都成功地投入了一些资源，以维持和增强公共教会的至高地位。事实上，"宽容"在荷兰殖民帝国中的有限和勉强程度基本不亚于共和国本土的情况（新尼德兰和南非的情况更恶劣）。

在信仰问题上，东印度公司的船只和驻军，以及公司高级官员，全都服从于荷兰归正会的命令。尽管有大批外国人作为海员和士兵被征召到公司服役，但东印度公司的船只和驻防地中都不允许举行路德宗或天主教的仪式。1660年以前，东印度公司招募到东印度服役的人群中，约65%的士兵和35%的海员都是欧洲其他国家的人。尽管1660—1700年间，荷兰人多少有所增加，但德意志人和斯堪的纳维亚半岛人的占比一直居高不下。而在17世纪乃至18世纪初，亚洲和南非的荷兰帝国里，没有哪个地方有一座路德宗教堂。[32]

东印度公司的驻军和船上推行的纪律准则，以及对违法乱纪的惩罚办法，都由总三级会议制定。[33] 在东印度公司的船上，不得说亵渎神明的语言，不得蔑视归正会信仰及其讲道者，违者将处以罚金或其他惩戒。人员可以因为某些理由，获准缺席归正会仪式，但不经批准而缺席，则意味着罚款。引发宗教争论也会遭到惩罚。除了罚金，违纪者还可能要在船泵上劳作一整天，或在桅杆高处坐一整天，以示惩罚。醉酒和赌博也会遭到严厉惩罚。

在亚洲，东印度公司治下的非欧洲人大多不是基督徒，而这里的基督徒中，又有很多是天主教教徒。公司不得不在某种程度上认可非欧洲人口的礼拜自由。然而，无论是共和国内和董事，还是巴达维亚的政治参事会和总督，其态度都远算不上仁慈和宽容，甚至对待非欧洲人口也不例外。公司会首先将自己视为天主教会的公敌，这在东印度公司早期尤为明显。以葡萄牙人为主的天主教教士在1605年被驱逐出安波那和荷兰人占领的其他岛屿，1641年被驱逐出马六甲，1647年被驱逐出荷兰占领的锡兰；1658年，荷兰征服整片锡兰沿海地区后，剩余的天主教教士同样被驱逐。[34] 当时颁布的法令宣称，藏匿天主教教士要遭到严厉惩罚。在后来由东印度公司统辖的领地上，有许多地方此前深受葡萄牙传教士的影响；而在印度尼西亚的诸多岛屿上、在锡兰和印度南端，当地人中存在大批天主教教徒。对此，荷兰当局，甚至那些并不太虔诚的人，都大为震惊。天主教必定被视为对公司利益的政治、战略和思想威胁。17世纪40年代，锡兰开始进行宗教改革，随后至少在表面上，有一大批泰米尔人和僧伽罗人改宗荷兰归正会。但很明显，实际上只有前天主教教徒容易改宗，佛教徒、印度教徒和穆斯林基本上无动于衷。与此同时，许多前天主教教徒要么仍秘密保持着天主教信仰，要么属于墙头草，可毫不费力地被拉到任意一方。于是，在东印度的荷兰归正会与其天主教对手争夺着同一批信众，他们占了本地人口相当大的一部分，这种情况在安波那和锡兰尤为明显。唯一的例外是中国台湾岛。在这里天主教尚未给自己铺好路，而荷兰成功地从非基督教人群中为归正会赢得了一大批信众。[35]

由此，东印度公司对天主教的不宽容和对天主教教士采取的措施，成了其帝国政策的重要部分，并且直到18世纪末都是如此。此外，荷属东印度中的归正会与天主教竞争机制和共和国本土的有些类似之处。在前天主教人口依然能与附近的天主教教士保持频繁联系的地方，如印度南端，天主教明目张胆地繁盛起来。在接触天主教教士的途径被切断的地方，如锡兰，归正会能取得更多成果——至少在信徒与外界天主教教士的联系变得容易前是这样。在天主教人口被切实隔离于外部天主教世界的地方，如安波那，归正会的进展最佳。最终，以马来语布道的加尔文宗在安波那持久扎根。[36]

除了在锡兰、中国台湾（1662年之前）和安波那，东印度的荷兰归正会还在巴达维亚取得重大成果。如果说在中国人中传教效果不佳（除台湾外没什么中国人改信加尔文宗），那么在混血人口、马来语人口和白人中，成果还算确切。1652年，巴达维亚的归正会讲道者人数增至5个；1675年增至7个；1683年增至10个。到1730年，这一数字上涨到17个，超过阿姆斯特丹以外的所有荷兰本土城镇。[37]在东半球的荷兰归正会总人数一直微少，不过也处于稳步增长状态：从1647年的17人增至1683年41人，再到1727年48人。与本土一样，讲道者还得到助手（称为"疾病安慰者"）和学校教师的补充，在东半球，这些教师通常是泰米尔人、安波那人或其他本地人。

在巴达维亚、安波那和锡兰，天主教受到颇为有效的打击；而在马六甲、帝汶岛（Timor）和印度南部则效果欠佳。不过东印度公司力图打压的还不只是天主教和新教异议教派。如果说佛教和印度教不得不作为必要的"恶"而加以宽容，那么对伊斯兰教，东印度公司则采取了明显更加敌视的态度。在一定程度上，这是内在于东半球宗教逻辑的事。17世纪，为对抗天主教葡萄牙人的传教活动，伊斯兰教开始在印度尼西亚列岛迅速传播，在南亚其他地方，程度则稍弱一些。在荷兰治下，伊斯兰教依然被所有相关人士视为一种反对欧洲人的政治、经济和神学形式。尽管从长远来看，东印度公司的反伊斯兰教法令在印度尼西亚大部分地区没起到什么效果，不过在个别地方，它确实零星地制约了伊斯兰教的发展。锡兰就是代表。在这里，东印度公司对穆斯林的态度要比对佛教徒和印度教徒严厉得多。[38]

西印度公司在荷兰大西洋帝国内的政策也不能说是宽容。在荷属巴西（1630—1654年），西印度公司曾赋予天主教教徒良心自由的权利，这是总三级会议的特许状要求他们做的。不过，西印度公司没有赋予他们正式的礼拜自由。荷属巴西唯一一任总督约翰·毛里茨·范拿骚-锡根伯爵当政时，倾向于效仿弗雷德里克·亨德里克，并展现对天主教仪式的仁慈，但是，他还是遇到了累西腓加尔文宗宗教法院的强硬反对。加诸天主教崇拜的各种限制和劝诱改宗的政策仍然有效，尽管与共和国相比，当地的天主教教徒享有更大的自由。这里的（塞法迪）犹太人群体非比寻常地大。在西印度公司的鼓励下，他们得以在累西腓立足。相比在联省，犹太人在这里被给予了更广泛的自由，但这同样遭到归正会反对，而且不被认为是可应用于其他西印度公司领地的普遍让步。在荷兰人占领的美洲地区，犹太人的发展比其他群体更快。究其原因，一是因为他们在贸易中与西印度公司发展出了特殊的合作关系；二是因为犹太人与天主教教徒、路德宗信徒和激进异议分子不同，他们在宗教方面可以与其他民众隔离。然而，要到1659年，西印度公司才在库拉索岛授予犹太人礼拜自由的权利，而1645年之后犹太难民就纷纷离开饱受磨难的荷属巴西，许多人迁往巴巴多斯（Barbados）和其他英格兰领地。[39]

在库拉索岛，除归正会外，享有正式的礼拜自由权的就只有犹太人；此外，由于巴西的丧失，库拉索岛在一段时间内，也是唯一存在这种自由的西印度公司领地。在17世纪的第三个25年，犹太人在英格兰某些殖民地上享有的自由与在荷兰领地享受的相当，甚至更多。1667年泽兰人攻占苏里南时，一些居住在当地的犹太人迁往英格兰的其他殖民地。在1674—1682年这段由泽兰省三级会议统治的时期，留在这片殖民地的犹太人在严苛的限制下劳动。[40] 直到1682年，殖民地交由西印度公司和阿姆斯特丹城共同控制的"苏里南社"治理后，犹太人才在苏里南获得完全的礼拜自由。

在新尼德兰，17世纪50年代之前的形势与南非后来的局势相同：只有荷兰归正会得到宗教"宽容"允许。根据1640年颁给新尼德兰的特许状，西印度公司规定，"除了归正会"，没有哪个教派"应在新尼德兰得到公开承认""如今在联省，由公共权威负责加尔文宗教义，主持其仪式"。[41] 1653年，曼哈顿的"《奥格斯堡信纲》支持者"向总督彼得·施托伊弗桑特（Pieter Stuyvesant）请愿，要求批准他们组织自己的教团、任命讲道者。施托伊弗桑特请示"十七绅士"，后者在阿姆斯特丹长老监督会（该机构为这片殖民地的精神负责）

第35章 殖民帝国　　1143

的压力下，做出了否定的回复。[42] 这随后导致新尼德兰采取镇压行动，强行解散路德宗信徒的秘密集会。此时，西印度公司命令施托伊弗桑特停手。公司裁定：路德宗信徒（同时也暗示其他异议教派）"享有在私宅里举行宗教仪式的自由"。随后，阿姆斯特丹的路德宗团体诉诸西印度公司，要求不仅在新尼德兰，而且在公司的所有领地，赋予路德宗信徒礼拜自由权。得知此事，阿姆斯特丹的归正会当局竭尽所能阻止路德宗获得"公共礼拜"的权利，并且获得了一些效果：1659年，由阿姆斯特丹路德宗教团派遣、第一个抵达新尼德兰的路德宗讲道者遭到施托伊弗桑特驱逐，给他下指令的是西印度公司。

第一批抵达新阿姆斯特丹的犹太人是从巴西逃过去的难民。他们于1654年抵达，并被获准在该城居住和做生意，也可在私宅内举行宗教仪式。但是到了1656年，西印度公司规定，犹太人不得拥有自己的店铺或建造犹太教堂。[43] 相比给予激进教派的待遇，这已算是慷慨了。1658—1662年，施托伊弗桑特对定居长岛的贵格会团体发起了猛烈迫害。

17世纪到18世纪初，在库拉索、苏里南和西印度公司的所有领地上，都不存在路德宗教堂，正如东印度公司一样。在正式意义上，天主教也遭到普遍查禁，即便在库拉索岛也是如此。而早在1634年荷兰人占领该岛之前，西班牙人就为这里的黑人和混血民众树立了天主教信仰。一份防止天主教教士从委内瑞拉进入库拉索岛的禁令有效执行了数十年，直到17世纪70年代，委内瑞拉的教会才找到门路。[44] 1690年，西印度公司正式批准天主教教士到库拉索岛传教，但前提是不得在公共场合穿着法袍。库拉索白人中没什么天主教教徒，他们基本由德意志路德宗信徒、荷兰归正会信徒和众多塞法迪犹太人构成。但是，在黑人和贫穷混血儿中，天主教迅速成为主要信仰。于是便出现了这样的局面：该岛绝大部分人口信奉天主教，而在1730年之前，这里一座天主教堂也没有。

第四部分

衰落的时代,1702—1806年

第36章

1702—1747年：摄政官治下的共和国

新政权

1702年3月19日，威廉三世在英格兰的汉普顿宫逝世。这一消息通过教堂长鸣的丧钟传递给联省的人民。执政去世6天后，荷兰省大议长安东尼·海因修斯现身总三级会议，宣布让执政职位空缺的决定。然而，这有违已故君主曾表达过的意愿。早在1701年，威廉三世就试图说服荷兰省，指定亨德里克·卡齐米尔之子、年轻的弗里斯兰总督约翰·威廉·弗里索（Johan Willem Friso，1687—1711年）为自己的继承人。[1] 但是，荷兰省摄政官希望停设这个职位，并暂停其政治职能，就像1650年那样。自从1696年亨德里克·卡齐米尔去世后，无嗣的威廉三世就在所有省份为约翰·威廉·弗里索接班做准备。[2] 1702年5月，在海牙的一场特殊仪式上，不列颠和普鲁士大使见证了威廉三世遗嘱的当众宣读仪式，称约翰·威廉·弗里索是威廉三世唯一的"常规继承人"。

在这一点上，和在其他方面一样，威廉三世的去世预示了联省性质的深刻变革。在威廉三世的监护下，有执政的共和国与无执政的共和国之间的差异，似乎变得比以往更加明显。莱斯特伯爵离开后，奥尔登巴内费尔特与荷兰省摄政官构建出完全的共和政体，荷兰省领导同盟，控制其外交政策和资源。莫里斯在1618年的政变彻底改变了国家的性质，这使荷兰省在决策、任免、外交政策和战争国防问题等事务上变为被动的一方。执政及其扈从顶替了荷兰省三级会议在政府中的中心地位。这一形势在弗雷德里克·亨德里克治下得到延续，直到1646年至1648年间，在阿德里安·保的领导下，一个由总三级会议派主导的共和政权得以重构，荷兰省再次成为决策者。这一局面而后遭到威廉二世的短暂逆转。但新执政的早逝带来了第一个无执政期（1650—1672年），这是"真正的自由"的代表性时代，约翰·德维特成为此时的杰出人物。随后，1672年的剧变再次改变了荷兰这个国家，权力和影响力集中于执政及其宠臣之手，共和国的正式程序被弱化，摄政官的影响力和与之相关的"真正的自由"的共和传统也遭到削弱。这转而又产生了一定的影响。1702年，"真正的自由"和彻底的共和政权得以恢复，第二个无执政期将延续到1747年。

于是，1702年成为共和国历史上的关键分水岭。这一年不仅有威廉三世去世，西班牙王位继承战（1702—1713年）开始——这是共和国以大国身份参与的最后一场欧洲大战，还有1672年以来积压的矛盾爆发。在荷兰省，政府体系的变革进行得相当顺利，只有极少数的民众卷入其中，并且持续带来权力和影响力的部分重组和进一步分散。一些城镇重选议事会，以便让那些1672年被执政驱逐的前摄政官或其年轻亲属重进议事会。哈勒姆出现了两场小骚乱。[3]在莱顿，威廉三世1685年强制推行的"共识协定"立即被废除，代之以一项新的"协定"。它意图用比过去更正式、更精确的方式来执行官职轮替制度，进而尽量减少议事会中相互敌对的总三级会议派与奥伦治派的冲突，平衡相互竞争的家族与庇护网络。[4]此前执政经常介入共和国的公民政治，以便将权力集中到臣服于执政的非正式摄政官小团体手中；而如今反对派要分散权力，规范官职轮替制度，稳定各个摄政官阵营之间的关系。

1702年，荷兰省大议长海因修斯已成为国际闻名、经验丰富的政治家。他尽管与威廉三世保持着密切合作，却从不只是执政的工具，甚至在一定程度上，被视作荷兰省权力的捍卫者。[5] 不过，尽管他与威廉三世的政策有着密切联系，但他在1702年之后影响力减弱，远不如威廉三世的其他心腹。在荷兰省三级会议内，权力天平突然从执政的友人一方倒向总三级会议派。在贵族院，反奥伦治派贵族的领袖雅各布·范瓦瑟纳尔（Jacob van Wassenaar，1646—1707年）男爵如今成了主导人物。他安排数名曾被威廉三世排斥的反奥伦治派贵族进入贵族院。莱顿的新"共识协定"或许让官职轮替得以正式化，平衡了两派势力；但1702年之后，哪一派占上风是毫无疑问的。如今在荷兰省所有城镇中，莱顿最积极反对执政职位和约翰·威廉·弗里索的野心。在阿姆斯特丹，威廉三世的盟友维特森和胡德在其去世前一个月，才刚刚再次当选市长。但是从那时起，他们就开始被议事会中共和派领袖——约安·海德科珀、雅各布·欣洛彭（Jacob Hinlopen）和干练的约安·科尔弗的权势遮蔽。

威廉三世的宠臣并没有不加反抗就放弃了自己的权力、影响力和赚钱的机会。他们努力巩固自己的地位，依据是：联省正处于与波旁王朝治下的法兰西和西班牙开战的边缘，需要杰出人物担任陆海军总司令。他们劝说总三级会议任命新任英格兰女王安妮的丈夫、丹麦王子乔治（George）担此重任。[6] 这项议案得到海因修斯以及戴克费尔特、奥代克、本廷克和凯佩尔的支持，并意在通过引入某种类似代理执政的机制来挽救他们的权势。戴克费尔特被派往阿姆斯特丹以赢得议事

第36章　1702—1747年：摄政官治下的共和国　　1151

会对这项方案的支持。阿姆斯特丹的摄政官们陷入分裂之中，不过科尔弗和海德科珀争取到了大多数人的支持，奥伦治派被击败。

与1651年不同，弗里斯兰省和格罗宁根省三级会议并没有费劲去劝说其他省份：根据《乌得勒支同盟协定》，他们必须任命执政。不过，这两个北部省份确实力图争取自己年轻的执政的利益，希望他被任命为"奥伦治亲王"。1703年5月，他们又极力要求任命执政为陆军的步兵将军，军阶应高于共和国的其他将军，从而为最终晋升为总司令和各省执政做好准备。[7] 这遭到荷兰省、泽兰省和东部省份共和派摄政官们的激烈反对。莱顿议事会认为，不应该给予约翰·威廉·弗里索任何具体的任命或认可，因为那会冒犯"我们强大有力的邻居和盟友"——普鲁士国王。[8] 在这一点上，反奥伦治派巧妙地利用了由威廉三世任命弗里斯兰执政约翰·威廉·弗里索为其常规继承人而引发的纷争。因为普鲁士新国王（弗雷德里克·亨德里克的长女路易丝·亨丽特的孙子）反对约翰·威廉·弗里索继承威廉三世的遗产、土地和"奥伦治亲王"头衔，而且为自己要求继承权和头衔，并于1702年3月占领林根。

荷兰省通过总三级会议而居于仲裁继承纠纷的位置，拖延案件的推进以符合自身的利益。事实上，随后的诉讼持续了30年。与此同时，荷兰省和其他4个无执政省份拒绝称约翰·威廉·弗里索为"奥伦治亲王"或"殿下"，也拒绝给予他亲王应享的尊荣。年轻的执政在陆军中获得了一个将军职位，但并不高于其他将军。最微妙的一点在于要避免冒犯普鲁士国王。在给总三级会议的信中，普鲁士国王强行给自己冠上"奥伦治亲王"的头衔。总三级会议难以拒收这些信件，其应对方式是接收，但谨慎地在回复中略去"奥伦治亲王"的头衔。[9]

1702年的政治结构转变是根本性的，无论它实现得多么悄无声息。可以预计，影响力和任免权的重新划分、权力的分散和决策的规范化，也会恢复社会对共和观念、总三级会议派意识形态传统和共和国的咨议型机构的兴趣。这反映在一波图书出版的浪潮中。其中包括埃马纽埃尔·范德胡芬（约1660—约1728年）的作品。1705年，他出版了首部对约翰·德维特研究的严肃作品，所用材料中包括了官方档案。1706年，他出版了两卷本的《荷兰的古老自由》(Hollands Aeloude Vryheid)，主张建立一个没有执政的共和国，赞颂奥尔登巴内费尔特和格劳秀斯；在讨论中世纪史时，他强烈表现出对吊钩派的偏爱（因为他们反抗勃艮第人和早期的哈布斯堡王朝）。1703年至1705年，马基雅弗利[10]的政治著作出了新的版本。1706年，罗梅因·德霍赫出版了赞颂共和体制的《国家之镜》(Spiegel van Staet)。伟大的法学学者赫拉德·诺特（1647—1725年）出版了《戴克里先与马克西米安》(Diocletianus et Maximianus，1704年)，批判刑事审判中的腐败，这本书也在批判威廉三世手下各个巴尔尤夫的腐败手段。[11]

在荷兰省，权力的重新分配以和平的方式实现，没有任何扰乱政府和行政机构的工作。而对于1702年决心抵抗威廉三世的另外4个省，情况则并不相同。在这些省份，权力集中于执政及其宠臣之手的情况相当广泛和常规化，因此不可能平顺地过渡到新体制。执政及其宠臣曾将控制体系强加到各省、各区和各城镇议事会身上。这累积起几乎满溢的怨愤，很快引发了广泛的骚乱，海尔德兰和泽兰的情况尤其严重。

泽兰大部分地区如今陷入骚乱之中。弗卢辛和费勒坚持一贯的奥伦治派立场，其他城镇则目睹了奥伦治派与反奥伦治派之间的激烈斗争。许多前奥伦治派摄政官家族，如范西特斯（Van Citters）家族和德赫伊伯特家族，（虽然往往只是暂时）转投反奥伦治派。1672年和1676年（在米德尔堡）被清洗出城镇议事会的前摄政官或摄政官家族成员经常充当煽动骚乱的角色，以对抗先前由威廉三世安插、如今不愿让位的政敌。泽兰的情况与往常一样，两派都向市民和民兵求助。奥伦治派联合他们在店主、海员和渔民中的支持者，反奥伦治派则通常在更中层的城市人口中寻找盟友。老练的煽动者现身，他们在咖啡屋和小酒馆里散发讽刺文章，用演讲煽动政治情绪，组织请愿活动。

1702年4月，骚动从托伦岛开始，而后传播到胡斯和米德尔堡。米德尔堡的主要煽动者是丹尼尔·范尼厄斯（Daniel Fannius）。其父是约翰·德维特在泽兰的心腹，是坚定的共和派。范尼厄斯及其支持者在米德尔堡咖啡屋煽动起来的骚动分裂了民兵同体，它先是催生了1702年7月的暴乱，而后又导致奥伦治派被清洗出议事会。然而，到1703年年末，米德尔堡的奥伦治派在弗卢辛和费勒的帮助下，挑动起强劲的抵抗，意图重夺市政厅、恢复加尔文宗正统派的价值观。[12] 1704年1月，暴乱再起，奥伦治派短暂地夺得市政厅。但是，他们政敌口中的"新潮流派"聚集了足够多的民兵和市民，再次驱逐了奥伦治派。到1704年春，共和派暂时在该省占据着不稳定的优势地位。

海尔德兰的情况更为失控。与乌得勒支和上艾瑟尔类似，海尔德兰省三级会议立即废除了1674年至1675年该省重新并入同盟时，威廉三世强加给他们的法规。[13] 在海尔德兰，人们认为权力结构和政治程序应该恢复到1672年以前的第一个无执政期的状态。但是该省三级会议并未采取行动来剔除威廉三世安排的人，也没有让遭他清洗的众多摄政官和官员复职。其中一个复杂因素在于，在东部省份，权贵寡头并没有像荷兰省和泽兰省那样形成一个排外的摄政官精英集团。在重大问题上,东部城镇几个世纪以来的惯例都是咨询市民代表大会,这些市民代表大会在不同程度上影响着市长和议事会成员的年度选举。16世纪之后,虽然市民代表大会的影响力不如从前,但是他们仍是海尔德兰和上艾瑟尔各城镇市民生活的重要元素,在格罗宁根城,它还是市民和行会的政治平台。

威廉三世不仅牢牢控制了各省三级会议、区季度会议(quarter assemblies)和各城镇议事会,而且控制了市民代表大会。而18世纪荷兰政治生活的一个关键要素就是市民代表大会作为代表机构复兴,并且能够给城镇议事会施压。民主潮流最早正是在东部省份开始涌动,而它将成为18世纪八九十年代荷兰政治舞台的核心特征。[14] 1702年,东部省份的市民社会中,存在着一个富裕、有教养的阶层,其成员经常是极其能说会道的律师。他们感到自己在城镇议事会中的影响力已被威廉三世及其宠臣剥夺,而这些影响力是传统、特权和法律所赋予他们的。[15] 在第一个无执政期开始的时候,奈梅亨市民代表大会就反抗了该城议事会压制其作用的行动。市民代表大会坚持认为,保证有合适资格、属于归正会忠实成员的人入选议事会,是市民代表大会的职责。[16] 1650年,共和派法学家赫拉德·诺特的父亲就是该城市民代表大会的一员。1702年,市民代表大会同样将自己视为该城代表传统的支柱,其任务是确保设立合法、正直的城镇议事会。

威廉三世去世后不久,海尔德兰省三级会议就废除了1675年的规章,但该省各城镇议事会同时还试图终结市民代表大会的作用,就像他们在威廉二世去世后的1650年曾做的那样。这类活动最开始在奈梅亨发生并激起了人们的抗议,引发了骚乱。这些混乱一部分是为了支持市民代表大会抵抗当权摄政官，另外一部分则由前官员发起——他们在1674年和随后的年月遭到威廉三世清洗，如今希望驱逐那些由威廉安插进来控制城镇议事会的人。[17] 动乱从奈梅亨开始，传播到蒂尔和扎尔特博默尔，不久所谓的"新派"控制了奈梅亨区。骚乱随后传播到聚特芬区和阿纳姆区。阿纳姆区还有另一个骚乱元素：这里的土地贵族对财政机构的影响很大，而阿纳姆城的"新派"煽动乡村人口反抗土地贵族。阿纳姆贵族院的回应则是抵制该区季度会议。

到1703年春，海尔德兰3个地区都处于动荡中，骚乱还传播到乌得勒支，尤其是阿默斯福特。当地市民和民兵团体要求，他们的代表应重获选取治安法官的权利，这是查理五世将乌得勒支并入尼德兰哈布斯堡以前，他们曾拥有的权利。[18] 经过武装的市民在1703年7月夺取了该城。乌得勒支省三级会议借助总三级会议派来的兵力，镇压了上述动乱。动乱还存在于上艾瑟尔，尤其是代芬特尔。在行会的支持下，该城的前权贵和市民代表大会从威廉三世的党羽手中夺取了控制权。

这些弱小省份在1702—1707年动乱的一大特征在于，不同省份的反对派日益趋向于进行政治合作。反奥伦治派骚乱的一个重要组织者就是乌得勒支贵族韦兰领主戈达德·威廉，1674年他被威廉三世清除出省政府。戈达德·威廉不仅担任着乌得勒支省三级会议中的反奥伦治派领袖，而且还是泽兰和海尔德兰一个重要的激进共和派联盟的领袖。他在荷兰省的政敌指控他使用阴谋，试图让荷兰省屈从于乌得勒支、海尔德兰、泽兰、格罗宁根和上艾瑟尔的统治。戈达德·威廉及其盟友的观点中注入了鲜明的反荷兰省情绪，这一点着实惹眼。1703—1704年间，米德尔堡出版的一些激进小册子谴责威廉三世政权对整个共和国造成的影响。部分出版物不过是复兴了1650年劳弗斯泰因派的意识形态、德维特的思想和"真正的自由"的观念。但是，这些出版物的作者们也确认在其中引入了新元素。范尼厄斯与其在泽兰的盟友和海尔德兰更为激进的"新派"给德维特"真正的自由"补充了"人民的大多数"这一概念，即"主权已经移交给人民"，如今人民有权为了公共利益设立和解散公民政府。[19]

弱小的省份，尤其是海尔德兰的骚乱，对荷兰省造成了困扰。欧洲大战正如火如荼，南尼德兰领地上正进行着关键斗争，这时同盟机构需要稳定的内部环境和赋税收入。然而1704年，海尔德兰陷入瘫痪，不再为该省分担的军队支付军饷。而荷兰省的许多摄政官展现出对"新派"的同情，甚或是厌恶这些人的政敌。1703—1706年间，这一因素一直阻碍同盟机构介入海尔德兰的动乱。

与此同时，海尔德兰鲜明的民主潮流正在到处传播。1703年1月，哈尔德韦克的行会强烈要求该城议事会恢复市民代表大会在1672年前就享有的全部权利和权力。在4月起草的请愿书里，他们要求，从今往后，哈尔德韦克市长和议事会应当由市民代表大会和行会任命，正如阿纳姆、奈梅亨和瓦赫宁恩等城镇当下所做的那样；他们甚至要求，从今往后，居住在该城的所有市民都应有资格被选入城镇议事会。[20] 1703年4月，哈尔德韦克议事会遭到行会清洗，6名属于"旧派"的摄政官被清洗，增加了7名新人。

海尔德兰"旧派"与"新派"的斗争在1704年间进一步升级。许多城镇都出现了由行会和民兵成员参加的反对"旧派"的集会和游行活动。1704年2月，经过武装的行会成员攻占哈尔德韦克市政厅。1704年6月，土地贵族抵制区三级会议时期，该区各城镇同意，无视贵族院，开始在乡村地区征税。8月，哈勒姆议事会的"新派"征募了一支

第36章　1702—1747年：摄政官治下的共和国　　1157

由经过武装的城市志愿者组成的部队，以保卫他们在该城和该区取得的成果。[21] 贵族院也召集了一支队伍，向哈尔德韦克进军。双方在皮滕（Putten）发生了武装冲突。但此时，总三级会议仍被阻止介入其中。

海尔德兰"新派"运动的一大弱点便是海尔德兰三大城镇——阿纳姆、奈梅亨和聚特芬与各自地区的小城镇之间自古以来的冲突。1707年10月开始的海尔德兰战役的高潮期，这类冲突成了相当重要的影响因素。那时，阿纳姆"新派"的议事会决定派遣一支装备了大炮的市民志愿军，前往瓦赫宁恩推翻刚刚重夺控制权的"旧派"统治者。阿纳姆民兵攻占瓦赫宁恩，逮捕了"旧派"的治安法官。但是，海尔德兰省三级会议的大部分成员谴责这一行为，希望前往镇压市民志愿军，并向总三级会议求助。荷兰省三级会议最终失去了耐心，同意派遣同盟军队结束动乱。为首的"新派"城市——阿纳姆和奈梅亨则没能动员起荷兰省、泽兰省和乌得勒支省的足够力量，来阻止通过派遣同盟军的决议。总三级会议军队于1707年12月占领阿纳姆，1708年1月占领奈梅亨。他们镇压骚乱、逮捕煽动者，并且将一些"新派"驱逐出两城的议事会。海尔德兰最终陷入了荷兰省施加给它的悬而未决、令人不安的僵局。

在海尔德兰冲突的最后阶段，"旧派"从共和国显而易见的奥伦治主义情绪复兴中吸取力量。这股潮流凝聚在1707年8月成年的约翰·威廉·弗里索周围。弗里斯兰一度主张，由于担任弗里斯兰执政，这个年轻人应当在国务会议中分得一个席位。[22] 一达到法定年龄，约翰·威廉·弗里索就开始主张"自己的前辈作为弗里斯兰和格罗宁根执政而一直占有的"席位。然而，在泽兰、乌得勒支、海尔德兰和上艾瑟尔等省的支持下，荷兰省拒绝这一主张，并提出弗里斯兰和格罗宁根已经各自在国务会议中拥有席位，不应因为拥有执政而享受任何优于其他省份的待遇。[23] 约翰·威廉·弗里索如今是共和国政治中的重要人物，支持者称他为"奥伦治亲王"。1708年2月，他在格罗宁根被正式宣布为执政——因为格罗宁根城与奥默兰就给执政的"指令"发生争执，场面稍有混乱。

约翰·威廉·弗里索年轻有为，在诸多方面意欲追随威廉三世的脚步。1709年4月，他迎娶黑森-卡塞勒的玛丽亚·路易莎（Maria Louisa）。他命达尼埃尔·马罗负责翻修在吕伐登的奢华府邸，而后，于1710年将新娘和宫廷全部安置到该地。[24] 他的一部分时间花在弗里斯兰，忙于培养驻海牙的利益集团；另一部分时间则用来经营作为总三级会议军队军官的事业。他在南尼德兰的联军营地上度过了很长的时间，马尔伯勒经常伴其左右。此外，在有关威廉三世遗产的官司上，约翰·威廉·弗里索也在与普鲁士国王进行斗争。如果说普鲁士国王有机会夺取威廉三世在德意志边境内的土地，那么弗里斯兰执政则在夺取荷兰边境内的遗产方面占有优势。1710年12月，海尔德兰省三级会议在罗宫的继承问题上，做了支持执政的裁决。

然而，1711年7月，奥伦治派寄托在约翰·威廉·弗里索身上的希望破灭。当时，总三级会议召唤他从军中返回海牙，协助其与普鲁士国王进行谈判，以在威廉三世遗产问题上达成妥协。然而，在穿越河口时，约翰·威廉·弗里索乘坐的船在穆尔代克（Moerdijk）附近遭遇暴风雨而倾覆，他溺亡了。人们用了一周时间才找到他的遗骸，而后庄重地将其埋在吕伐登。约翰·威廉·弗里索去世六周之后，其遗腹子出生——有朝一日他将成为所有省份的执政。想起61年前，威廉三世也是在其父去世后诞生，沮丧的奥伦治派稍感安慰。依照弗里斯兰省三级会议1675年的决议，弗里斯兰执政之位将由亨德里克·卡齐米尔的男性后代继承，[25] 于是这个遗腹子自动成为弗里斯兰执政的人选，他的母亲玛丽亚·路易莎成为弗里斯兰摄政。她给这个孩子取名为威廉·卡雷尔·亨德里克·弗里索，巧妙地同时纪念了威廉三世、英格兰的查理二世、弗雷德里克·亨德里克和孩子的父亲。

1702—1713年：西班牙王位继承战争

对于联省来说，爆发于1702年5月的围绕西班牙王位继承而展开的世界大战关系重大。当月，共和国与不列颠、奥地利和普鲁士结盟，向法兰西及其盟友——波旁王朝的西班牙*宣战。

荷兰参与反波旁王朝战争一事常被说成是威廉三世欧洲政策的延续。这并非全无道理。因为自1688年以来，威廉三世政策推行的基础就是与阿姆斯特丹和荷兰省三级会议达成共识，而荷兰省则是荷兰加入1702年至1713年战争背后的推动力。但荷兰省的利益与威廉三世的利益并不完全一致。决定荷兰在战争中所扮演角色的是荷兰省的利益，而不是威廉三世留下的传统。

威廉三世去世时，距离战争爆发还有两个月，此时联省的战略形势和荷兰海外贸易体系的未来似乎比1672年以来的任何时候都危险和

---

* 法国波旁王朝与奥地利哈布斯堡王朝为争夺西班牙王位引发了一场欧洲大部分国家参与的大战。这场战争形成了两派阵营：法国与西班牙、巴伐利亚、科隆及数个神圣罗马帝国下的德意志邦国、萨伏依组成同盟；而神圣罗马帝国最大的邦国奥地利则与普鲁士结盟，并与英国、荷兰、葡萄牙以及数个德意志小邦国、大部分意大利城邦组成了反法同盟。1702年5月反法同盟正式对法国宣战。——译者注

不确定。1700年，哈布斯堡最后一任西班牙国王卡洛斯二世去世，将西班牙王位和西班牙在欧洲、美洲的帝国留给路易十四的孙子，也就是人称"西班牙的费利佩五世"（Philip V）。为了巩固对西班牙及其帝国的控制，费利佩五世接受了法兰西的支持。1701年，法兰西军队进入南尼德兰，荷兰人则被迫撤出"屏障"要塞。如今法兰西与荷兰共和国之间再没有缓冲地带，共和国也没有办法强制执行斯海尔德河口的贸易禁令。同样危及共和国利益的还有西班牙和西属印度的形势。荷兰对西属美洲的贸易通过加的斯和库拉索岛展开，控制着这条贸易线的阿姆斯特丹大商人认为：波旁家族的人成为西班牙国王，意味着西班牙市场和西班牙贸易、殖民地应尽早归法兰西控制。在一定程度上，此事已经发生了。西属美洲的奴隶贸易专营权原来归葡萄牙财团，他们与西印度公司合作，而且很大一部分奴隶是从库拉索岛购买的。1701年，费利佩五世将这项专营权转交给法属几内亚公司。[26] 1700年至1702年间，与西班牙和西属美洲进行贸易的共和国（和英格兰）大商人的信心跌到谷底，甚至关闭了他们在加的斯、塞维利亚、阿利坎特（Alicante）和马拉加（Malaga）的仓库，并且将他们在西属印度的商品转交给中立的热那亚和汉堡公司负责。[27] 荷兰省摄政官和大商人精英希望通过一场战争，迫使波旁王朝撤回对西班牙王位的主张，进而恢复1700年以前共和国在西属印度贸易中的有利地位，巩固斯海尔德河口的禁令，同时赢得战略安全，抑制法兰西的权力，并且迫使路易十四削减对法贸易的关税。

遏制法兰西、颠覆波旁王朝对西班牙王位的继承似乎至关重要。不过同样重要的是，如果波旁王朝被击败，必须防止共和国名义上的盟友不列颠在欧洲之外获利。不列颠如今正迅速成长为比共和国扩张更快而且更具活力的海洋、殖民和贸易强国。英荷之间的竞争，尤其是双方在印度、西非和西属美洲贸易方面的竞争，比以往更加激烈。

与此同时，有必要找到一种过渡办法，在与共和国东部接壤的德意志西北部的边境地区构建一种双方都可接受的均势。因为这些地区此前长期处于权力真空状态，十分符合共和国的利益要求，但如今这种形态必然要终结了。1591年到17世纪30年代中期，共和国与西班牙处于势均力敌的状态，双方都在边境地带的各座城镇卫戍着。在17世纪30年代，西班牙人撤出林根、普施塔特和哈姆，并被荷兰人驱逐出克莱沃。于是从17世纪30年代末到1672年，共和国独自控制着南到克莱沃-马克和默尔斯、北达东弗里斯兰一带的土地，尽管17世纪60到70年代初，明斯特采邑主教曾极大地挑战荷兰在此地的霸权。1674年采邑主教战败后，共和国的势力在这整片地区基本上占据主导地位，这不仅体现在政治和经济方面，在信仰加尔文宗的地区，还体现在宗教和文化方面。然而1702年，普鲁士上升成为边境地区的一大强国。

威廉三世去世后，普鲁士国王腓特烈一世（Friedrich I）兼并了林根和默尔斯伯爵领地，他的依据是：弗雷德里克·亨德里克的遗嘱规定，假如他的男性后代绝嗣，那么他这一系的奥伦治-拿骚家族遗产将移交给长女、大选帝侯之妻路易丝·亨利特的后代。[28] 总三级会议和上艾瑟尔省三级会议对此表示抗议，但普鲁士国王威胁退出反法联盟，进而震慑住了共和国的反对力量。随着1702年至1703年战事的推进，共和国与普鲁士之间的矛盾加剧，普鲁士在上述地区的优势增强。这些年里，普鲁士军队从波旁王朝手中夺取了先前属于海尔德兰鲁尔蒙德区的大片土地，包括盖尔登——该城如今被永久并入普鲁士。[29] 共和国军队夺得鲁尔蒙德城和其他几块飞地,但共和国与普鲁士在边境地带的整体关系依然极不稳定。

在1702年至1713年战争期间,就人力和资源来说,共和国组织了共和国历史上最大规模、维持最久的军队和后勤工作。同盟军从和平时期的4万人扩张到超过10万人。为了维持这些行动,同盟机构的花销和各省的捐献额都提升到前所未有的水平。尽管开支和军队规模大幅提升,但共和国显然无法跟上法兰西、不列颠、普鲁士和奥地利军队和国家实力扩张的步伐。这场新竞赛的早期,摄政官们必须适应自己的新地位:如今共和国在联盟中的地位不如战争开始之前时那么高。在陆战中,不列颠、奥地利和普鲁士提供了比此前更多的武器;在海战中,不列颠的优势变得更为明显,这一情形是当时局势所特有的——共和国必须将很大一部分开支投入陆军。英、荷于1689年4月签订的海军协定规定,两个海洋强国应按照5∶3的比例为联合行动提供主力舰。[30] 协定确认并将二者在海军实力和资源方面逐步拉大的差距正式化。

共和国的陆军有10多万人,超过欧洲大陆上不列颠军队人数(4万人)的2倍,其规模从未如此庞大。1708年,荷兰陆军人数升至近代早期的峰值——11.9万,而同期不列颠军队有7万多人。[31] 为了实现这样的规模,各省三级会议通过发放省公债,向民众借了巨额款项。常备军规模从4.5万人扩充到7.5万人,另外还从德意志新教邦国雇用了4.2万人作为补充。其中大约1.5万临时雇佣军的军费是从南尼德兰占领区索取到的。马尔伯勒被任命为驻低地国家的联军总司令。但是,根据1702年6月签订的英荷密约,未经荷兰各省和总三级会议"战地代表"双方的同意,他不得调动荷兰军队或指挥其作战。[32] 战地代表

第36章 1702—1747年:摄政官治下的共和国

受总三级会议指挥，与马尔伯勒合作，但必须阻止军队参与任何有损于联省利益或尊严的行动。

共和国依然是反法联盟中的强国和重要成员。然而，在西班牙王位继承战争开始的前几年，共和国的相对衰弱就已显而易见。如今，在给皇帝和联盟的德意志邦国的津贴中，不列颠承担了更多的份额；不列颠还为伊比利亚半岛的战事提供更多的军队和钱财——虽然共和国军队也参与了攻占直布罗陀海峡的行动（1713年之前，直布罗陀海峡都被视为"卡洛斯三世"[*]的西班牙的一部分，由不列颠与共和国共同占领，这里甚至建有音乐厅，供共和国军队而非不列颠军队娱乐）。加泰罗尼亚的联军中也有共和国分队。

从17世纪50年代开始，总三级会议派就被这样一种观点吸引：任命一个外国将领指挥共和国陆军，是最优解，因为他纵然再有军事能力，也无力在内政中挑战荷兰省摄政官。因此，从一定程度上说，任命马尔伯勒为低地国家的联军总司令可被视为1702年威廉三世去世后政治反攻的组成部分，17世纪50年代任命蒂雷纳或某位瑞典军官的计划就是先兆。威廉三世对荷兰陆军的控制比任何前任执政都要严苛，并且能够摒弃"战地代表"制度。而同样作为1702年反攻的一部分，"战地代表"制度得以重设，不过这不再是1672年以前的几十年里常见的那种由七八个人组成的委员会，如今只有四名代表：其中一名代表荷兰省，另外三名代表其余六省，由六省轮流选派。[33]不过，另一个鲜明可见的事实是，任命马尔伯勒也标志着荷兰势力以某种形式从属于不列颠。

事态很快明朗，这场新战争给共和国贸易体系、城市和工业造成

---

[*] 反法联盟支持的王位继承人，后来的神圣罗马帝国皇帝查理六世。——编者注

了史无前例的毁坏,其代价惨重——共和国与法兰西、西班牙和西属美洲这些重要市场的贸易崩溃,前往地中海的航运也遭到严重破坏。[34] 荷兰省三级会议拒绝继续执行英、荷对法兰西的贸易封锁。1704年,总三级会议与路易十四达成协议,决定在战时部分恢复法荷贸易。[35] 不过,这一协议主要是让农业出口和葡萄酒贸易得到喘息。与西班牙一样,法兰西依然排斥荷兰制造品和殖民地货物。整个共和国都意识到情势之严峻。尽管如此,大商人、制造商和公众依然坚定地站在荷兰省三级会议背后,支持战争继续。[36] 阿姆斯特丹大商人相信,如果不击败法兰西、不废黜波旁家族的西班牙国王、不关闭斯海尔德河口、不恢复共和国与西属美洲之间的贸易,那么共和国过去几十年构筑的贸易体系便会毁于一旦。而如果能在西班牙废黜费利佩五世,帮助奥地利候选人"卡洛斯三世"上位,那么南尼德兰和西属美洲总督的职位都可能是自己即将得到的报偿。共和国值得为此押上巨大的付出、牺牲和资金。因为如果波旁王朝的继承者不被颠覆,那么旧贸易体系似乎无论如何都会被颠覆。于是,与大商人一样,荷兰省贵族院中的反奥伦治派和奥伦治派都真心实意地赞同海因修斯和凯佩尔的政策:必须联合不列颠、普鲁士和奥地利,击败法兰西和西班牙波旁王朝,必须在南尼德兰、西班牙和西属美洲安排新的保证人和贸易条款。[37]

尽管经济严重萧条,但荷兰在西班牙王位继承战争开始的前几年取得的胜利超越了阿姆斯特丹大商人最大胆的预期。从马尔伯勒在布伦海姆战役(1704年)中轰动性地战胜法兰西开始,联军取得了一场又一场胜利。1706年见证了胜利的巅峰,联军奇迹般地取得了一连串在陆地和海洋上的胜利。英荷联军在普鲁士人的支援下,在拉米伊(Ramillies)挫败法军,几乎将整个南尼德兰从波旁王朝的控制下解放出来。当年夏季，驻扎在加泰罗尼亚和葡萄牙的联军得到两地的支持，占领了卡斯蒂利亚中部的大片地区，并攻下马德里。与此同时，联合舰队控制了地中海，英、荷共同占领了佛兰德和布拉班特，并将管理机构设在布鲁塞尔。在这片地区，共和国的利益占优势，在经济方面尤其如此。在海牙方面看来，1706年至1713年间共和国对南部的经济控制是一种补偿并且部分平衡了不列颠在葡萄牙、加泰罗尼亚、萨伏依以及直布罗陀和梅诺卡岛（Minorca）等联军在西班牙的占领区迅速增长的优势。在共和国的压力下，布鲁塞尔被迫恢复了有利于共和国商业发展的1680年西属尼德兰关税单。[38]

然而，作为对战争投资及与之相伴的牺牲的报偿，荷兰省三级会议不仅追求将南尼德兰转变为共和国贸易体系中的垄断市场——这大致与不列颠对爱尔兰和葡萄牙的控制相当；它还力图限制哈布斯堡日后对南尼德兰的政治控制，其方法则是签订覆盖范围广阔的新"屏障"条约，以建立一个共和国与哈布斯堡共治的政治单元。在1706年的最初构想中，共和国希望不列颠支持共和国获得如下权利：可由总三级会议选择任何南尼德兰城镇和要塞驻防，数量并无限制。作为交换条件，共和国将担保不列颠王位由新教徒继承。[39] 而在最终的版本（1709年10月）中，共和国与不列颠的《边界条约》（*Barrier treaty*）规定：荷兰担保不列颠王位由新教徒继承；作为交换条件，不列颠担保共和国未来在南部建立一道"屏障"，它将包括为数众多的城镇和堡垒。这道屏障构成了三个组：首先是要塞组，包括根特、利尔（Lier）和达默，它们包围了斯海尔德河口和布鲁日—达默运河的南翼，用以支持共和国对河口的控制，同时也是与直面法兰西的外线要塞沟通的一条通信带；第二组包括伊珀尔、尼乌波特、里尔、图尔奈和瓦朗谢讷，它们确保共和国对佛兰德西端和瓦隆佛兰德的控制；最后是更南部的一组，包括沙勒罗瓦和那慕尔，用于保证共和国对默兹河（Meuse，即马斯河）和桑布尔河（Sambre）河谷的控制。[40] 卡洛斯二世去世后，法军控制了原尼德兰哈布斯堡的部分地区。日后这些地方的收入将归共和国所有，以便给维持屏障地带的驻军提供经费。此外，共和国还将获得西属尼德兰各省每年缴纳的另外一大笔经费，正如1700年那样。最后，1648年《明斯特和约》规定对斯海尔德河口施行的所有限制，都得到了确认。

然而，战争在南尼德兰、德意志和意大利取得胜利的同时，却在西班牙和新世界一败涂地。卡斯蒂利亚人民支持费利佩五世，而他的对手、哈布斯堡的"卡洛斯三世"逐渐被当成侵略者以及加泰罗尼亚人、巴伦西亚人、葡萄牙人、新教徒和犹太人的盟友。费利佩五世重夺马德里。西班牙领土上的反法联军被法兰西与卡斯蒂利亚联军赶回加泰罗尼亚和葡萄牙。最终，法兰西在北部战线的运势也多少有些好转。1710年，这场真正意义上的全球大战陷入大僵局，耗尽了所有参与者的精力，法兰西和共和国尤其如此。

1710年之前的许多年里，路易十四力图通过给共和国提供条件优厚的单独和约，达到瓦解针对其联盟的目的。这让人想起他在1677年成功推行的战术。法、荷之间进行了数轮秘密谈判，最终以1710年的海特勒伊登贝赫谈判结束。在谈判过程中，路易十四宣称自己同意废除费利佩五世的西班牙王位，承认"卡洛斯三世"的地位，而作为补偿，费利佩五世应得到哈布斯堡在意大利的领地；同时，共和国将得到他们的"屏障"、1664年法兰西关税豁免清单和其他有利条款。共和国领导人对此表现出浓厚的兴趣。不过，1709年至1710年双方的谈判不可能成功。[41] 且不说这会招致不列颠和奥地利强烈的仇恨，摄政官本身就极不信任路易十四。假如共和国放下武器、与盟友决裂，而路易十四却不守信用，那该如何是好？"太阳王"在这方面的记录远不能令人安心。另一大障碍在于，如何才能真正地将费利佩五世清除出西班牙。对于任何逼迫其孙子放弃西班牙财产的军事行动，路易十四都拒绝参与。最终，荷兰省最具影响力的摄政官——海因修斯、科弗和身为豪达议长的布鲁诺·范德迪森（Bruno van der Dussen）表示，唯一的选择就是拒绝法兰西的提议，继续与不列颠和奥地利并肩作战。[42]

1710年之后，路易十四对共和国感到厌烦，转而将精力集中于伦敦。1712年，各个参战国齐聚乌得勒支和会展开正式谈判。当英、法已私自达成协定一事浮出水面时，强烈的幻灭感席卷了共和国和奥地利。事实表明，不列颠的当权派托利党同意费利佩五世留任西班牙和西属印度的国王。作为回报，他们将获得不列颠独享的广泛优待条款，包括占领直布罗陀海峡和梅诺卡岛以及西属印度的奴隶贸易专营权。由此海牙出现了反英骚乱，讨论第四次英荷战争的声音四起。共和国与奥地利一道，试图在没有不列颠的情况下，继续进行反法战争，但残余同盟发现军力和资金都不充足，行动很快告终。摄政官别无选择，只得接受像是为不列颠和法兰西量身定制的《乌得勒支和约》（1713年）。

1713年后的奥属尼德兰和北尼德兰

1659年至1701年间，南尼德兰在战略和经济上一直从属于联省。

西班牙国王公开承认，在缺少荷兰帮助的情况下，自己无力保卫南尼德兰免遭法兰西侵害。《明斯特和约》保证永久封闭斯海尔德河口的海洋贸易，并对南部施以其他经济限制。由于渴望讨好共和国，西班牙国王1669年和1680年采纳的南尼德兰关税单依然有利于荷兰制造品、鲸鱼制品、波罗的海原材料和东印度公司货物进入南尼德兰。[43]

这是对西班牙和荷兰都有益的政治-经济关系，但在诸多方面有害于南尼德兰的贸易、运输和制造业。在心理上，它导致南北隔阂加大，造成了双方民众的不满，后一点又因为宗教分歧而增强。安特卫普、布鲁塞尔、布鲁日和根特的大商人和制造商中出现深刻的挫败感。马克西米利安·埃曼努埃尔的到来可以说是标志着南部对北部经济和战略监护的第一次政治反抗。马克西米利安·埃曼努埃尔怀着最终要接替卡洛斯二世担任南尼德兰君主的野心，希望拓展该地区的资源，提升其战略潜力，从而为自己的最终利益服务。根据贝海克的提议，布鲁塞尔当局咨询城市精英后制订发展计划。1699年，当局出台了一揽子重商主义措施，意图让南部摆脱北部的经济统治。[44] 这些措施包括：对荷兰和其他外国制造商征收高关税，采取措施迫使佛兰德亚麻布生产商停止将亚麻布半成品送往荷兰省进行漂白和分销。1700年，伴随着卡洛斯二世的过世，摆脱北部监护的诉求势头强劲。在南尼德兰，波旁王朝的继承权得到社会各个阶层的强力支持。因为人们指望新政权在管理和体制上做出彻底变革，或者至少摆脱贸易和海事方面对荷兰的从属地位。费利佩五世委托路易十四照顾其在南尼德兰的利益。随后，法军在1701年2月入侵南部。当地政府和民众表示欢迎，并协助他们进犯和夺取荷兰人守卫的"屏障"城镇，迫使荷兰人撤军。[45]

1701年，得到法兰西支持的费利佩五世政权在布鲁塞尔设立。这着实触发了一场涉及面广泛的改革。贝海克立即宣布支持波旁王朝的继承权，而后他本人被任命为新政权的财政总监和军事大臣，成了驻低地国家的法兰西、西班牙与巴伐利亚联军的领导人。改革的关键期（1701—1704年），马克西米利安·埃曼努埃尔身处巴伐利亚而非低地国家，贝海克于是实际上成了费利佩五世的代理总督。[46] 在两年的时间里，他从零开始，建立起南尼德兰军，军队按照他拟定并于1701年12月发布的军事实践总则（包括134项条款）组织。1702年夏，他撤销了哈布斯堡的3个"附属委员会"，取而代之的是由6名成员组成的、单一的王室委员会，它受总督或其代理人——实际上意味着贝海克自己——直接领导。1703年4月，新关税制度出台。

征兵和推行新税必然会多少减损人们对新政权最初的热情。起到类似作用的还有遵从路易十四的倾向，以及在教会和思想问题上采取反詹森主义的强硬措施。[47] 不过，政权留住了该省三级会议和城市精英的支持。而事实证明，这些改革虽然涉及面广却是短命的，纯粹是军事失败的结果。因为随着1706年5月23日法兰西和南尼德兰联军在蒂嫩（Tienen）附近的拉米伊惨败于英荷联军之手，南尼德兰的一切都改变了。法兰西也因这场溃败被严重削弱，甚至时人称其为一场"革命"，它陡然、彻底地改变了低地国家的局势。几天之内，鲁汶、布鲁塞尔、梅赫伦、安特卫普、根特、布鲁日和奥德纳尔德向联军打开城门，承认"卡洛斯三世"为西班牙国王和南尼德兰的统治者。到1706年7月奥斯坦德投降时，马克西米利安·埃曼努埃尔手上就剩下3个瓦隆省份——埃诺、那慕尔和卢森堡，外加尼乌波特。

贝海克和马克西米利安·埃曼努埃尔将残余的南尼德兰波旁管理

机构转移到蒙斯。布鲁塞尔则建立了英荷共治政府,暂时以"卡洛斯三世"的名义治理佛兰德、布拉班特和林堡。1702年设立的新王室委员会迅速被撤销,哈布斯堡的3个"附属委员会"得以恢复。不列颠和荷兰的守军驻扎在所有重要城镇。荷兰省三级会议几乎即刻采取行动,确保撤销贝海克的关税政策和重商主义政策。[48] 早在1706年7月,新布鲁塞尔政权就再度推行旧关税单。但荷兰省不满足于现状,随后又安排用1669年的关税单取代1680年的——前者比后者更有利于荷兰利益。就1703年的葡萄牙来说,不列颠凭借《梅休因条约》(*Methuen treaty*)牺牲荷兰的利益而独自赢取大部分贸易优势,那么依照1706年施加于佛兰德和布拉班特的安排,则是荷兰在贸易方面获益最多,事实上这一点在不列颠广受抱怨。[49]

无论是联合卫戍部队,还是新的行政、财政和关税安排都不符合佛兰德和布拉班特的期望。贝海克从蒙斯巧妙地利用这些不满,构建了强劲的亲波旁阴谋网络。[50] 通过与市民中的支持者合谋,法兰西人在1708年7月成功地发起突袭,攻占了根特和布鲁日。马尔伯勒经历了两场漫长的围城战,才在1709年年初重夺两城,恢复了英荷联合政府的统治。但有诸多迹象表明,佛兰德和布拉班特的城镇中,仍然存在对联军的广泛敌视情绪,到战争结束时乃至此后,情况依然如此。这也成了在1713年之后决定南尼德兰命运的谈判中,荷兰的地位被削弱而奥地利地位被强化的一个原因。

战争结束时,费利佩五世依然在西班牙王位上。而南尼德兰则在归属于西班牙将近两个世纪后被分离出去,带着诸多限制性条件被划给神圣罗马帝国皇帝,以满足荷兰和不列颠的愿望。于是,南部如今成了"奥属尼德兰"。根据奥、荷于1715年11月在安特卫普签订的条约，皇帝正式承接了此前1648年《明斯特和约》强加给西班牙的义务，包括关闭斯海尔德河的海上贸易、施行1680年关税单。这一约定为荷兰重夺贸易霸权奠定了基础，荷兰将在接下来的数十年里继续占据领先地位。[51]

共和国关注的另一个重大事宜也通过战后艰难的谈判被敲定，即重建共和国守卫的"屏障"城镇带。根据在安特卫普签订的条约，皇帝同意与共和国共同负责奥属尼德兰的防御，而在和平时期，这一地带将由3.5万奥地利与荷兰的联合常备军守卫。联军中五分之二即1.4万人的军力，由荷兰提供，这一数字比起1697年和约规定的荷兰在"屏障"城镇的驻军人数（大约8 000人）有了大幅提升。总三级会议认为，1702年组建的大同盟共同征服了西属尼德兰，因此这一地带应当成为一道"壁垒和屏障，以分隔法兰西与总三级会议治下的各省"。他们不仅希望获得在"屏障"城镇本身的权利，而且希望获得在根特和佛兰德其他地方的权利，以保障其交通线，延伸其势力。[52] 然而，皇帝坚决反对这一点，并得到不列颠的支持。不列颠渴望摆脱共和国对连接奥斯坦德、布鲁日和根特的运河网络的控制，因为这些运河是不列颠制造品进入南尼德兰的主干道。共和国也没有获得如他们所期望的那么多"屏障"城镇。1715年确立的"屏障"从海岸附近的弗尔讷（Veurne），经克诺克堡（Fort Knokke）、伊珀尔、瓦斯滕（Waasten）、梅嫩（Menen）和图尔奈，延伸到那慕尔（参见地图15）。[53] 和约授权总三级会议在这些城镇设置军事统领、控制行政管理机构，但不得举行加尔文宗的公共仪式。根据和约，新教仪式只得在私宅中举办，相关准则与卡洛斯二世统治时期一样。最后，共和国还能每年从奥属尼德兰的收入中获得一笔125万荷兰盾的年金，用以维持在"屏障"城镇的驻军。

地图15　1715年商定的荷兰在奥属尼德兰的边界

通过战后谈判解决的另一个问题是有关前鲁尔蒙德区（或上海尔德兰区）未来的问题。1648年这一地区留在西班牙手上，共和国则一直主张对它的主权，但1702年之后它被普鲁士占领。同年，普鲁士还兼并了默尔斯和林根。普鲁士似乎顺利地走在兼并低地国家内部和周边土地的道路上。这样的前景让总三级会议深感忧虑。然而在这一方面，共和国再次遭到挫败：不列颠出于自身原因，支持普鲁士的诉求。根据最终的瓜分协定，共和国只获得了芬洛和斯泰芬斯韦尔特（Stevensweert），以及对鲁尔蒙德城的部分主权——前提条件是该城天主教堂及其财产必须得以完好保存。该地区的其他地盘部分划给奥地利，但大部分（包括盖尔登）并入普鲁士。

奥属尼德兰的第一任总督是萨伏伊的欧根亲王（Prince Eugene）。（参见表43）他是那个时代最杰出的人物之一，在1716年至1725年的10年间担任总督。他是著名的军人和行政官员，同时也作为艺术和图书的鉴赏家而闻名，他偏好具有早期启蒙思想的作品。不过，他在布鲁塞尔的影响力有限，因为大部分时间他都置身匈牙利抗击土耳其人。1701年波旁政权建立后，南尼德兰兴起改革的狂潮；1706年后，英荷联合政府则使其恢复原状；到1713年转由奥地利统治后，南尼德兰并没有立即对现状进行变革，唯一的例外是，比起1659年之后的西班牙政权，如今的布鲁塞尔宫廷在发布指令方面多少更为积极一些。

然而，在欧根亲王的副官兼全权代表、意大利的普里耶（Prié）侯爵埃尔科莱·迪·图里内蒂（Ercole di Turinetti）的专制统治下，人们对新政权的热情迅速冷却。首先，《边界条约》本身就不得人心。人们普遍认为，这是皇帝为了更广泛的国家战略和王朝利益而牺牲南部各省的利益。[54] 有关斯海尔德河口和关税单的条款尤为令人厌恶，类似的还有给荷兰共和国的津贴。其次，南尼德兰很快厌倦了荷兰和奥地利在其领土上的驻军。再次，根据来自维也纳的指令，普里耶侯爵在财政方面采取严厉措施，并且不久就被指控侵犯城镇特权。幻灭感和财政压力共同催生了1717年至1718年的一系列骚乱。这些骚乱分别爆发于根特、安特卫普，布鲁塞尔的情况尤为严重，这里的人们对昂贵的面包价格的愤恨刺激他们反抗奥地利当局。在数场骚乱中，诸多官员和谷物商人的宅邸被洗劫。不过，动乱也让城市精英惊恐，在他们的支持下，政府迅速于1719年春天控制了局势。政府的镇压手段相对温和，只有少量反抗者被处决,一块被处决的还有动乱的主要煽动者之一弗朗索瓦·阿内桑(François Anneessens)。几周之后,普里耶侯爵带着胜利之情致信欧根:"被这次处决吓住后,民众伫立不动,不敢有一丁点儿动作。"[55]

在经济方面,新政权遵循折中路线,既不公开表示反对,也不积极支持荷兰的贸易霸权。皇帝受制于有关斯海尔德河口和关税单的条款。他明白,任何公开否定这些承诺的行为,都将摧毁奥荷在低地国家合作的整个基础。然而,欧根及其继任者确实找到了一些方法来支持南尼德兰的大商人和制造商。最为著名的冒险行动就是1722年12月在奥属尼德兰成立帝国东印度公司,它通常被称为"奥斯坦德公司"。1714年以来,南部大商人就开始投资东印度航海,如今,在官方支持下,他们试图打造更宏大的事业。18世纪20年代中期和晚期,大约有12艘船驶向当时中国清廷治下的广州采购茶叶、驶向孟加拉采购丝绸和白棉布。欧根亲王本人重金投资这一事业,但是,期望很快就破灭了。贸易上的失误和英荷的抵制措施共同影响了公司境况。1731年,在欧洲竞技场上正需要英荷支持的皇帝同意查封该公司。

欧根的继任者是皇帝的姐姐玛丽亚·伊丽莎白(1725—1741年在位)。这位壮硕的女士长着哈布斯堡家族著名的大下巴。任期之初,她就在布鲁塞尔召集总三级会议,这是1789年至1790年动乱之前的最后一次集会。她更新了南部各省的特权,证实改变南尼德兰既存的制度框架并非自己或弟弟的意图。但是,在宗教和文化问题上,她意志坚定。玛丽亚·伊丽莎白迅速在布鲁塞尔建起了17世纪中期以来南部最宏伟(最奢华)的宫廷。她渴望成为新一任伊莎贝尔,做个指导国家生活的杰出首领兼艺术的伟大赞助者。新时代确实开始了,但如今既没有组织宏大建筑工程的资源,也无此需求,而安特卫普、根特和布鲁日的艺术也处于低迷时期。鲁本斯和凡戴克的时代已经远去，他们的继承人也是如此——在大多数方面，南部的绘画和所有装饰艺术确实变得黯淡无光。不过，玛丽亚·伊丽莎白带来的影响显而易见。她引入维也纳宫廷呆板的形式主义，招来一大批意大利和中欧的艺术家、音乐家，这些人给南部的文化生活带来耳目一新的情调。女大公欣赏意大利歌剧，在南尼德兰她尤其喜爱的是布鲁塞尔歌剧院，它建于马克西米利安·埃曼努埃尔时期。而她自己在任期间，几乎没有任何大型工程动工。直到18世纪50年代，南尼德兰的宫廷文化仍有显著的临时性。1731年，布鲁塞尔燃起灾难性的大火，勃艮第-哈布斯堡宫殿被付之一炬（与之相伴的还有鲁本斯的一些画作）。但即便此事后，女大公依然只是考虑建造新宫殿，而实际上并未委派任何建筑项目。

表43　1716—1794年奥属尼德兰历任总督

总督或摄政	与奥地利统治者的关系	任期
萨伏伊的欧根亲王		1716—1725年
玛丽亚·伊丽莎白女大公	皇帝查理六世的姐姐	1725—1741年
洛林的夏尔·亚历山大	玛丽亚·特蕾莎的妹夫	1741—1780年
玛丽亚·克里斯蒂娜女大公	约瑟夫二世的妹妹	1780—1793年
卡尔大公	利奥波德二世的第三子	1793—1794年

民众主要是在宗教和知识生活方面，感受到了玛丽亚·伊丽莎白的存在。如果说在艺术领域，她追随欧根的脚步，提升意大利和中欧的影响力，那么在教会和学术事务上，她则急剧扭转了前任亲詹森主义的思想自由立场。欧根曾公开支持詹森派信徒和君权至上论者，后一派别反对教宗在1713年《独生子基督》通谕中表述的主张。[56]他

还保护鲁汶法学家泽赫尔·贝尔纳德·范埃斯彭（Zeger Bernard van Espen, 1646—1728年）。范埃斯彭是南尼德兰天主教会反教宗至上论的主要发言人。他发表的小册子强调，天主教王公有责任尽量削减外国教会权威对本国臣民的司法权。与此相反，女大公追求严厉的反詹森派、反君权至上、亲教宗路线。她受匈牙利耶稣会告解神父斯特凡·阿米奥特（Stephan Amiodt）指引，后者一直伴其左右（甚至在歌剧院也是如此）。[57] 她强势地清洗鲁汶大学，甚至让范埃斯彭和另外12个詹森派学者被迫流亡联省——詹森派的传统避难所，一些高级教士和修士受到调查和训诫。在其任上，图书审查制度更为严苛，以尽力将法兰西启蒙运动早期的著作拒于国门之外，任何带有詹森主义或君权至上论意味的东西也是如此。但是，反詹森主义潮流随着女大公任期结束而终结。在她的继任者夏尔·亚历山大（Charles Alexandre）之下，詹森主义再次得到布鲁塞尔的青睐。

主要是在夏尔·亚历山大任期内，奥属尼德兰的中央管理机构变得更为精简且高效。他最早采取的行动是推动省级管理机构和财政管理机构某些方面的制度合理化。在1706年重建的3个附属委员会，在1725年再遭短暂废除，1740年又再次得以恢复。而到这时，国务委员会已甚少开会，控制权决定性地转移到人员已然缩减的枢密委员会手上。枢密委员会如今包括主席和其手下的6名官员。[58] 这一转变归属于奥地利政权的一个更广泛的发展趋向——摒弃由地方贵族当政的做法，依赖职业官员。第三个机构——财务委员会得以保留不变，它包括财务总管和其手下4名官员。在布鲁塞尔，更显贵的是国务和军事秘书，他是总督位高权重的代表和助手。[59]

尽管1715年后的几十年里，布鲁塞尔的中央机构变得更精简、更专业，但就性质而言，它实际上变得更具有工具性，丧失了先前大部分的外交和战略重要性，而这些是它从阿尔瓦时代到马克西米利安·埃曼努埃尔时代一直都享有的。这种变化是另一重要改革的结果：1717年，查理六世决定在维也纳设立一个委员会来监管奥属尼德兰的管理机构。委员会存续到1757年，而后其职能转到帝国宫廷事务处，该机构一直密切联络并指导布鲁塞尔的官员。

在省一级，改革没那么明显。省三级会议依旧集会，保留了先前的职能，其中尤为重要的是同意给统治者拨付津贴的权利，以及监督钱款征收的权利。然而，在18世纪中叶的几十年里，他们的权势明显遭到削减，主要原因是布鲁塞尔管理机构将先前的一些权力移交给了维也纳，且布拉班特和瓦隆贵族的作用衰减。拿佛兰德三级会议的情况来说，主要城镇根特和布鲁日的控制力遭到进一步削弱（这是布鲁塞尔管理机构的长期目标），其手段是将三级会议的更多代表名额分配给该省的小城镇，如阿尔斯特、科特赖克和登德尔蒙德。根特和布鲁日的政治影响力实际上只不过是16世纪残留下来的遗迹。

受启蒙观念的影响，皇帝约瑟夫二世在18世纪80年代引入了较为激进的改革，而早在这之前，奥地利政权治下的南尼德兰在管理和文化方面就出现了值得注意的转变。不过，革新和发展最显著的迹象出现在经济生活和日益增长的人口方面。大起义之后的一个世纪里，在经济和人口方面，北部都明显比南部有活力，而后，从1672年到1720年，南北尼德兰陷入萧条。而到1720年之后，在经济和人口方面，南部变得比北部都有活力，尽管南部没有北部那样的殖民地和远距离贸易。这种对比到1740年后变得更加显著，那时北部的"高利润贸易"

和工业都进入几乎全线崩溃的阶段。

17世纪60年代,南北尼德兰都陷入了漫长的农业萧条时期,随后一直延续到18世纪。但是佛兰德和奥属布拉班特的乡村地租和土地价格从1720年左右就开始强势复兴,[60]而北部的农业复兴要晚很多,直到1750年前后才开始,而且显然更拖沓。例如,在弗里斯兰和北荷兰省,农场地租到18世纪三四十年代依然在下降。1720年之后,南部乡村人口开始稳定增长,而且相对而言速度较快,这与北部形成鲜明对比。在佛兰德,乡村人口增长在亚麻业遍布的地区最为显著,而且显然受到这一行业的刺激。在数个法语地区,特别是沙勒罗瓦、列日和韦尔维耶(Verviers)附近,毛纺织业、煤炭和铁加工行业的发展正在缓慢加速,到19世纪初,它们将以全面工业化的形式发展至顶峰。在这些地区,工业同样刺激着人口增长,在乡村和城镇都是如此。然而,在奥属布拉班特,工业活力并非主要因素;同时,已然相当高的谷物生产率使得农业生产没有了进一步增长的空间。即便如此,这里的人口依然出现了快速且持续的增长。

但是,无论是乡村产业的扩张,还是人口的增长,都不能说明大多数乡村和城市劳动力的生活水平有所提升,或日益富裕。相反,有诸多迹象表明:与北部类似,南部的贫困现象和与乡村贫困有关的犯罪普遍增多。这里能够养活越来越多的人口,很大程度上要归因于马铃薯。马铃薯的种植开始于18世纪早期的佛兰德和布拉班特,到18世纪中叶的几十年变得普遍。[61]人们越来越普遍地将马铃薯当作贫苦家庭维持生计的基础,这在18世纪40年代尤为显著。当时由于奥地利王位继承战(1740—1748年)爆发,环境骤然恶化。但是这种现象被视为迫不得已的必然,它更像是求助于廉价、退而求其次的主食,而不是饮食的改善。就像在日后爱尔兰的情况，18世纪奥属尼德兰的马铃薯生产首先是一种在萧条乃至悲惨生活条件下保证最高存活率的手段。

1713—1746年：中立与内部稳定

西班牙王位继承战争一结束，总三级会议就立即解散了大部分共和国陆军。军力从1712年的13万减至1713年的9万和1715年的4万，留下的士兵大多是荷兰人、瑞士人和苏格兰人。[62] 剩下的共和国陆军再次回归执行卫戍任务那种平淡安定的生活，驻扎在南尼德兰、公地和海尔德兰的要塞城镇。

将军队裁至这一水平，就其本身而言，并不能作为共和国史上重大变革的标志。1648年签订《明斯特和约》后，陆军最终裁撤至略多于3万人。与那时类似，如今的缩编对边境地区的经济生活造成了严重的负面影响，其影响在公地和海尔德兰尤为明显。而在另一种意义上，这次转变是根本性的。因为在与其他欧洲陆军和他国军力相比时，共和国陆军的缩编标志着与过去的决裂。1590年至1713年，无论是和平时期还是战争时期，共和国总是占有欧洲最大规模、最为精良的陆军。《乌得勒支和约》之后，共和国陆军恢复到1688年以前和平时期的花销水平和建制规模，但与此同时，普鲁士、奥地利、不列颠、俄国和其他国家都维持着比过去规模大得多的陆军。这就意味着，共和国接受了弱小国家的地位，不再承担其几年前还背负着的、欧洲事务中的重担。不过在论及西班牙王位继承战结束到18世纪50年代这一时期时，历史学家们又确实经常倾向于夸大共和国衰落的程度。共和国如今已远不是1713年之前那个强国，但是一直到18世纪50年代，仍处于中等国家的行列，在欧洲和世界事务中起着相当重要的作用。

军费开支遭到大幅裁减，但各省的公债依然前所未有地高，而各省政府并不倾向于增加赋税以尽可能地减少债务。1627年至1628年的战争留给荷兰省3 800万荷兰盾的公债，到1713年，这一数字涨到令人震惊的1.28亿荷兰盾，而这一负担让共和国的外交和军事机构瘫痪。[63] 荷兰在支持西班牙王位继承战的同时，为了避免大幅增税，主要依靠借贷，这种政策的部分代价就是承担上述债务。此外，裁军和持续的高额债务引发了各省间的新矛盾——荷兰、上艾瑟尔和海尔德兰省仍在给由他们分担的军队提供军饷（这些省份也因为有驻军存在获益最多），而其他省份却单方面超越原先商定的限度、裁撤各自分担的部队，将更多的负担抛给愿意提供军饷的省份。弗里斯兰省尤为不服约束，抱怨自己分担的共和国财政份额过高，而事实也的确如此。[64] 分派制度自1616年以来从未改变。但自那时起，相比于弗里斯兰、泽兰和乌得勒支等省，荷兰省的人口和资源有所增长。相较而言，17世纪末以来，上艾瑟尔省和海尔德兰省的人口增长更具活力，也能更好地完成自己的分派额，弗里斯兰省偿付的款项则远不够该省的法定贡献额。

各省单方面以及联省整体都同意裁减军队和开支，巨额公债的发行持续，一些省份对分派额有所抱怨，各省间的合作日渐恶化。正是在这样的背景之下，（由上艾瑟尔省提议）总三级会议在1716年至1717年间召集了一系列特殊会议，以探讨同盟的形势和改革议案。当时（及此后），这些会议被称为第二次大会议——尽管严格说来，1716年至1717年这些会议只不过是总三级会议的非常规集会，而1651年的大会议在概念上被认为是各省三级会议的代表大会。但是，1716年至1717年的会议的确是第二次通盘审视同盟的运转和各省间的合作状况，从这个意义上说，它的确称得上是第二次大会议。

在会议上发挥领导作用的是西蒙·范斯林厄兰特（Simon van Slingelandt，1664—1736年）。他从1690年起担任国务会议秘书，是个精力充沛的行政官员，来自显赫的多德雷赫特摄政官家族。他的父亲是约翰·德维特的表亲。他的家族曾属于总三级会议派，但范斯林厄兰特大体上已经脱离这一意识形态阵营，强调采取中立立场。战争期间，他与海因修斯密切合作，随后成为同盟机构政治上仅次于大议长本人的重要人物。

范斯林厄兰特在同盟机构事务方面经验丰富，有充分条件从整体而不是单个省份的视角，来评估同盟的结构与体制。他和国务会议给总三级会议发了一大批要求体制改革的备忘录和提案。[65] 范斯林厄兰特还尖锐地批判1713年以来的整体政策走向。他认为，共和国陆军和海军军力的削减影响非常深远，甚至严重削弱了共和国在国际事务中的影响力。[66] 他坚称，如今的同盟机构太过软弱，各省之间的合作极不充分。范斯林厄兰特的一个论点是：在共和国早期，总三级会议里各省实现多数票表决的情况比如今要普遍，现在各省都追求更强的特殊主义，这样的潮流削弱了同盟机构的力量。[67] 此时，范斯林厄兰特正在写作《政治对话》（*Political Discourses*）一书，不过该书直到1784年才得以出版。该书不仅相当详尽地呈现了1572年以来的共和国史和共和国体制，而且表现出对联省宪政传统和原则的真挚崇敬。他将反西班牙大起义视为荷兰成为"自由民族"、建立"自由政府"的重要步骤，视为修复如今濒临崩溃的共和政体的锁钥。在他看来，联省正在走下坡路，原因在于各省背离了最初的原则，转而徒劳地强调各自的特殊主义——这是格劳秀斯和德维特留下的一部分遗产，是他不能苟同的。范斯林厄兰特渴望恢复从前的理念——建立强大的国务会议和同盟机构。他相信，这样的理念盛行于共和国初期，在1585年因英格兰的干预而扭曲，从那时起，两名英格兰大臣被安排进国务会议。[68]他力劝各省赋予同盟机构更多权力，改革同盟机构的财政，恢复共和国作为一流陆军和海军大国的地位，与此同时减少公债。[69]

尽管议论纷纷，但最终范斯林厄兰特、国务会议和第二次大会议的行动没带来任何结果。事实上，对那些希望将联省重塑为更协调一致的联邦实体的人来说，这次大会注定会失败。一些弱小省份认为，在决策和分派额问题上，自己已然遭到不公正的对待。这些省更感兴趣的是采取权宜手段以限制荷兰省的优势，而不是通过强化同盟机构来提升荷兰省的优势。与此同时，共和国在1712年至1713年遭受的羞辱令人耿耿于怀，并助力催生了中立主义情绪。第二次大会议讨论得出的一个重大决议就是，陆军再裁减6 000人（主要是瑞士人），将荷兰军力从4万人减至3.4万人。[70]

那些渴望重塑共和国陆军和海军实力的人——海因修斯、范斯林厄兰特和荷兰省贵族院领导人物范德伊芬福尔德认为，共和国的领导人，其军事角色仍主要是限制法兰西的扩张主义。他们将这点与亲英立场（而不必一定是奥伦治派立场）相结合。[71]不列颠鼓励总三级会议继续在欧洲外交和权力政治中扮演积极角色，并将此视为在欧洲扩张不列颠势力的手段。因此，部分是出于不列颠的压力，共和国基本上准备进入所谓的1718年四国同盟，结盟的目的在于限制西班牙波旁王朝的野心。加入四国同盟的议案在荷兰省三级会议中赢得多数票，总三级会议也以5省对2省的投票，压倒泽兰省和乌得勒支省代表的反对意见，通过了该议案。[72] 但阿姆斯特丹反对加入反西班牙的欧洲联盟。自1713年以来，阿姆斯特丹就对共和国与西班牙和西属美洲贸易的迟缓复兴以及共和国贸易的整体恶化深感忧虑。该城议事会的主导派别以市长尼古拉斯·范巴姆贝克（Nicolaas van Bambeeck，1665—1722年）为首，他们与海因修斯、范斯林厄兰特意见不合，希望共和国远离不列颠。阿姆斯特丹自有主意。

1720年海因修斯去世，对下一任荷兰省大议长选举满怀兴趣的不仅包括三级会议中相互竞争的派系，还包括外国政要。范斯林厄兰特得到海因修斯友人的青睐，被视为"不列颠的"候选人，他主张共和国更多地参与国际竞技场。他的对手是鹿特丹退休官员伊萨克·范霍恩贝克。他得到阿姆斯特丹和荷兰省贵族院中以诺德维克领主为首的派系的支持，同时也是法兰西认可的人选。[73] 霍恩贝克是个能干的摄政官、行政官员，属于富修斯派，此前也曾是奥伦治派，但没有外交事务的经验和知识。人们优先选择了霍恩贝克而非范斯林厄兰特，因为他们指望霍恩贝克疏离海因修斯的传统，转而坚持不干预外国事务的政策。

从1711年约翰·威廉·弗里索逝世到18世纪20年代初，奥伦治派一直是荷兰政治中的潜在但并不活跃的力量。暂时而言，旧式的派系竞争变得没那么激烈。虽然如此，1713年之后依然出现了显而易见的、对1702年之后的共和潮流的抵抗。这在海尔德兰尤为显著，这里"旧派"摄政官和贵族院的地位到1713年之后变得更为稳固。先前该省曾规定，各个城镇议事会的成员每三年要经代表大会重新选举，而1717年，这项规定被海尔德兰省三级会议废除，这标志着曾在1702

年至1708年间将该省推入骚乱的反奥伦治派、民主势力最终被击败。1718年，时年7岁的奥伦治亲王被指定为未来的弗里斯兰执政，次年又被指定为格罗宁根执政。1722年，德伦特省三级会议也做出类似决定，海尔德兰的奥伦治派力主海尔德兰省三级会议应当跟上这些省份的步伐。这是一项重要的进展，因为这是第一次有人提议弗里斯兰执政应当兼任其他无执政省份的执政。随后，荷兰省、泽兰省和上艾瑟尔省三级会议介入，以增强海尔德兰省反奥伦治派的反对意见。他们警告称，指定新的海尔德兰执政将在整个联省散布分裂的种子。然而，海尔德兰省三级会议对此并不理会，他们宣布亲王为未来的"海尔德兰执政"，但同时也草拟了一份新"指令"，给未来执政分配的权力仅为威廉三世依照1675年规章所享权力的一小部分。[74]

根据1722年的"指令"，海尔德兰执政对城镇议事会选举中的代表大会、对省级或区级官员的任命、对海尔德兰派驻同盟机构的委员会代表的选取都没什么影响力。即便如此，海尔德兰省的决定依然在摄政官中间造成广泛的焦虑。乌得勒支省三级会议重申他们1651年和1702年的决议，主张摒弃执政。荷兰省于1723年3月通过决议，宣称将与其他省份和区季度会议携手维持无执政的政权。随后，决议得到泽兰、乌得勒支和上艾瑟尔各省的支持。

在18世纪20年代中期之前，荷兰省摄政官的政权在国内外都相对安全，它依然可以依靠荷兰省强大的商业、工业和财政实力。然而，在18世纪20年代中期，荷兰省摄政官领导层肩负着三重压力：奥伦治派的复兴、国际冲突的升级与荷兰海外贸易体系的逐渐崩溃。在1713年至1725年间，共和国处于懈怠、消极的守势，维持着极少量的军队，无人照管防御工事，这些所仰赖的前提是法兰西的精疲力竭和奥地利的友谊。然而在18世纪20年代，联省进入了极其不确定的状态。奥地利不断裁减荷兰人所谓的自己在南尼德兰的权利，这一点和有关奥斯坦德公司的事让荷兰人愈发感到挫败。这将共和国放到了反对新西班牙-奥地利同盟（1725年）的立场上。但与此同时，荷兰人也存在另一种忧虑：由不列颠、法兰西和普鲁士组成的敌对同盟在打击皇帝的同时，也会支持普鲁士国王的诉求，因而在新近出现的于利希-贝格继承危机中，敌对同盟也会反对普鲁士国王的对手普法尔茨选帝侯的主张。1725年以来，总三级会议就深陷忧虑，唯恐普鲁士取得于利希-贝格。

不列颠和法兰西的外交官惯于观察荷兰省三级会议和总三级会议的进程，看他们是亲英还是亲法。不过荷兰的态度和困境基本上与亲法还是亲英无关。荷兰在欧洲的真正难题是如何保护自己在南尼德兰的利益，防止该地成为共和国的经济竞争对手，同时，还要防止普鲁士兼并于利希-贝格，以及与此相伴的北布拉班特内的飞地拉芬斯泰因的领主权。荷兰的三块领土——马斯特里赫特、芬洛和鲁尔蒙德已经与本土相分离，由于普鲁士兼并了上海尔德兰区的大部分土地，它们如今成了荷兰在普鲁士境内的飞地（参见地图15）。普鲁士还加强与埃姆登和东弗里斯兰的联系，鼓励普鲁士国王的臣民经由这些地方从事与西非和加勒比海的远洋贸易，与荷兰人相竞争。如果普鲁士再进一步夺取于利希-贝格和拉芬斯泰因，那么不仅腓特烈·威廉会用他的精锐部队控制低地国家东部边境沿线的一大片土地，而且荷兰的另一块公地也会变成普鲁士境内的飞地。这样的焦虑在1726年10月增强，当时普鲁士国王转换盟友，与皇帝签订条约，希望以此加强他在于利希-贝格的力量。[75]

共和国不得不再次作为重要国家进入欧洲竞技场。1726年，总三级会议决定加入汉诺威同盟，力图借此同时遏制奥地利和普鲁士。荷兰省和弱小省份同意增加2万名共和国陆军，而到1727年，他们实际上已将共和国军力增至5.4万。[76] 1727年霍恩贝克去世时，社会上流行的观点是，如今需要一个更强硬、更具声望的大议长。范斯林厄兰特战胜了意志更坚定的反奥伦治派兼共和派候选人、多德雷赫特摄政官弗朗索瓦·特雷斯泰因·范哈勒韦因（François Teresteyn van Halewijn），继任霍姆贝克的大议长之位。人们担心哈勒韦因会引起分裂，不过范斯林厄兰特当选前也曾向总三级会议派做出口头承诺：他会力阻奥伦治亲王及其支持者。把命运压在共和派一方之后，范斯林厄兰特赢得了扬·亨德里克·范瓦瑟纳尔·范奥布丹（Jan Hendrik van Wassenaar van Obdam，1683—1745年）的支持，后者是贵族院领袖、重要的反奥伦治派成员。于是，一个在意识形态上不怎么信奉德维特"真正的自由"理论、先前倾向于相信共和国需要一位"杰出领袖"的政客，在现实政治上成了总三级会议派的首领。[77]

随着边境和国际的争端四起、贸易体系走向衰落，总三级会议派内部的冲突也日益加剧。1729年，奥伦治亲王威廉四世年满18岁，被适时地宣布为弗里斯兰、格罗宁根、德伦特和海尔德兰执政。近来，他在弗拉讷克大学和乌得勒支大学学习，就像他父亲当年那样。但如今，他选择在吕伐登的亲王府定居，开始积极发挥政治作用。荷兰省摄政官渴望抑制亲王的崛起，阻挠他进入国务会议或触碰其他影响力之源。不过，奥伦治派事业还在一点一滴地取得进展。让奥伦治派事业得以显著升温的进展是1732年在柏林签署协定，它结束了奥伦治-拿骚家族血脉的弗里斯兰一支与普鲁士国王长达30年的遗产纷争，而如今后者与荷兰省摄政官的冲突日渐增长。[78] 根据妥协方案，威廉四世承认普鲁士获得林根和默尔斯,并放弃对威廉三世在德意志的遗产的所有权利和主张。作为报偿,普鲁士国王放弃对奥伦治-拿骚家族在联省与奥属尼德兰的遗产的主张。至于头衔的问题,各方同意普鲁士国王和弗里斯兰执政以及他们各自的继承人,都有权称自己为"奥伦治亲王"。

在柏林签署的协定"喂养"了一只怪物:日后弗里斯兰执政与普鲁士国王为反荷兰省摄政官达成了政治合作。泽兰的另一个忧虑是,如今没了普鲁士的反对,亲王又获得了弗卢辛和费勒两个侯爵领地的领主权,他可以畅通无阻地主张自己与此相关的、在泽兰的政治职权。[79]威廉三世去世后,泽兰省三级会议就曾讨论过如下提议:购买奥伦治亲王在泽兰的与执政身份无关的侯爵领地和政治权利。这遭到弗里斯兰省三级会议和泽兰省奥伦治派的反对。[80]但如今事情迫在眉睫。泽兰省提出用25万荷兰盾向亲王购买权利,但亲王拒不出售。该省三级会议随后坚持强制购买,他们以亲王的名义将钱存入米德尔堡银行。

从政治和意识形态角度看,跟亲王与柏林的交易同样令人担忧的,是他对迎娶英格兰国王之女的兴趣。1728年不列颠宫廷首次提出这种可能性时,范斯林厄兰特给予断然的否定,也因此这项计划搁置了数年。[81]但不列颠的汉诺威王朝并没有很受英格兰和苏格兰臣民的拥戴,在国际上地位也不稳固。1715年的詹姆士党叛乱虽然遭到镇压,但新一轮的詹姆士党叛乱随时可能爆发;此外,西班牙和奥地利也在逢迎詹姆士党。在这样的形势下,对不列颠宫廷和议会而言,极有吸引力的策略是依靠威廉三世和光荣革命的传统,尤其是安排乔治二世之女安妮与奥伦治亲王联姻。不列颠期待以此增强自己在联省的影响力,进而通过荷兰增强自己在欧洲的影响力。

正是由于上述原因,亲王缔结这一婚约的前景让范斯林厄兰特和阿姆斯特丹一方,乃至所有荷兰省摄政官极为不快。然而到1733年,在阻拦联姻这方面,他们已无计可施。1734年3月,亲王与汉诺威的安妮(1709—1759年)的婚礼在伦敦举行。荷兰省三级会议和总三级会议的大多数成员认定,共和国内庆祝这段联姻的仪式应该尽可能简化,他们仅满足于庆贺乔治二世为他的王室女儿选择了一个"像我们这样的自由共和国"作为家园。[82] 来到共和国时,这对新婚夫妇在海牙和阿姆斯特丹遭到冷遇,只有抵达弗里斯兰时,他们才受到热情欢迎。让这位不列颠长公主沮丧的是,作为当今世界最荣耀、最富裕帝国的君主之女,自己竟被隔绝在吕伐登简陋的宫殿里,配给她的装饰品和建制在她看来都远配不上自己的地位。她在弗里斯兰这种与世隔绝的生活还要持续13年。

范斯林厄兰特仍是法兰西人口中的"共和国首要人物"。共和国已经扩充军力、采取更果决的立场,然而,尽管范斯林厄兰特精力充沛、意志坚决,他却发现自己既无力在坚实的基础上重建共和国的陆军和海军,也无力推行他呼唤已久的根本性改革。18世纪20年代以来,共和国的贸易体系就持续遭遇危机,共和国的城市经济日渐崩溃。这种永久性的结构转变摧毁了共和国的经济活力,令其再无力承受此前的大国地位和欧洲利益加诸身上的财政负担。[83] 从18世纪20年代起,共和国各城镇及其贸易和产业都在迅速衰落,无论在绝对意义上,还是在相对意义上都是如此。在某方面,阿姆斯特丹所受的打击不像其他城镇那么严重,但这一点的作用不过是制造了荷兰省内的新矛盾,因为衰退得更为急剧的城镇——尤其是多德雷赫特和哈勒姆——试图劝说阿姆斯特丹承担更多的财政负担。[84]

范斯林厄兰特提供的强有力的政治领导确实在一个方面缓和了局势，即他减少了阿姆斯特丹与荷兰省其他重要城镇的分歧。但事实证明，共和国的经济和财政困境难以解脱，并且阻塞了所有复兴的可能性。范斯林厄兰特大议长任期内（1727—1736年）推行的唯一的重大改革，便是修订荷兰省的不动产税——该省对房屋和土地征收的主要直接税。1632年以来的一个世纪里，地产登记簿都没有修订过，考虑到阿姆斯特丹的扩张程度高于其他城市，现行核定税额分派给阿姆斯特丹的赋税额度少得与其扩张程度不成比例。范斯林厄兰特劝说阿姆斯特丹同意修订城市的不动产税——乡村的不动产登记簿并未改动。他强调了共和国如今所处的危急的财政形势，并承诺省三级会议将给打压奥斯坦德公司的行动更多有力的支持。[85] 然而，尽管共和国的财政十分脆弱，与普鲁士和奥地利的冲突依旧，但荷兰省仍在1733年1月不顾海尔德兰和上艾瑟尔的反对意见，决定裁军1万人。虽然由于波兰王位继承战（1733—1735年）的爆发和欧洲普遍危急的局势，这项决议被迫撤销，但是共和国经济、政治、陆军和海军的瘫痪状态一年比一年显著。

1736年，范斯林厄兰特去世，此后荷兰省三级会议内部经历了数个月的游说和串谋，新任大议长才得以诞生，他是海因修斯的外甥安东尼·范德海姆（Anthonie van der Heim，1737—1746年）。与前任一样，范德海姆来自同盟机构高级官员这个精英团体，并曾继承前任同盟机构财务总管的职位。值得注意的是，在被任命为大议长之前，他从未出席过荷兰省三级会议的集会。1737年2月，荷兰省颁布了给新任大议长的委任指令，其中一个显著特点是，它规定大议长必须竭力支持无执政的政权形式。这是首次以书面形式确定这一要求，此前范斯林厄兰特只需要口头承诺。[86]

范德海姆着实是一个各方妥协出来的人选，各方意图以此缓和意识形态各派系之间和各省之间的冲突。范德海姆是个能干的行政官员，十分清楚共和国的体制和程序。他与所有团体都有联系，尽管阿姆斯特丹认为他过于亲英，而他的妻子来自与执政宫廷关系密切的弗里斯兰贵族家庭。不过，妥协出来的候选人通常只起到延续僵局的作用。事实证明，至少在1742年以前，范德海姆的情况就是如此。

到1737年，人们普遍预计经济会进一步衰退，而奥伦治派会复兴。商业和产业的结构性困境带来的城市衰败问题日渐严重，以至于深重的社会和政治挫败感开始在荷兰省内普通民众中流行。人们对威廉三世政权的记忆逐渐淡化，并自然而然地将日渐严峻的经济困境归咎于当权的摄政官——他们已经统治了共和国三分之一世纪的时间。一些历史学家曾主张，[87]摄政官政府的执政能力出现了明显的退化，公共生活中的腐败和搞裙带关系现象显著增多（这一点或许值得怀疑）。不管这种论断是否正确，切实的情况是，荷兰省和泽兰省的城镇都患上了深重的顽疾。这源于如下事实："高利润贸易"和工业，以及由此带来的荷兰世界贸易霸主地位和黄金时代繁荣的基础遭到无可挽救的毁坏。同样不可否认的是，各省三级会议和总三级会议都陷入了无解的死局，联省的国际地位大为削弱。如果说共和派先前曾合理地认为，共和国最鼎盛的繁荣是在第一个无执政期出现的，那么如今，奥伦治派也可以同样令人信服地主张，正是在第二个无执政期，共和国的贸易和工业崩坏到了令荷兰省各城镇都陡然衰落的地步。

共和派的意识形态武器库中所剩的，还有他们是"自由"的保护人这一主张。在德维特的理论中,"真正的自由"本质上包括两个要素:支持一定程度的宗教和思想宽容;权力分散的原则——如果权力被分散,同时移除执政身上内含的王朝元素,那么权力的行使就将更负责任,更有可能符合国家的真正利益。如今(1737年)在莱顿出版的一本遗著增添了第三个要素,即有关公民社会自由的原则。该书作者是狂热的反奥伦治派摄政官、泽兰省代理委员会的前成员勒菲纳斯·费迪南德·德博福尔(Levinus Ferdinand de Beaufort,1675—1730年)。德博福尔宣称,总三级会议派也是公民自由和个人尊严的支持者。[88] 他的书遭到奥伦治派作家的猛烈抨击,这些攻击又反过来激发了更多共和派著作的出版。作家们坚持主张,"自由"的确是共和国的核心原则,而执政总是威胁这一自由。他们提醒读者,威廉三世就曾篡夺了大得令人不可容忍的权力。[89]

于是,在波及全欧的奥地利王位继承战(1740—1748年)爆发之前的那几年里,摄政官政权变得越来越脆弱。共和国或许没做什么煽动这场欧洲大战的事,而且怀有保持中立的强烈意愿,然而,共和国必定会在某种程度上卷入其中——在18世纪40年代,这里仍是欧洲联盟体系的必要组成部分,也是欧洲外交的重要竞技场。随着1744年不列颠参战,共和国周围的4个强国全部处于交战状态:奥地利与不列颠结盟,普鲁士与法兰西联手。共和国背负着清晰无疑的条约义务——与不列颠联手,保卫奥属尼德兰不受法兰西侵犯。鉴于此,共和国的外交压力极大。法兰西承诺,如果共和国无视对奥地利和英格兰的义务,便延续1739年法荷间的贸易协定(它极有利于共和国)。但荷兰省三级会议和总三级会议的大多数成员都不相信,背弃共和国的承诺,或以招致英格兰和奥地利的震怒为代价讨好法兰西,会是一个明智的决定。1741年9月，总三级会议否决了法兰西的提议。

受到4个交战大国（而且还全是邻国）的压力，这让共和国极为不安。不过，共和国的困境至少暂时缓解了其深陷其中的政治瘫痪。1742年3月，总三级会议同意增兵2万。稍后，为了应对开销而不进一步加剧共和国高企的公债，共和国同意引入新税种——1742年的个人分摊税（Personeel Quotisatie）。这是所得税早期的著名案例（不过共和国并不打算永久征收）。此税种针对共和国所有年收入超过600荷兰盾的人征收，这个数字大体上也是工匠与小康之家的分界线。1743年，军队人数升至8.4万。[90]

整个战争期间，共和国一直依照条约规定，向奥地利支付保卫南尼德兰的军事津贴。荷兰凭借1742年至1743年的举措，证明自己在欧洲事务中依然是颇具重要性的国家。但是，在践行对奥地利和不列颠的条约义务的过程中，共和国也让自己在南尼德兰的地位变得难以为继，甚至荒诞不经。事实上，在战争的大部分时间里，共和国在南尼德兰的驻军比奥地利或不列颠的多。虽然共和国没有正式对法宣战，但也不可避免地被拖入最激烈的战斗。法兰西相当自然地将共和国在边界地带的驻地视为奥地利防卫和不列颠大陆部署的重镇。

总三级会议和共和国陆军无意与法兰西作战这一事实，不过是让共和国成了法兰西人的软目标，同时还损害了共和国与其盟友的关系。[91] 1744年法军进攻时，荷兰在梅嫩的驻军只组织了微弱的防御，一周后便投降了，伊珀尔则在被围困的9天后投降。1745年4月，法军再次进犯，这次是经莫伯日（Maubeuge），围困守卫图尔奈的7 000名备战不足的共和国士兵。英格兰、荷兰和奥地利联军随后前来解围。1745年5月11日，双方在丰特努瓦（Fontenoy）骤然爆发大规模冲突，

第36章　1702—1747年：摄政官治下的共和国

法军获胜。不列颠将联军的溃败归咎于"荷兰军队的退化"（这并非全无道理）。[92] 法军随后接连夺取了图尔奈、根特和奥斯坦德。

随后，苏格兰爆发第三次詹姆士党叛乱，高地人在小规模法军支持下入侵英格兰。这引发了伦敦的恐慌，进而不列颠在年底之前就撤回了驻奥属尼德兰的大部分英军。不仅如此，他们还带走了一些共和国的军队，以组织一支6 000人的远征军——根据英荷联盟条约的规定，共和国有义务派遣这一规模的远征军到不列颠，支持汉诺威政权。[93]

1746年，法军又占领了布鲁塞尔和安特卫普。在勒库尔（Recour）取得进一步胜利的时候，法军几乎占据了卢森堡以外的整个奥属尼德兰。随后，在1747年4月，法兰西政府派遣2万人组成的、规模相对小的军队进入荷属佛兰德，攻占许尔斯特、阿克塞尔和萨斯范亨特。这是在警告共和国，不要再给不列颠和奥地利提供军事支持。法兰西人不打算再发动任何的小攻势，去追求具体的外交和政治目标。在巴黎、伦敦或海牙，人们也不可能预测到这场战争即刻就会带来的重大、惊人后果。当总三级会议试图组织有效的防卫，将共和国陆军增至9.5万人时，[94] 人民已经义愤填膺。共和国社会充斥的情绪转变成激烈地对抗摄政官。荷兰共和国将要成为18世纪中叶唯一经历彻底革命的欧洲国家。

第37章

社会

相对意义与绝对意义上的经济衰退

18世纪共和国社会中最根本性的变革源于共和国海外贸易体系,以及与之关联的工业和渔业的衰落。从1590年开始的整个黄金时代,海外贸易体系的阶段性发展是广泛影响着人口分布、城市化、就业、繁荣、贫困和城市活力的主要因素。到了共和国经济和社会发展的晚期——开始于1720年至1740年间荷兰世界贸易霸主地位的坍塌——情况依旧如此。

荷兰世界贸易体系在1647年至1672年间发展至鼎盛状态之后,又经历了数个阶段。其间,这一体系缓慢衰落,不过大体上能持续运转。[1] 1688年之后,黄金时代的某些重要"高利润贸易",如黎凡特和几内亚贸易,确实出现了灾难性的萎缩。这一年也标志着荷兰经济扩张的决定性终结。17世纪90年代繁荣的西属美洲贸易到1700年之后,也经历着严重萎缩。这些挫折虽然严峻,却部分因为荷兰在北欧贸易中的持续活力而得以抵消。荷兰技术和工业的进一步提升支撑着北欧贸易,相较于大部分欧洲地区,荷兰依然保持着技术优势。赞地区的工业厂房数量直到1720年左右仍在增长。在18世纪的前25年,荷兰许多出口型产业——代尔夫特陶器生产业、烟草加工业、糖精制业、造纸业、船帆制造业、豪达烟斗业、丝织业、棉纺织业和亚麻业——依然在扩张。大约在1740年之前,作为世界技术展示的依旧是共和国而非不列颠,同时,荷兰经济与邻国经济之间的技术差距依然相当大。[2] 直到18世纪20年代,在亚洲贸易中,荷兰东印度公司都维持着领先地位,是这一领域中首要的欧洲贸易组织。

1719年,朗格多克(Languedoc)教士皮埃尔·萨特(Pierre Sartre)描绘了当时的荷兰省,为我们勾勒出一个外国人眼中生动的共和国景象,其时正值黄金时代的经济体系仍在运作的最后时刻。最令他震撼的是,"这个国家的一切都是新颖的"[3]。新奇、革新、整洁、繁荣、宏伟的城镇和比邻国少见的贫穷,这些都是1720年左右共和国社会的标志性事物。以工业生产在一地的主要活动中占据压倒性地位作为标准,赞丹算是欧洲首个真正意义上的工业区。萨特惊叹:这里真是"不可思议"[4]。他记录过,当时赞地区运转的工业风车估计有1 200座——真实数字大约是其一半。萨特还赞叹这里的新型伐木机作业之快。

但是在18世纪的第二个25年,形势急剧转变。[5] 18世纪20年代,"高利润贸易"的大部分部门开始加速崩溃,大多数出口型产业也随之衰败,同时渔业出现灾难性的萎缩。所有这些标志着黄金时代经济体系的终结。阿姆斯特丹大商人迅速丧失了他们先前对国际贸易大片领域的广泛控制力,该城的加工行业衰败。其中烟草加工企业的数量从1720年的近30个(半数归犹太人所有)锐减至1751年的寥寥8个;棉花打包场的数目从1700年的80个缩减至1770年的21个,到1796年仅剩12个;新近繁荣的丝织业也陷入萧条。

然而，与其他城市经济濒于瓦解的急剧萎缩相比，阿姆斯特丹经济活动的锐减程度还算轻的。18世纪二三十年代，莱顿城的活力被摧毁殆尽。莱顿细布的产量从1700年的每年2.5万卷，骤跌至18世纪30年代末的区区8 000卷。主要原因在于，它们再不能被卖到从前的三大市场——法兰西、西班牙和奥斯曼土耳其。[6] 莱顿黄金时代的第二大出口产品羽纱，从1700年的3.69万匹跌至1750年的仅1.26万匹，到1770年只剩下少得可怜的3 600匹——还不到70年前产量的10%。[7] 哈勒姆的情况并没有更好，这里的亚麻细布行业和漂白行业在18世纪三四十年代几近瓦解，大型亚麻布厂的数量在12年间从7座减至3座。[8] 恩克赫伊曾、多德雷赫特和济里克泽的精制盐行业同样衰落：到18世纪40年代，荷兰的精制盐出口量下降得仅剩17世纪末水平的五分之一；在济里克泽，17世纪中叶有40家煮盐厂在运营，到1750年只剩9家。18世纪50年代，赞地区的鲸脂油、船帆、绳索和造船行业全都陡然衰落。荷兰出口的烟草加工制品（包括鼻烟）总量也陡然直降。

经济衰败并不仅限于荷兰省和泽兰省。17世纪后半叶，共和国的许多内陆经济同样与海外贸易体系捆绑在一起，尽管这些地区通行的工资标准要低得多，但它们必然也会被拉得更低。特文特的亚麻纺织业于1675年至1725年间繁荣，到18世纪20年代走向衰落，而后暂时稍有恢复（其时，奥地利王位继承战让西里西亚的亚麻布生产瘫痪），直到18世纪五六十年代趋于解体。[9] 在北布拉班特，亚麻纺织业先是要应对由邻近的佛兰德和威斯特伐利亚产量骤增带来的挑战，采取的措施是转向技术更为复杂的纺织品——亚麻和棉的混合织物。而到1740年之后，海尔蒙德内外的纺织业活动迅速萧条。[10] 内陆亚麻纺织

第37章 社会

业的崩塌让上艾瑟尔和北布拉班特大片地区的经济和社会生活濒于瘫痪。弗里斯兰的主要工业城镇哈灵根存活得稍久一点，但也在1750年之后陡然衰落。

人们经常假设：就算"高利润贸易"和工业衰退，至少大宗货运业应该得以幸存，作为17世纪经济中的一个重要部门持续如前。但这是一种误解。共和国波罗的海谷物和原木贸易使用的是小型船只，它们从弗里斯兰和瓦登群岛起航。这些贸易在18世纪中叶几十年时间里的表面繁荣得益于这类船只数量的增长。[11] 但是，荷兰大宗货运业的主流以荷兰省为基地，使用的是大型船只。随着荷兰鲱鱼、盐和葡萄酒的出口全面缩减，这类大宗货运也急剧收缩。这给荷兰省次要港口贸易造成了毁灭性的打击。霍伦舰队的载重从17世纪80年代的近1.07万拉斯特骤降为18世纪30年代的仅1 856拉斯特，到18世纪50年代仅存1 201拉斯特。[12] 恩克赫伊曾因捕鲱业和大宗货运业的崩溃而衰败，只剩下些许往日的痕迹。在应对这一形势时，最出色的共和国城市要数鹿特丹。即便如此，在1720年至1760年间，鹿特丹的主要贸易——法兰西葡萄酒运输也下滑了30%。[13]

18世纪，共和国海上贸易中唯一扩张的部门就是对美洲和远东的糖、咖啡、烟草、茶和可可的进口与再出口。与欧洲所有国家（包括奥地利和芬兰）类似，共和国经历了这些产品消费的巨幅增长：由于生活习惯和时尚潮流的转变，糖的消费翻了数倍。此外，因为共和国充当着莱茵兰和德意志大片内陆地区的门户，所以相比其他国家，共和国的进出口水平从这一地理优势中获得了更多好处。但是，尽管有大批新产品涌入，以及阿姆斯特丹吸引了大部分新贸易，该城的进出口水平却没有增长。在18世纪，阿姆斯特丹进出口行业的表面价值维持不变，[14] 而同一时期，不列颠、法兰西、俄国、普鲁士和瑞典的贸易，事实上还包括其他所有地区的贸易，都因新消费品的涌现而膨胀，涨幅为2.5至5倍。这意味着，阿姆斯特丹在国际贸易中的份额滑落得只剩1720年之前的一小部分。由于共和国先前控制的诸多贸易线中断，糖、茶和咖啡大量涌入而促成的增长遭到抵消。此外，新热带产品贸易的很大一部分由来往于荷兰转运港的不列颠、法兰西、瑞典和其他国家的船只承担，而不是用荷兰的船只。除此之外，新消费习惯也有其代价，主要表现形式就是对本地啤酒和进口葡萄酒需求的降低（参见表44）。

表44　1688—1815年荷兰十大沿海和工业城市的人口

（单位：人）

	1688年	1720年	1732年	1749年	1795年	1815年
阿姆斯特丹	200 000	22 000	220 000	200 000	200 000	180 000
莱顿	70 000	65 000	60 000	36 000	31 000	28 500
鹿特丹	50 000	45 000	45 000	44 000	57 500	59 000
哈勒姆	50 000	45 000	40 000	26 000	21 000	17 500
海牙	30 000	—	38 000	—	—	38 000
米德尔堡	30 000	—	—	25 000	20 146	13 000
代尔夫特	24 000	20 000	20 000	13 910	14 500	12 850
豪达	—	—	20 000	—	11 700	—
恩克赫伊曾	14 000	—	10 400	—	6 800	5 200
赞丹	20 000	—	—	12 500	10 000	8 974

数据来源：Hart, *Geschrift en getal*, 185—186; Diederiks, *Stad in verval*, 7—10; Posthumus, *Geschiedenis*, iii. 1038; Wijsenbeek-Olthuis, *Achter de gevels*, 27; De Jongste, *Onrust*, 59; Mentink and Van der Woude, 'Demografische ontwikkeling', 39; Nusteling, *Welvaart en werkgelegenheid*, 235, 248; Willemsen, *Enkhuizen*, 100, 178.

比起"高利润贸易"的崩溃和荷兰工业的几近瓦解,旧波罗的海运输业的衰落并不那么突然,也不那么集中于18世纪20至50年代。但是它在绝对意义上的衰退,以及给荷兰文明"包裹"下的城市活力带来的毁灭性打击,都不亚于这些领域。当然,大宗货运业的衰退必定会导致造船业的衰落。赞地区的造船业在17世纪前半叶经历了迅猛的增长——从1647年至1688年,与整个荷兰海外贸易体系一样,发展到巅峰时期,随后在17世纪90年代衰落。在18世纪20年代以前,这里打造的远洋船的数量十分惊人;而到该世纪中期的几十年里,这一数字陡然下滑——不过它在奥地利王位继承战时期得到短暂回升,当时荷兰承担了许多法兰西殖民地产品的运输任务;而后到18世纪90年代,这一数字跌至谷底。[15]赞丹沿岸的船坞数量从1690年的40座减少至18世纪30年代的27座,到1750年跌至23座。更惊人、更确凿的灾难性衰退体现在该地区木材贸易的交易量上:1720年左右,这里每年有超过30次的木材拍卖活动,而到18世纪60年代,只剩不到10次。[16]

1720年后荷兰海外贸易体系出现崩塌的根本原因在于:南尼德兰、德意志和不列颠的工业活动增长;1720年至1760年间,工业重商主义的浪潮席卷北欧,尤其是普鲁士、俄国、萨克森、瑞典-芬兰、丹麦-挪威、不列颠和奥属尼德兰(18世纪50年代)。[17]早在1720年之前,不列颠的市场就对荷兰的众多产品"关上了大门",不过依然进口荷兰的两大出口产品——亚麻布和船帆。然而,这一出口后来也逐渐萎缩,并在18世纪50年代发展到极致。当然,在不列颠的出口贸易方面,也必须应对普鲁士、俄国和瑞典这类国家强硬的新保护主义政策带来的不利影响。普鲁士对自己新近赢取的大国地位自信满满——自18世纪20年代起,普鲁士几乎拒斥一切外国纺织品。不列颠对北欧的制造品出口贸易额下滑，不过也有如下途径抵偿这一损失：美洲殖民地迅速发展；加紧对爱尔兰、葡萄牙以及葡萄牙与巴西在大西洋的贸易的控制，同时也更牢固地掌控印度和大片加勒比海地区。要在新形势下按照不列颠的路线维持与之类似的经济增长，强大的帝国实力、大规模的海军和人口稠密的殖民地是必不可少的。但共和国完全不具备这些条件。到1760年，正如阿姆斯特丹塞法迪犹太经济学作家伊萨克·德平托（Isaac de Pinto，1717—1787年）所言，共和国黄金时代经济的所有重要支柱——远距离贸易、波罗的海贸易、鲱鱼业、鲸鱼业以及工业都基本遭到毁灭，唯一的例外就是依然繁荣的东印度贸易。[18] 甚至苏里南贸易到18世纪60年代也不可挽救地衰落。[19]

经济崩坏的另一个症状是转移和存储到国外的共和国资本惊人地增长。整个18世纪，在阿姆斯特丹有涉外关系的各家银行里，资本输出业务猛增，这些资本都是共和国在17世纪累积下来的。在黄金时代，荷兰银行的利率在欧洲垫底，欧洲其他地方（包括不列颠）的同类利率总是比荷兰的高出数个百分点。但是，由于缺乏荷兰投资者信得过的那类大型金融机构，对外投资极不安全，同时本国的贸易和工业又充满活力，于是，剩余资本趋向于留在联省。然而，从18世纪初开始，本国就缺乏吸引人的投资机会，同时，荷兰人对海外投资的信心有所提升——就不列颠的情况而言，这主要是17世纪90年代英格兰银行成立的结果。追求更高回报的资本如今只有在国外才有发展机会，于是共和国的资本大批、持续地外流。由此，在1720年之后的数十年里，共和国的财力依然是世界范围内的一支重要力量，但是其作用是助力其他地区的经济发展，在他国创造就业机会，其主要但绝非唯一的受益者便是英格兰。

如果说贸易（包括高利润贸易和大宗货运贸易）、造船业、木材交易和几乎所有的出口型产业都在1720年至1760年间陷入灾难性萧条，那么共和国渔业的命运也同样凄惨。从15世纪早期到18世纪早期，捕鲱业一直都是共和国经济的一个重要支柱。1713年之后，荷兰省和泽兰省的捕鲱业经受着主要来自瑞典、丹麦和挪威的竞争，迅速丧失了对北欧鲱鱼场的控制权。在18世纪初已然大受削弱的荷兰省捕鲱船队到18世纪50年代经历了进一步的灾难性缩编，短短几年内，双桅捕鲱渔船的数量就从225艘减少到区区140艘。[20] 到18世纪60年代，荷兰省的年捕鲱量还不到17世纪中叶的三分之一。恩克赫伊曾尤其遭受重创，到18世纪50年代，其捕鲱船队的规模锐减至不到一个世纪以前的四分之一。[21]

不过，农业展现出一派稍有不同的景象——尽管这一景象也在诸多方面显示出与其他众多经济部门相同的衰败。到18世纪上半叶，从17世纪60年代末就困扰着共和国乡村的农业萧条不仅仍在持续，而且在该世纪的第二个25年还有加剧的趋势，在某些地区，如北荷兰省，这演变为一场名副其实的耕地危机。[22] 在18世纪，共和国农业萧条的持续时间几乎比欧洲任何地方的都要长，而除此之外，共和国农业还受到两种自然灾害的重创。大体而言，黄金时代的防洪措施成功地阻挡了曾在15和16世纪间歇性暴发的那类大规模洪灾。但是到18世纪初，海塘颇有遭到破坏的迹象，严重决堤和洪灾出现的频率也在上升——尽管并不是以1590年之前那种规模的暴发。1715年，泽兰斯豪文岛决堤，该岛大部分地区被淹没。1717年，暴风雨给弗里斯兰造成了大面积破坏。不过，给这片低洼地区造成最大损失的灾害开始于1731年，当时一种"桩虫"突然大面积侵蚀海塘的木制支撑结构，这种蛀船虫迅速腐蚀木桩，严重损坏堤坝。18世纪30年代以来，防洪和排水委员会就不得不向乡民征收大笔的"堤坝税"，以便偿付从斯堪的纳维亚半岛进口合适石料的巨额费用，再用这些石料支撑堤坝。这一方案颇有成效，到该世纪下半叶，决堤和洪灾显著减少。

不过，18世纪折磨共和国乡村地区最严重的自然灾害是一连串牛瘟的暴发。这一传染病最早在1713年至1719年间暴发，而后在1744年至1765年间造成最为恶劣的后果，最后一次出现是在1768年至1786年，情况没有此前猛烈。整个共和国成群的牛因此毙命。[23] 据称，1744年至1745年暴发的牛瘟在弗里斯兰一地就导致13.5万头牛死掉，1769年的那场牛瘟又夺去了该省9.8万头牛的性命，给弗里斯兰农民造成了数百万荷兰盾的损失。有关邻省的数据不那么精确，但有迹象显示，这些省份的疫情规模不亚于弗里斯兰。牛瘟的暴发给德伦特带来毁灭性的影响——病毒传播速度极快，而人们对如何隔离和抗击病毒知之甚少。接种疫苗的技术到18世纪最后30年才有所发展，事实证明它有一定的成效，但当时尚且不能大范围地应用这项技术。

不过，跟其他经济部门不一样，到18世纪50年代，农业开始从萧条中恢复过来，并有所发展，尽管速度明显比奥属尼德兰和其他邻国迟缓。考虑到城市的萎缩，即便是这样相对微弱的复兴乍看之下也似乎是个惊人的现象。不过，这实际上是一个广泛的欧洲现象在共和国的必然反映。18世纪，整个欧洲都经历了迅猛的人口增长和城市化，以及（从约1740年起的）粮食价格的陡然、普遍上涨。因此，18世纪下半叶共和国的农业复兴本质上是一种被动的现象，与之相伴的是共和国从波罗的海进口的谷物削减，黄金时代与工业和商业相适配的、最为专业化的一些乡村经济部门的萎缩。这一方面的典型案例就是烟草种植业。18世纪早期，烟草是乌得勒支、海尔德兰以及于利希-克莱沃和马克最为重要的作物之一。荷兰的烟草种植业规模在18世纪20年代急剧收缩，那时的产量大约只有该世纪前20年水平的一半，这一产量而后稳定地维持到1750年前后。1700年前后，共和国本土种植的烟草中，80%以上在阿姆斯特丹加工，而后其中的一大部分用于出口；然而到1750年，在产量已然下降的情况下，仍有不到四分之一的作物在共和国加工。[24] 换言之，到1750年，共和国烟草加工业衰落，但烟草种植业通过将未加工烟叶出口到瑞典这类国家而得以幸存。另一方面，当时瑞典等国家则是烟草加工业兴盛，但本土的烟草种植业还在起步阶段。到1760年之后，当普鲁士和瑞典成功地提高了本土的烟草产量而不那么需要荷兰的未加工烟叶时，荷兰的烟草出口量显而易见地进一步衰减。不过最终，到1776年之后，荷兰内陆的烟草种植业得以恢复到世纪初的水平，其原因是美国独立战争爆发切断了弗吉尼亚对欧洲的烟草供给，欧洲尤其是法兰西，对荷兰产品的需求有所恢复。

其他经济作物或是经历了类似的曲折发展，如亚麻；或是急剧萎缩，如啤酒花。1750年之后的荷兰农业中，活力和产量能一直增长的仅限于主食类，如黑麦和马铃薯。马铃薯种植业的确在共和国多个地区迅猛扩张，包括泽兰、德伦特和弗里斯兰，而且确实开始得比奥属尼德兰早，共和国的马铃薯种植业到1740年就已十分普遍。[25] 但往往是在谷物价格极高时，马铃薯种植业加速扩张。与佛兰德和布拉班特类似，在一定程度上，马铃薯种植的普及可能是地区普遍贫困的表征，标志着社会越来越多地依赖最廉价的粮食。

城市衰退

黄金时代海外贸易体系的衰退，以及支持贸易体系的加工、制造业的崩塌，削弱了城镇的活力，也削弱了一些先前充满活力的农业部门。于是，18世纪中叶的结构性转变造成的一个主要影响便是，北尼德兰持续了几个世纪的城市化进程终止，城市人口因此普遍减少。即便是在阿姆斯特丹，这一现象也鲜明可见。被打击得更严重的是内陆制造业城镇，如莱顿、哈勒姆和代尔夫特，它们全都在1720年至1750年间经历了大幅的人口下降。不过，米德尔堡、济里克泽、恩克赫伊曾和霍伦这类沿海重镇，以及阿尔默洛和海尔蒙德这类边远的纺织业城镇，也同样经历了严重的人口下降。与此同时，三个最大的城市——阿姆斯特丹、鹿特丹和海牙依然在从受创更严重的城镇汲取生产力，因此，尽管当时前三十大城市的总人口数在共和国总人口中的占比正在下降，但三大城市的总人口数在城市人口总数中的占比却在增长——从1672年的36%上升至1732年的42%。[26] 就整体而言，共和国前三十大城市在人口和活力方面呈现断崖式的下降，这一现象可以相当精确地定位在1730年至1760年间。[27] 共和国前三十大城市的总人口数在总人口中的占比在1690—1730年间几乎没有改变，而后这一数字从1730年的36.3%左右下滑到1755年的32.8%。[28]

从18世纪20年代起，逆城市化又反过来促使阿姆斯特丹、鹿特丹和海牙之外的企业家财富迅速耗散。莱顿和哈勒姆纺织业的萎缩大幅削减了这些城市富裕制造商、染色和漂白作坊主的人数，过去正式意义上的城市财富支柱如今基本遭到拆除。[29] 在1715年的哈勒姆，有90个生产商的年收入预计在1 000荷兰盾以上，到1742年，这一数字降为52个。与此类似，在1715年的莱顿，这类生产商有53个，到1742年，这一数字降为29个。

　　沿海经济和制造业衰退的一个影响是，不事生产的摄政官和坐拥财产的食利者成了城市富裕人群的主体。到1742年，代尔夫特仍有16名制陶厂厂主被划入年收入超过1 000荷兰盾的人群里，但是，这些数字在摄政官的财富面前显得黯然失色。到1742年，在哈勒姆和莱顿，纳税额最高的一档，即年收入超过4 000荷兰盾的人中，摄政官的人数远超剩下的、为数不多的富裕生产商。食利者财富越来越占多数一事也反映在如下现象中：证券、债券和股票形式的城市财富比例大幅上升。在1742年的霍伦，年收入超过1 000荷兰盾的户主中只剩12名大商人，年收入超过4 000荷兰盾的人中找不到一个活跃的大商人。城镇议事会的成员占了最高一档纳税人的很大一部分，而他们近57%的资产是以荷兰省三级会议公债和东印度公司股票的形式存在的。[30] 18世纪中期，典型的莱顿摄政官家庭应该有近半的财富存在于荷兰省三级会议的公债中，25%以上存在于股票、其他债券和境外基金中，仅12%左右存在于土地和房产中。[31]

　　因此，在18世纪中叶的共和国城市精英持有的资产中，纸质证券的比例高得惊人。海牙的精英亦是如此，该城纳税最高的群体中，几乎没有企业界的富人，构成其支柱的是81名同盟机构和省三级会议官员。这意味着，至少在荷兰省和泽兰省，国家财富的维持在很大程度上要仰赖国家本身和东印度公司。正如德平托强调的，公债、债券、红利、股票和境外基金是城市财富和地位的关键，是社会体系的顶梁柱，这一情形与欧洲其他国家大不相同。[32] 早在18世纪60年代，德平托就预言，假如国家和东印度公司遭遇重大困境，共和国社会及其精英的灾难便会接踵而至。因为共和国同盟机构和各省的公债崩盘，实际上将意味着摄政官和其他众多城市精英的财富毁于一旦。

1720年至1780年间城市经济的萎缩威胁到城市社会的中间阶层（如小店主、磨坊主、面包师等），也威胁到工匠和劳工，他们面临着不安全、破产和贫困的前景。许多中间阶层都与社会的消费水平密切关联，因此人口的锐减必然会减少他们对服务的需求。在哈勒姆，1707年时该城面包师行会有130名成员，1759年这个数字缩减到70名。[33] 1731年10月，莱顿磨坊主行会做出决议，该城当时用来为面包师磨面粉的10座风车应当减为8座。他们还同意购买"多余"的2座，目的只是要将之拆除。[34] 酿酒商受到双重打击：一是消费减少；二是人们从消费啤酒转变为消费更时髦的饮品，如茶、咖啡和杜松子酒。17世纪50年代到18世纪70年代，莱顿啤酒和葡萄酒的消费出现了令人震惊的下跌，其原因远不是人口减少所能解释的（参见表45）。诚然，杜松子酒的消费有所增长，但是从城市经济的角度看，这仅仅是微不足道的抵偿，因为当地歇业的啤酒酿造师并没有被当地的蒸馏酒酿造师取代。联省消费的杜松子酒大多都在同一个地方——斯希丹生产。18世纪末重要的荷兰作家埃利·吕扎克（Elie Luzac）宣称，咖啡、茶以及销量处于它们之间的杜松子酒，摧毁了"荷兰省四分之三以上的啤酒厂"[35]。他的估计可能不太离谱。在代尔夫特，运营中的啤酒厂数量从1719年的15座减少到1798年的2座。[36] 荷兰省运行中的啤酒厂总数在18世纪上半叶就大幅削减，到下半叶，这一数字又从1748年的100多座减少到1786年的仅56座。[37] 弗里斯兰消费的许多啤酒是在吕伐登酿造的，1700年该城有50座啤酒厂，到1760年仅剩18座。[38]

表45　1650—1790年莱顿啤酒、葡萄酒和杜松子酒的消费税申报

（单位：荷兰盾）

年份	啤酒	葡萄酒	杜松子酒
1650年	64 826	12 400	4 700
1670年	47 600	22 600	17 800
1690年	30 000	6 796	18 000
1710年	14 979	10 700	15 600
1730年	10 555	10 000	16 200
1747年	8 532	5 700	16 500
1770年	8 602	8 615	21 793
1790年	5 521	7 656	21 571

数据来源：Posthumus, *Geschiedenis*, iii. 1156.

经济活动的衰减意味着越来越多的劳动力和工作场所被摒弃。有人估计，在1710年至1753年间，哈勒姆有9 000多名过剩的劳动者，他们大多数陷入赤贫，经常远走他乡。[39]从17世纪80年代到1752年，莱顿纺织业雇用的总劳动人数数量减少了一半多，从约3.6万人减至1.7万人。18世纪中叶赞地区造船业的衰落，意味着船坞和木材厂都不再需要那么多劳动力。在该世纪中叶的几十年时间里，赞地区相当大数量的风车废弃不用，而后遭到拆除。[40]代尔夫特的制陶厂也一个一个地被遗弃。"可以说，"18世纪70年代的一位作者写道，"代尔夫特成了一座死城。"[41]

弗里斯兰的城镇也逐渐衰落。就整体而言，弗里斯兰的总人口先从1689年的约12.8万略微增长到1744年的13.5万，而后在18世

纪下半叶开始以更快的速度增长到1796年15.7万；但同时，弗里斯兰11座城镇的总人口数先从1689年的4.3万减少到1744年的4.1万，到1796年仅恢复到4.5万。[42]哈灵根和该省首府吕伐登也相应地属于受创最重的地方。北布拉班特的纺织业城镇由于商业和工业的萧条而备受磨难，海尔蒙德在1730—1780年间就损失了三分之一的人口。[43]

不过，内陆省份的城市衰退多半遵循着另一种模式。这些城市从一开始就没那么多出口型工业，因此也较少受到海外贸易体系崩溃的损害。马斯特里赫特的人口数量从1713年的1.4万减少到1760年的1.1万，这主要归因于驻军裁撤的影响。[44]在聚特芬，城市衰退则是经济普遍退化的结果。聚特芬的消费税申报数据显示，该城在1688年至18世纪20年代间处于静止状态，随后进入经济活力和人口显著萎缩的时期。尽管聚特芬的人口增长在1688年到18世纪20年代期间陷于停滞，但人们做了各种努力来构建新的城市经济活动，如设立玻璃厂、肥皂厂和丝织企业。艾瑟尔河沿岸的工资水平低于荷兰省，聚特芬的新经济活动则意图从这一点上获益。[45]1720年之后，该城（本就不太多）的经济活力消散，城镇陷入更为消极的状态。到1780年，人口锐减至6 400人左右。在上艾瑟尔，代芬特尔在绝对意义上衰落，[46]而兹沃勒则稍有发展。整体而言，上艾瑟尔三大城市的人口在18世纪处于停滞状态，尽管该省总人口数旺盛增长。结果就是该省城市人口总数在省总人口中的占比显著滑落，从17世纪80年代的30%左右降为18世纪中叶的20%多（参见表46）。

表46　1475—1748年上艾瑟尔主要城镇人口数在该省总人口中的占比

（单位：%）

年份	三大城市总数	萨兰区	特文特区	福伦霍弗区	共计
1475年	38	31.3	21.2	9.5	100
1675年	28	32.5	25.5	14	100
1723年	24.5	31.5	30	14	100
1748年	20.5	28.5	40	11	100

数据来源：Slicher van Bath, *Samenleving*, 60.

到18世纪的第三个25年，荷兰城市的衰败已经相当明显，并且引起了外国旅客的广泛关注。在这个欧洲西部和中部人口都在迅速扩张的世纪，在这个欧洲大多数城镇的活力和人口都稳步增长的世纪，人们竟然在欧洲最发达的地区看到了城市迅速萎缩、活力大量丧失的现象，这相当引人注目，更可以说是令人震惊。1764年，年轻的詹姆斯·博斯韦尔（James Boswell）报告称："他们的主要城镇大多陷于可悲的衰落中。你看不到普通人各有所职，反而会遇到大批在失业中挨饿的穷人。乌得勒支正惊人地走向荒废。"[47]

18世纪，欧洲出现了城市化的普遍趋势。对照这一背景看，共和国城市的萎缩和退化显得更有戏剧性。在这个世纪中，许多欧洲城市规模都扩张为原来的2倍或3倍，某些城市的扩张则更为壮观。这时，南北尼德兰显而易见的逆城市化进程着实令人感到震惊。据估计，到1790年，伦敦人口达到近90万，巴黎超过60万，圣彼得堡从一个新城成长为约22万人的大城市，维也纳也达到这一规模，柏林扩张到约15万人，汉堡人口超过10万。此时，曾受全欧洲羡慕和赞叹的低地国家的主要城市开始显得又小又偏狭,甚至阿姆斯特丹也初露此态。

欧洲唯一一个出现了稍有相似的逆城市化进程的地方,就是南尼德兰。不过与共和国相比,奥属尼德兰的经济和总人口在18世纪都有了显著增长。这一进程起初进展迟缓,1748年之后开始稳步发展。到1784年,不算列日采邑主教区,南尼德兰的总人口达到227.3万(其中62.5%的人口讲荷兰语,31%的人口讲法语,6.5%的人口讲德语)。[48]对照而言,北尼德兰的总人口数约是208万。[49]于是,尽管在1659年有部分土地落入法兰西之手,但南部此前对北部的人口优势仍稍有增强。然而,南部在农业、乡村工业、瓦隆城镇的工业和乡村人口都有所发展的同时,旧日高价值、成熟的城市产业——包括挂毯编织业、高级纺织业、珠宝业和图书出版业——却在衰落,但整体而言未被取代。结果就是,18世纪安特卫普、根特和布鲁日悉数衰退,而相比欧洲其他大城市,布鲁塞尔的发展相当缓慢。或许,低地国家的城镇人口在其总人口中的占比依然比欧洲其他地方的同类数据高。即便如此,在欧洲城市生活和发展的整体环境下,尼德兰城市仍在迅速边缘化,城乡人口的比例也在降低。奥属尼德兰城市居民在该地总人口中的占比从1700年的45%左右下降到1755年的34%,到1818年仅有31%。[50]虽然佛兰德和布拉班特的城镇衰退同样引人注目,但在18世纪,无论是这里,还是欧洲别的地方,都没有任何一地出现像荷兰共和国那么严重的逆城市化进程,也没有造成像荷兰那样令人不安的社会后果。(参见表47)

表47 1615—1784年佛兰德和布拉班特主要城镇的人口数

（单位：人）

城镇	1615年	1690年	1755年	1784年
布鲁塞尔	50 000	65 000	58 000	74 000
安特卫普	54 000	66 000	43 000	50 000
根特	31 000	52 000	39 000	50 000
布鲁日	30 000	36 000	30 000	31 000
鲁汶	10 000	15 000	15 000	15 000

数据来源：Hélin, 'Demografische ontwikkeling', 175–180; Bruneel, 'Essor démographique', 164–166; Van Houtte, *Economisch en sociale geschiedenis*, 211; Klep, 'Urban Decline', 274.

富裕与贫困

1720年至1740年间的商业、工业以及渔业的衰落，必定会造成就业和繁荣的减损，让城镇和乡村的环境更加恶劣。但到40年代为止，尚未出现城市贫困状况大规模扩大的情况。这种情况要到18世纪70年代之后才集中到来。而此前，经济的萎缩主要体现在城镇。随着就业机会的减少，劳动力开始携家带口迁往别处谋生。

从正在衰退的城镇离开的人中，有许多迁往阿姆斯特丹、海牙和鹿特丹。另外一些人，包括许多技艺精湛的工匠，则迁往不列颠、斯堪的纳维亚半岛、普鲁士或俄国。整个北欧地区都十分渴求荷兰的造船工人和木匠。不久，技艺精湛的工匠也离开了阿姆斯特丹。到18世纪40年代，瑞典禁止进口加工好的烟草后，共和国整座整座的作坊连同人员和设备被迁往斯德哥尔摩。[51] 那些不太有技术的劳工也随同到达新世界。18世纪40年代，阿姆斯特丹塞法迪犹太人制定新政策，决定帮助共和国里那些没有就业机会的成员移民至苏里南和库拉索岛。[52]

吊诡的是，城市活力和人口削减最初在一定程度上提高了剩余人口的生活水平。在荷兰世界贸易霸主地位发展的第四阶段（1647—1672年），城市的迅速扩张似乎要继续推行，各个城镇议事会因而掷重金来增加住房，扩建城市生活的综合性建筑。这些发展项目计划要容纳更多的人口，一些城镇甚至计划容纳比现在多一倍的居民。由此带来的一个结果便是城市房租降低，这尤其有利于住在廉价房屋中的贫民。甚至在倒退压力最小的阿姆斯特丹，经济的普遍恶化也导致廉价住房的实际房租从1730年左右开始大幅下降：迟至1794年，阿姆斯特丹工匠要付的实际房租也没有恢复到1734年的水平。[53]

因为需求的下降速度比供给的下降速度快，粮食和燃料的价格也从18世纪20年代起开始骤降，并且这种低价格在实际意义上保持了近半个世纪。[54] 这是城市人口萎缩而乡村人口增长的必然结果。事实上，去城市化天然地趋向于提高实际工资——这不同于实际收入——于是18世纪20到30年代，作为商业与工业衰退的结果，实际工资毫无意外地大幅增长。18世纪20年代，阿姆斯特丹的实际工资急剧增长，并且直到1770年的半个世纪里，都保持在比1670年至1720年间高得多的水平。[55] 这是出现在共和国整片沿海地区和内陆省份普遍现象的一部分。

但是，实际工资与实际收入截然不同，前者是给定的工价，后者则是实际赚到的收入。也就是说，如果劳动者能在与以往相同的条件下，做与以往同样多的工作，那么他就能从实际工资的增长中获益。

但是在18世纪的第二个25年里，这个前提条件很难实现。对于仍有工作的劳动者而言，1720年之后的几十年里，他们遇到的最大挑战，就是保住老板在过去给出的工资和工作条件。从18世纪20年代开始，老板们就承受着巨大的压力，不仅要尽可能地解雇劳工，还要降低人力支出，其手段包括：强迫留下的劳工接受低廉的工资和恶劣的工作条件以及雇用更多儿童、青年和廉价的移民劳工。1739年，哈勒姆丝织工人苦苦抱怨，他们的生计受到来自北德意志"外来者"的威胁，这些人被丝织业雇用。[56] 雇用移民也是一种回避行会规章的手段，有时还是反对设立行会的手段。例如，有人主张劳工"大多数是外来者，是最难管理的一类人"，1742年哈勒姆的缎带制造商就以此为依据，反对设立缎带行业的行会。[57]

各家老板力图收回他们先前被迫给予的高工资和有利的工作条件。这些活动催生了新型的社会矛盾，由此引发了经常带有鲜明的现代气息的劳工行动和罢工。不过，这是18世纪荷兰社会独特环境所专有的现象，具有临时性，到1770年就基本销声匿迹了。此外，这不仅是劳工与老板的冲突，同样也是习惯了高工资和有利工作条件的本地工人与愿意接受低工资的外来者之间的冲突。许多纺织工人离开海尔蒙德、阿尔默洛和其他衰落的内陆纺织业中心来到哈勒姆和莱顿，他们像德意志人一样不受待见，也因为愿意接受低工资而容易受到雇主接纳。莱顿纺织工人在1700年、1716—1718年、1724年、1730年、1741年、1744年、1747—1748年、1761年、1764年和1770年先后组织了数场罢工。[58] 1770年之后，莱顿纺织业已经相当萧条，早已没剩什么可争取的了。阿姆斯特丹棉纺织业工人在1729年和1744年分别举行了罢工，后一场罢工坚持了一个多月，原因是雇主拒不遵守1729

年达成的有关工资和工作条件的协议。雇主的主要手段就是雇用大批报酬低廉的青年和儿童。[59] 与这一时期共和国的其他罢工行动类似，阿姆斯特丹棉纺织工人选出了罢工领袖、设立罢工基金，并且有意识地为争取更高的工资和更好的工作条件而战。最终，罢工领袖被市政当局逮捕。

为了维持自己的生计和生活水平，工人不仅组织针对雇主的行动，而且力求加强行会的限制，并且在有遗漏的行业设置行会。在行会方面，他们得到了城镇议事会的鼓励。当时的一股潮流是，一些城镇议事会在给人授予公民权时倾向于制定更严厉的准入规则，而公民权是进入行会的先决条件。这种防御性抵抗充分体现在阿姆斯特丹行会和行会成员数量的猛增上面。1688年，该城有37个行会，下辖1.1万名成员；到1750年，这里的行会数量增至50个，成员远超1.4万名，而该城总人口数维持不变。[60]

随着加在市政和教会福利机构身上的需求压力不断增长，在城镇议事会的鼓励下，劳工群体越来越倾向于设立更多的金库和基金，以便为人们的疾病和意外提供保险金。18世纪上半叶的联省见证了工人社团的显著激增，成立这些社团的目的是保护获得认可的新教教派的工人。莱顿的细哔叽工人在1700年设立了一个"交易所"，1736年又对其进行改革。这一社团只对年满40岁、体格健全、"道德声誉良好"的归正会成员开放，他们还必须自愿接受作为加入社团条件的医学检查。[61] 有工作时，成员每周要从工资里拿出2斯托伊弗存入金库。假如他们因为疾病或意外无力工作，且丧失工作能力的原因不是酗酒或斗殴，那么他们就能在长达6个月的时间里，每周获得2.5荷兰盾。莱顿的另一个纺织工人社团成立于1711年，它既接收归正会成员，也接收抗辩派和门诺派信徒为其成员，不过它同样排斥天主教教徒。类似的，如果有成员因为疾病和意外不能工作，社团将每周给其50斯托伊弗。有趣的是，社团禁止接受帮助的"兄弟"上酒馆或去卖杜松子酒的店家，唯一的"例外是，他们可以买一杯啤酒解渴，但只能站着消费，不得逗留"[62]。

过去，比起在德意志、南尼德兰或不列颠的同行，共和国工人享受着高得多的生活水平，如今他们决意保卫到手的果实。即便是在失业和接受救济的状态下，他们也展现出挑剔、期待救助的倾向。许多外国观察者都观察到这一现象，博斯韦尔就是其中之一。他在1764年谈论道，人们能在乌得勒支看到大批"贫苦之人，除了马铃薯、杜松子酒和他们称为茶和咖啡的东西，别无生存物资，而最糟糕的是，我相信他们已经十分习惯于这样的生活，甚至即便有人提供工作机会，他们也不会接受"[63]。

这进一步鼓励了共和国的雇主从北布拉班特、上艾瑟尔、海尔德兰，尤其是从邻近的德意志地区，寻找外来劳动力或季节性劳工，这些人习惯于更卑贱的工作、更恶劣的工作条件和更低的报酬。在有技艺的荷兰劳工大规模移民国外的同时，向来蓬勃的来自德意志西北部地区的移民潮依然持续不衰——这着实是18世纪荷兰社会最具代表性的特征之一。有所变化的是德意志移民的构成。17世纪，移居阿姆斯特丹的德意志人中，大部分都带有海洋和商业的特性，包括许多海员和贸易从业者。他们经常来自汉堡、不来梅、埃姆登、石勒苏益格-荷尔斯泰因或莱茵河下游的加尔文宗邦国。与此形成对比的是，1720年之后，来自德意志沿海地区的移民骤减，这一损失因为另一移民群体的增长而得到补偿，后者通常是赤贫的天主教教徒、犹太人、路德宗信徒,并来自明斯特兰、下萨克森乡村地区和黑森。[64] 18世纪,来自明斯特地区的季节性劳工成了共和国经济中的重要因素,在泥炭挖掘和编织这些最为卑贱的工作领域尤其如此。这种情况也不仅限于荷兰省。例如18世纪上半叶,弗里斯兰省的哈灵根明显多了许多天主教教徒,这几乎全是因为明斯特兰的天主教到此定居。[65]

18世纪的荷兰社会由食利者主导。在18世纪的荷兰共和国,无论是摒弃商业发展的摄政官、贵族、大商人的继承者们,还是那些不再积极参与贸易的制造业资产继承者们,都已不在经济发展方面发挥积极作用。他们通常是巨富,居住在优雅的乡村别墅和奢华的城镇宅邸中,雇用着厨师、仆人、车夫和园丁,靠着荷兰省三级会议公债、其他债券、殖民公司股票和境外基金(通常是投资到英格兰银行)的利息和分红过活。

大体而言,部分或完好幸存到18世纪中叶的贸易和工业,并没有给共和国的财富精英集团提供新成员。确实仍有大量的大宗货运贸易,但大宗货运业只能给个别家族提供微薄的财富。而那些存续时间最长的产业往往只集中于一两个地方,如斯希丹的杜松子酒酿造业和豪达的烟斗制造业,同时它们分散于数量庞大的微小作坊中。自17世纪中叶以来,陶制烟斗业就是豪达主要的经济活动,它持续繁荣到1750年左右,此后迅速衰落。而这一行业容纳了数百座小型作坊,其主人则稳固地居于社会的中间阶层。[66] 18世纪,在豪达这样的城市,最富裕的阶层几乎由摄政官及其亲属独占。[67]

依仗着过去的遗产,共和国依然比邻国富裕。但在这个社会中,中间阶层受到挤压,财富分布变得比黄金时代任何时候都更两极化。城市经济的衰退、城镇的萎缩,以及对乡村产品需求的下降,必然意味着城镇和乡村两地贫困的增长。一开始,共和国仍有超越欧洲其他地区的技术优势,那时过剩的劳动力更可能移民他国,而不是靠贫困救济过活。在1710年至1750年间,哈勒姆有大约9 000名织工因劳动力过剩而失业,其中仅有一小部分留在哈勒姆接受救济。[68]然而,1750年之后,共和国再没什么东西来补充其技术和技术专家储备,荷兰人也没剩下什么可用于移民的技术,于是,他们更愿意留下接受贫困救济而非远走他乡。由此,在贸易和工业逐渐瓦解的几十年里(1720—1770年),城市的贫困问题相对缓慢地累积,而在此之后急速加剧。在阿姆斯特丹,领贫困救济金的人口占比在1700年至1770年间仅有微弱增长,到18世纪70年代之后却急剧攀升。领冬季贫困救济(包括面包和燃料)的人在该城总人口中的占比从18世纪60年代的9.5%攀升至80年代13%,到1795年升至16%以上。[69]

相较而言,在内陆省份,乡村贫困的增长缓和却持续不断。在上艾瑟尔,尽管三大城市——代芬特尔、兹沃勒和坎彭在该省的人口占比有所降低,但在该省应税财富中,其份额维持不变。于是,在17世纪80年代,三大城市占上艾瑟尔30%的人口,却占有该省40%的应税财富,而到1748年依然占有40%的应税财富,但人口仅占全省的20%。这意味着,整体而言,比起城市,乡村人口变得更为贫穷。与此同时,上艾瑟尔的独立大农场主的财富显著增长,而独立小农人数减少。(参见表48)这样的发展趋势,加上该省整体人口的增长,造成的结果便是乡村赤贫的稳步加剧。1675年,被上艾瑟尔省三级会议登记为贫民而免于缴纳该省直接税的人占该省人口的25%,而到1758年,这一数字超过38%。在海尔德兰,人们也可以看到类似的趋势。以费吕沃区为例,这里的城镇发展停滞,而乡村人口猛力上涨。在德伦特，被财政机构划为"贫民"的人口数没有增加。然而，与上艾瑟尔类似，这里独立小农的人数减少，无地劳工和佃农的数量大幅增长。荷属布拉班特是18世纪贫困增长的代表性地区之一。该地的数据同样显示，登记为免纳直接税贫民的数量大幅上升。

表48 1675、1758年上艾瑟尔财富分布的变化[*]

（单位:%）

社会群体	1675年 人口占比	1675年 应税财富占比	1758年 人口占比	1758年 应税财富占比
贵族	1.1	41.2	0.6	19.2
富裕市民	1.8	31.6	1.0	31
大资产阶层和农场主	25.5	27	20	49
工匠与小农	46.5	—	42.7	—
贫民	25.1	—	35.7	—

数据来源：Slicher van Bath, *Samenleving*, 273-279.

---

[*] 表中数据为原书数据。——编者注

第38章

教会

归正会、新教持异议者、天主教教徒和犹太人

18世纪，荷兰的公共教会归正会留住了整个共和国大多数民众的忠诚，不过公地、特文特区和瓦尔河以南的海尔德兰南部边境是例外。另一方面，宽容也是18世纪荷兰省的一个显著特征。随着宽容的范围增大，几乎整个共和国（弗里斯兰除外）都出现了一个鲜明可见的趋势：归正会多数派的优势在下滑。

1572年至1700年，归正会是整体上最成功的教派。但1700年之后，这种典型模式实际上已不再适用。如今，决定社会上教派势力平衡的最大影响因素不再是各省和各市当局对公共教会的支持，而是宽容范围的增大和德意志移民的影响。于是，共和国国内的第二大教会——天主教教会在（除弗里斯兰外的）所有省份步步逼近归正会，两个较小的教派——路德宗和犹太教茁壮发展。而黄金时代的两个大教派——再洗礼派和抗辩派没能从移民那里获益，不仅未能在新形势下获得发展，反而迅速衰落。

归正会的优势虽然遭到削减，但在共和国大部分地区势力仍相当可观。在荷兰省和乌得勒支省之外，许多城镇和地区80%以上的

民众都归属公共教会。在共和国所有稍大的城镇，包括荷兰省的大部分城市，直到18世纪末，归正会依然占人口总数的60%到80%（参见表49）。哈勒姆有强势的天主教传统，因而多少有些例外，但即便在这个荷兰省天主教色彩最重的城市，天主教教徒在世纪初也仅占25%，到18世纪90年代，这一数字增长到30%（参见表50）。阿姆斯特丹也是个例外，这里的归正会成员在全部人口中所占比例是七省所有大城市（除奈梅亨）里最低的，但这并不是因为天主教教徒的比例高。与18世纪荷兰省的所有其他大城市类似，阿姆斯特丹的天主教有所发展，但天主教教徒的占比也只是从1726年的18%增长到18世纪末的21%。[1] 阿姆斯特丹归正会人员的占比之所以比其他城市低，不过是因为该城有大规模的路德宗和犹太人社群。

表49 18世纪末荷兰7座城市的教派分布[*]

（单位:%）

	阿姆斯特丹	鹿特丹	乌得勒支市	代芬特尔	聚特芬	吕伐登	哈灵根
归正会	54	61	65	75	82	75	73
天主教	21	27.5	31	20	14	16	16
路德宗	11	5.5	3	1	4	3	1
犹太教	10	3.5	0.5	0.5	0.75	4	1
再洗礼派	1	0.5	0.5	0.5	0.5	3	8
抗辩派	0.25	1.5	0	0	0	0	0

注：基于1798年和1809年的人口统计数据

数据来源：Mentink and van der Woude, *Demografische ontwikkeling*, 34; Faber, *Drie eeuwen Friesland*, i. 428; De Kok, *Nederland op de breuklijn*, 392, 429, 347.

---

[*] 表中数据为原书数据。——编者注

表50　1707—1809年哈勒姆的教派分布

（单位：人）

	1707年	1791年	1809年
归正会	23 500（占比61%）	12 100（占比59.1%）	11 000（占比55.2%）
天主教	9 400（占比25%）	6 200（占比30.3%）	6 700（占比34%）
再洗礼派	4 026（占比10.5%）	965（占比4.7%）	937（占比5%）
路德宗	1 089（占比3%）	1 032（占比5%）	1 093（占比4.7%）
门诺派	184（占比0.5%）	67（占比0.3%）	55（占比0.3%）
犹太教	0	114（占比0.6%）	152（占比0.8%）

数据来源：De Jongste, *Onrust*, 60; De Kok, *Nederland op de breuklijn*, 328.

18世纪，阿姆斯特丹和哈勒姆天主教教徒比例的上升反映了各大城市的一种普遍趋势，它同时出现在天主教势力强劲和微弱的城镇。例如，在荷兰省天主教教徒最少的城镇恩克赫伊曾，天主教教徒的占比在1726年至1775年间从约4%增长到10%；在多德雷赫特，这一数字也从原来的5%增长到18世纪90年代的10%。

与17世纪的情况类似，荷兰省和乌得勒支省的乡村依旧存在数量相当多的天主教教徒。而在其他5省，天主教教徒的数量明显要少一些，不过特文特区和海尔德兰的天主教边缘地带一直是例外。1726年，荷兰省有9.7万名天主教领受圣餐者，当时该省的人口大约是80万。这意味着，考虑到还有未领受圣餐的信奉天主教的儿童，天主教教徒可能占到该省人口的18%左右。不过，各个小城镇之间、乡村之间，以及地区与地区之间，都存在巨大差异。例如，北荷兰省（不算西弗里斯兰）大约有30%的人口为天主教教徒；[2] 而南荷兰省岛屿上则很少能找到他们的踪影。到18世纪末，在荷兰省的许多小城镇，如纳尔登、奥德瓦特、海特勒伊登贝赫和赫斯登,有相当高比例(近半)的人口是天主教教徒。[3] 不过类似的,在另一些小城镇,如斯洪霍芬、布里尔、马斯勒伊斯(Maassluis)、米德尔哈尼斯,还有赞丹工业带,天主教教徒不到总人口的15%。这类差异在乡村甚至更为极端,在有些乡村天主教占据绝对优势,例如瓦瑟纳尔、莱顿附近的瓦尔蒙德,还有哈勒姆附近的海姆斯泰德(Heemstede)、卡斯特里克姆(Castricum)和布卢门达尔。[4] 但也有些地方没有天主教教徒,包括弗利兰岛和阿姆斯特丹附近的马尔肯岛(Marken)。

在18世纪的进程中,天主教教徒在荷兰省人口中的占比从近18%增长至约23%。乌得勒支城有近三分之一的天主教人口(参见表49),阿默斯福特的天主教人口占比更高,蒙特福特和迪尔斯泰德附近韦克这些微小城镇则是天主教占主导,乌得勒支的许多乡村包括豪滕和奥代克也是如此。另一方面,也有一些新教势力较强的地方,如雷嫩。迟至1809年,该地1 850名居民中,仅有14名天主教教徒。18世纪中叶,乌得勒支省8.3万的总人口中,天主教教徒约有2.7万,占比约为35%。(参见表51)

表51　1726—1800年"荷兰传教团"所辖省份天主教领受圣餐人数

(单位:人)

		1726年	1758年	1775年	1800年
荷兰		97 000	105 000	113 000	120 000
乌得勒支		18 500	19 000	21 000	25 000
上艾瑟尔	特文特区以外	9 000	9 000	10 000	30 000
	特文特区	15 000	19 000	20 000	

（续表）

	1726 年	1758 年	1775 年	1800 年
海尔德兰（瓦尔河以北）	9 000	12 000	13 000	—
弗里斯兰	12 000	11 000	12 000	11 000
格罗宁根-德伦特	4 750	5 000	5 000	6 000
泽兰	2 000	3 500	4 000	5 000
克莱沃-马克	—	14 500	—	—
林根	15 650	17 000	19 680	—

数据来源：*Archief aartsbisdom Utrecht*, x. 11–40; Polman, *Katholiek Nederland*, ii. 115, 161; Faber, *Drie eeuwen Friesland*, i. 81; De Kok, *Nederland op de breuklijn*, 466.

乌得勒支省有相当多的天主教教徒，其余省份的天主教教徒则较少。泽兰天主教群体在整个18世纪都处于弱势，然而如今这一群体正以可观的速度扩张，到1809年时规模发展为原来的2倍多，人数超过该省人口的10%（参见表52）。这一增长在米德尔堡和其他大城镇（特别是弗卢辛和济里克泽）尤为明显。而迟至1809年，一些泽兰乡村被登记为完全不存在天主教教徒，如栋堡（Domburg）、埃勒梅特（Ellemeet）、耶尔瑟克（Yerseke）、比赫（Burgh）和科莱恩斯普拉特（Colijnsplaat）。

表52　1809年尼德兰王国人口的教派分布细目表

（单位：人）

省份	总数	归正会	天主教	路德宗	门诺派	抗辩派	犹太人
北荷兰省	387 660	208 825	100 370	40 030	10 610	900	23 680
南荷兰省	401 240	289 560	90 780	10 240	470	3 056	5 890
乌得勒支	107 940	60 880	42 160	2 110	180	80	1 210

（续表）

省份	总数	归正会	天主教	路德宗	门诺派	抗辩派	犹太人
泽兰	80 180	69 360	8 830	1 380	270	0	270
（前）荷属佛兰德	30 000	16 050	13 500	300	100	0	50
弗里斯兰	172 980	141 520	16 310	880	13 050	0	1 020
格罗宁根	130 900	113 220	10 130	1 970	3 860	0	1 720
德伦特	44 640	43 390	330	130	40	0	750
上艾瑟尔	143 830	89 630	49 620	1 010	2 110	0	1 650
海尔德兰	248 620	153 490	90 310	2 020	190	15	2 230
北布拉班特	294 960	34 600	258 350	970	6	10	1 010
林堡	162 570	1 870	159 740	360	0	0	600
东弗里斯兰	126 380	25 530	1 970	96 070	480	0	1 740
合计 1（除东弗里斯兰）	2 205 520	1 222 395（55.4%）	840 430（38.1%）	61 400（2.8%）	30 886（1.4%）	4 061（0.18%）	39 060（1.80%）
合计 2（除东弗里斯兰和前公地）	1 717 977	1 169 682（68%）	408 624（23%）	60 264（3.5%）	30 780（1.8%）	4 060（0.24%）	37 940（2.2%）

数据来源：De Kok, *Nederland op de breuklijn*, 288.

比起泽兰省、荷兰省或乌得勒支省，东部省份的天主教人口相对稀少，增长速度也较慢，但是在这些省份天主教人口也出现了显著增长。在上艾瑟尔，三大城市到18世纪末出现了大量的天主教教徒，他们分别占坎彭人口的15%、代芬特尔人口的20%、兹沃勒人口的22%。[5]

到18世纪末，特文特区有近半人口是天主教教徒，但各地之间差异明显，恩斯赫德和阿尔默洛以归正会成员为主，奥尔登扎尔则为天主教教徒占上风。上艾瑟尔三分之二的天主教教徒居住在特文特区。相较而言，福伦霍弗则是归正会占绝对优势，上艾瑟尔北部的小城镇——布洛克宰尔、希特霍伦（Giethoorn）、哈瑟尔特和斯滕韦克仅有小规模的天主教群体。这片地区的许多乡村完全没有天主教教徒，这与德伦特和奥默兰的情况类似。在海尔德兰，省三级会议依照1731年的法令正式允许举行天主教的礼拜仪式。[6] 该地的天主教教徒人数也有增长，这种增长在大城市尤为明显，而奈梅亨城最为急剧。18世纪下半叶，奈梅亨城的天主教教徒逐渐成了这里的多数，而归正会信徒在总人数中的占比则从17世纪初的超过60%缩减至1800年的40%。[7] 自此以后，奈梅亨成了七省中唯一的以天主教教徒为主体的大城市。泽兰之外，格罗宁根是天主教教徒最少的省份。不过到了18世纪末，天主教教徒在格罗宁根城的占比也增长到15%，弗里斯兰的天主教教徒在总人口中的占比一直保持在10%左右。[8]

公地在17世纪具有浓重的天主教特性，在18世纪依然如此。其中有两个以新教为主的例外地区，即韦斯特沃尔德和荷属佛兰德。虽然1700年后，荷属佛兰德西部保持了其归正会特性，但与七省整体一样，这一地区也出现了天主教人口占比上升的趋势，其天主教人口占比从1700年左右的约30%增长到1800年的45%。[9] 不过，斯勒伊斯、阿尔登堡、艾曾代克和泰尔讷曾依然是新教性质的城镇。

18世纪，除了天主教，另外两个宗教团体——路德宗和犹太教在共和国社会中的势力也有显著扩张。过去，路德宗的发展主要局限在荷兰省，而到1700年之后，随着荷兰省式的宽容在外围省份扎根，路德宗的发展成了整个共和国的普遍现象。在某些地方，荷兰路德宗教会的发展令人惊叹。以鹿特丹为例，在18世纪的进程中，这里的路德宗信徒涨了2倍，从1 000人增至3 000人。[10] 在吕伐登，路德宗信徒数量在1680年至1770年间大概翻了1倍。联省（包括鹿特丹、海牙、代尔夫特、乌得勒支和吕伐登）的许多重要路德宗教堂，都在18世纪中叶的几十年里得到重建或扩建，以容纳迅速增多的信徒。[11] 在共和国中型的路德宗教团中，米德尔堡的教团在1710年、豪达的教团在1750年、布雷达的教团在1764年分别获得第二位讲道者。在更大型的教团中，海牙教团1739年在阿姆斯特丹有了第三位讲道者，路德宗成为该城的第三大教派，1740年该城获得了第六位讲道者。[12] 18世纪，拥有超过一名讲道者的路德宗教团激增。由此，相比17世纪，18世纪荷兰路德宗教会一方面更容易用荷兰语传教，使其变得更具荷兰特性；另一方面，也更方便继续通过用德语传教来迎合新来的德意志移民——新来的移民大多不能理解以荷兰语进行的布道，但来到共和国的德意志移民的子孙通常能更好地理解以荷兰语进行的布道，而不是德语。

与17世纪的情况类似，18世纪的路德宗大体上局限在大城市里，但这并非绝对。在北荷兰省的部分地区（尤其是赞丹工业带）、格罗宁根部分地区、海尔德兰，还有荷属佛兰德，路德宗的发展也是一种乡村现象。在格罗宁根，到18世纪末，数个乡村出现了路德宗教团，新佩克拉和旧佩克拉这对村庄成了该城乡村路德宗的中心，并且在1760年获得了一位常驻讲道者。最有名的乡村路德宗教团之一位于荷属佛兰德的赫鲁德（Groede）。1731年，路德宗信徒被驱逐出萨尔茨堡（Salzburg）大主教区。次年，800多名来自萨尔茨堡的流亡者受总三级会议邀请，到荷属佛兰德建立路德宗教团。赫鲁德的教团由此建立。不过，许多人或是很快又搬往别处，或是改宗。赫鲁德的路德宗教堂在1743年被启用。18世纪晚期到19世纪早期，这里的教团算是泽兰和荷属佛兰德的五大路德宗教团之一，另外4个分别在米德尔堡、弗卢辛、费勒和济里克泽。[13] 邻近的荷属布拉班特也有4个颇具规模的路德宗教团，分别位于布雷达、贝亨、斯海尔托亨博斯和赫拉弗，都是大城镇。

1700年后，联省社会越来越通融和宽容。一个鲜明标志就是，各个省份，无论是城镇还是乡村，都越来越愿意接受犹太人定居点，并且放宽对犹太人活动的限制（不是彻底取消限制）。17世纪末，在大多数荷兰城镇，无论是荷兰省还是外围省份，禁止犹太人到此定居、临时做客或进行贸易，仍是常见之事，而在18世纪初，重申这项禁令也绝不罕见。豪达和乌得勒支都在1712年通过市政法令，禁止犹太人定居、投宿旅馆，或为了贸易目的而进城。

犹太人口的稳步增长几乎全是因为德意志来的移民。在18世纪的前三分之一时间里，仍有一些新基督教教徒从葡萄牙和西班牙而来，到共和国后又回归正统犹太教。但是这些塞法迪犹太人移民，外加少量来自地中海其他地区的犹太人移民，与流出共和国的塞法迪犹太人人数相抵消——一直有塞法迪犹太人向库拉索岛、苏里南以及新世界的不列颠殖民地移民，也有一些人去往伦敦。于是，1700年之后，共和国犹太人的持续增长完全归因于德系犹太人的迁入，他们主要来自德意志。塞法迪犹太人的数量一直停留在3 000人左右，其教团也维持在7个——分别位于阿姆斯特丹、海牙、鹿特丹、米德尔堡、马尔森、奈凯尔克和纳尔登，而与此同时，共和国内德意志犹太人教团的数量激增，德系犹太人的人口规模也稳步扩大。

来自德意志地区的犹太人移民大多极度贫穷。他们逃离德意志严苛的限制和时常恶劣的条件，对他们来说，联省——无论有没有衰落——都是充满机会的地方。[14] 18世纪共和国大多数犹太人都以如下方式谋生：他们背着装满货物（经常是残次品和二手货）的袋子，挨家挨户兜售，以低价将它们卖给不那么富裕的人群。此举保证了他们在联省有一个稳定的生存空间——尽管地位低下。但同时，这也为他们招致隶属于行会的基督教店主的强烈憎恶。这些店主的经营费用更高，他们发现把店铺扛在背上、四处游走的犹太人压低了经营价格。1733年，莱顿议事会屈服于该城亚麻和棉纺织物零售商的压力，禁止犹太人出售这类商品。然而4年之后，同一个小店主行会再次愤怒地抱怨道，"把货物夹在腋下"沿街售卖的犹太人快把他们逼破产了。[15]如此，18世纪荷兰各个省份和城镇颁布的反犹太立法大多本质上是经济性质的，这些立法的主要目的是保护行会和基督教小店主。

上艾瑟尔、海尔德兰、格罗宁根和德伦特全都竭力从省一级限制犹太人在乡村的活动。1724年，上艾瑟尔省三级会议将流浪者和游荡的犹太人驱逐出该省。1739年，上艾瑟尔省三级会议规定，任何犹太人都不得在该省的乡村安身立命或做买卖，他们的活动被限制在那些愿意接受他们的城镇里。[16] 1726年，海尔德兰省三级会议禁止外来的犹太人到本省乡村定居，唯一的例外是奈凯尔克。那里已然存在一个塞法迪犹太人和德系犹太人混居的庞大群体，他们活跃于收购烟草的贸易之中。[17] 格罗宁根省三级会议在1710年和1713年两次发布公告，禁止外来流浪者和犹太人进入该省。

而大多数共和国城镇到17世纪末或18世纪初才开始允许犹太人

定居，不过依然限制人数，并在各方面限制其活动，特别是禁止他们参与行会和开店。在荷兰省，哈勒姆、多德雷赫特和莱顿在18世纪初以后就准许犹太人定居。莱顿和多德雷赫特分别在1723年和1728年批准犹太人设立一座公共犹太教堂，同时颁布细致的规章，限制犹太人在城中的生活。在海牙，德意志犹太人同样在1723年获准设立首座公共犹太教堂。然而，哈勒姆到很久以后的1765年才勉强同意设立公共犹太教堂。豪达和荷兰省的其他一些城镇则在整个18世纪依旧禁止犹太人定居。

乌得勒支省有两个重要的犹太人群体：一个位于阿默斯福特，这里的犹太人主要参与烟草贸易；另一个在马尔森，18世纪末这座村庄的犹太人占比可能是所有荷兰村庄中最高的，到拿破仑时代升至10%左右。相较而言，乌得勒支城坚持着传统的限制政策，到1788年之前都在正式意义上拒斥犹太人。[18] 在泽兰，米德尔堡从18世纪初开始鼓励犹太人定居，但弗卢辛、费勒、托伦、济里克泽和胡斯则拒斥犹太人。荷属布拉班特和其他公地对犹太人定居也有大量限制，斯海尔托亨博斯、蒂尔堡和艾恩德霍芬也悉数拒斥犹太人，这种情形一直持续到18世纪末。[19] 1767年，总三级会议规定，尽管迈赖地区城镇以外的一些地方已经存在少量犹太人，但一般而言不允许犹太人在该地定居或做生意。马斯特里赫特、芬洛和鲁尔蒙德在整个18世纪依然禁止犹太人定居。

犹太人的存在最为显著的省份是荷兰、弗里斯兰、格罗宁根、上艾瑟尔、海尔德兰，还有德伦特。尽管一直带有不情愿和要求施加限制的态度，但在18世纪的进程中，共和国东部所有大城市的政策都转变为接纳犹太人定居，并对其加以管理。1754年，格罗宁根城规定，所有在该城或其任一附属辖区居住未满5年的德意志犹太人，必须在六周内离开。直到1756年，格罗宁根城才批准设立一座公共犹太教堂。兹沃勒对犹太人（正如对天主教教徒一样）采取的政策比坎彭和代芬特尔的宽容。兹沃勒从17世纪末起就允许犹太人定居，并于1747年批准设立公共犹太教堂。到18世纪稍晚时候，坎彭和代芬特尔对犹太人的态度才变得更加宽容。奈梅亨则比阿纳姆和聚特芬更宽容，自17世纪末，奈梅亨就在限制性规定的基础上允许犹太人定居。17世纪20年代，阿纳姆议事会对各个持异议教派的态度变得普遍开明，此后该城才在犹太人事务方面跟上奈梅亨的脚步。

在弗里斯兰，乡村里几乎找不到犹太人，然而在荷兰、格罗宁根和德伦特以及上艾瑟尔和海尔德兰的部分地区，犹太人的存在相当普遍。格罗宁根的旧佩克拉因其有大规模的路德宗教团著名，到1809年这里甚至出现了规模更大（190人）的德意志犹太人教团。在德伦特，这类现象变得更加普遍，甚至到18世纪末该省几乎每个村庄都有一个犹太人群体。德伦特一个令人好奇的特点在于，在该省的许多地方，犹太教成了仅次于归正会的第二大教派。[20] 以霍赫芬（Hoogeveen）为例，该地绝大多数居民属于归正会，剩下的人中包括11名天主教教徒、10名路德宗信徒和116名犹太人。梅珀尔登记在册的有天主教教徒1名、路德宗信徒41名、犹太人178名。罗登（Rhoden）村有1 100名归正会信徒、3名天主教教徒、4名门诺派信徒、10名路德宗信徒和14名犹太人。德伦特一个更小的村庄埃尔德（Eelde）有归正会信徒873名、天主教教徒1名、门诺派信徒2名、路德宗信徒3名和犹太人20名。在海尔德兰和上艾瑟尔，这一方面的情况截然不同。奈凯尔克拥有海尔德兰最大规模的乡村犹太人群体，1809年这里有214名犹太人，比阿纳姆和聚特芬的都多。但即便在这里，天主教教徒的人数也远远多于犹太人，更不用说归正会的人数。

天主教、路德宗和犹太教受益于宽容的增长，在18世纪的荷兰生活中发挥了比此前更大的作用。与此同时，17世纪的另外两大教派——再洗礼派和抗辩派不仅没能从新世纪教派冲突的普遍减缓中获益，反而突然衰落。就再洗礼派的情况而言，这一点可由以下事实解释：这一教派坚持不懈地强调苦行和纪律，反对新潮流和新事物，这样的特点与18世纪生活的世俗风尚矛盾越来越大。在新世纪的进程中，分布在共和国多个地区的几十个再洗礼派教团逐渐销声匿迹。1700年南荷兰省有27个再洗礼派教团，到1800年仅剩下3个；[21] 在阿姆斯特丹，再洗礼派的人数从17世纪60年代中期的约3 000人衰减至1742年的2 218人，到1809年仅剩下1 868人，不到该城人口的1%。弗卢辛的门诺派在1660年是个包含260名成员的活跃社群，1730年减至125人，到1809年仅剩49人，该派在该城人口中的占比从大约4%跌至0.6%。

就整体而言，最严重的挫败要数弗里斯兰再洗礼派成员数量的萎缩。据估计，弗里斯兰门诺派人口从1666年的近2万人（占该省人口的13%），衰减至1796年的1.28万（占该省人口的8%）。[22] 与此同时，弗里斯兰再洗礼派教团的数量也从1666年的72个减至1789年的55个，其讲道者总数从1739年的162人锐减至1789年的90人、1815年的仅59人。[23] 在格罗宁根，"老佛兰德"这一极端正统派群体在1710年有1 400名成员，到1767年这一数字减至642人。

尽管再洗礼派的势力变得薄弱，但该派仍是格罗宁根和北上艾瑟尔宗教舞台上不可或缺的部分，在弗里斯兰、荷兰、乌得勒支和泽兰也是如此。1809年，上艾瑟尔仍有几个规模很大的门诺派教团，这些教团存在于布洛克宰尔、希特霍伦、阿尔默洛和亨厄洛。希特霍伦是共和国为数不多的再洗礼派占据总人口大多数的城镇之一，亨厄洛的再洗礼派则占到总人口的10%，与此形成鲜明对比的是，代芬特尔、坎彭和兹沃勒的再洗礼派教团规模相当小。

同样令人震惊的是抗辩派的崩溃。在17世纪下半叶，抗辩派的式微就已明显可见，1700年后，这一进程加剧。鹿特丹拥有规模最大的抗辩派教团，在17世纪的最后30多年，该派仍是鹿特丹的第二大教派，约有7 000人，占总人口的15%左右，人数超过天主教教徒。[24] 到1809年，就只剩900名抗辩派信徒，过去的一大派系的这点残迹还不足该城总人口的1.5%。阿姆斯特丹到1809年仅剩大约500名抗辩派信徒。其余几个到1809年还有超过100名成员的抗辩派教团分布在豪达（461人）、莱顿（129人）、霍伦（137）和新科普（Nieuwkoop）村，全都在荷兰省。阿默斯福特的抗辩派衰减至33人，乌得勒支城仅有27人。早在1800年之前，抗辩派就在上艾瑟尔（包括坎彭）销声匿迹，海尔德兰的情况也基本如此（参见表52）。弗里斯兰的最后一个抗辩派教团存在于多克姆，存续到1796年，当年仅存的10名成员解散了教团，加入再洗礼派。

内部教派隔阂的弛缓

17世纪后期，富修斯派与科齐乌斯派之间的冲突是共和国教会和大学政治中的重要组成部分。1694年总三级会议颁布的规章使之有所缓和。即便如此，到18世纪中叶，富修斯派与科齐乌斯派的论辩仍是共和国生活中的重要元素，远远超出纯神学辩论的范畴，渗透到教会、学术和地方政治中，[25]甚至到18世纪行将结束的时候仍在幕后流连。1702年威廉三世去世后，整个联省突然掀起了对亲王策略及其主要支持者的反攻倒算，进而导致整个教会、社会和大学都转而支持科齐乌斯派。

泽兰和乌得勒支的情况尤为如此。1695年6月，乌得勒支省三级会议采纳荷兰省的规章，为了保护"本省教会和学术"的"和平"，告诫教授避免在教学中使用"富修斯派"和"科齐乌斯派"的标签。然而，乌得勒支大学暂时来说仍是富修斯派的据点，由贝克尔的主要政敌富修斯派的梅尔希奥尔·莱德克（Melchior Leydecker）这类人主导。1698年，议事会试图任命弗拉讷克的科齐乌斯派成员坎佩吉乌斯·维特林哈担任新近空缺的神学教授职位，但威廉三世亲自插手，传召一名市长到罗宫会面，以阻止这项任命。[26]威廉三世去世后，议事会立马寻求重要的科齐乌斯派人才。他们没能得到维特林哈，转而争取到了归正会自由派的元老级神学家赫尔曼·亚历山大·勒尔（不过严格来说，他不算是真正的科齐乌斯派）。他们开出的年薪是2 200荷兰盾，这远远多于当时任何一个乌得勒支大学教授所得。1704年的这项任命强化了乌得勒支大学的笛卡儿主义，但同时也激发了神学院和哲学院中的骚乱，以及宗教法院内的激烈冲突。这一切促使摄政官警告莱德克和其他富修斯派强硬路线者：如果他们拒绝与勒尔"和平、友好"地共处，那么市政当局将采取强硬"手段"。[27]到1716年莱德克停止授课和1718年勒尔去世之后，乌得勒支大学的学术氛围才变得温和。到18世纪20年代，大学平静下来。然而，在接下来的数十年时间里，富修斯派和科齐乌斯派的身份依然是决定学术机构任命的首要因素。

在泽兰，1702年之后反奥伦治派攻势致使科齐乌斯派短暂地在米德尔堡占了上风，而后，随着奥伦治派的复苏，该城的科齐乌斯派又暂时失势。接踵而来的是1715年至1720年间科齐乌斯派与富修斯派的新一轮冲突。而后到18世纪20年代，科齐乌斯派重新在宗教法院和泽兰长老监督会占据上风，并且一直维持到1747年革命时。[28] 18世纪后期，在荷兰文化中，科齐乌斯派与富修斯派之间的对立不再像先前那样占据根本性位置。虽然如此，以下事实依然值得注意：威廉四世，以及之后的威廉五世，都竭力在泽兰省以及荷兰省，复兴和强化公共教会内的富修斯派潮流。

科齐乌斯派占据上风的类似转向也在荷兰省出现，尽管过程不那么激烈。1702年之后，在莱顿议事会的支持下，科齐乌斯派在该城占据优势地位。18世纪初，莱顿议事会是荷兰省最具共和主义思想的群体之一。1712年，得到莱顿摄政官们的首肯，该城的科齐乌斯派宗教法院投票决定在该城的主教堂里建造一座石制纪念碑并饰以科齐乌斯的雕像。富修斯派非常愤怒，认为这是公然的挑衅行为，甚至称得上是"天主教化"的行动，展示出他们渴望将科齐乌斯"封为圣人"。[29]不过，1702年之后，摄政官首要考虑的是尽可能地利用1694年的法令，缓和富修斯派与科齐乌斯派的冲突。其间断断续续地有重燃战火的企图出现，但全都遭到严厉镇压。1702年之后出版的一本极具煽动性的攻击科齐乌斯主义的书是《对话》（*Entretiens*，1707年），作者是海牙胡格诺派牧师皮埃尔·德容古（Pierre de Joncourt）。德容古长篇大论地嘲讽科齐乌斯派解释《圣经》的方法并评论道，在法兰西和英格兰，没有人对科齐乌斯主义感兴趣。[30] 德容古立即遭到众多科齐乌斯派神学家的回击。1707年5月，联省瓦隆教会在胡斯召开年度会议，会上弥漫着惊恐，人们担心上述争论会导致严重的后果。到当时为止，共和国的胡格诺派一直谨慎地在富修斯派与科齐乌斯派论战中坚守着中立立场，德容古的爆发被视为对瓦隆教会中立立场和内部团结的威胁。宗教法院谨慎地避免正式谴责德容古的反科齐乌斯立场本身，而纯粹从违抗教会有关不得插手富修斯派与科齐乌斯派争论的规则这一角度，对其进行谴责和规训。

德容古闭嘴之后，对德奥赖因发起猛烈攻击并成为18世纪初富修斯派首要论辩家的是雅各布斯·弗勒伊蒂尔（Jacobus Fruytier, 1659—1731年），他是莱德克的学生，与莱德克一样是泽兰人。在1676年煽动舆论反对莫马时，他的父亲曾起到重要作用。1700年，当时强硬的富修斯派宗教法院任命弗勒伊蒂尔担任鹿特丹的牧师职位，1713年，弗勒伊蒂尔在该城出版了攻击科齐乌斯派的重要著作《教会斗争》(Sions Worstelingen)。在书中，他指责科齐乌斯派通过牵来"理性这只特洛伊木马"而损害了信仰和教会的权威，重点谴责了贝克尔和勒尔。他还攻击奥尔登巴内费尔特及其党羽，因为他们颁布的某些政策削弱了教会，种下了腐朽的种子，而后又长成科齐乌斯主义这朵恶之花。在他看来，科齐乌斯主义篡改了《圣经》和教义，而它最大的恶果便是贝克尔这一毒瘤和对撒旦存在的否认。弗勒伊蒂尔预言，随着怀疑的传播，随着教会内部日渐分裂，诚实的科齐乌斯主义者最终会承认自己犯了错——让理性主义者混入其间——并且会与科齐乌斯决裂。[31] 弗勒伊蒂尔随后一直与科齐乌斯派，与勒尔的理性主义辩论，直至去世。但1715年之后，在南荷兰省宗教会议的强压下，他被迫大为缓和了自己的语调。[32]

1716年，兹沃勒的归正会讲道者亨里克斯·拉费斯泰因（Henricus Ravesteyn）发表《费拉德尔菲亚》(*Philadelphia*)，呼吁结束神学的八十年战争，因为自17世纪40年代以来它就分裂着荷兰归正会。此后，要求和解与和谐的声音越来越频繁地出现。直到18世纪50年代，"富修斯派"与"科齐乌斯派"这两个标签依然被广泛使用，但不像过去那样带有许多戾气。为此结果做出重大贡献的是海尔德兰讲道者约翰内斯·毛里蒂乌斯·莫默斯（Johannes Mauritius Mommers）的著作《友布罗》（*Eubulus*，1737年）。[33] 莫默斯从科齐乌斯的作品中摘列出76条，事实证明它们特别容易引起争议。莫默斯对它们逐条进行查验，而后主张：当带着超脱和友善的态度来研究这些学说时，在任何情况下，它们都不像人们通常认为的那样存在根本分歧。

从18世纪20年代开始，伴随着公共教会内部争论的缓和，弱小省市当局方面的不宽容政策也在终结，社会中各主要教派之间的敌对也在缓减（至少从1750年之后如此）。18世纪上半叶，新教徒与天主教教徒之间有时仍然会爆发尖锐的冲突，尤其是在18世纪30年代，当时一股反天主教的情绪席卷了共和国。1734年6月，加尔文宗民众被一种集体的恐慌气氛笼罩，因为有谣言称，天主教教徒正在策划大范围叛乱，意图颠覆国家和公共教会，[34] 由此各种各样的骚乱四起。总三级会议派摄政官指控奥伦治派是幕后的怂恿者，指控他们故意煽动恐慌，意图以此为政治和心理手段，提高奥伦治家族和执政在新教民众眼里的吸引力。[35] 莱顿市议事会安排了特别巡逻队，保护该城天主教祈祷场所免遭攻击。而后，在1747年奥伦治派革命期间，反天主教骚乱再现。然而，如同18世纪的英格兰一样，这种以恐慌和民众仇视的混合情绪为基础的反天主教骚乱，本质上是一种社会和政治现象，它再也不能在高雅文化和知识生活中扮演主角。

内部教派摩擦的缓和和宽容程度的加深，鼓励各主要教派之间展开更多对话。这首先出现在大多数受过教育的人口中，而后出现在整个社会。所有这些现象都属于同一进程的各个侧面。随着启蒙运动聚集起更多势头，对新哲学和科学的认识传播，神学教条和教会权威在社会上的影响力都在缓慢衰落。

这一变化在再洗礼派和路德宗群体中尤为明显。这两个群体不再像17世纪那样深陷分裂。对再洗礼派而言，18世纪这个宽容和启蒙的时代不仅是人员衰减的时代，也是旧日内部分裂和解的时代。然而17世纪的分裂并没有就此消失。从1664年阿姆斯特丹分部分裂（所谓"羔羊之战"），到18世纪末，荷兰再洗礼派分裂成三大部分：更开明自由的"羔羊派"、更保守的"主日派"（这一派而后又进一步分裂为温和翼和保守翼）和老佛兰德派与老弗里斯兰派残余的极端正统派。[36] 不过，只有最后一派（他们在格罗宁根尤为强势）坚持过去的"绝对真理"，依然视自己为门诺·西门唯一、真正的追随者，以及罪恶世界中的圣会，认为它必须隔绝于这一世界，避免与其他人展开对话。大部分再洗礼派，包括"羔羊派"和"主日派"，不再认为自己是那种应当过着思想和宗教的独居生活的、唯一真正的基督教会。共和国再洗礼派最后一次大争执爆发于1735年至1742年的格罗宁根，是一场不同论点的激烈交锋。它主要由强硬的"真正的门诺派"挑起，他们抗议其他再洗礼派成员正逐渐适应的变化。

18世纪，许多再洗礼派牧师都是共和国各教派建立友好关系、展开友好讨论的最热情的支持者。一个著名案例就是约翰内斯·德克纳特尔（Johannes Deknatel）。从1726年到1759年，他都在阿姆斯特丹辛格尔运河（Singel）畔的"羔羊堂"担任讲道者。德克纳特尔花费了大量精力来调解再洗礼派各个团体之间的关系，改善再洗礼派与社友会（德克纳特尔与该派成员关系密切）的联系，建立与公共教会内部的虔敬者与科齐乌斯派的对话。德克纳特尔认为自己是宗教不宽容的所有受害者的护卫人，18世纪30年代末，他积极参与行动，让一群被迫害的摩拉维亚弟兄会成员得以到阿姆斯特丹定居。[37] 在这方面，伊萨克·德隆（Isaac le Long）与之类似，德隆还写文章讨论广泛的经济和宗教问题。德克纳特尔成了尼古拉斯·路德维希·冯·青岑多夫（Nicholas Ludwig von Zinzendorf）伯爵的密友，后者是摩拉维亚弟兄会荷兰省分部的"创建人"。

而在18世纪初，没有哪个教派内部比天主教更分裂。到世纪中叶，也没有哪个教派比天主教更突然地缓和冲突。荷兰天主教会内部大分裂兴起于17世纪末到18世纪初，而与归正会内部的富修斯派和科齐乌斯派冲突类似，其神学争论的根源可以追溯至17世纪中叶。然而，就在归正会内部的冲突从17世纪90年代以来逐渐退潮的同时，荷兰天主教会内部詹森派与反詹森派之间的冲突却愈演愈烈——教宗克莱门特十一世（Clement XI，1700—1721年）采取了比前任更为强硬的反詹森派路线，迫使共和国内的冲突走向公开。[38] 西班牙王位继承战争爆发之初的1702年，随着波旁王朝和布鲁塞尔新政权在神学和教会事务上采取严厉的反詹森派立场，教宗以有詹森派倾向的理由，暂停了时任荷兰天主教会宗座代牧彼得·科德（Pieter Codde）的职务，尽管后者在当地在俗教士中拥有众多支持者。科德曾在法兰西学习，深受阿尔诺和凯内尔影响。自从1688年担任荷兰的宗座代牧以来，科德确实做了许多事情来宣传詹森派观点和神学，他还任命詹森派信徒担任高级职位，收留法兰西的詹森派难民。[39] 被撤职时，荷兰传教团的466名教士中，有340名在俗教士、59名耶稣会士和67名其他派系修士。[40]

好些年里，耶稣会士和其他反詹森派人士就强烈要求罢免科德。科德的主要敌手之一特奥多鲁斯·德科克（Theodorus de Cock）受命接替宗座代牧的职位，但后者不仅遭到当地天主教教徒的反对，还遭到荷兰省摄政官的反对。摄政官一直敌视耶稣会士，而且反对教宗强力插手这种会深刻分裂荷兰天主教教徒的事。1702年8月，该省三级会议发布公告，禁止荷兰省的天主教教徒承认任何人为宗座代牧，除非此人得到代理委员会认可。德科克信誓旦旦地告诉布鲁塞尔当局，荷兰詹森派与反詹森派的冲突也会演变为"罗马天主教教徒"与"三级会议天主教教徒"之间的分裂。[41] 波旁尼德兰的教会当局认为，共和国领土上天主教教士里，只有一小部分可以划归为神学上的詹森派。然而，在1702年之后的年月里，一些人发现被共和国当局视为詹森派是件有利可图的事，这些人构成了在俗教士的多数派，在1572年之后荷兰天主教的传统中心乌得勒支和哈勒姆，其势力尤为强劲。

一些有影响力的共和国在俗教士，如约翰·克里斯蒂安·范埃克尔（Johan Christiaan van Erkel，1654—1734年），坚定地认为"巴达维亚教会"是自由和独立（于布鲁塞尔）的，进而向海因修斯求助。现在普通的天主教教徒必须决定是服从于教宗、承认德科克的权威，还是服从于三级会议、拒不承认德科克的地位。[42] 1704年，代理委员会审查了一批德科克无视1702年法令而任命的教士——其中包括3名耶稣会士，而后，代理委员会中止了其中11人的布道职权，另有2人被驱逐出荷兰省。1707年和1709年,荷兰省三级会议再次拒绝承认教宗选择的宗座代牧。阿姆斯特丹议长告知布鲁塞尔的天主教当局,只有詹森派人选才能得到认可。耶稣会士还遭到个别地方的驱逐,如1708年被驱逐出阿姆斯特丹和豪达。阿姆斯特丹议事会奉行着强硬的亲詹森派政策。1717年,教宗违背众多荷兰在俗教士的意愿,不顾1702年法令,任命了另一个宗座代牧约安·范拜勒费尔特(Joan van Bijlevelt),荷兰省也再次禁止民众承认其地位。1720年2月,依据荷兰省三级会议的要求,他被驱逐出乌得勒支。1720年,总三级会议和荷兰省三级会议宣布全面驱逐耶稣会士,不过这一政策执行得并不十分彻底,一些耶稣会士得以留下。实行这一政策的理由是:教宗和耶稣会士试图强迫共和国天主教教徒,让他们屈服于共和国之外的权威,而这有悖于共和国的基本原则——个人的内心不得被强迫。

1723年4月,荷兰天主教会内部的冲突以正式分裂的形式走向白热化。当时"反叛"教士的领袖任命他们当中的一员、阿姆斯特丹人科内利斯·斯滕霍芬(Cornelis Steenhoven,1651—1725年)为"乌得勒支大主教",即随后被称为"老公会(Old Catholic Church)"团体的首领。[43]事实证明,所有结束分裂的尝试都以失败告终。斯滕霍芬去世后,老公会教士任命更为激进的詹森派信徒、帕基耶·凯内尔的门徒科内利斯·巴赫曼·维伊蒂尔斯(Cornelis Barchman Wuytiers,1693—1733年)为第二任"乌得勒支大主教"。当时,共和国传教团中有两个相互敌对的统治集团:一个服从于教宗任命的宗座代牧,保住了大多数天主教教徒的忠诚;另一个是詹森派的"老公会",它拒绝服从教宗而遵从自己的"乌得勒支大主教"。教宗采取了力所能及的一切手段去削弱"老公会"。他号召共和国内忠诚的天主教教徒拒斥反叛教士，动员法兰西、西班牙、葡萄牙和波兰的国王以及众多小君主，向总三级会议抗议，反对荷兰当局给予分裂教会的官方鼓励。然而，正如1726年路易十五的首席大臣、红衣主教弗勒里（Fleury）观察到的那样：荷兰省摄政官并不打算帮助天主教会恢复统一，而更愿意看到荷兰天主教教徒的分裂；他们同情带有准加尔文宗特征的詹森派教士；并且援引良心自由作为理由，阻碍结束分裂的行动。[44]

这一分裂成为永恒性的。共和国"老公会"作为一个独立于天主教会的组织存续至今。不过，"老公会"很快丧失了许多最初的支持者和影响力。1725年，荷兰传教团有78名教士被归为"反叛者"，占总人数的四分之一左右。然而，拜勒费尔特成功地从斯海尔托亨博斯、鲁尔蒙德、明斯特、梅赫伦等地获得了更多的教士，用他们顶替"反叛者"。到1726年，服从于罗马的教士增长到近300人。[45] 自1703年以来，教宗一派便一直组织运动，劝说天主教堂区居民不要接受来自詹森派的圣餐，由此导致了整个共和国范围内对詹森派的有效抵制。据报告，1723年，阿姆斯特丹天主教教徒中，仅有不到10%的人支持分裂教会。在鹿特丹，1726年时，有大约四分之一的天主教教徒被归入"老公会"，他们是到"反叛"教士那里领受圣餐的人。然而到18世纪60年代，这一数字急剧下滑至10%以下，到1800年，仅有3%的鹿特丹天主教教徒归属分裂教会。[46] 在17世纪晚期，兹沃勒和共和国东部其他地区的天主教人口中，仍有大量的詹森派支持者。然而令人震惊的是，到1726年，上艾瑟尔、海尔德兰、格罗宁根、泽兰或克莱沃-马克连一个"老公会"教士都没有，弗里斯兰只有两个。分裂教会绝对地局限在乌得勒支省和荷兰省。[47] 1809年，乌得勒支城仍有867名"老公会"成员，阿默斯福特还有141名，不过这也是该省仅存的两个"老公会"教团。在荷兰省,人员过百的"老公会"教团仅存在于多德雷赫特(112人)、豪达(123人)、海牙(126人)、鹿特丹(444人)、阿姆斯特丹(125人)、登海尔德(Den Helder,在该城,他们是天主教群体中的多数派)、希尔弗瑟姆(Hilversum,517人)和滨海埃赫蒙德(Egmond-aan-Zee)村。令人好奇的是,规模最大的"老公会"教团存在于滨海埃赫蒙德,唯独在此地,他们占据了总人口的大多数,人数超过归正会信徒和罗马天主教教徒之和。[48] 在荷兰省和乌得勒支省之外,存续到19世纪初的寥寥几个"老公会"教团存在于屈伦博赫,在那里的天主教群体(占该城人口的一半以上)中,超过10%的人属于"老公会"。

第39章

启蒙运动

荷兰的影响

启蒙运动是欧洲历史上最为关键的思想转变和最为广泛的文化变革之一。这是一个大规模、多层面的现象,我们或许可以将它归到四个主题之下,即这是一场面向宽容、世俗化、知识分类和大众化的转变——最后一点尤为关乎科学。

所有欧洲国家都受到启蒙运动的深刻影响。不过在生产和传播新观念方面,在一些国家的作用比另外一些要大。与欧洲大多数国家相比,18世纪荷兰启蒙运动的影响和活力都在下降,而重要性却在上升。在这一点上,荷兰多少与英格兰的情况类似(但都不同于苏格兰启蒙运动),它们都根植于17世纪晚期的重大思想突破,在18世纪早期对欧洲启蒙运动发挥着强烈影响,不过而后这股影响力大为衰减。对于欧洲而言,可以说荷兰启蒙运动在18世纪前三分之一的时间里起着根本作用,到中间三分之一的时间里仍起到些重要作用但开始衰减,在最后三分之一的时间里则衰落得微不足道。

黄金时代结束之时,荷兰文化和思想生活中的一个显著特征是思想繁荣,但在语言载体上却是花开两朵,各表一枝:其中一脉以法语为载体，另一脉则以荷兰语和拉丁语为载体。到18世纪初，这仍是荷兰启蒙运动的特性。生活在共和国的重要胡格诺派思想家培尔、巴纳热和马尔尚，绝非孤立于荷兰语境之外在工作。他们在荷兰有着赞助人和伙伴，并且在许多方面要适应新环境；他们身边的荷兰神学家、哲学家、科学家和摄政官知识分子也热切地阅读和讨论他们的作品。但是，这些胡格诺派思想家并不参与荷兰有关笛卡儿主义、科齐乌斯主义和贝克尔思想的辩论，他们鲜少在荷兰的大学中授课，他们的作品也几乎从未以荷兰语面世。只有在有关斯宾诺莎的论战中，胡格诺派才扮演了重要角色，尤其是培尔。大多数胡格诺派并不能掌控荷兰的整体思想。培尔设法在不说荷兰语的情况下，在鹿特丹居住了25年。[1]

普罗斯珀·马尔尚（Prosper Marchand，1678—1756年）是最后一位到共和国的胡格诺派伟大思想家。他于1709年抵达，在共和国度过了半个世纪，并成为当地的重要人物。他从未学说荷兰语，其作品主要面向培尔和其他胡格诺派信徒，而非荷兰作家。不过，他也与一些使用双语写作的人合作，主要包括于斯特斯·范埃芬德（Justus van Effen）和物理学家威廉·雅各布·范斯赫拉弗桑德（Willem Jacob van's Gravesande，1688—1742年）。[2]

欧洲启蒙运动的一个重要方面是，从1700年开始，有关宗教的讨论发生了转变。整个社会对宽容的肯定有所增长，宗教狂热不断消退，那些教会和神职人员控制的领域也逐渐产生了讨论，最重要的是，人们对宗教的多样性、对不同宗教传统和神学体系之间的关系有了新的认识和兴趣。对神学观点进行分类和比较的潮流从培尔的《历史与批判辞典》（*Dictionary-aire*）中获得动力，而且直到18世纪中叶依然清晰可见。

这一进程中的一个关键人物便是培尔的朋友雅克·巴纳热（Jacques

Basnage，1653—1723年）。巴纳热是鲁昂一位胡格诺派法学家之子，他在1685年至1709年间担任鹿特丹法语归正会群体的讲道者，而后被（极其敬重他的）海因修斯提升为海牙瓦隆教会的牧师。这位宽容的著名拥护者编撰了《从耶稣基督至今的犹太人历史和宗教》（*L'Histoire et la religion des Juifs depuis Jésus-Christ jusqu'à présent*，5卷，1706—1711年）。这是欧洲对后《圣经》时代犹太人的第一次综述，因为其客观的态度而引人注目，尤其是对17世纪反基督教的塞法迪犹太辩论家埃利·蒙塔尔托（Elie Montalto）、绍尔·勒维·莫泰拉（Saul Levie Morteira）和伊萨克·奥罗维奥·德卡斯特罗的超然态度。巴纳热本人明白自己事业的新颖性，他刻意突出基督教徒强加于犹太人的不公正和迫害，以便让基督教徒以新的路径来思考二者之间的关系。[3] 出于同样的原因，他给伊萨克·奥罗维奥·德卡斯特罗在1684年（左右）与范利姆博赫的辩论中提出的反基督教论点留了相当大的空间。犹太作家否认基督教的知识后来成为法兰西激进启蒙运动的一大特征，尤其是霍尔巴赫男爵作品的一大特点。而要到1750年之后，这些知识才能说通过巴纳热及其圈子进入启蒙运动的世界。[4]

对各种宗教进行分类和重估的另一个中心人物是瑞士人让·勒克莱尔（Jean Le Clerc，1657—1736年）。勒克莱尔是日内瓦加尔文宗牧师，通过阅读格劳秀斯、斯蒂芬·屈塞莱乌斯（Stephen Curcellaeus）和埃皮斯科皮厄斯的作品，被抗辩派的真理所折服。由于不能在瑞士公开宣称自己是抗辩派，勒克莱尔在范利姆博赫的鼓励下于1684年来到阿姆斯特丹定居，成了抗辩派的重要法语发言人。他迎娶格雷戈里奥·莱蒂之女玛丽亚，追随范利姆博赫和埃皮斯科皮厄斯成为宽容的主要拥护者。他的一个项目是便是编辑第一版《伊拉斯谟作品全集》

10卷本（出版于1703年至1706年）。长期以来，伊拉斯谟都是抗辩派的英雄。不过，勒克莱尔的重要性主要体现在他充当宗教和哲学文献的评论人上。在提供系统和客观的书评方面，勒克莱尔的刊物胜过培尔的《文人共和国新闻》(Nouvelles de la république des lettres)。在成熟期，勒克莱尔的刊物先后被冠以《图书选择》(Bibliothèque choisie，28卷，1703—1713年)和《古今图书》(Bibliothèque ancienne et moderne，29卷，1714—1727年)之名。

以新途径理解宗教的一个著名例子是鸿篇巨制《世界各国人民的宗教仪式与习俗》(Cérémonies et Coutumes religieuses de tous les peuples du monde)，这一作品于1723年在阿姆斯特丹出版，共13卷，大部分由让-弗雷德里克·贝尔纳（Jean-Frédéric Bernard，1683？—1744年）撰写，版画家、共济会成员贝尔纳·皮卡尔（Bernard Picart，1673—1733年）为它创作了壮观的插图。这部作品引人注目之处在于，它系统性地评论宗教实践和仪式，并且仅将基督教作为与犹太教、伊斯兰教和共济会并列的一种宗教对待。[5] 皮卡尔竭力确保插图的真实性。例如，他亲自到阿姆斯特丹一位重要的塞法迪犹太长老家里，参加晚间的逾越节家宴仪式，以便描绘这一场景。为启蒙运动宗教重估做出又一贡献的是马尔尚的重要著作《历史辞典》(Dictionnaire historique，2卷，出版于海牙，1758—1759年)。该书是对培尔辞典的补充，囊括了对天主教（因其不宽容和迫害传统）的世俗性批判和对索齐尼主义的客观讨论。

与荷兰的胡格诺派信徒不同，参与启蒙运动的荷兰语作家整体而言更关注科学而非宗教，而反斯宾诺莎运动是共和国启蒙运动两股潮流的交汇点。这场由培尔挑头的思想攻势在18世纪的前25年里持续不衰，这一时期的许多作品将"斯宾诺莎主义者"等同于自由思想者，而且证实"斯宾诺莎主义者"普遍地存在于共和国社会中。它们还常常谴责"斯宾诺莎主义者"竟敢如此公然地表达自己的观点。[6] 在18世纪的前20年里，大多数人察觉到在共和国对自然神论和天启宗教的否定是普遍现象。在这一点上，共和国与英格兰类似。但是，在发动这样一场持久的反自然神论和反无神论攻势方面，共和国的社会是独一无二的。许多主流知识分子本身（包括培尔和马尔尚）被怀疑偏好自由思想，而且超过他们自己愿意承认的程度。尽管如此（或许也正因如此），上述运动仍得以在共和国本土推进。

反"斯宾诺莎主义者"运动导致的一个结果便是，联省中对被等同于斯宾诺莎主义的自然神论和对天启宗教的否定转变成了一场地下运动，这是一股被恰当地称为"激进启蒙运动"的暗流。[7] 在对抗斯宾诺莎的过程中，荷兰主流的启蒙运动从不正面质疑神圣启示，而是力求将一种传统虔敬的信念与当下社会相结合——前者意味着相信上帝本质上是全能的（虽然这种信念带有宽容和非宗教的成分），后者意味着对经验科学和系统思维的狂热。[8] 联省这种"哲学—神学"早期的主要支持者是摄政官哲学家、皮尔默伦德的贝尔纳德·尼乌文蒂特（Bernard Nieuwentyt，1654—1718年）。他写作了两本篇幅长、影响大的图书《世俗沉思的正确使用》（*Het Regt Gebruik der Werelt Beschouwingen*，1715年）和《确定性的根据》（*Gronden van Zekerheid*，1720年），驳斥在共和国流传甚广的斯宾诺莎派的观点和其他"诸多无神论书籍"。他将经验科学与对启示上帝的崇敬结合在一起宣扬，认为上帝鲜明地存在于自然的每个细节中。这两本书在共和国大受欢迎，而且与后来的荷兰语书籍不同，它们不仅出版了法语版本和荷兰语版本，还出版了英语版本和德语版本，并在法兰西产生了一定影响。[9]尼乌文蒂特原先是笛卡儿主义者，而他在这两本书中却全然否定笛卡儿科学，因为他以演绎推理为基础。他转而支持"英格兰著名的波义耳先生"的实验哲学，[10]或者说经验主义。尼乌文蒂特理论的重要性并不在于其独创性——类似的哲学—神学已然得到宣扬，在法兰西是费内隆（Fénélon）的《自然奇迹对上帝存在的证明》（*Démonstration de l'existence de Dieu par les merveilles de la Nature*，1712年），在英格兰是约翰·雷（John Ray）和威廉·德勒姆（William Derham）这些作家的作品。尼乌文蒂特的重要性在于他对荷兰文化产生的持久影响。[11]因为尼乌文蒂特恰如其分地将探索性的经验主义与不容置疑的信仰结合在一起，避免了斯宾诺莎、惠更斯、培尔和贝克尔提出的挑战性问题，而且不同于法兰西的情况，这种结合持久地主导着荷兰整个主流的启蒙运动。尼乌文蒂特在《世俗沉思的正确使用》的前言中解释道，他以荷兰语写作的主要目的是影响自己的同胞，从而遏制"无神论"在荷兰社会的传播。

1740年之前，在荷兰世界贸易霸主地位发展的最后几个阶段，荷兰贸易体系越来越依赖工业和技术的成熟，这为应用型和理论型科学和技术的发展注入了动力。在18世纪上半叶，荷兰科学与技术的发展超过欧洲大陆其他地方任何事物的发展。在物理学方面，荷兰的作用是整理和宣传牛顿学说，其中两个关键人物是威廉·雅各布·范斯赫拉弗桑德（1688—1742年）和彼得·范米森布鲁克（Pieter van Musschenbroek）。斯赫拉弗桑德的父亲是同盟机构派驻斯海尔托亨博斯的官员，他本人在欧洲传播对牛顿学说的认识，在这方面，在伏尔泰以前，他的贡献超过任何人。这一事业部分地通过他与马尔尚、范埃芬德在1713年共同创办的《文人共和国杂志》（Journal de la République des Lettres）进行。斯赫拉弗桑德曾到访英格兰，与牛顿会面，在1717年成为物理学教授之后，他吸引了数百名外国学生前往莱顿大学参加他的讲座，以接受新科学。1719年，他发表了一本著名的物理学手册，由此成为欧洲大陆上牛顿学说的首要倡导者；在18世纪二三十年代，他依旧扮演着这一角色。米森布鲁克也曾与牛顿会面，在杜伊斯堡大学担任教授时期（1719—1723年），更重要的是在乌得勒支大学担任数学教授时期（1723—1740年），他成了在荷兰宣扬新科学的第二号国际知名人物。

除了教授和普及新科学，斯赫拉弗桑德还是颇有地位的理论家。他对牛顿定律做了一些修正，还发明了一系列水泵、蒸汽机和起重机。[12] 斯赫拉弗桑德还试图将牛顿学说与哲学整合在一起，小心谨慎地提醒学生警惕斯宾诺莎。他谴责斯宾诺莎的观点是"极其危险的"，并指责其滥用数学方法。[13] 米森布鲁克也出版了有关牛顿学说的手册，即《哲学-数学原理》（Elementa physico-mathematica，1726年），他也同样是个著名的发明家。他最著名的两大发明是高温计和蒸发计，前者是在熔炉中测量高温的设备，后者是测量潮湿表面水分蒸发量的仪器。

1736年年末到1737年年初的冬天，伏尔泰第三次到访联省。他的主要目的是出席斯赫拉弗桑德的讲座，拜访伟大的布尔哈弗，以筹备出版自己介绍牛顿的手册《牛顿哲学原理》（Éléments de la philosophie de Newton，1738年）。[14] 伏尔泰从斯赫拉弗桑德那里获益良多。他同时也确信，斯赫拉弗桑德和米森布鲁克是荷兰科学界的两个领军人物。1737年1月，伏尔泰在柏林向年轻的腓特烈大帝做报告时称，由于两位教授的合力，当时有四五百个外国学生被吸引到莱顿大学。

在物理学方面，荷兰启蒙运动是不列颠与欧洲大陆的中间人。[15]而在显微镜科学、植物学、解剖学和医学方面，荷兰启蒙运动或许可以被公允地描绘为包括不列颠在内欧洲的导师。惠更斯和列文虎克在镜片和显微镜科学方面的学统，主要由豪达抗辩派讲道者之子尼古拉斯·哈尔措克（Nicolaas Hartsoeker，1656—1725年）延续。哈尔措克曾在巴黎度过了许多年，为天文台制造望远镜。1696年至1704年，他终于有了阿姆斯特丹议事会拨给他的天文台。而后，他又在海德尔堡担任普法尔茨选帝侯的宫廷数学家。最后，哈尔措克返回共和国度过了生命的最后几年（1716—1725年）。哈尔措克是重要的反牛顿者和列文虎克的批评者。他在《物理学猜想》（*Conjectures Physiques*，1707年）和此后的作品中，竭力创建了另一种科学体系。[16]他与列文虎克颇有争执，其中之一是他宣称自己在列文虎克之前发现了精子。

在植物学方面，约翰内斯·科默林和鲁姆菲乌斯等人的研究在18世纪初由勒伊斯、卡斯帕·科默林和布尔哈弗继承。卡斯帕·科默林是约翰内斯·科默林的侄子，也是一位顶尖级植物学家，布尔哈弗则身份众多。1709年布尔哈弗成为莱顿植物园的负责人，随后他出版了著名的植物目录，上面列有当时莱顿大学各花园所藏的3 700种植物。共和国藏有为数众多的异域珍奇植物，它们有的以干标本的形式保存在共和国的收藏柜里，有的种植在摄政官、权贵和学术机构的花园里。正是因为这些藏品，著名瑞典植物学家卡尔·林奈（Carl van Linné，1707—1778年）才从瑞典来到联省——他主要作为植物分类学家而闻名。1735年至1738年间，林奈在共和国从事研究工作，并且将他从瑞典带来的手稿加以补充成为两本书——《自然系统》(*Systema Naturae*)和《植物种志》(*Fundamenta Botanica*)，分别于1735年和1736年在莱顿出版。

赫尔曼·布尔哈弗也是传教士之子，他热切支持宗教宽容和科学。他是荷兰启蒙运动的重要人物之一，也是那个时代欧洲最著名的医学人物，伏尔泰称其为"声望卓著的布尔哈弗"。布尔哈弗的重要贡献不在于任何具体研究，而在于其构建的整体观念——他对当时的科学知识有着旁人无法比拟的理解，他将医学视为一种以所有科学知识为基础的临床科学，认为应在经验主义而非演绎推理的意义上理解医学。[17]他着重强调化学，还有解剖学、植物学和显微镜科学方面的证明。布尔哈弗著作甚多，其中最有影响力的包括医学著作《有关疾病诊断和治疗的格言》(*Aphorismi de Cognoscendis et Curandis Morbis*，1709年)和《化学原理》(*Elementa Chemiae*，1732年)。其中《化学原理》受到伏尔泰的赞赏，[18]还被翻译成多种语言，并且在18世纪很长一段时间里都是欧洲最重要的化学手册之一。与斯赫拉弗桑德和米森布鲁克一样，布尔哈弗为牛顿而着迷。他教授伏尔泰和其他欧洲人如何将牛顿原则应用到化学中。[19]1717年，彼得大帝在莱顿拜访了布尔哈弗，布尔哈弗陪同游览了莱顿的植物园和博物馆。到18世纪20年代，布尔哈弗已然成为共和国学术界首屈一指的人物。他的得势标志着笛卡儿式的演绎科学最终在共和国倾覆，在18世纪被经验主义的思想体系取代。[20]

布尔哈弗的一些学生领导了德意志和圣彼得堡的著名科学事业。最能干的学生之一是赫拉德·范斯维滕(Gerard van Swieten，1700—1772年)。他是莱顿本地人，在该城生活了许多年。他先是学生，而后在布尔哈弗的巅峰时期当过执业医师。作为一个天主教教徒，范斯维滕不能在共和国获得教授职位，不过在布尔哈弗去世之后，范斯维滕就被任命为神圣罗马帝国皇后玛丽亚·特蕾莎的私人医师、维也纳帝国图书馆的馆长。18世纪40年代，范斯维滕根据莱顿大学的模式重塑了维也纳大学的医学院，将布尔哈弗的原则应用至此。范斯维滕的主要著作是对布尔哈弗《格言》的评注，在他生命的最后几年出版于莱顿（6卷，1766—1772年）。

共和国的医学和解剖学收藏，以及与之相伴的图画和印刷品，与珍稀植物和昆虫收藏及其相关图画、印刷品一样有名。在斯瓦默丹方法的基础上，[21] 勒伊斯发展出了保存和展示解剖器官以及其他生理学、昆虫学和植物学标本的技术，并且因此而声名鹊起。1717年，他将有名的自然史收藏以3万荷兰盾的价格卖给沙皇彼得大帝。随后，勒伊斯又建了一座新博物馆；1731年他去世后，这座博物馆被以2万荷兰盾的价格卖给波兰国王。自然史收藏和"珍品展示柜"是18世纪早期阿姆斯特丹和莱顿的特产，也是欧洲最令人叹为观止的收藏。不过，它们并不局限于这两座城市，收藏"珍品"的狂热曾遍及所有沿海省份。对于出席1712年至1713年和会的外交官来说，乌得勒支的一个主要游览胜地便是胡格诺派信徒尼古拉斯·舍瓦利耶（Nicholas Chevalier）的博物馆，它以陈列珍稀鸟类和其他动物标本，以及硬币、中国雕塑和东方武器而著称。[22] 弗朗索瓦·法伦泰纳（François Valentijn，1666—1721年）是一位在东印度待了多年的归正会讲道者。他将《圣经》翻译为马来语，还写作了有关荷兰东方帝国的著名概要性著作《新旧东印度》（*Oud en Nieuw Oost-Indien*，1724—1726年）。1714年退休返回故乡多德雷赫特之后，他以海贝和植物收藏家的身份赢得声名，[23] 在多德雷赫特建立起贝壳学家的学会，被称为"尼普顿的展示柜"。

荷兰主流启蒙运动的核心是推翻笛卡儿的演绎科学，代之以实验哲学，这是一股超出自然科学领域的科学分类狂潮。这种18世纪思想体系的一个代表性支持者是兰贝特·滕·卡特（Lambert ten Kate, 1674—1731年），他是现代语言学创建者之一，也是画家范德韦夫和扬·范海瑟姆（Jan van Huysum）的朋友——作为花卉画家，海瑟姆与勒伊斯之女一样有名。滕·卡特在古哥特语、早期日耳曼语、古荷兰语和盎格鲁-撒克逊语方面做了先驱性研究，他是最早根据发音的变化对日耳曼语系各语言进行分类，力图建立它们之间的关系、探究它们的演变的。滕·卡特在其主要著作的导言中，谈及自己为荷兰语感到自豪，并致力于通过研究古日耳曼语系各语言来揭示荷兰语的演变。[24] 半个多世纪后，博斯韦尔来到乌得勒支时，仍被滕·卡特的独创性震撼。[25]

到1740年左右，共和国一直充当着欧洲启蒙运动的中心。另一个体现是，共和国是欧洲学术期刊和图书评论的大本营。启蒙运动早期，书目资讯和书评进行着广泛交流，其方式与日后截然不同，这种交流是相关书籍的观念和知识传播的基本方式。因为随着拉丁语正逐步地被现代地方语言所取代，欧洲人在分销和获取图书方面更具有显著的地域性。这一情势因为人们普遍不懂拉丁语和法语之类的语言而加剧。（从17世纪最后25年以来）英格兰突然在欧洲整体文化中占据极为重要的位置，但在欧洲大陆，英语被视为过去遗留下来、正逐步消失的残渣，没几个人理解英语，英语书籍也难得一见。[26] 德语的情况并没有更好，其他小语种的情况通常更糟。事实上，要想知道其他国家出版了什么新书是极为困难的，获得它们也并非易事。

正是上述原因解释了为什么从1684年培尔的《文人共和国新闻》创立到18世纪40年代，联省的期刊和书评刊物惊人地丰富。欧洲重要刊物以这种方式集中于联省，部分原因在于，作为欧洲的综合性货仓，荷兰转运港是国际图书贸易的中枢，也是一些其他语种图书生产的重要中心。另外一些原因在于，早期启蒙运动观念在共和国取得了比在几乎其他任何地方都快的进展，催生出一个对图书资讯需求异常大的地方市场。荷兰的书评刊物是面向国际的，但其销量严重依赖地方市场。还有部分原因在于，联省的出版相对自由，这里还有众多与法兰西、瑞士和英格兰有着密切联系的胡格诺派博学者。

大致来说，荷兰刊物评论的图书中，近半是在联省出版的[27]，剩下的大多在法兰西出版，少量在英格兰和德意志出版。例如，海牙《文学杂志》(*Journal Littéraire*，1713—1737年)评论的图书中，55%在联省出版（不过经常采用的是法语），近25%在法兰西出版[28]，只有8%的图书出版于不列颠，约7%在德意志。在共和国、法兰西、英格兰和德意志之外生产的图书，几乎没有在启蒙运动早期起到任何作用——意大利图书是例外。

荷兰启蒙运动的关键作用是将英格兰的观念和文化引入欧洲大陆。欧洲所有的进步人士都渴望了解牛顿、波义耳和洛克，但这些愿望通常难以直接实现。为了助力这一进程，一份专攻英格兰出版物的期刊《英格兰图书》(*Bibliothèque angloise*)于1717年在阿姆斯特丹创刊。主编米歇尔·德拉罗什(Michel de la Roche)解释道，这一项目是必须的，"因为迄今为止英格兰出版物在自己国界之外鲜为人知"[29]。在德意志图书方面，人们也感受到类似的需要，于是1720年专攻这方面的《德意志图书》(*Bibliothèque germanique*)创刊。

"激进"启蒙运动

对于整个早期启蒙运动而言,荷兰主流的启蒙运动发挥着基础性的作用,是其主要源头之一。不过,荷兰对欧洲的思想影响还有另一个支流,它在18世纪早期十分重要,它就是"激进"启蒙运动。荷兰主流启蒙运动基本上是科学领域的,它彰显了一种思想体系,对天启宗教充满敬意。而荷兰"激进"启蒙运动则在18世纪前三分之一的时间里对基督教发起了最猛烈的进攻——本质上,它是斯宾诺莎对天启宗教批判的世俗化。荷兰启蒙运动的这一侧面十分重要,就欧洲其他地方来说,法兰西受到的影响最大。

法军占领期间,斯宾诺莎分别于1670年和1672年在乌得勒支与圣埃夫勒蒙和斯图佩会面,他还见了孔代亲王圈子里的其他人。斯宾诺莎或许亲自参与出版了其影响深远的法语版《神学政治论》,这一版本在1678年出版,遭到法兰西和共和国的查禁。[30] 在1677年斯宾诺莎去世后,有些名人促成了他影响力的传播,他们中的一些是来自法兰西的流亡者,或与法兰西有着密切联系,让·马克西米利安·卢卡(Jean Maximilien Lucas,约1646—1697年)就是其中之一。[31] 卢卡与斯宾诺莎相识,最早一本有关哲学家斯宾诺莎的传记也出自卢卡之手。这本著作贡献颇多,其中之一是,它成了如下传统说法的主要来源,即荷兰省大议长约翰·德维特本人是诸多保护和咨询斯宾诺莎的摄政官中的一员——不过这一说法的真实性存疑。卢卡撰写的传记直到1719年才得以出版，与《论三个骗子，或斯宾诺莎思想》(*Traité des trois imposteurs, ou L'Esprit de M. Spinosa*)一道面世。"三个骗子"影射的是摩西、耶稣和穆罕默德，这本书或许是"激进"启蒙运动最具轰动性的文本。它融合了斯宾诺莎最引人争议的观点，其中包括翻译自《神学政治论》和《伦理学》的篇章，[32] 并以一点瓦尼尼的观点增添趣味。荷兰省三级会议以非比寻常的狂热查禁该书，其副本大多遭到抄没、销毁；与此同时，该书在法兰西也遭到严厉查禁。结果，它以数百份手抄本的形式流传，今天人们在尼德兰、法兰西、不列颠和德意志的图书馆里还能找到许多不尽相同的手抄本。[33]

《论三个骗子，或斯宾诺莎思想》的主要编者似乎是扬·弗鲁森（Jan Vroesen，1672—1725年），他精通法语。他的父亲是鹿特丹总三级会议派市长阿德里安·弗鲁森，1672年遭威廉三世清洗。[34] 扬·弗鲁森的这项工程还有其他参与者，其中一些人为这一文本增添了篇章。他们包括激进的胡格诺派信徒让·鲁塞·德米西（Jean Rousset de Missy，1686—1762年）[35] 和让-弗雷德里克·贝尔纳。前者原是军人，曾加入共和国军队，在马尔普拉凯（Malplaquet）战役中对法作战，而后成为一名重要记者，活跃在海牙和阿姆斯特丹；后者也居住在阿姆斯特丹，除了与贝尔纳合作完成有关世界宗教的伟大的阐释性著作（作品于1723年出版），他还将贝弗兰否定原罪的著作翻译成法文。

由此，一群荷兰和法国胡格诺派自由思想家将一种低俗化和急剧简化的"斯宾诺莎思想"转变成一支潜在的地下力量，它成了联省"激进"启蒙运动的主"发动机"，也是法兰西第一波反基督教写作大潮背后的一个推手——即便不是唯一的推手。共和国18世纪早期和中期的主流宗教、哲学作家总是坚持称，正是通俗版的斯宾诺莎而非别的思想家充当了阴险毒药的主要源泉。在他们看来，这种斯宾诺莎思想损害着荷兰宗教和社会，是他们竭力抗击的对象。[36] 作为一种思想潜流，斯宾诺莎主义在法兰西的影响与其在共和国的影响旗鼓相当。17世纪90年代，斯宾诺莎主义在法兰西站稳了脚跟。当时，诺曼底的布兰维利耶（Boulainvilliers，1658—1722年）伯爵这类人沉浸于斯宾诺莎思想，构思出了同样简单化和致命的反基督教斯宾诺莎主义。他们将斯宾诺莎本人复杂的形而上学弃置一旁，而聚焦于他对天启宗教的批判——这与共和国里斯宾诺莎主义的演化类似。不过，这一现象主要集中在18世纪前三分之一的时间里。1730年之后，法兰西内部出现了许多新发展，对无神论、自然神论和反基督教观念的发展进程而言，18世纪早期荷兰和法兰西斯宾诺莎主义者的简化版"斯宾诺莎"变得越来越无足轻重。与此同时，在荷兰共和国国内，激进的启蒙运动也逐渐退潮，在富修斯正统派和哲学-神学温和派的联合夹击下消逝。

然而，至少到18世纪50年代，这支潜在的地下力量依然是共和国文化生活中的一股重要暗流。该派的著名人物之一是幽默机智的俏皮文人雅各布·坎波·魏尔曼（Jacob Campo Weyerman，1677—1747年），他出生在沙勒罗瓦附近的威廉三世营地上，父亲是共和国军官。魏尔曼对共和国文学和文化领域知识的掌握旁人难以企及，他也为自己赢得了自由思想家的名声。他拥有辛辣讽刺的天赋，编辑了一系列荷兰语刊物，让自己成了多少有些令人敬畏同时又臭名昭著的人物。1738年，魏尔曼因为诽谤罪而被荷兰省高等法院逮捕，而后在牢狱之中度过了余年。不过，当时最著名的人物依然是鲁塞·德米西。1719年之后，他更加激烈地批判起了摄政官及其腐败，以及传统思想。[37] 在1747年至

1748年间的阿姆斯特丹骚乱中，他扮演了重要角色，也成为共和国里约翰·洛克激进政治思想的首要普及者。1755年，他翻译出版了洛克《政府论》(*Two Treatises of Government*)的法语版本——18世纪50年代后被使用最广的版本之一。不过自始至终，斯宾诺莎主义——或者按他自己的信条称之为"泛神论"——都是他生活和工作统一的中心线。他依然为《论三个骗子，或斯宾诺莎思想》所建立的传统"摇旗呐喊"。

大学的衰落

共和国的教授和大学一度通过提供新观念和新方法——尤其是科学和医学领域——而吸引外国学生；1737年时，这种无与伦比的能力令伏尔泰震撼。那时，在为本土和外国学生提供有关最新学术进展和思想的指导方面，不列颠和法兰西都不能与共和国相比拟。

不过，共和国的大学的黄金时代已然终结，伏尔泰看到的不过是这一非凡现象最后的一抹光辉。17世纪20年代以来，荷兰的大学就进入衰退期，不过，直到1737年后伏尔泰造访（18世纪40年代），共和国的大学才开始进入最急剧的萎缩时期。18世纪的前25年里，有3 164名外国学生在莱顿大学学习，仅稍少于本国学生的数量，也略少于17世纪下半叶在莱顿大学学习的外国学生人数。[38] 到18世纪第二个25年，莱顿大学仍有大批留学生——多达2 715人，不过惨重的下滑在40年代开始。到18世纪第三个25年，仅剩1 132名外国学生在莱顿大学学习，还不到一个世纪以前的三分之一。18世纪的最后25年，莱顿大学更是彻底、无可挽救地衰落，这里的留学生人数不到一个世纪以前人数的10%。

其他大学的情况也大致相同。繁荣于17世纪末的乌得勒支大学到18世纪中叶陡然衰落。1672年之后，弗拉讷克大学先前吸引德意志和其他外国学生的能力从未完全恢复，受挫颇多，其因素之一是，几乎所有的匈牙利学生都落入乌得勒支大学之手。不过，在1690年至1760年间，弗拉讷克大学确实实现了部分复兴。18世纪中叶，它还竭力实现科学和医学教学的现代化，一个重要措施就是1749年任命彼得鲁斯·坎珀（Petrus Camper，1722—1789年）为哲学和医学教授。坎珀公然宣称自己是笛卡儿主义和"牛顿学说"之敌，是斯赫拉弗桑德、布尔哈弗和米森布鲁克这些人的追随者之敌，但又将斯赫拉弗桑德的《牛顿哲学》（*Philosophia Newtoniana*）用于自己的教学基础，颇有影响力。不过，坎珀由于不喜欢弗拉讷克孤立的状态，1755年之后才到此定居。到1760年，这里的大学进入完全的衰退期。[39] 1764年博斯韦尔评论道："这里的大学衰落了许多。"这一判断在方方面面都有其合理性。[40]

大学的灾难性退化是共和国及其社会、经济整体衰退的反映。一些报告显示，财政压力是这一进程的主要原因，它阻碍了共和国对新建筑、新设备和外国教授的投资。海外贸易体系和本国工业土崩瓦解，共和国不再在技术创新中发挥主导角色，这些因素让坐拥大学的城镇日渐显得臃肿、过时和荒废。尤其具有毁灭性打击的事件是，布尔哈弗去世后，各个医学院逐渐衰败。18世纪中叶，坎珀并非唯一的可聘来填充大学教席的、布尔哈弗和米森布鲁克的追随者。但是，各省和各市当局不愿或不能提供必要的资金，来支持数量已然庞大的医学和科学教授、投资新实验室和设备——而在18世纪后期，这些是德意志和其他外国大学的典型特征。

视觉艺术的衰落

共和国视觉艺术在18世纪经历了骤然衰退，这一点从未引起争议。不过，不应该把它视为独立于社会、经济的孤立事件，而需将之视为与贸易体系、工业和城市活力衰退并行的进程。因为它是一个阶段性的衰退过程，与思想成就、科学和大学的衰退相伴推进。换言之，直到18世纪40年代，在艺术方面，荷兰都依然是与意大利、法兰西并列的欧洲三大流派之一，它在18世纪中叶陡然衰落，并且几乎与其他领域一样，在1770年后陷入全然萎靡的状态。

18世纪初，共和国依旧被时人视为北欧艺术活动的首要中心，这一点在油画、蚀刻版画、雕刻和单色画方面确切无疑。阿姆斯特丹、海牙和鹿特丹这三大城市曾完美经受住了17世纪七八十年代经济风暴的考验，并且最大程度地保住了经济活力，它们在荷兰艺术世界中的相对地位也倾向于提高。不过，其他中心也保留了一些活力。在莱顿，一群艺术家继承了道、范米里斯和梅苏高度精致的风俗画传统。其中最著名的是威廉·范米里斯（Willem van Mieris，1662—1747年），弗兰斯·范米里斯的次子。他终其一生都在莱顿度过，尽管他的作品在阿姆斯特丹和海牙也很出名、受人追捧。[41]另一位是该群体中的长者雅各布·托伦弗利特（Jacob Toorenvliet，1640—1719年）。17世纪70年代，他在外国度过，在罗马、威尼斯和维也纳工作，此后，他便永久地回归莱顿，到18世纪的前10年仍是莱顿艺术家行会的关键人物。在艺术市场危机最为深重的17世纪70年代中期，阿诺尔德·豪布拉肯（Arnold Houbraken，1660—1719年）正在家乡多德雷赫特跟随范霍赫斯特拉滕训练，其职业生涯的大部分时间都在这里度过。不过他的主要赞助人、艺术品和珍品的贪婪收藏家、摄政官约翰·维特森最终说服他迁往阿姆斯特丹。豪布拉肯花费众多时间收集有关荷兰画家生平的资料，不过这些信息经常不可靠。他还找到了拉赫尔·勒伊斯等依然在世的画家，以探寻他们的生平故事。他把这些人生故事编写成三卷本的《荷兰画家的伟大艺术》（Groote Schouburgh der Nederlandsche konstschilders），在1718年至1720年间出版。

拉赫尔·勒伊斯在18世纪初享受着自己的最大成功，每幅画都能卖出超过1 000荷兰盾的高价。她在国内外同样享有盛名。1708年，她被任命为普法尔茨选帝侯约翰·威廉的宫廷画师，并数次到选帝侯在杜塞尔多夫的宫廷做客。选帝侯也习惯于用她的画作为礼物，赠送给其他王公。18世纪初，阿姆斯特丹画家扬·范海瑟姆（1682—1749年）也为荷兰花卉画的进一步发展和提升做了重大贡献。

18世纪的共和国收藏家依然为17世纪的大师着迷。[42] 与思想生活和政治意识形态领域的情况类似，18世纪的共和国艺术展现出引人瞩目的一致性和与过去的连续性——在最好的情况中，这并不纯是模仿性的。扬·范霍尔（Jan van Gool）是当时荷兰重要的艺术批评家，他在1750年至1751年出版了豪布拉肯《荷兰画家的伟大艺术》的续作，主张荷兰艺术仍然繁荣，但是已经大为衰退。他提出，主要原因在于，收藏家太过珍视17世纪的大师，尤为热切地收集道、范米里斯、梅苏和特尔·博赫这些风俗画大师的作品，以至于给予当代艺术家的支持不足。[43] 毫不惊奇，共和国18世纪的艺术家几乎全都倾向于坚持并进一步发展黄金时代的传统，而不是扩展新的方向。于是，荷兰18世纪的主要艺术成就便是延续17世纪艺术发展的主线，正如拉赫尔·勒伊斯和范海瑟姆在花卉画领域，或威廉·范米里斯在风俗画领域的成就。不过，在旧式绘画类别中，只有部分得以存续，花卉画以外的静物画逐渐消失。随着巴克海森在1708年去世、亚伯拉罕·范斯托克（Abraham van Storck）紧随其后，海景画风潮也遭遇了类似的命运。因原创性而鹤立鸡群的一个人物是科内利斯·特罗斯特（Cornelis Troost，1697—1750年），他以极具讽刺性和戏剧性的风格，描绘居家和街道场景。这一时期另一个值得关注的画家是雅各布·德维特（卒于1754年）。他不仅创作"历史"画，而且绘制了一些抓人眼球、独具匠心的天花板装饰画。

17世纪90年代之后，由于对当代绘画的需求降低，共和国艺术领域的一个关键特征产生了如下转变：转向给富人宅邸做新型装饰工作，更主要的是给图书创作用于出版的版画和彩色插图。[44]一直到18世纪中叶，共和国仍是欧洲图书出版的重要中心。在启蒙运动早期，欧洲宫廷和贵族流行寻求"珍品"收藏，并辅之以呈现有关地形学、地质学、昆虫、纹章、硬币等研究的装帧精美的图书。这样的潮流为精致繁复且常常是造价昂贵的图书插图提供了越来越大的空间。这种发展迫切要求一种新型的密集型专业，它融合了艺术与科学家式的系统性观察。该领域最令人瞩目的成就之一出自玛丽亚·西比拉·梅里安（Maria Sibylla Merian）。[45]这位勇敢的女子来自弗拉讷克，她前往阿姆斯特丹，以详细观察那里著名的异域昆虫收藏，尤其是约纳斯和尼古拉斯·维特森的收藏。她一直精进自己描绘热带昆虫的技术。1699年，她登上开往苏里南的船，在那里奋力工作了数月。1705年，她的劳动成果——有关苏里南昆虫的名著在阿姆斯特丹出版，作为启蒙运动早期艺术与昆虫学相结合的典范脱颖而出。

范海瑟姆、勒伊斯、威廉·范米里斯、特罗斯特和德维特全都在1750年左右辞世。此后，共和国艺术陡然陷入彻底的衰落，所有的旧式绘画类别都逐渐衰败。天赋异禀的花卉画家、蒂尔堡名门之后赫拉德·范斯潘东克（Gerard van Spaendonck，1746—1822年）曾在安特卫普接受训练，并在布雷达短暂工作，然而，他从未到大河以北冒险。尽管他的天主教出身可能在其中起到了一定作用，但毫无疑问，对他这一代人而言，共和国城镇已不再是一个有吸引力、有发展前景的训练或工作环境。[46] 他最终判定，巴黎能提供最光明的未来——也正是在巴黎，斯潘东克取得了持久的成功，并在1774年被任命为法兰西宫廷的微型画画师。18世纪晚期，主要的共和国权贵都是请到访共和国且通常是说法语的外国艺术家，为自己绘制肖像画。[47]

奥属尼德兰启蒙运动

相较于荷兰的启蒙运动，南尼德兰的启蒙开始得较晚，而且也没有在欧洲产生什么广泛的影响。不过，在我们所展开的话题下，它仍相当重要。因为它不仅对奥属尼德兰的历史发展造成重大影响，而且决定了南北尼德兰之间关系的变化及二者日渐隔绝的状况。到1740年左右，当荷兰启蒙运动开始丧失对欧洲的广泛重要性时，奥属尼德兰的启蒙运动实际上还没开始。

1740年，伏尔泰以惯常的辛辣言辞，将南部描绘为一片"被剥夺了思想，却满溢着信仰"的土地。事实上，在18世纪初的欧洲，南尼德兰是众所周知缺乏思想活跃的精英的，没有专注于科学和文学问题的书店和刊物，而教会不容挑战地控制着高等教育。玛丽亚·伊丽莎白总督任期内强劲的反詹森派运动不过是强化了教会和大学内部的保守潮流，威吓住了所有形式的思想争论。

不过在1748年奥地利王位继承战结束之后，奥属尼德兰的景象迅速转变。从一开始，南部的启蒙运动就是从上层，从新任总督洛林的夏尔·亚历山大的宫廷，从布鲁塞尔和玛丽亚·特蕾莎维也纳宫廷的一众高官要员那里获取主要动力的。除了夏尔·亚历山大本人，奥属尼德兰的启蒙运动还有另外两名领导者，即卡尔·约翰·菲利普·科本茨尔（Karl Johann Philipp Cobenzl，1712—1770年）和帕特里斯-弗朗索瓦·德内尼（Patrice-François de Nény，1713—1784年），前者是1753年至1770年间玛丽亚·特蕾莎派驻布鲁塞尔的首席大臣，后者是有爱尔兰血统的高官，他在1758年成为布鲁塞尔枢密委员会的主席。

科本茨尔和内尼的启蒙运动是一场温和、思想偏保守的运动，受到一种新詹森派天主教改革观的启发，而这种观念带着强烈的王权至上倾向。运动意图在大臣认为不适宜教会和教宗活动的领域，遏制这些人的影响，并渴望推广科学和世俗教育，以便改善行政管理机构，刺激贸易和工业发展。内尼和布鲁塞尔的整个统治集团依旧坚定地敌视法兰西哲学家的观念和态度，尤其是伏尔泰的。自18世纪50年代以来，伏尔泰的作品开始在南尼德兰各城市相当广泛地流传——虽然是半秘密的。[48]

由此，玛丽亚·伊丽莎白反詹森派运动的终结和18世纪50年代布鲁塞尔宫廷对亲詹森派态度的支持，成了南部官方启蒙运动的思想主流。夏尔·亚历山大在布鲁塞尔累积起来的大型藏书在诸多方面成了南尼德兰启蒙运动思想特征和精神的缩影。这位总督是出了名的为科学实验而狂热。于是，他的藏书呈现出鲜明的、对应用科学和科普的兴趣，以及对自然史、地理学、旅行、航海和历史这类领域强大广博的偏好。但是，藏书倾向于规避在哲学和神学方面持异议的作品，尽管里面有几本孟德斯鸠和伏尔泰等人的书。[49]科本茨尔和内尼的私人藏书呈现出类似的特征，不过规模小一些，而且他们对科学的兴趣不像总督那么浓厚。

18世纪五六十年代的布鲁塞尔当局推行的主要启蒙政策尽管遇到了广泛的反对和诸多挫折，而且许多尝试被部分挫败但仍对该国的教会-国家关系、行政管理、教育、医学和主流思想氛围产生了深远影响。内尼的主要目标之一就是改革鲁汶大学。1750年，内尼被召到维也纳，在那里的尼德兰委员会工作。与此同时，玛丽亚·特蕾莎委托其谋士荷兰天主教教士范斯维滕改革维也纳大学。1751年至1753年，改革延伸到神学院，进入决定性时刻，而此时内尼也在维也纳并亲自见证了这场改革。返回布鲁塞尔之后，内尼发动了一场持久的运动，意图改革鲁汶大学。玛丽亚·伊丽莎白的政策曾将这里变成"教宗至上论的堡垒"，内尼则希望把它转变为开放型的新式天主教大学，其中教会的势力将被削弱，而新科学、医学和其他世俗研究的影响力将大增。[50]代表性措施便是查禁了各种教宗至上论作品，并重新准许詹森派君主至上论者范埃斯彭的作品出版。1759年，鲁汶大学设立了一家大学出版社、一个实验科学教席和一间物理学阶梯教室。这些措施没能让鲁汶大学再次跻身欧洲一流大学的行列，不过确实引入了更活跃的气氛和宽广得多的世俗研究空间。

科本茨尔则力图在布鲁塞尔创办一家文学和科学刊物出版机构。但由于缺少读者，他的尝试最初并不成功。不过，阅读这类内容的习惯逐渐在某些圈子中养成——尤其是贵族和出入宫廷的人——这种习惯于是也成为文化领域的重要特征。科本茨尔还在1769年协助建立了布鲁塞尔文学社。1771年，这一社团彻底升级为学术机构，并且得到了国家的支持，致力于促进科学、文学和历史的发展。不过这一组织的影响和成就也同样有限。至关重要的转变之一是中等教育的世俗化。这一转变发生在1773年教宗解散南尼德兰的耶稣会之后。这项行动也同样没能收到其发起人期望的效果，不过还算稍有作用。南尼德兰新建了约15座"特蕾莎学院"，教工均为平信徒。这的确减轻了传统上对拉丁语的重视，也削弱了16世纪末以来反宗教改革重点强调的风纪，促使学院更多地教授现代语言、科学、数学和历史，同时改变学校总是使用法语教材的习惯。

布鲁塞尔当局的官方启蒙运动和源自法兰西哲学家作品的秘密启蒙运动都渐渐地有所进展，这既发生在高官、贵族和城市精英中，也发生在社会中等阶层中——虽然进展程度参差不齐。有许多证据显示，到18世纪60年代，甚至更早的时候，法兰西哲学家的作品在各个大城市的流传即便算不上广泛，也是相当自由的。伏尔泰的诸多作品的法语和荷兰语版本都在南尼德兰重印。新出版的刊物的地位如今更为稳固，它也同样不纯粹是法语的。启蒙观念在南尼德兰得到传播的一个主要证明即1779年荷兰语的《佛兰德指针》(*Vlaemsche Indicateur*)在根特的发刊。它价格低廉，以普通市民甚至工匠为目标读者并获得了巨大成功。这份刊物总结了外国图书和刊物中有关艺术和科学的内容，尤其是有关农业、工业和商业的改进和讨论的内容，它还讨论美国独立战争和斯海尔德河问题这类政治方面的事情。到18世纪80年代，《佛兰德指针》已与皇帝约瑟夫二世的激进改革关系密切。

启蒙运动正缓慢渗透到城市社会中。能够证明这一点的一个确切标志是18世纪70年代半通俗的天主教反启蒙出版物的兴起。当时，数名教士以记者身份加入论战，他们极力反对哲学，声称哲学正在损害宗教和道德，因而也损害社会本身。这群新型论辩家中，最强干的一位是卢森堡耶稣会士弗朗索瓦-格扎维埃·德费勒（François-Xavier de Feller, 1735—1802年），他从1773年开始主编反启蒙的《历史与文学杂志》(Journal Historique et Littéraire)。

教会的控制和反宗教改革灌输的观念显然正在弱化。在一定程度上，科本茨尔和内尼的努力为18世纪80年代约瑟夫二世推行更深远的启蒙政策做了准备。然而，过去的观念和不宽容仅是极其缓慢而且可能是最低程度的减弱。于是便出现了以下场景：1781年10月，约瑟夫二世颁布帝国的《宽容特许令》，随后又在11月颁布专门针对奥属尼德兰的《宽容特许令》。法令实际上将天主教的地位从国教降为在社会生活中占主导的一般教会，广泛的敌对情绪因而被激起。[51]在梅赫伦红衣主教兼大主教的率领下，各个主教和反宽容出版物得以成功说服各城镇议事会，以及布拉班特、那慕尔、埃诺和卢森堡的市议事会，正式反对这一法令。

奥属尼德兰的启蒙运动催生了一系列重要变革。但是在破除分割南北尼德兰的文化、宗教、思想和心理藩篱方面，它几乎没有影响。南部启蒙运动使宗教压力和审查制度有所缓和，让南部对外部影响更加开放。然而，南北之间的文化藩篱几乎完好无损地保留下来。唯一影响了南尼德兰启蒙运动的荷兰人范斯维滕是通过维也纳实现这一点的，这并非偶然。荷兰语省份确实对一两个17世纪的荷兰[*]文学家有点儿兴趣，尤其是对冯德尔，但他们对晚近的荷兰作家全无兴趣。图书贸易方面的证据证实，虽然共和国向欧洲许多地方出口大量图书，但南尼德兰几乎不存在对荷兰图书的需求，甚至不需要荷兰的詹森派和其他天主教文献。所有证据都表明，南北尼德兰的启蒙人物之间，只有最低限度的思想和书面接触。

殖民帝国的启蒙运动

18世纪中叶，荷兰殖民帝国的宗教、文化以及政治生活都发生了重大转变。这是启蒙运动观念和活动从共和国传播到殖民地的结果。过去僵化的宗教和文化逐渐消解，取而代之的是更多元、宽容且思想方面更活跃的文化。

在东印度，新时代是随着总督、莫霍夫男爵古斯塔夫·威廉（Gustaaf Willem，1743—1750年任职荷兰东印度公司总督）的到来而开启的。新任总督信奉路德宗，怀有广泛的文化兴趣。在巴达维亚，他引领了阅读的风潮，将之变为一种时尚活动，还创办了新闻简报。随着他的到来而即刻出现的转变是，巴达维亚规模庞大的德意志群体获准组织路德宗教团，但前提条件是牧师只能从联省获取。[52] 在荷属东印度工作的第一位路德宗讲道者从米德尔堡启程，于1746年8月在巴达维亚做就职布道。同样是在18世纪40年代，科罗曼德尔海

---

[*] 此处的"荷兰"代指与"南尼德兰"相对应的荷兰共和国北部地区，即传统荷兰省所结盟的北部地区。——译者注

岸和锡兰的路德宗信徒获许组织教团，他们可以从丹麦在特兰奎巴（Tranquebar）的工厂邀请牧师来主持仪式，前提是不得说任何诋毁荷兰归正会的话。尽管巴达维亚在许多年里（1809年以前）都没有公共的天主教堂，但同样到18世纪中叶，在私宅中举行天主教仪式成了巴达维亚生活中得到公认的一部分。

几乎同一时间，西半球殖民地在教会事务上旧有的严苛也有所缓和。1735年，苏里南的摩拉维亚弟兄会获准劝印第安人和黑人入教。苏里南的第一位路德宗牧师于1742年抵达，帕拉马里博的路德宗教堂在1747年启用。[53] 18世纪中叶也是库拉索岛的决定性时刻。第一名试图到库拉索岛布道的路德宗牧师在1685年抵达时，被依照西印度公司的命令驱逐，第二名则在1704年被逐。西印度公司的态度最终也缓和下来，在18世纪40年代同意威廉斯塔德信仰路德宗的德意志人组织教团，享有自己的建制。不过直到1757年，第一个获许在库拉索岛布道的职业路德宗牧师才从吕伐登被派遣而来。[54]

天主教教徒的境况也整体有所好转，尽管迟至1787年，帕拉马里博的天主教团体才获准将一座大型建筑改作天主教堂之用。在荷兰治下的库拉索岛，第一座天主教堂在1730年启用。不过外部天主教教士依然难以入岛，岛上的教士资源稀少，通常只有一两个。直到1776年，才有一群（荷兰）方济各会修士获许到岛上常驻和工作，以便向（大多为天主教教徒的）黑人群体布道。[55]

最后一片放弃过去强硬严苛的宗教和文化政策的殖民地是南非。18世纪期间，该地白人人口稳步增长，从1701年的1 756人增至1778年的9 721人，与当时荷兰中等城镇的规模相当。[56]尽管在这些人中，很大一部分有德意志路德宗的血统，但直到1780年，这里都不许设立路德宗教堂或学校。该世纪的很长一段时间里（1745年以前），这块殖民地的教堂和学校全都属于荷兰归正会的5个教团。此外，当地民众实际上只能接受归正会的基础教育。1714年在开普敦设立的拉丁语学校到1742年因为学生不足而关闭。路德宗信徒最终获准组织自己的教团，然而天主教在该地的影响依然微不足道，犹太人依旧被排斥在外，直到1803年荷兰宣布在整个帝国推行普遍的宗教宽容。

与所有的欧洲殖民地社会类似，荷兰殖民地加入知识和精神的启蒙世界时，具有高度模仿性和选择性，常常是欧洲发展的呆板反映。然而它真实存在，并且产生了深远影响，对殖民地社会上层尤其如此。不过，通过启蒙运动，市民的观点和认知还是产生了广泛的变化。1772年，一个共济会分会在开普敦设立；1778年，一个艺术与科学学会在巴达维亚成立，当局还为之举办了盛大的庆典。这个学会在观念上或许属于狭隘的实用主义，不过它依然在推广阅读，从阿姆斯特丹获取新近出版物，学习法语，并设立有奖竞赛。此外，它保持着与共和国各个艺术和科学学会的密切联系。巴达维亚启蒙运动中较为引人注目的一员是J. C. M.拉德马赫尔（J. C. M. Radermacher，1741—1783年），此人具有创新精神，其作品也得到广泛传播。他是印度议事会的成员，也是巴达维亚艺术与科学学会的创始成员，还于1764年在巴达维亚设立了共济会。[57]

18世纪四五十年代，获取和讨论荷兰、法兰西新书的潮流兴起时，恰逢荷兰向更广阔的宽容转变。荷兰殖民地启蒙运动的领袖人物之一是塞法迪犹太作家戴维·纳西（David Nassy），他是两卷本的《苏里南殖民地史》（*Essai historique sur la colonie de Surinam*，帕拉马里博，1788年）的作者。纳西明确指出，苏里南启蒙运动开始于当时正在巴达维亚任职的扬·雅各布·毛里修斯（Jan Jacob Mauricius，1742—

1751年,总督范莫霍夫的同期)的总督任期,当时从荷兰省获取新书的潮流正在兴起。在殖民地,这些图书的副本稀少,因此随着阅读兴趣的广泛传播,在群体中朗读和讨论文本成了常见之事,这进而又促使殖民地依照共和国的模式,建立读书会和演讲社。苏里南成立了数个这样的社团,其中一个是1780年成立的自然史研究社团。纳西等人出版的众多有趣读物在帕拉马里博面世,这让当地文学社的主席得以在1786年宣称:"在我们这片殖民地上,100多年来出版和流通的印刷品都没有最近4年的多。"[58]启蒙阅读在新教教徒和犹太人中也同样流行,(1791年)犹太人构成了帕拉马里博2000名白人中的微弱多数。

戴维·纳西的藏书是殖民地上最优质的藏书之一,这些藏书在1782年被详细编目。[59]其中包括布尔哈弗的作品、范斯维滕对布尔哈弗的评注、休谟作品的法语版,以及孟德斯鸠、伏尔泰、霍尔巴赫、卢梭和伊萨克·德平托的众多著作。在殖民地,没有几个人的藏书能与纳西相媲美,东印度公司和西印度公司的官员常常对殖民地社会的文化水平抱着蔑视的态度,这无疑也是有些缘由的。不过18世纪中叶,通过图书、刊物、社团和口耳相传,启蒙观念和宗教宽容慢慢在所有地方都有所发展。两个值得注意的人物反映了南非的相关发展潮流。他们是约阿希姆·范德辛(Joachim van Dessin)和J. H.雷德林休斯(J. H. Redelinghuys)。前者出生于罗斯托克(Rostock),1737—1757年间担任开普敦孤儿院的秘书,他积累了包括近4000本图书和50幅画在内的收藏。后者曾先后在开普殖民地做过学校老师和面包师,而后发展成为干练的政治宣传家,最终,到18世纪90年代末,他成了在阿姆斯特丹领衔的强硬雅各宾派成员。[60]

反抗东印度公司和西印度公司殖民政权的政治运动首先开始于南

非，它是对美国革命（American Revolution）和地方压力的直接回应。1778年的动乱中，开普敦四处散发着埃利·吕扎克多年前写作的小册子；这些小册子创作于1747年至1748年阿姆斯特丹奥伦治派起义的环境下，为民众反抗腐败和无能政府的行动进行辩护。不过，此后的南非动荡则深刻根源于当地的殖民社会。[61] 与17世纪后半叶大体相似，荷属南非由东印度公司统治，而白人殖民者完全不参与其中。人们可以将这些殖民者划分到三个大体相互隔绝的世界中：一是开普敦的世界；二是富裕农民的世界，他们拥有靠近开普敦的土地，在那里种植谷物和葡萄，为东印度公司提供补给；三是布尔人的世界，他们大多是贫困朴素的边民，接触到的阅读风尚和新观念也最少。由此可见，启蒙的影响，以及延续到18世纪90年代的政治激进主义，几乎完全局限在开普敦本地及其近郊。

东印度公司在南非的政权以奥伦治派总督J. A.范普勒滕贝格（J. A. van Plettenberg）男爵为首。殖民地对该政权的反抗主要源于经济方面的不满——东印度公司垄断了进出口贸易，并控制着农产品市场。东印度公司所需的补给仅限于其舰队相当稳定的需求，于是公司对殖民地的经济控制不仅维持着进口商品的高价和本地产品的低价，而且事实上阻碍了产量的增长和进一步的殖民拓荒。这又转而引发了政治方面的挫败感，因为当地人一直被拒斥在掌政的政治议事会之外。由此开普殖民地成了美国革命各种口号和观点传播的沃土。此外，1747年之后，殖民地总督由执政选取，且都是坚定的奥伦治派——这样的事实不过是鼓励了1780年之后的发展趋势，即在意识形态方面站在联省的爱国者党运动一边。

1778年之后，组织协调反总督和反东印度公司行动的秘密会议定期在开普敦举行。次年,以私人贸易为掩护,4名代表被派往共和国,向那里的董事呈递抗议请愿书。不过不久之后,开普敦的反抗势力就丧失了对所有董事的信任,他们设法规避东印度公司而寻求更大的政治和经济"自由"。1783年,一本名为《荷属非洲》(*L'Afrique hollandaise*)的轰动性小册子在荷兰省出版,其荷兰语版本接踵而来。该书与雷德林休斯关系密切。它警示荷兰摄政官和公众,"盎格鲁-美利坚的例子具有传染性,能被两印度公司辖地的殖民者模仿",而这极其可能在南非发生。[62] 1784年,开普敦的爱国者党领袖直接向"我们的最高、合法主权者"总三级会议呈交请愿书。

18世纪80年代,库拉索岛和其他加勒比海殖民地也出现了政治骚乱,白人殖民者分裂为爱国者党和奥伦治派。1787年,由于普鲁士的介入,共和国的爱国者党运动失败,奥伦治派复辟。暂时而言,这样的事实阻断了通过共和国政权而谋求殖民地改革的所有前景。不过,这并没能抑制启蒙观念和对爱国者党的同情在殖民地的进一步增长,[63]苏里南和西圭亚那都成立了爱国者党组织。到18世纪90年代初,苏里南的局势极为紧张。对共和国殖民体系的批判变得越来越尖锐,而且几乎遍布荷兰殖民世界。

荷兰启蒙运动晚期

大概1740年之后,荷兰思想和科学的发展不再对欧洲其他地方启蒙运动的进程发挥重大影响。此外,在接纳来自法兰西、不列颠和德意志的图书和观点时,尤其是在接纳法兰西启蒙运动更积极的方面时,荷兰知识分子有着极大的保留。因为在共和国，18世纪初的哲学-神学依然占据主导地位，而且得到势力依然强大的公共教会的支持。这种哲学-神学也出现了许多变体。在18世纪50年代[64]特别具有影响力的是德意志哲学家克里斯蒂安·沃尔夫（Christian Wolff，1679—1754年）的乐观主义教义。沃尔夫得到腓特烈大帝的宠信，于1743年到哈雷大学担任校长。受导师莱布尼茨的影响，沃尔夫力图将两种路径相结合：一是经验主义的；二是一种综合系统的、理解累积知识的途径，它受理性指导，同时充溢着传统的新教虔敬。与共和国的哲学-神学家类似，他将科学和哲学视为传统宗教的支柱，同时他也受到荷兰和德意志各大学的热情拥护。18世纪50年代，乌得勒支大学仍有许多匈牙利学生，不过最常见的是，他们主要学习的内容除了归正会神学，便是沃尔夫哲学。[65]

在启蒙运动晚期维护哲学-神学路径的荷兰作家中，著名的有莱顿大学教授约翰·吕洛夫斯（Johan Lulofs，1711—1768年）和聚特芬归正会讲道者约翰内斯·弗洛伦蒂纳斯·马蒂内（Johannes Florentinus Martinet）。前者在1756年发表了《自认理论神学的第一要义》（*Primae Linae Theologiae Naturalis Theoreticae*），主张由理性指导的经验主义研究不可能与基督的启示指令相冲突。后者则在《自然教理问答》（*Katechismus der Natuur*，1777年）一书中更新了尼乌文蒂特的观点。该书不断重印，之后风行整个19世纪。[66]

当然与法兰西和不列颠类似，共和国也存在自然神论者、自由思想家和唯物主义者。不过，相比早期阶段，斯宾诺莎主义如今已显衰弱，共和国的自由思想家学会了谨慎行事。塞法迪犹太作家伊萨克·德平托是个谨慎的自然神论者，着力攻击唯物主义和无神论。在《反唯物主义的确切论据》（*Précis des arguments contre les matérialistes*，海牙，

1774年)中,德平托担心后人会判定18世纪是"浩瀚的时间海洋中最邪恶、最堕落的一段",他谴责斯宾诺莎,但断言近来的一些哲学家更为糟糕。他坚持主张:"无论他们怎样赞颂道德,如果上帝不复存在,美德便是无根之木。"[67]

现实中发生的一些事件警告那些大胆的思想家,不要涉足激进哲学家的观念。出版商兼记者埃利·吕扎克是共和国启蒙运动晚期的领衔人物之一。1748年,他出版了拉梅特里(La Mettrie)的《人是机器》(*L'Homme machine*)。吕扎克反对拉梅特里的唯物主义观点,不过他相信出版拉梅特里的唯物主义观点并驳斥它们是恰当的。[68] 但莱顿瓦隆教会的宗教法院并不同意,他们煽动起打击吕扎克的激烈运动。面对说他宣传唯物主义的指控,吕扎克发表《人不只是工具》(*L'Homme plus que machine*,1748年)来为自己辩护,而与此同时,他因为款项的问题而与拉梅特里发生争执。不过,这些都无助于抑制众怒,滔天民意如此激烈,以至于吕扎克认为迁往德意志是明智之举。他在那里待了两年,直到共和国的事态平息。

荷兰启蒙运动晚期的另一个顶级思想家,也是最具世界主义情怀的人物,是赖克洛夫·米夏埃尔·范胡恩斯(Rijcklof Michael van Goens,1748—1810年)。他的曾祖父是荷兰东印度公司的总督,父亲是乌得勒支高等法院的主席。范胡恩斯年纪轻轻就展现出过人的才华,18岁就被任命为乌得勒支大学的历史教授。他博览群书,积累了大规模的藏书;他与诸多哲学家通信,成了伏尔泰、达朗贝尔和休谟在共和国的著名拥趸——如果不是捍卫者的话。然而,他在一些出版物中表露了自己的支持,并为此付出了沉重的代价。富修斯派煽动起巨大的骚乱,来打击这个不敬虔的崇拜者、法兰西哲学家,以至于最终范胡恩斯被迫在1776年辞去教授职务。他在共和国生活的最后10年里，发现自己时常碰壁。于是到1786年，他离开共和国，先后到瑞士和德意志生活。狄德罗（与范胡恩斯相熟）1774年在荷兰省停留6个月之后，在《意大利与荷兰之旅》（*Voyage d' Italie et de Hollande*，巴黎，1775年）中写道，荷兰民族"是哲学的敌人，是在宗教问题上自由思考的敌人，虽然他们不迫害任何人"。狄德罗接着说，比起法兰西，荷兰不信基督教的人"更少，也更遭人厌恶"。[69]

要求荷兰人在神学和哲学领域遵从特定观点的压力，致使荷兰学者和宣传员将焦点从法兰西等地正在激烈讨论的诸多大问题上移开，这导致共和国的知识界越来越封闭。这里仍然保留着对科学实验的关注，尤其是有关积累下来的自然史收藏。然而，共和国启蒙运动晚期的主旨是关注荷兰社会本身具体的道德、经济和政治问题。这在吕扎克、德平托和范胡恩斯等人的作品中表现得极其明显。共和国还有对体制的大规模研究。归根究底，共和国启蒙运动晚期关注的主要是共和国的衰落，以及如何实现国家复兴。[70]

共和国启蒙运动晚期最具代表性的特征，便是对经济衰退及其社会影响的深刻认识。吕扎克和德平托最大部头的著作便致力于这一主题，而且这一主题还渗透到这一时期共和国文献的方方面面。尤为独特的是，他们格外关注被视为共和国衰退的道德根基的东西。这一潮流首先在斯特斯·范埃芬德的荷兰语刊物中发展成熟。范埃芬德在成功经营法语刊物数年之后，转向荷兰语刊物经营。他仿照英格兰早期刊物——如《观察者》（*Spectator*）——的模式，创立《荷兰观察者》（*Hollandsche Spectator*）。事实证明，这是18世纪中叶最重要的刊物之一，也成为此后诸多共和国期刊的典范。范埃芬德开始在共和国的广大群体中抗击偏见和不宽容，他首要的工作是提高道德水平。[71]范埃芬德认为，假如由宽容、非教条的虔诚支撑的理性能够系统地应用到行为实践中，人类在道德方面将是可臻完善的。其观念中不可或缺的一点是，荷兰人应该为自己的祖先和17世纪的荣光而自豪，应当为自己的语言和民族身份而自豪，不应仿效法兰西的举止和道德。[72]

共和国那些响应范埃芬德号召且读者众多的出版物，以及受欢迎的文人［如进取心旺盛的女作家贝彻·沃尔夫（Betje Wolff, 1738—1804年），她是第一位重要的荷兰小说家］都强烈反对法兰西启蒙运动的唯物主义和自然神论，也反对接受更广泛的法兰西文化的影响。但是，他们也谴责过去的加尔文宗正统派，希望此时此刻，或者说从此以后，宗教能致力于促进美德和道德的改善，而不要把焦点转移到教条问题上。这种温和启蒙运动有自己的任务要完成，这一点体现在：他们一直坚定地抵抗富修斯派的反对意见，并且在18世纪60年代，他们坚决抵制富修斯派要求对神学、哲学和科学书籍进行严格审查的压力。沃尔夫将她的道德说教与对科普的热情合二为一。

荷兰启蒙运动中需要注意的最后一个特征是：18世纪后半叶，哲学、文学和科学的社会团体激增。[73]这些组织出现在众多城镇中，它们是启蒙运动社会性的代表性反映，也同样是荷兰人为国家衰落而困扰的典型表现。起初，荷兰省科学学会（海牙，1752年）和泽兰省科学学会（弗卢辛，1765年）这类组织本质上是权贵精英的组织，得到了摄政官的庇护，并与公共教会相联系。与全欧洲的同类社会团体一样，这些学会建立图书馆和收藏室，组织讲座，出版成员的论文，安排有奖竞赛。整体而言，它们往往不引发争议，甚至在政治和哲学方面谨小慎微。

然而，接下来的一个重大发展便是1784年公益社的成立，此时爱国者党运动正盛。这是首个没有摄政官参与，并意图不依靠政权而独立推动公共领域改革的团体。这一社团主张在民众中传播启蒙教育，以便对抗无知和偏见，刺激道德的提升，鼓励有助于经济复兴的行动。该社团批评称，老旧的社团没能在普通民众中传播有益的、能提升道德的观念，它们仅仅关注个人的完善，而不关注什么才是对社会有益的事情。[74] 而新社团带有浓重的实用主义色彩、更亲民，而且在一定程度上是非教派的。于是新社团吸纳了大批门诺派信徒和其他新教持异议者。不过，它几乎没招揽到天主教教徒，即便是在天主教的两大中心——天主教教徒异乎寻常地多的阿姆斯特丹和乌得勒支，情况也是如此。经过10年的经营，公益社在各座城镇设立了至少25个分会，共有超过2 500名成员。

第40章

1747—1751年：第二次奥伦治革命

1067　在任何高度城市化，以及先前繁荣而后又因为急速的经济衰退、城市衰落及缺少工作机会而动荡的城市，革命的进程都可能被一些不那么重要的偶然事件激发。1747年也是这种情况。1747年4月，一支小规模的法军进入荷属佛兰德，这是对总三级会议的警告，而非真正的入侵。就法兰西的动机和军事行动适度的规模来说，形势并不像1672年那样险峻。然而，在对共和国内政的影响方面，入侵的后果令人震惊。共和国国防令人羞耻的衰弱让人想起灾难之年的痛苦回忆，恐惧和愤怒席卷泽兰各城镇。在费勒，民兵冲撞议事会，并威胁称，摄政官最好遵从市民和民兵的意愿，让费勒城复立执政，否则将会爆发骚乱。费勒和弗卢辛议事会很快屈服了。在米德尔堡和济里克泽，民众需要施加更大的压力，才能令摄政官让步。两城爆发了一阵骚乱，其中海员的作用最突出。4月28日，泽兰省三级会议宣布恢复执政职位。[1]

泽兰省的骚动立即触发了荷兰省的回应。4月26日，即费勒事件发生的两天后，鹿特丹民众直接佩戴起奥伦治派的帽徽与绶带。骚乱升级得干脆利落，于是议事会在3天之内就被迫在荷兰省三级会议中提议恢复执政。鹿特丹城里装饰着奥伦治派的旗帜和彩带，港口的船只鸣炮，教堂的钟声不绝于耳，民众的正常活动因此受到阻断。到4

月27日，海牙也布满奥伦治派旗帜和帽徽。总三级会议派仍未败北。然而，到4月29日荷兰省三级会议开会时，氛围已十分紧张：民众高喊着"万岁""万岁""奥伦治万岁"，态度十分坚决。摄政官彻底被吓住了。代理委员会成员们沮丧地透过三级会议大厦的窗户向外张望，他们曾考虑召唤军队来清理周边地区，但又打消了这个主意，因为这很可能导致严重的暴力和杀戮。[2] 他们请奥伦治亲王在海牙的代理人威廉·本廷克·范罗恩（Willem Bentinck van Rhoon）和弗里斯兰代表威廉·范哈伦（Willem van Haren，1710—1768年）向民众发表演讲，尽力安抚民众。[3]

海牙和次日发生在多德雷赫特的大规模示威游行让荷兰省摄政官震惊又沮丧。多德雷赫特治安法官在市政厅向民众宣布，他们将支持恢复执政，民众对此报以雷鸣般的掌声。多德雷赫特也被奥伦治派旗帜覆盖。民众组织的联防队开始上街巡逻，向那些不愿在自己衣着上装饰奥伦治派徽章的人征收"罚款"。这样强势的民众压力难以抵抗。4月28日，北区的代理委员会在霍伦集会，当恩克赫伊曾的一名市长举杯祝愿亲王身体健康时，在场者大多冷漠地拒绝响应。而仅仅两天之后，同一机构公然宣布他们支持复立执政。5月1日，哈勒姆、莱顿、阿尔克马尔、霍伦、恩克赫伊曾和霍林赫姆悉数追随鹿特丹和多德雷赫特的脚步，甚至傲慢的阿姆斯特丹市长也完全被吓住了。[4] 5月2日，一面奥伦治派旗帜飘扬在阿姆斯特丹市政厅大楼上空，大批民众挤满了水坝广场，当局宣布阿姆斯特丹也将支持恢复执政。海湾同样炮声轰鸣。庆典持续了一整晚，而那些拒绝佩戴奥伦治派徽章的共和派和天主教教徒被扔进运河。

至此，驻扎在海牙的整个代理委员会都戴上了奥伦治派帽徽和绶带。范哈伦给仍在吕伐登的亲王写信，说自己看着那些强硬的总三级会议派摄政官是多么可笑，几天前他们甚至不愿屈尊跟他或本廷克对话，如今却佩戴着奥伦治派徽章在街上行走。[5] 5月3日，荷兰省三级会议正式宣布威廉四世为该省执政后，几乎整个海牙都沉浸在狂热的庆典中，各路名人举办宴会和烟花表演。在海牙的葡萄牙犹太人教堂举行特殊仪式。约柜之门敞开，整个塞法迪犹太社群佩戴奥伦治派徽章，念诵特殊祷词，为亲王和总三级会议祈祷，而后唱诵第117、75、144和67篇赞美诗。当晚，犹太教堂的门面点燃庆祝的灯火，海牙大多数建筑也是如此。[6]

鲁塞·德米西将1747年春的一系列事件称为"大革命"，事实的确如此。乌得勒支和上艾瑟尔省三级会议立马效仿泽兰省和荷兰省的做法。到5月中旬，威廉四世成为首个同盟所有省份的执政。民众支持执政，而同时，他们也表达了对摄政官的愤怒和对天主教教徒的不满。人民确实拥戴奥伦治家族，但在此时的共和国民众眼里，这不仅仅意味着重新让亲王家族掌权，其中的含义还包括：实行改革以增强民众在公民政府中的参与度，并遏制摄政官的腐败和财务恶行；重申共和国的实力和尊严；镇压天主教；推行复兴贸易和工业的计划；要求更多的富修斯派讲道者，并更严厉地管制咒骂行为和亵渎安息日的行为，这一点在莱顿、格罗宁根和德伦特尤为突出。[7]

迄今为止，共和国都只出现了威胁，而确实鲜少出现暴力。鲁塞·德米西自豪地将1747年4月至5月事件的非暴力特点与1672年的暴力特点相对比。一开始，大家都拿1747年跟1672年比较。[8]然而，早在5月，有洞见的观察者，包括亲王最干练的谋士本廷克·范罗恩便意识到，人民的期望已然提升至如此高的程度，他们对摄政官的愤恨又如此激烈，因此他们不会仅仅满足于恢复执政。[9] 起初，民众的焦躁通过一大堆小事件发泄。它们主要是针对天主教教徒。这些事情在乌得勒支、上艾瑟尔、格罗宁根以及荷兰省发生。5月6日，一名天主教旅馆老板触发了哈勒姆的骚动，因为他说了对亲王不敬的话，还鼓励客人为法兰西国王的健康干杯。民众砸毁了他旅馆的窗户，若非民兵及时赶到，他们可能会砸毁整座旅馆。

然而，亲王并没有对摄政官或天主教教徒采取行动，他可能认为骚乱会自行平息。但人们很快就看到，他的不作为和法军围攻贝亨的行动起到了反作用。[10] 地方煽动家点燃了民众对最讨人厌的总三级会议派政权成员的怒火。本廷克·范罗恩尤为渴望亲王清洗以下人员：反奥伦治派的荷兰省大议长雅各布·希勒斯（Jacob Gilles，1695—1765年）、国务会议秘书阿德里安·范德霍普（Adriaen van der Hoop）、多德雷赫特市长希罗尼米斯·卡泽博姆（Hieronymus Karseboom）及该市另外两名摄政官、霍林赫姆议长亚伯拉罕·范胡伊（Abraham van Hoey）、荷兰省贵族院的德因（Duin）男爵、上艾瑟尔的特维克洛领主于尼科·威廉（Unico Willem）。不过在这些人中，只有范德霍普真正被清除。

1747年9月，贝亨的陷落激起新一波骚乱，人们更坚决地要求"让祖国摆脱那帮无赖"。与此类似，在乌得勒支、德伦特和格罗宁根，还有荷兰和泽兰的数座城镇，许多暴力都是针对天主教教徒的。[11] 他们的商店和住所遭到袭击，人身遭到殴打，或被抛入运河。荷兰省三级会议9月22日的公告谴责天主教教徒的挑衅行动和新教教徒的报复行为，威胁要惩罚所有破坏和平的人。然而此时，民众骚动的焦点已经开始转移。"掌舵的"是熟练使用政治手段的"咖啡馆煽动家们",如鹿特丹的劳伦斯·范德梅尔(Laurens van der Meer)、阿姆斯特丹的鲁塞·德米西和丹尼尔·拉普(Daniel Raap)。范德梅尔率领一支由鹿特丹市民组成的代表团前去觐见亲王,他们抱怨最讨厌的摄政官依然在位,"一切仍是老样子",[12] 他们要求对城镇议事会进行改革。

与煽动者联系密切的本廷克·范罗恩内心越发担忧。他认为,人民已经发动了革命,他们赋予执政权力,以便惩罚摄政官、清洗城镇议事会、设法遏制摄政官的腐败和权力滥用。[13] 他曾提醒亲王,在1747年春天帮助平复民众情绪时,他曾力劝民众不要亲自动手解决问题,而应等待亲王"主持公道"。在本廷克·范罗恩看来,亲王不愿意清洗摄政官是极其危险的,因为这让民众拥戴的新政权在尚未站稳脚跟之前,就有遭到破坏的危险。[14] 然而,亲王依然犹豫不决,甚至对罢免希勒斯也是如此。

尽管如此,亲王与夫人安妮都愿意与煽动者建立联系。他们认为:普通民众依附于奥伦治家族,而且无论何时,只要摄政官胆敢阻碍执政及其宫廷的意愿,民众都将是威吓摄政官的可靠工具。对于当前反对派摄政官被迫表现出的谄媚顺从,威廉四世相当满意,他以为,自己可以轻易地维持他们的谦恭和顺从。[15] 而在当时的英格兰,威廉四世被嘲讽地贴上了"乌合之众的亲王"的标签,尽管他厌恶暴力和非法行为,但这一称呼颇有道理。1747年11月,有人提议让执政职位在亲王男性和女性后代中世袭,只有阿姆斯特丹一城敢表达保留意见,而新一轮骚乱依然由此爆发,它由鲁塞·德米西和拉普组织。拉普是个瓷器商人、自然神论者。他率领一群市民向议事会递交请愿书。这一行为与鹿特丹的骚动类似。他们要求:执政职位彻底世袭;从公民而不是摄政官家族成员中选取民兵队长和官员；城镇议事会席位轮替，它们应当通过公共拍卖分配，以便为市政金库筹款；恢复行会先前的特权。拉普的支持者满城张贴通告，号召民众于11月9日的指定时间，在市政厅面前的水坝广场集合，以集会示威、支持这些要求。不过这场行动失败了，它退化为小规模骚乱，轻而易举地就被民兵驱散了。

这一阶段，荷兰省三级会议对民众要求做出的唯一让步，就是颁布法令谴责市政官职分配中的腐败行为，并要求市政厅呈交市政官员及其相关津贴的清单。与此同时，执政专注于在整个共和国建立自己的权威，并且取得了一定成果。1747年5月，乌得勒支省三级会议被迫在丝毫不做修改的前提下，再次采纳1675年的老规章，赋予威廉四世严密控制该省三级会议及其驻海牙代表的权力，跟当年威廉三世享有的权力一样。[16]在海尔德兰，奥伦治派的贵族院与各城镇展开斗争，前者力主恢复1675年的规章，而后者反对。但渐渐地，亲王及其友人通过常规和非常规手段，镇压了奈梅亨和阿纳姆摄政官的反对意见。[17]1748年1月，阿纳姆爆发骚乱。不久，海尔德兰省三级会议也投票同意恢复1675年的规章，尊亲王为该省及其机构的主人，是各城议事会成员资格的裁决者。

1747年年末以来，格罗宁根省也展开了两派的斗争。一方由格罗宁根城议事会和掌权的土地贵族组成；另一方由在野的土地贵族、城市行会和反叛农民共同构成。在让执政职位彻底世袭这件事上，格罗宁根省三级会议一度拒绝追随荷兰省的脚步，弗里斯兰省三级会议的做法也类似。然而，1748年3月，格罗宁根城和奥默兰双双爆发骚乱，数名土地贵族的宅邸遭到洗劫。格罗宁根城请求亲王派军队帮助恢复秩序，亲王拒绝。而后，格罗宁根省三级会议迅速宣布执政职位完全世袭。1748年5月，格罗宁根城市议事会对民众做出了一些影响深远的让步。市议事会承诺：人民讨论会——相当于海尔德兰和上艾瑟尔的代表大会——将恢复先前的职能和影响力；市政官职任命将改革；从今往后，格罗宁根城与奥默兰的争执将交由执政裁决；行会将恢复先前的特权。

格罗宁根、海尔德兰和德伦特都出现了骚乱，爆发了抗议贵族小团体统治的激烈示威活动。（它们带来众多变革，其中之一是执政职位在两个贵族后代中世袭）相较而言，上艾瑟尔基本维持和平状态。[18] 该省摄政官和贵族没有遇到什么反抗力量，得以坚持一段时间；不过，他们最终还是被迫屈服，恢复了1675年规章，将实权交给执政。[19]

革命的新阶段于1748年5月在弗里斯兰开启，那时乡村民众不仅袭击格里特曼的宅邸，而且开始袭击包税人的住所。[20] 6月，哈灵根出现严重暴乱。弗里斯兰省三级会议请求执政派兵，执政拒绝。哈灵根市民派遣代表到省三级会议，要求给予执政完全的世袭权力、撤销消费税包税人、恢复各种据称已丧失的古老特权。其他城镇也选派代表，市民代表的全体大会在吕伐登主教堂召开。市民代表向省三级会议和执政提交了一份包含72项要求的清单，其中涉及司法、经济和财政的各种问题，不过他们尤为强烈的要求是废除消费税包税人。执政对于这项财政要求和其他诸多要求都没有什么热情。不过，亲王与人民之间的联盟还是暂时维持住了。省三级会议被迫赋予执政权力，草拟遏制省政府和该省各城镇议事会滥用权力的规章。1748年12月，亲王提交草案并获通过。规章规定，从此以后，每个格里特（司法区）里，

1286　　　　　　　　　　荷兰共和国：崛起、兴盛与衰落（1477—1806）

有资格的选民将选出3位合格的候选人，而后执政将从中选取1人。

正是弗里斯兰打击包税人的行动，触发了荷兰省1748年夏秋季节真正的市民运动。6月13日，哈勒姆愤怒的民众冲击包税人的办公室和住宅。召集民兵的鼓声响起，但响应者寥寥，甚至许多应召而出的人也拒绝帮助包税人保卫住宅。许多包税人的宅邸遭到洗劫，大批精致家具、绘画、瓷器和图书被夺走、砸毁或扔进运河。民兵非但没有镇压民众，反而开始组织会议，草拟提交给市长的要求。[21] 军队正在迫近的谣言传来时，民兵关闭了城门，议事会被迫暂停了消费税和市政税的征收，让面包师和杂货店能够以较低价格出卖食物。很快，民兵行动和市民会议精神传播到了荷兰省其他城镇。在莱顿，用当地艺术家小弗兰斯·范米里斯的话说，人们从6月17日开始对包税人采取"报复"行动，手段是洗劫他们的宅邸。城市民兵不仅拒绝打击民众，而且在表述人民政治要求方面发挥了重要作用。这些要求共计10项，最重要的内容包括：摄政官不得再任命自己指挥民兵；在任命官员的问题上，民兵团体本身应当享有主要发言权；应当任命市民代表来检查税务登记，以防摄政官低报自己的财产，进而将过多负担转嫁到其他市民身上；公布城市各种特权，以便所有市民知晓自己的权利；恢复行会的权力；严厉执行禁止诅咒和不守安息日的法令；在城里任命更多"老派"讲道者——富修斯派讲道者。[22] 上述这些要求的整体要旨在于，摄政官政府应当改为对市民负责，并且可以说受民兵组织和其他人民代表机构监督。

哈勒姆、莱顿和海牙（该城3名包税人的家宅遭洗劫）的骚乱进而触发了阿姆斯特丹的新一轮骚动。[23] 这里的民兵同样拒绝将刺刀或火枪对准"暴民"。在阿姆斯特丹新一轮骚乱的前两天，即6月24日至25日，该城20多个包税人的住宅遭到洗劫。[24] 当时描绘劫掠活动的图画显示，妇女冲锋在前，毁坏贵重家具，把古老的时钟推进运河，将精致瓷器从楼上的窗户扔下摔毁，同时也将部分财物据为己有。第二天，当民众开始袭击其他富人的宅邸时，民兵终于开火了，这一行为造成数人死伤。同一日，奥伦治亲王现身荷兰省三级会议，建议立即撤销包税公司，他的演讲稿被刊印并散发到民众中，三级会议暂停了包税公司的经营。

如今局势已然明朗，正在发生的抗议和骚乱包括两股不同潮流，或者说两个层次。[25] 一方是奥伦治派摄政官和宣传家，他们由本廷克和执政宫廷组织，正持续威胁摄政官，主要目的是削弱作为一股政治势力的阿姆斯特丹议事会，并巩固落入执政手中的全部政治权力。阿姆斯特丹如大雨倾泻而下的小册子猛烈地抨击摄政官的自私和腐败，称他们感兴趣的只是垄断油水多的官职和中饱私囊。正在这一时刻，即阿姆斯特丹暴力最严重的第二天，渴望扩大约翰·洛克影响力的鲁塞·德米西提醒本廷克，前不久本廷克曾召唤自己前往海牙，讨论即刻重印洛克《政府论》法语版本的事宜。该书断言人民享有终极主权，是将人民招揽到奥伦治派一边的意识形态说辞。[26] 鲁塞如今已与一名阿姆斯特丹出版商商定好出版普及本的事宜，就等本廷克的信号了，然而，本廷克似乎退却了。尽管如此，在1747年至1751年间，洛克仍然是奥伦治主义的思想支柱，在17世纪50年代仍得到吕扎克的热情拥护。[27] 要到晚些时候，吕扎克和奥伦治派知识圈才摒弃洛克。18世纪80年代，理查德·普赖斯（Richard Price）和约瑟夫·普里斯特利（Joseph Priestley）这类作家在共和国广受欢迎，通过他们，洛克才转而被反奥伦治的爱国者党照搬照用。

1748年的洛克是奥伦治派希望加以利用的意识形态工具之一，用以合理化和控制他们与人民的联盟。但与此同时，一股更真切的民主潮流已经开始涌动，经常与之相伴的是令人尊敬的"中产阶级"对"底层人民"的煽动[28]——这是来自专业人士和小店主这一阶层的压力，他们即便不像底层民众那么活跃，但也与后者一样渴望扫除包税制，改革民兵，让城镇议事会对市民负责。[29] 通过小册子、传单以及在旅馆、咖啡馆、民兵会议厅中的无数集会，更激进的政治要求在民众中传播。许多对话激动人心地谈论着1572年和1672年的精神，那时人民在民兵团体领导下揭竿而起、为自由而战。在阿姆斯特丹，民众向议事会提交了11项要求，其中意义最为深远的包括：应当由市民自己从议事会成员中选出市长；摄政官不得任命民兵长官，他们应由民兵团体自行选举；应当由市民从经验丰富的大商人中选举东印度公司和西印度公司阿姆斯特丹分公司的董事——市民以此方式主张，应当由大商人而非摄政官控制庞大的殖民公司。

到1748年7月，本廷克·范罗恩陷入深刻忧虑，他觉察到普通民众如今已对执政失去了耐心，正日渐远离执政和整个奥伦治派。[30] 他的担忧不无道理。在阿姆斯特丹，组织骚动的市民委员会被称为"射击场派"，因为他们大多在民兵射击场集会，如今他们又分裂成相互敌对的两派：温和射击场派依然遵从执政宫廷的意愿和本廷克·范罗恩的指导，更为民主的激进射击场派越来越被吸引到对抗执政和奥伦治派的一方。温和射击场派的领袖有拉普、前来阿姆斯特丹帮忙的劳伦斯·范德梅尔和历史学家扬·瓦赫纳尔（Jan Wagenaar，1709—1773年）的一个兄弟。温和射击场派力图将持续的骚乱导向争取市政官员任命的改革、结束摄政官对民兵部队的控制，以及将该城的邮政业务转交给执政。[31] 激进射击场派由亨德里克·范欣尼赫（Hendrik van Gimnig）领导，他是哈勒姆的纺织工人，有鼓动民众的才能。该派强烈要求议事会满足民众的全部11项要求，要求城镇议事会切实服从民兵和市民。[32]

8月31日，荷兰省三级会议要求亲王亲自前往阿姆斯特丹，采取他认为必要的一切手段"以恢复秩序"。亲王一来到阿姆斯特丹，便与射击场派的两翼会谈。范欣尼赫激烈谴责摄政官用所有想象得到的手段压迫市民。对此，亲王反应冷淡。9月的前几周，当亲王依然身在阿姆斯特丹时，当地就爆发了大规模的民众示威活动，这些活动显然偏向激进射击场派。随着执政越来越明显地偏向将时间花在接受市长美酒佳肴的款待上而非与市民对话上，这股激进的潮流变得更为显眼。最终，执政被说服，意识到他必须摒弃市长们并清洗议事会。然而，他执行这些政策的方式不过是加速了民众希望的幻灭。[33] 亲王保留了原来36名议事会成员中的19人，安插了17名新人。部分新人有大商人背景，此前并非摄政官阶层的成员，剩下的新人，包括全部4名新市政官员，都来自根基深厚的摄政官家族。[34]

甚至在同意设立独立于议事会的民兵委员会的事宜上，亲王也表现出明显的不情愿。这引发了民众强烈的失望。9月9日至10日再次出现了大规模的示威活动，这次是支持建立"自由的"民兵委员会，不过亲王拒不让步。执政返回海牙，留下沮丧、疑惑的阿姆斯特丹民众。当局发起行动打击持续的骚乱，支持新议事会并恢复秩序。骚动的中心如今转移到莱顿和哈勒姆。这些城镇自1720年就开始的经济衰退此时已经发展得极为严重，相应地，这里市民的挫败感也最为强烈。在萧条、赋税压力和贫困恐惧的驱使下，这些制造业城镇的市民和民兵竭力争取重建市民和行会的管理组织。这些组织能为他们提供经济救济，就算不能带来经济复兴，至少也能给他们更多的制度性保护，使其免尝经济崩溃的严酷后果。[35] 亲王着手调查这些城镇的政府，以应对持续的骚乱。10月，哈勒姆和莱顿的议事会分别清洗了7名和5名成员。[36] 但是对于民众来说，这似乎是一场并不充分的清洗，他们的大多数要求被驳回。11月10日，莱顿爆发大规模骚乱，民众向市长呈递了令人惊恐的要求，整个共和国对此都十分关注。[37] 执政应新市长的请求，派出千人部队，于11月16日进城并恢复城镇和平。[38] 治安法官下令从此禁止所有集会和示威。

从表面上看，1747年至1751年奥伦治革命带来的重大转变几乎全都是执政和奥伦治派获益。在泽兰，执政再次成为第一贵族，并重新掌控该省三级会议中曾于1702年被撤销的第7票。亲王还要求在选取泽兰驻总三级会议代表一事上，享有强势的发言权——他在除荷兰省的其他省份也要求类似的权利。关于这一点，谈判一直拖到1751年6月。那时，泽兰省三级会议最终同意，在任命该省代理委员会和同盟各机构的任何人员之前，必须获得执政的首肯。在乌得勒支、上艾瑟尔和海尔德兰，执政不仅争取到重新推行1675年规章的权力，而且获得了威廉三世未曾享有的其他权力——在海尔德兰，他成为各区贵族院的第一贵族。[39] 在德伦特，执政同样在该省的所有管理机构获得了比以往多得多的权力。[40] 最后，在先前执政权威最为虚弱的格罗宁根省，也发生了彻底的变革。1749年11月，该省被迫向执政呈交新章程，据此，执政首次在任命官员的事宜上获得较大的影响力。[41] 在格罗宁根城，宣誓委员会将继续保有每年选举议事会半数成员的权力，议事会也将继续选举市长，但根据新规章，议事会和宣誓委员会所有成员的任命都必须率先获得执政的认可——这与上艾瑟尔和海尔德兰的情况类似。而执政保留了如下权利：执政如果不赞同某个候选人，可以任命自己的人选。经过1747年至1751年的奥伦治革命，共和国远不再是"七个主权盟友"，而转变为真正的立宪君主制——尽管没有加冕的君主。在格罗宁根大学，执政如今获得了任命教授的主要权力，在其他大学也是如此。

一些人相信，共和国社会和经济问题的解决之道在于中央集权——集中于奥伦治亲王之手。本廷克·范罗恩这类真心的奥伦治派改革谋划者一厢情愿地想象着亲王渴望倾听、遵循自己的建议。对于他们来说，1750年至1751年的局势似乎前途光明。如著名的狂热分子伊萨克·德平托的表述，通过单一的宪政安排，"共和国将保住其荣光和伟岸"[42]。德平托尤其希望迅速复兴共和国的经济、制造业和航海，认为这是缓减社会冲突和苦难、促进艺术和科学发展的方法。但是，这些人支持并渴望看到它开花结果的革命成果未能充分得以巩固。令支持者们彻底感到无望的是，1751年10月22日，年仅40岁的执政在海牙意外去世。

第41章

蹒跚的共和国与"南部"的新活力

1751—1766年：威廉五世成年之前的政治

1747年至1751年的奥伦治革命根本性地改变了共和国及其机构的性质。[1]但是，促成革命的恐惧和不满并未消除，共和国工业的衰退依旧如故。早在1750年，阿姆斯特丹大商人似乎就恢复到从前的消极立场，悲观地看待共和国贸易和海运的前景。1750年1月至7月间，东印度公司在阿姆斯特丹交易所的股价从票面价值的584%降为492%，这可以理解为人们对共和国及其贸易缺乏信心的信号，[2]同时也是对东印度公司新近改革的制度缺乏信心的迹象。东印度公司的改革发生在1749年任命世袭执政为联合东印度公司的"首席董事"之后。自此，在其他董事的选择上，执政拥有了影响力，而在泽兰，他更是有权直接选择董事。[3]

尽管引发不满和焦虑的根源仍在，但海牙政权镇压抗议活动和骚乱的能力大幅增强。处在衰退阶段的共和国如今是个易爆之地，潜藏着极大的不稳定（如德平托强调的）。共和国随时可能被一系列经济和政治冲突吞噬。在新政权看来，这意味着必须采取比过去各省三级会议都要迅猛和严厉的手段来对付骚乱。例如，1750年1月，当哈勒姆开始掀起新一轮民兵和市民运动时,尽管市长们很快就控制不住局势,但海牙的政权并非如此——它做出强有力的回应,派军占领该城,[4]哈勒姆民兵部队派往海牙向执政呈递诉求书的代表则直接被捕。

执政在盛年去世,留下年仅3岁的幼子。看护他的母亲虽然如今顶着"女亲王"的头衔,却是个外国人。这样的事实必定在一定程度上削弱了政权和执政的势力。[5]汉诺威的安妮以其子的名义承担了执政的许多职责,但她不可能行使1747年以来她丈夫所享有的全部实权。为了指导她,一个非正式的指导委员会(或称"内阁")逐渐成形,主要成员包括:本廷克·范罗恩、荷兰省新任大议长彼得·斯泰因(Pieter Steyn,1749—1772年在位)、荷兰省贵族院的领导性成员、名将路德维希·恩斯特·冯·布伦瑞克-沃尔芬比特尔(Ludwig Ernst von Braunschweig-Wolfenbüttel)公爵。布伦瑞克此前在奥地利军队服役,1747年至1748年法军入侵期间,他曾在荷属布拉班特和佛兰德指挥奥荷联军。[6]威廉四世和本廷克·范罗恩十分看重他,1750年,他们说服皇后玛丽亚·特蕾莎放人,于是布伦瑞克得以担任总三级会议陆军的常任指挥官。尽管汉诺威的安妮起初对布伦瑞克有所怀疑,但后来她转而认为他是政权的支柱,是她儿子和奥伦治-拿骚家族利益最可靠的支持者。

尽管本廷克·范罗恩与范斯林厄兰特在意识形态立场上相互对立,但前者却是后者真正的继承人。因为本廷克·范罗恩同样深切致力于改革联省体制,以打造更具凝合性的联邦结构,让中央提供更强势、更高效的指导。[7]1747年以来,他一直试图说服威廉四世设立执政的内阁,即由大臣组成的正式委员会,作用是扮演国家中央行政机构的角色。威廉四世曾有权力和机会实现这一构想,不过他没有这方面的意愿和远见。亲王满足于让决策大体遵循过去的咨议路线进行，只要摄政官和贵族对亲王表现出应有的顺服并仰赖其宫廷作为庇护之源。18世纪50年代初的"内阁"是建立国家中央机构的最后一次机会，不过它从未得到总三级会议的正式认可，而这一机构改革意愿又因女亲王经常听从"内阁"之外的宫廷宠臣（通常是与英格兰有深刻联系的人）的建议而进一步削弱。"内阁"坚持每周会面两次，直到1759年汉诺威的安妮逝世。不过，"内阁"背后的主导人本廷克·范罗恩到1753年就已感到深切的幻灭。[8]

威廉四世去世后，各省的摄政官和贵族看到有机会夺回他们1747年以来丧失的部分权力，1759年安妮去世后，局势更是如此。[9]到18世纪50年代初，先前民众的奥伦治主义狂热已经冷却到极低的程度，因此他们的行动没受什么阻碍。1752年3月，总三级会议重新掌控阿姆斯特丹议事会。他们得到民众一定程度的支持，并草拟了新"共识协议"，以决定市长的选举——选举过程将女亲王及其谋士排除在外。1755年8月，哈勒姆议事会的20名成员，其中包括一些1748年才进入议事会的公开的奥伦治派成员，联合草拟了一份新"共识协议"，将10名奥伦治的效忠派成员驱赶出权力中心，进而消除了宫廷的影响。[10]

所有这些行动不仅影响了共和国内政，也影响了其外交政策，宫廷奉行坚定的亲英政策。本廷克·范罗恩和布伦瑞克公爵由始至终都渴望扩军、巩固共和国的防御要塞，在18世纪50年代中期欧洲七年战争即将爆发时尤其如此。与之相对，总三级会议派，尤其是阿姆斯特丹的那些人，优先考虑的是贸易、航运和殖民地利益。他们之中盛行着普遍的反英情绪，跟大商人和航海群体一样。荷兰省摄政官大多不愿与法兰西开战，而倾向中立政策。而中立政策完全不符合汉诺威的安妮及其谋士的口味。然而，这一问题由于1753年至1754年间共和国、不列颠和奥地利就"屏障"地带举行的谈判走向崩溃，总三级会议派的立场大为强化。不列颠担心，皇后玛丽亚·特蕾莎会续订过去的奥荷联盟，允许荷兰复兴并加强他们在南尼德兰的边界驻军。但奥地利当时与法兰西越来越热络，对此并无兴趣，而且对于荷兰在财政和行政方面的要求拒绝让步。

旧联盟体系的萎缩和边界事实上的丧失，不可避免地加剧了共和国本就充斥的不确定、衰败和游离之感。海牙宫廷在行使其广泛任免权、控制所有重要职务任命方面，展现出毫无衰减的热情，而在制定政策上，却没能发挥领导作用或采取重大行动。女亲王母子的宠臣通常是军人。他们逐步加强的优势往往会模糊政治、军事的晋升与恩宠之间的分界线。本廷克·范罗恩多次与一群廷臣冲突——他们几乎专门致力于"任免生意"——这群人便是所谓的弗里斯兰集团。早在1747年革命之前，这一小团体便出现在吕伐登，而后追随威廉四世来到海牙。[11] 他们的领袖、土地贵族道弗·西尔特马·范赫罗弗斯廷斯（Douwe Sirtema van Grovestins，1710—1778年）乐此不疲地忙于以恩宠换取金钱。据称在1756年的一起交易中，他为一个朋友谋得锡兰总督的职位，收了7万荷兰盾。

1747年至1751年爆发奥伦治革命，随后印度和弱小省份的任免权便集中于海牙。内在于这些进程中的是共和国历史上第一次出现了宫廷贵族，他们越来越类似于邻近君主国的那些宫廷贵族。[12] 如今海牙宫廷对海尔德兰贵族院而言已十分重要，甚至该省三级会议拨付了一笔专项津贴，以便各区能各自指派一名常驻海牙的贵族充任执政常规扈从的组成人员。奈梅亨区选择了该区领袖贵族林登·范赫门（Lynden van Hemmen）男爵弗兰斯·霍达德（Frans Godard）之子。其他区与之类似。格罗宁根省也是如此，他们同样急于让该省的一位领袖贵族常驻海牙。与此同时，在陆军中担任高级将领的荷兰贵族第一次有机会期待自己能自动成为宫廷要人，西尔特马·范赫罗弗斯廷斯本人就是这样的高级官员，汉斯·威廉·范埃尔法·伦格斯（Hans William van Aylva Rengers）也是如此，他后来成为威廉五世的管家。

为了在各个省份获得任免权和影响力，宫廷还需要莫里斯、弗雷德里克·亨德里克和威廉三世培养的那类更为传统的省级管理人。在乌得勒支，宫廷的宠臣是约翰·丹尼尔·德阿布拉因·范希森堡（Johan Daniel d'Ablaing van Giessenburg，1703—1775年）。他并非乌得勒支老贵族家庭的成员，而是东印度公司官员之子，他的父亲曾担任开普殖民地总督。宫廷在海尔德兰最具影响力的宠臣是安德里斯·斯希梅尔彭宁克·范德奥耶·范德佩尔（Andries Schimmelpenninck van der Oye van de Pell，1705—1776年）男爵。他是费吕沃贵族院成员，在1748年至1774年间一直担任阿纳姆区代理三级会议成员，1758年成为该区的德罗斯特。1762年，法兰西大使描绘他是"统治海尔德兰之人"。在上艾瑟尔，首要人物开始是本廷克·范罗恩的弟弟卡雷尔·本廷克·范奈恩赫伊斯（Carel Bentinck van Nijenhuis，1708—1779年）伯爵。他在1748年成为特文特的德罗斯特。然而，（在汉诺威的安妮不再宠幸他之后）他的地位在18世纪50年代中期被弗雷德里克·范海登·范奥特马瑟姆（Frederik van Heiden van Ootmarsum，1696—1769年）取代，后者于1754年接替他特文特德罗斯特的职位。海登的父亲是来自克莱沃的军官，迟至1720

年，他才通过购买奥特马瑟姆贵族领地而获得进入上艾瑟尔贵族院的资格。

至于荷兰省，本廷克·范罗恩曾建议威廉四世通过在每个城镇议事会中选取"一个总揽一切事务之人"进行统治，这个人将代替亲王行使任免权。而事实上，在阿姆斯特丹、哈勒姆、豪达和莱顿这类城市，宫廷没能获得持久的控制权。[13] 不过在其他一些案例中，这一策略更有成果。在多德雷赫特，1747年还被辱骂为"劳弗斯泰因派"的希罗尼米斯·卡泽博姆随后成了狂热的奥伦治派。他赢得威廉四世的宠爱，诸多官职加身，统治了该城数年。霍伦的情况也类似，通过1749年奥伦治派清洗而进入议事会的人，几乎全是市长约安·阿贝克尔克·克拉普（Joan Abbekerk Crap）的门徒，他自己则是宫廷派驻在该城的心腹。[14] 然而，布伦瑞克并不喜欢克拉普，1759年汉诺威的安妮去世后，克拉普在霍伦的统治也随之告终。

大河以北，布伦瑞克的势力在18世纪50年代势不可当地上升，并主导了荷兰政治。1755年，女亲王任命公爵为时年9岁的威廉五世和其他孩子的监护人。从安妮去世到1766年年轻的亲王成年，路德维希·恩斯特以亲王监护人和陆军总司令的双重身份统治着共和国。然而，对于奥伦治家族通过1747年至1751年革命而获取的利益，公爵没能阻止它们遭到进一步侵蚀。在他担任监护人期间，荷兰省城镇将市政官员的双倍候选人名单提交给荷兰省三级会议而非宫廷，泽兰的情况也类似。至于上艾瑟尔三大城市的议事会成员，由于没有执政去审阅提名名单而且每年更换人员，这些人得以一直留任，宛如成了永久的寡头——如有缺口，他们就自行填补，既不咨询宫廷，也不咨询宣誓委员会。

在许多年里，布伦瑞克一直与本廷克·范罗恩合作。二者的关系并不热络，但又相互需要。本廷克能够意识到，布伦瑞克是唯一有能力至少保住1747年至1751年核心政治成果的人物，他只得与之合作。布伦瑞克也需要本廷克。作为荷兰省代理委员会的要员，本廷克依然具有影响力和说服力。直到1766年，二者的关系才恶化至公开对立。当时本廷克·范罗恩发现，年轻的亲王已与公爵签署秘密协议，指定公爵担任主要谋臣和特别心腹——而本廷克希望由自己来发挥主导性影响。[15]

18世纪40年代末风潮之后的30多年里，共和国社会似乎保持着稳定，民众也避免直接卷入政治，社会中的经济和社会冲突暂时不再转变为人民的抗议活动。人民有了亲王，按照他们的设想，也就有了矫正所有错误的途径。表面上看，所有人都暂时平静下来；而平静的表面之下，人民的许多不满依旧如前。事实证明，当奥伦治派政权最终疏远了大部分普通民众而骚乱再起时，现存体制框架不可能将新一轮的革命影响内化到自身。在这个意义上，可以说到18世纪50年代，以现存形式维系的荷兰共和国从根本上过时了。这并不意味着不可能找到成功的解决之道，也不意味在18世纪后半叶，共和国不可能演变为一种民主（或者说更为民主）的联邦共和国。但这确实意味着，18世纪50年代的奥伦治共和国是内在空虚且危险的。本廷克·范罗恩全然意识到：他曾协助领导的革命没能留住人民的支持，也没能减缓人民的怨愤；这些失败如果不以激进的改革加以矫正，只会给新政权带来致命的后果。[16]

暂时而言，敌对派系间维持着微妙的平衡。这时的一类活动便是将双方的冲突升华为两派知识分子和宣传家的意识形态战争。这类冲突中最为激烈的是爆发于1757年的"德维特战争"。数名作家卷入冲突，不过其中最重要的要数奥伦治派的莱顿宣传家埃利·吕扎克和总三级会议派的阿姆斯特丹历史学家扬·瓦赫纳尔。二人都是引领潮流的思想人物，在全国享有盛名。他们都相信进步、文明价值观和宽容；二人都哀叹共和国的衰落，都是荷兰启蒙运动的主要代表人物。但是在意识形态战争中，双方坚守不同的阵营。他们在出版物方面的激战关乎约翰·德维特和吕扎克所谓"劳弗斯泰因派"的真正性质和历史影响，论战吸引了公众的注意力。

按照吕扎克的说法，约翰·德维特及其18世纪的追随者——包括瓦赫纳尔在内——阐述的原则损害了"我们国家"的根基。它们不仅削弱了同盟机构，更糟糕的是还有损国家主权。主权源于人民，而吕扎克主张，在大起义时，人民曾将主权同等地托付给同盟机构和各省三级会议，并委托亲王威廉一世照管。[17]对于吕扎克来说，主权及其合法性来源于"人民"。他坚持称，是普通民众在1572年、1618年和1672年变革了政权，他们的所作所为是合法的，共和国所有的合法性皆源自人民。[18]各省三级会议和列席其中的摄政官和贵族被授予某种形式的绝对主权——对于这样的观点，吕扎克嗤之以鼻，认为这超出了人民的意愿。作为回应，瓦赫纳尔奚落奥伦治派所谓的源自人民的合法性，尽管他愿意承认终极主权源自人民。他认为不应允许人民持续地插手修改主权的形式，因为人民的观点和忠诚本质上是变动不居、前后不一的。[19]在瓦赫纳尔看来，主权完全存在于各省三级会议之手，他们是人民的代表。这也正是格劳秀斯所持的观点。[20]

引人瞩目的是，18世纪50年代末到70年代期间，在普通人民的角色问题上，敌对双方的观点几乎出现了完全的逆转。甚至在18世纪80年代爱国者党革命期间，奥伦治派理论家在有关民众参与的论战中，依然赞赏地回顾1747—1748年革命和民众对恢复奥伦治家族地位的干预。[21] 但是，吕扎克自18世纪60年代以后便转换了立场，他摒弃洛克和人民主权理论，支持孟德斯鸠和更为保守的制度观念。这使得他在支持1747—1748年革命时，采取比先前更为谨慎的措辞。[22] 与此同时，主要是在70年代，被理查德·普赖斯和约瑟夫·普里斯特利的作品激进化了的洛克，又被约安·德克·范德卡佩伦（Joan Derk van der Capellen）和彼得·保吕斯（Pieter Paulus）这类未来的爱国者党领袖所挪用。甚至是1747—1749年间属于奥伦治派的标签"爱国者"，也被转换了意义，开始为反奥伦治派所采用。[23] 1781年，奥伦治派创办常规性报纸以便对抗爱国者党出版物时，他们意味深长地将其命名为《老荷兰爱国者》(Ouderwetse Nederlandsche Patriot)。

尽管对洛克和人民主权理论的回应有所转变，但围绕共和国历史上的英雄和体制而展开的意识形态冲突一直非常激烈。重要知识分子越来越多地投身共和国史研究、研读档案文件。这既提升和传播了有关共和国起源和重要人物的知识，又加剧了意识形态斗争。巴达维亚神话被证明基本属于虚构，其作用是让大起义显得更像是真正的革命事件。大批重要的历史著作诞生，其中最突出的是扬·瓦赫纳尔的《祖国史（1749—1759）》(Vaderlandsche historie, 1749—1759年）。这是一套20卷本的共和国史，意图展现数个世纪里"自由"在尼德兰是如何被压制又如何得到支持的。[24] 它既不是统治者的历史，也不是一个国家的历史，而是一族人民"自由"的历史——尽管对于瓦赫纳尔来说，重要的人民是治安法官、大商人和专业人士，而不是"无知大众"。在研究乌得勒支同盟的著作（4卷，出版于乌得勒支，1775—1777年）中，彼得·保吕斯不仅要阐释作为一套体制的同盟，而且要解释他视为共和国原则的东西，并将人民主权原则奉为圭臬。保吕斯宣称，格劳秀斯是人民主权和反抗专制权威这项权利的真正支持者，尽管他的理论有些矛盾之处。[25] 保吕斯还表达了自己的震惊——伟大的法学家许贝尔竟曾支持1674—1675年间威廉三世强制推行的省政府规章。

另一方面，吕扎克的"开明保守主义"也得到范胡恩斯和阿德里安·克勒伊特（Adriaen Kluit）研究的增援。克勒伊特的中心论点是，中世纪的历任荷兰伯爵曾享有绝对权力，而随着大起义的爆发，这些权力被移交到了各省三级会议手上，各省三级会议进而又将部分权力授予执政。按照他的观点，这一系列权力转移没给民众参与、由下至上的压力、限制执政权力、拓展宽容或出版自由留下任何发展空间。[26]

约翰·德维特、奥尔登巴内费尔特、莫里斯和威廉三世这些过去就遭到激烈争论的英雄人物如今依然备受争议。他们在事实上是18世纪晚期共和国政治和意识形态话语的基础。在18世纪80年代的爱国者党革命期间，奥伦治派的出版物继续抨击德维特和"真正的自由"[27]，而爱国者党一方，对奥尔登巴内费尔特和德维特的崇敬也并没有衰减的迹象。18世纪80年代，英格兰陶器制造商乔赛亚·韦奇伍德（Josiah Wedgwood）向双方提供包含意识形态信息的工艺品，生意红火。他一边向爱国者党贩卖奥尔登巴内费尔特和德维特的半身像，一边向他们的政敌兜售带有执政及其家人画像的盒式吊坠。[28]

奥属尼德兰的新动向

与此同时，18世纪五六十年代也见证了低地国家南北关系的决定性转变，它既是经济的，也是政治和战略性的，并且将在日后造成重大影响。因为正是18世纪中叶佛兰德、布拉班特和瓦隆地区人口的稳步增长，以及（18世纪50年代开始）南部工业、贸易和农业的迅速扩张，北部此前在几乎所有领域占据的压倒性优势由此开始大幅削弱。作为一支海军和殖民力量，作为经济中心，联省确实依然在海上贸易方面远胜于南尼德兰。但是，它的工业荒废、"高利润贸易"濒临崩溃、城市衰退、农业相对停滞，而南部却正是一派欣欣向荣、活力日增的景象，农业和乡村工业方面尤其如此。这些相反的趋势和转变了的外交形势，激励着布鲁塞尔当局和维也纳的大臣，去寻找更多方法来规避或削弱1715年奥荷联盟条约加给奥属尼德兰的各种贸易和关税限制。尽管暂时而言，他们尚未质疑是否要继续封闭斯海尔德河口的海上贸易——在这一点上，总三级会议极为敏感。[29]

18世纪50年代的变革带来的一个重大影响是，奥属尼德兰不再是大国冲突的焦点。《比利牛斯条约》（1659年）签订后的一个世纪里，南尼德兰一直是欧洲反法的主要战略屏障。只有在不列颠和共和国的协助下，其防御才能维持——而且当时也并不总能成功。洛林的夏尔·亚历山大在他漫长的奥属尼德兰总督任期（1741—1780年）的一开始，便遭遇惨败和羞辱。1745年，法军入侵南尼德兰，击败奥地利人及其盟友，占领该国大部分地区，随后接着入侵荷属佛兰德，顺带触发了北部的奥伦治革命。与此形成鲜明对比的是，1756年到18世纪80年代，南方处于稳定、完整、繁荣的状态，是夹在友善的法兰西和中立的共和国之间的一片绿洲。因为1756年5月法奥缔结的《凡尔赛条约》不仅切实让法兰西与南尼德兰的边界处于中立状态，而且通过将奥地利的战略重心东移转为对抗普鲁士，结束了南尼德兰扮演了两个世纪之久的欧洲战略中枢的角色。南尼德兰由此获得了一段和平发展的时间，不必遭受法兰西扩张威胁的骚扰。

随着和平的到来和经济发展的加速，夏尔·亚历山大如今有机会主持重建与鼓励复兴。有时他刻意重启人们对阿尔贝特和伊莎贝尔时代的回忆。此时的氛围透露了如下迹象：南尼德兰可能成为帝国王朝旁支统治下的独立主权国家；夏尔·亚历山大给众多刺激贸易和工业发展的项目提供积极支持，他还在文化领域发挥了强势引导作用，促进了南部整体的重新定位；在阿尔贝特大公和伊莎贝尔公主之后，他还是第一个在布鲁塞尔有此作为的总督。事实上，他后一方面的活动与前一方面联系紧密。宫廷通过进攻性的关税政策来推动经济复兴：1750年禁止进口外国的铁，1758年禁止进口代尔夫特陶器和荷兰砖瓦，[30] 1761年禁止进口不列颠煤炭。当局还修缮了奥斯坦德的港口，开挖了一系列新运河：这些行动归属于一个更广泛的计划——促进海岸、布鲁塞尔与莱茵河下游之间的贸易流动。新修的鲁汶—梅赫伦运河和奥斯坦德—根特运河都是在18世纪50年代早期开凿的。为了强调宫廷与这些新工程事业的联系，夏尔·亚历山大发行了数种精美纪念章。1753年他发行了纪念鲁汶—梅赫伦运河完工的纪念章，它一面刻画着总督的半身像，另一面刻画着运河；1772年他又发行了纪念奥斯坦德灯塔竣工的纪念章。[31] 除了资助水晶、瓷器等18世纪欧洲宫廷经常赞助的奢侈品工业，夏尔·亚历山大还在奥斯坦德建造了一座盐厂，在布鲁塞尔建造了一座化学工厂——他对此极感兴趣；此外，总督还重金投资马里蒙（Mariemont）的煤矿。最后，同样重要的是，他给奥属尼德兰铺设西欧最现代的道路网络，而在1780之前，这里是最为拥堵之地。[32]

在佛兰德，亚麻业迄今为止仍是最重要的产业活动。它沿着传统路线发展。1700—1775年间，亚麻产量即便不算飞速扩张，也稳定增长了大约50%。[33]（该行业也有新动向。如今越来越多的亚麻布在南部漂白，而非运到哈勒姆加工）不过，工业领域的关键发展主要出现在瓦隆地区，它随后比利时的工业化铺平了道路。在这里，18世纪五六十年代的变革有着决定性的影响。尤为令人瞩目的是沙勒罗瓦、那慕尔以及列日地区的煤矿业和冶铁业。正是在18世纪50年代，奥属尼德兰的煤产量开始激增，短短几年间先后增长为原来的2倍或3倍。[34]同样极其重要的是韦尔维耶—奥伊彭（Eupen）—亚琛三角地带细布制造业的迅速扩张。18世纪中叶，这一进程在共和国细布制造业急剧衰败之后随之开始。1750年之后，这个三角地带成为欧洲细布制造业最具活力的领先地区，其产量在18世纪50年代起至80年代末增长了三分之一以上。法兰西以及共和国因此蒙受损失。[35]尽管位于列日采邑主教区的韦尔维耶是首要中心，其附近的奥伊彭（归奥属林堡）也记录了产量的惊人增长——后者专门制造供给黎凡特地区的中等细布。

这些至关重要的潮流将南尼德兰推到工业革命的起点，煤矿业、冶铁业和纺织业则是其背后的驱动力。与此同时，盐、烟草、精制盐和陶器这类产品的加工业也出现剧烈变革。过去，南尼德兰与欧洲许多地方一样，直接从共和国或英格兰进口成品，而现在，布鲁塞尔、布鲁日和沙勒罗瓦等地建立了烟草作坊，南部的加工业开始接掌奥属尼德兰市场的商品供给。这些进程全都开始于18世纪40年代或50年代，大多数取得了成功。它们一方面受益于当局强力的重商主义立场，另一方面受益于联省工业的溃败。

夏尔·亚历山大在南锡长大,是洛林家族王朝世界的继承人。他远没有像玛丽亚·伊丽莎白那样沉迷于威尼斯的品位,反而更渴望培育当地的人才和传统。对他主持的重大建筑工程风格影响最大的外部因素来自南锡和吕内维尔(Lunéville)的宫廷世界。[36] 这些因素与18世纪20年代以来体现在南尼德兰贵族扩建工程中的试验性新古典主义充分混合,促成了洛林风格与本地风格的成功融合,推动了一种成熟的比利时新古典主义的兴起。这场文化重生风潮最前沿的是三座总督宫殿的建筑工程,它们由本地建筑师负责,主要包括来自布鲁日的让·福特(Jean Faulte,1726—1766年)和多产的洛朗·伯努瓦·德韦(Laurent Benoit Dewez,1731—1812年)。德韦除了担任宫廷建筑师,还为整个南尼德兰的贵族宅邸和修道院以及奥斯坦德的灯塔,设计了诸多新古典主义的附属建筑。1756年,夏尔·亚历山大买下拿骚家族在布鲁塞尔的宫殿,作为自己的主要住所。1757—1761年,总督以奢华的新古典主义风格对其进行改建,为他知名的图书收藏、钱币收藏和自然史收藏留出广阔空间。在特尔菲伦(Tervuren),他改建了古老的公爵宫殿,那是阿尔贝特大公和伊莎贝尔公主最喜爱的宅邸之一,并在附近建立了制陶厂和丝织厂。最令人叹为观止的要数他在马里蒙建造的、全新的新古典主义宫殿,后来被公认为哈布斯堡帝国最精美的建筑之一。尽管没有什么大画家可供赞助,夏尔·亚历山大依然赋予了应用型艺术新动力,在布鲁塞尔尤其如此——他的目标是将该城打造成欧洲一流的文化中心之一。他收藏了一大批前代大师的作品,包括许多17世纪佛兰德的绘画。他还委托洛朗·德尔沃(Laurent Delvaux,1696—1778年)创作雕塑,德尔沃或许是夏尔·亚历山大宫廷里最著名的艺术家,也是一位高产的雕塑家。他成功地将佛兰德的巴洛克传统与新兴的新古典主义潮流相融合。德尔沃的主要受托任务之一是创作巨型的赫拉克勒斯像，这是夏尔·亚历山大的化身，它于1770年安放在布鲁塞尔的新宫殿中。

1766—1780年：威廉五世执政初期

作为年轻的执政，威廉五世是个总体而言不那么自信的人物。1766年，威廉五世成年，与这一事件相随的是宪政的修改，它再次强化了执政及其宫廷的地位——当然也强化了对二者施加着主导性影响力的布伦瑞克的地位。对强势的奥伦治政权的回归并不总是自动推进的。1766年，弗里斯兰省三级会议莽撞地试图草拟该省给执政的新"指令"，以使新执政获得的权力少于先前的威廉四世。布伦瑞克的强势干预挫败了这一图谋。布伦瑞克如今建构起来的亲王不容挑战的地位让本廷克·范罗恩深感忧虑，其他诸多不属于亲王扈从的人无疑也是如此。在他们看来，布伦瑞克说服执政签署的《顾问法案》(*Act of Advisership*) 公然侵害了共和国的正当制度和传统。人们担忧的还有年轻亲王的婚姻。1767年10月，他在柏林迎娶普鲁士公主弗雷德丽卡·索菲娅·威廉明娜（Fredrika Sophia Wilhelmina，1751—1820年）。她不仅是腓特烈大帝的侄女，还是布伦瑞克的外甥女。这桩联姻显然强化了普鲁士干涉共和国事务的危险。而如今，普鲁士不仅军事力量远超共和国，还占据了紧邻联省的领土带。威廉明娜的个性比丈夫强烈。来到海牙不久，她便加强了当地人对她舅舅的憎恶，[37] 不过暂时来说，这并没有影响布伦瑞克的优势地位。（参见地图16）

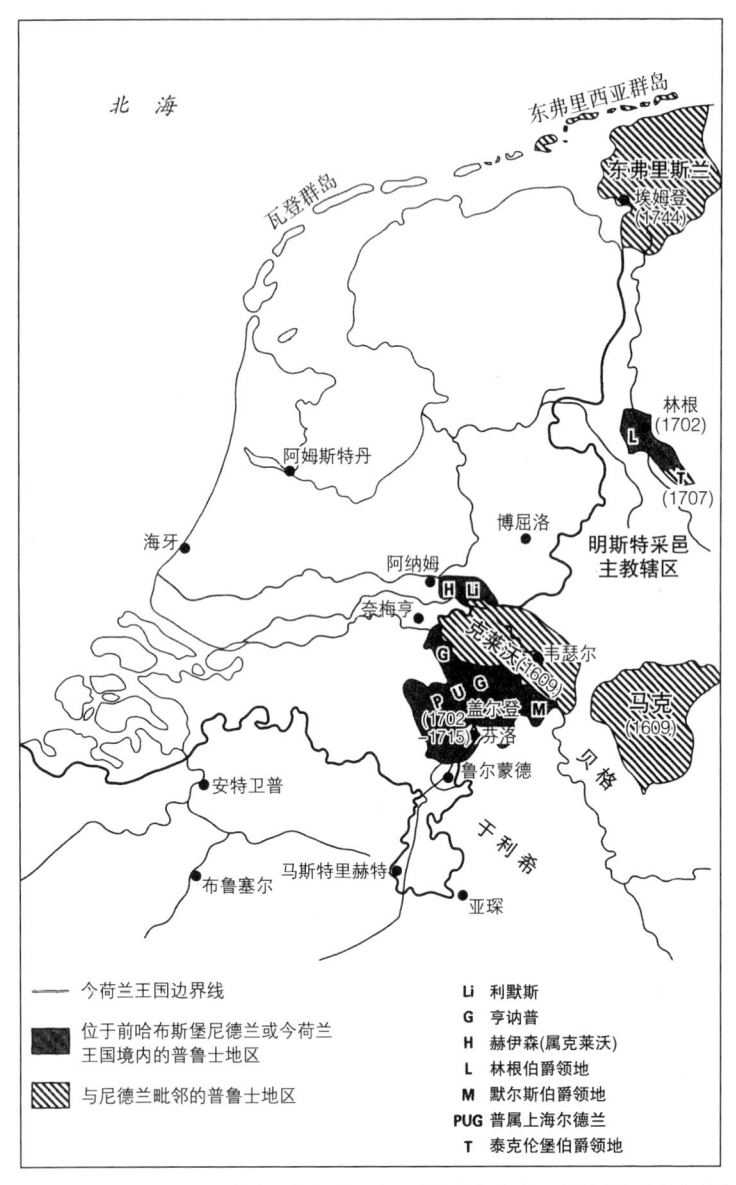

地图16 18世纪低地国家内及与低地国家毗连的普鲁士地区（括注为占领年份）

1308　　　　　　　　　　　　　　　荷兰共和国：崛起、兴盛与衰落（1477—1806）

布伦瑞克与本廷克·范罗恩之间的敌对到1769年摆在了台面上。促成这一点的因素既包括双方的个性，也包括后者野心的挫败。不过，双方的分裂也部分源自观点的对立，即对共和国和执政在其中的地位的看法。[38] 本廷克强调执政的宪政特性，强调尊崇联省的制度和传统，致力于正式的体制改革。这与布伦瑞克的观点相冲突。在他看来，联省只是某种中等规模的德意志诸侯国，应该主要依据王朝利益来耕耘。布伦瑞克将德意志王公宫廷的风格、氛围与德意志的权力政治带到海牙。他一直劝诫威廉五世，不要放弃任何特权，否则其权威将再不受尊重。本廷克试图将这个年轻人从对公爵的不幸依赖中解救出来——如今公爵胖得可怕。他力劝亲王将威廉三世树为楷模，以光荣革命作为政策和治国方略的指导。他的理想是建立强大但绝对是立宪的君主制。[39]

1766年之后，布伦瑞克分派任免权，控制着各省、各区和各城的奥伦治派小集团。正是因为公爵的执政权威增强，他才有能力去分派官职、培养忠诚度，以便增强宫廷与其国内支持者之间的联系。为此，他需要设立驻扎于各省的政治头目，让他们充当他手中忠诚的工具，将宫廷和派系利益置于各省的考量之上。泽兰省三级会议将该省大议长和第一贵族的职位都交给了威廉·范西特斯（Willem van Citters，1723—1802年），他是该省最有权势的摄政官家族的首领。汉诺威的安妮早前曾同意，如果时任第一贵族者在威廉五世尚未成年时去世，那么就任命威廉·范西特斯接任第一贵族。但布伦瑞克更倾向与另一类贵族做交易——这类贵族的立场不受各城的盘算或范西特斯传统的影响。布伦瑞克组织了一场打击威廉·范西特斯的行动，打破了后者的绝对影响力。在海尔德兰和上艾瑟尔，布伦瑞克主要与一类贵族合作：他们既是宫廷的宠臣，同时对两省局面又相对生疏。正如1782

年一位兹沃勒摄政官指出的,此时有三个人"处置和指挥着上艾瑟尔的一切",他们是:海登·范奥特马瑟姆之子海登·洪佩施(Heiden Hompesch)伯爵,他接掌了父亲特文特德罗斯特的职位;海登·洪佩施的堂兄弟海登·赖内斯泰因(Heiden Reinestein,1741—1813年)伯爵;迪尔克·本廷克·范迪彭海姆(Dirk Bentinck van Diepenheim,1741—1813年)男爵,他在1779年成为萨兰的德罗斯特。[40]

在荷兰省,布伦瑞克同样占据着压倒性的优势地位。彼得·斯泰因(1706—1772年)是哈勒姆富裕摄政官家族的成员,在1749年至1772年间担任荷兰省大议长,其地位主要得自本廷克。汉诺威的安妮和布伦瑞克与斯泰因的关系都不怎么融洽(1755年之后甚至本廷克也是如此)。斯泰因擅长为奥伦治家族(以及他自己)的利益服务,同时只安抚阿姆斯特丹和摄政官。然而,布伦瑞克和威廉五世认为他对宫廷不够恭顺,因为有一次,斯泰因认为宪政适当性危在旦夕,所以准备与宫廷对峙。斯泰因去世后,布伦瑞克选择彼得·范布莱伊斯韦克(Pieter van Bleyswijk,1724—1790年)继任。范布莱伊斯韦克是代尔夫特老摄政官家族的成员。他此前因为本廷克才取得代尔夫特议长之位,但是如今他背弃本廷克,转而投向公爵,以继任荷兰省大议长之职。布伦瑞克相信自己找到了一个全无骨气的官员。荷兰省三级会议不过是在形式上选择了范布莱伊斯韦克。一开始,他确实恬不知耻地屈从于公爵;然而到18世纪70年代末,随着该省三级会议中反布伦瑞克和执政的势力开始强硬,大议长也表现出违逆宫廷的迹象。[41]到18世纪80年代初,这只天生的"变色龙"已经成为爱国者党在三级会议中的工具。

尽管宫廷在任免官员方面依然自行其是,但在政治方面,越来越多的迹象表明,自18世纪70年代晚期以来,执政就几乎完全处于守势。1756年,欧洲发生"外交革命",奥地利及下辖的奥属尼德兰与法兰西结盟,而法兰西先前的盟友普鲁士转而与不列颠结盟。这一剧变轰动一时,也让1713年以来流行的所有战略设想和计划成为无稽之谈。长期以来,共和国的外交战略基于如下前提:南尼德兰充当共和国与法兰西之间的屏障,共和国的安全有赖于与奥地利和不列颠的亲密关系。这场剧变无疑让共和国越发渴望在不列颠和法兰西之间、在普鲁士和奥地利之间保持中立。[42] 不过,这不是鼓励共和国完全退出国际权力政治的竞技场,或忽略共和国的武装力量。相反,共和国不仅将不列颠和法兰西视为妄自尊大的竞争者和可能的敌手,而且还担忧奥地利的意图,此外普鲁士在共和国边界附近的权势也一直令他们不安。从1775年开始,共和国对奥地利的忧虑增强,因为当时奥荷边界地带首次爆发了激烈纷争,焦点在上马斯和佛兰德。这是出现进一步摩擦的序幕。1781年,神圣罗马帝国皇帝约瑟夫二世要求彻底解散屏障体系;1784年,他又要求共和国归还上马斯和荷属佛兰德地界内的部分领土,要求共和国撤出马斯特里赫特,主张重新开放斯海尔德河。外交革命远没有缓和局势,相反到18世纪70年代初,共和国已显而易见地陷入四面楚歌的境地,在欧洲中部和西部几个强国的夹缝中挣扎。

因此,无论是执政扈从,还是总三级会议派领袖,都不认为忽视共和国的国防是明智之举。相反,由于大规模殖民帝国的"触手"贪婪地延伸向大洋对岸,其边境与奥地利和普鲁士控制下的土地接壤(一些地方还存在争议),共和国有迫切的理由进行海军和陆军的扩张和现代化。然而,正是这一点给共和国18世纪70年代的筹谋制造了最为棘手的困境——在给海军还是陆军更高的优先性这一点上,共和国内部没能达成共识。1747年掌权的奥伦治政权的主要目标是增强陆军，这也是其不列颠支持者的目标。然而1751年之后，共和国事实上没做什么提升或扩建陆军的事情。另一方面，早在1741年，共和国当局就同意了再为海军装备25艘风帆战列舰，但此后却鲜少有推进这项工程的行动。到1756年，共和国只建成了一小部分新战舰；到1759年，陆军已锐减到仅有4万人——18世纪40年代，共和国陆军曾大规模扩张，那是共和国最后一次作为重要的陆军强国出现在欧洲历史上；[43] 1772年，陆军规模停滞在4.1万人。

18世纪70年代，威廉五世和布伦瑞克力图争取各方对同时扩建陆军和海军的认可和资助。但荷兰省和泽兰省三级会议，尤其是阿姆斯特丹，显然更愿意为海军而不是陆军花钱；内陆省份则倾向于投资陆军——不过真正意志坚定地要大规模扩建陆军的只有海尔德兰。问题的症结在于，威廉五世不愿或不能迫使内陆省份同意增加海军以及陆军的开销，而没有这一条件，阿姆斯特丹断然拒绝批准陆军的扩充。[44] 陆军和海军都没得到关照，这一僵局的后果便是国家的瘫痪。1778年，执政强烈要求大规模扩建陆军而不增加海军的开销，这遭到了阿姆斯特丹的顽固阻挠。

到18世纪70年代末，共和国陷入萎靡状态，这一症状延伸到国家生活的各个层面。人们普遍感到共和国正在急剧衰退。在总三级会议内部，各省和执政的能量在死局中耗竭。共和国依然握有贵重资产，尤其是其殖民帝国和存留的海运，但不列颠在欧洲以外日渐上升的帝国优势正威胁着它们。与此同时，联省还被困在奥地利和普鲁士这两个势力日增的陆上强国之间。共和国面临着经济、政治和帝国危机的叠加，进而又催生了一定程度上的意识形态冲突。这让共和国比当时欧洲的任何国家都要早地经受了革命风暴的冲击,甚至比法国还早。因为共和国社会正经历着急剧衰退,但衰落的起点甚高:它仍有残存的繁荣和诸多先进之处,同时又承受着巨大的负面经济压力。此外,与其他西欧国家不同,在这片土地上,大部分城市人口对现存政权既无尊敬又无爱戴。毫不意外,在这样的背景之下,北美殖民地革命运动的奇观给共和国带来了尤为强劲的冲击波,影响共和国生活的诸多层面。

就其展开的形式而言,美国独立战争必定会让不列颠与共和国之间、共和国内部的奥伦治派与执政反对者之间的冲突激化。从一开始,北美反叛者的许多武器和军火就是从共和国获取的。这主要经由西印度,尤其是圣尤斯特歇斯岛间接地进行。由此,不列颠不断对总三级会议施压,要求他们停止这类运输。作为支撑手段,不列颠对共和国发出咄咄逼人的威胁,并间歇性地强登和俘获公海上的共和国船只——这有悖于确立了"运输自由、货物自由"原则的1674年条约。

与此同时,美国革命唤起了许多共和国公众的同情,阿姆斯特丹大商人群体中盛行的仇英情绪更强化了这一态度。共和国和法兰西的贸易体系与殖民帝国都因为不列颠如今绝对的海上优势而遭受损害和阻碍。美国革命似乎给了二者喘息和改变势力平衡的机会。美国革命起到的另一个作用是加剧了共和国国内的意识形态冲突。一方面,西蒙·斯泰尔(Simon Stijl,1731—1804年)在他的得意之作《尼德兰联省的兴起与繁荣》(*Opkomst en bloei der Vereenigde Nederlanden*,阿姆斯特丹,1774年;增订本出版于1778年)中赞颂荷兰共和国是"自由"永恒的天堂。该书充斥着三级会议派对格劳秀斯和德维特"真正的自由"的崇敬,并点缀了一些孟德斯鸠的理论。[45] 而另一方面,上艾瑟尔贵族约安·迪尔克·范德卡佩伦·托特·登波尔(Joan Dirk van der Capellen tot den Poll，1741—1784年）敲出了新的音调。他是不列颠北美政策的主要反对者，深受理查德·普赖斯《论公民自由的性质（1776）》(Observations on the Nature of Civil Liberty，1776年)的影响。普赖斯的这部作品根植于洛克的思想，表达了强烈的民主和亲美利坚倾向。[46] 范德卡佩伦将该书翻译为荷兰语并出版（莱顿，1776年），以支持美利坚事业。

包括塞法迪犹太作家伊萨克·德平托在内的奥伦治派宣传家为不列颠在北美的政策辩护。德平托警告荷兰共和国公众以及自己的犹太同胞，不列颠美洲帝国的坍塌最终会导致欧洲在美洲的所有帝国的崩溃，摧毁残存的共和国贸易体系，毁灭阿姆斯特丹的股票市场。但奥伦治派处境艰难。政权不得民心，共和国的贸易、工业和殖民地处于悲惨境地。除此之外，不列颠政策的攻击还十分猛烈，执政宫廷实际上不可能对抗反英情绪的浪潮。1777年2月，不列颠驻海牙大使约瑟夫·约克（Joseph Yorke）爵士将来自不列颠政府的备忘录呈递给总三级会议，要求共和国当局立即采取行动，阻止军火经圣尤斯特歇斯岛流入北美，并召回该岛总督。不列颠政府指责总三级会议默许荷兰人与美利坚人合作，将补给送入北美殖民地，并威胁称，如果共和国不能或不愿阻止这些物流运输，不列颠将出手阻止，而手段是无限制地强登和俘获船只。范布莱伊斯韦克评论道，不列颠最后通牒的腔调过于跋扈，以致"造成了极大的轰动"。[47] 布伦瑞克绝望地告诉威廉五世，自己从未见过哪个主权国家给另一个主权国家的文书如此专横。小册子纷至沓来，强烈谴责不列颠的傲慢和专制。

从这个角度说，英荷关系不可挽回地滑向战争边缘。尽管执政本人有强烈的亲英倾向，但他不得不批准海军备战，以防共和国海运遭到袭击。1779年年末，驶往西印度的大型共和国船队在英吉利海峡遭到英国人的炮火攻击，被胁迫驶入普利茅斯。1780年秋披露的材料揭示了阿姆斯特丹大商人和金融家串谋协助美国革命的全貌。此事，加上无限制的登舰行动最终让英荷战争一触即发。[48] 对于1780年的英国人来说，对共和国开战的吸引力在于，他们期待可以迅速、轻易地夺取共和国船只和殖民地，进而补偿自己因为败于美国人和法兰西人而蒙受的财产和名誉损失。于是，不列颠在美洲的前途逐渐渺茫，反倒让不列颠与共和国的战争更可能爆发。

当第四次英荷战争（1780—1784年）真正到来时，事实证明它对共和国而言是一场全方位的灾难。在战争的第一个完整的月份里（1781年1月），不列颠海军和私掠船就俘获了至少200艘共和国船只，共和国残存的海运彻底瘫痪。[49] 1781年2月，不列颠海军上将罗德尼（Rodney）夺取圣尤斯特歇斯岛，抄没了众多船只和一大批商品和补给存货。进一步的灾难接踵而至。英国人夺取了西印度公司在西非的所有要塞（埃尔米纳除外）和西圭亚那殖民地——尽管随后法国帮共和国夺回了这些地方。在东印度，由于法国的帮助，共和国的损失没有那么惨重。不过，共和国还是丢失了印度南部和锡兰的一些基地（包括纳加帕蒂南），损失了满载货物、总价值达1 000万荷兰盾的东印度公司船只。

第41章 蹒跚的共和国与"南部"的新活力　　1315

第42章

1780—1787年：爱国者党革命

1781年9月26日一早，人们发现数份名为《致尼德兰人民》（*Aan het Volk van Nederland*）的小册子被散发到大街上，传到共和国的各个角落。小册子是匿名发表的，其背后作者是范德卡佩伦男爵。小册子传递出坚定有力的政治讯息。在哈布斯堡王朝掌权之前，共和国曾有过这样一段时光：那时的人民享有高度的公民自由和政治自由，他们可以通过市民的宣誓代表委员会、民兵团体和行会的势力，来制约各个省份的统治者。这种无价的"自由"以如下不受限的公民权利为基础：集会，组织、组建委员会，选举代表，表达观点。而后人民的自由被查理五世和腓力二世剥夺，后者的表现尤为恶劣。然而，1572年的大起义没能恢复他们的"自由"。[1] 尽管对重获自由的追求为反腓力二世和西班牙王权的大起义提供了核心动力，起义中也有许多激动人心之处，但是从人民的角度来说，大起义以失败告终。民众参与城镇议事会和省政府工作的传统曾短暂地由市民行会和民兵团体复兴，但此后遭到沉默的威廉和摄政官的再次压制。[2] 按照范德卡佩伦的说法，这一灾难性时刻恰好出现在200年以前，即1581年，当时荷兰省摄政官发布法令，禁止各城议事会在重大事务上咨询民兵团体和行会的意见。这就是荷兰大起义背叛自己、背叛起义的基本原则的时刻。

范德卡佩伦宣称，1572年以来对共和国自由的打压主要是奥伦治亲王用常备军实现的"杰作"："掌控军队者可随心所欲。"[3] 为了重夺自由，为了能够再次参与城镇议事会和省政府工作，人民必须创建一支人民的民兵，它致力于"自由"原则，并且足够有力，以便起到制衡常备军的作用。他的观点显然受到北美民兵在殖民地上抵抗英军这一奇观的启发。范德卡佩伦公然力劝共和国以美国人为楷模。他号召人民将命运掌握在自己手中，在每座城镇、每个地方发动民主运动，这种"革命"进程将由下至上地推进。男爵在小册子里向读者保证：国家及其政府属于居住在其中的所有人——无论贫富——但是，只有创建一支公民的民兵队伍，一支有足够积极性去用手中的刺刀保卫人民的自由的民兵队伍，人民才能掌控国家，才能在自己的国土上获得自由。而要实现这些，公民必须效仿美国人（和瑞士人），像他们一样认真操练、学习使用武器，尤其是在教堂做完礼拜之后。另外，公民还必须选举自己的民兵长官。

从政治理论的角度看，男爵煽动性的小册子或许没什么新东西，不过在当时的共和国社会，这本小册子的惊人之处在于，它强有力地从人们所熟知的事实当中提取出革命的要旨，意图应对在整个共和国造成深刻挫败感的形势。这是1747—1751年奥伦治革命以来的首次尝试。男爵的小册子几乎可以称得上是18世纪80年代爱国者党革命的宣言，主要原因是它强调有必要通过创建基层的人民组织、建立公民的民兵队伍而使政府对人民负责，因为它将执政和奥伦治家族定义为"自由"的主要敌人。男爵也斥责摄政官，但认为他们是附属的存在，既可以被拉到亲王一边，也可以被拉到人民一边。在他看来，奥尔登巴内费尔特和德维特在某种程度上是为人民利益服务的，并且尽管在第一个和第二个无执政期摄政官也曾排斥公民参与公共事务，但因为希望通过联合人民对抗执政，总三级会议派愿意帮助人民实现"自由"的恢复。[4] 范德卡佩伦坚持，如果不改革民兵团体，不将其置于公民的控制下，重夺自由的行动就不可能成功。这一观点将成为荷兰爱国者党革命印刷品的核心信条。正如当时爱国者党的主要刊物《下莱茵邮报》(De Post van den Neder-Rhijn) 在1784年8月给上艾瑟尔爱国者党提的建议："他们必须"通过研究历史资料，"调查每个地区发生什么侵害人民权利的事"；不过最重要的是，他们必须"训练使用武器，由此我们正直的摄政官才能得到支持，无用之人才会闭嘴"[5]。

与此同时，第四次英荷战争仍在继续；由于荷兰灾难性地惨败于不列颠之手，民众的义愤和怒火升级了。共和国海军衰败、疏于管理，西印度公司和东印度公司没能充分维护他们的驻军和要塞，上述这些都是共和国战败的主要原因，而且部分归咎于摄政官和殖民公司。[6] 但是，公众已经习惯于将共和国的溃败——包括随着航运和渔业的瓦解而带来的荷兰省和泽兰省严峻的经济萧条——归咎于执政及其宫廷，而爱国者党的出版物如今正进一步强化这样的观念。[7]

1782年，爱国者党运动赢得了势头，尤其是在荷兰省、乌得勒支省、海尔德兰省和上艾瑟尔省。一开始，充当爱国者党运动先锋的是爱国者党的出版物，其报纸和杂志让批判执政及其政权的文字涌向公众。[8] 这是一场由记者、律师和其他专业人士引领的革命，它感染着社会上识字的城市中层阶级，尤其是小店主。这完全是一场自下而上的革命运动，席卷共和国大部分城镇和零星的乡村地带。这些出版物高度雄辩，致力于彻底重塑本国的体制和政府体系，但是在被爱国者党视为共和国奠基原则的框架内展开的。在他们看来，其运动本质上是针对西班牙的荷兰大起义的复兴、延续和完成。革命的基本目标是夺取执政宠臣和摄政官寡头对各城和各省生活的控制权,将权力转移到那些自认为是人民的发言人和代表者的手上。[9]

爱国者党的意识形态根植于共和国的历史,以那些被视为大起义和共和国核心原则的东西为基础;尽管如此,它也展现出一些引人注目的新特点,[10]尤为重要的是对"人民"的理想化解读。这是18世纪中叶荷兰共和国环境下显著的意识形态潮流。与之密切相联系的是民主思潮和民族情感。这种民族情感更类似于19世纪初欧洲的自由民族主义,而非黄金时代联省盛行的对任何身份的认同感。[11]爱国者党认为:"荷兰人民(the Dutch people)"意味着国民的整体,路德宗信徒(他们十分积极地支持爱国者党)、门诺派信徒和天主教教徒与归正会民众一样,是"荷兰人民"的一部分。他们反对官方对宗教少数派的歧视,也反对官方对共和国某些地方的制度性歧视,这些地方(如公地)的地位低于有投票权的七个省份。爱国者党的出版物将包括奥伦治派归正会讲道者在内的执政政权支持者称为"反爱国者"(Antipatriotten)。这种向非归正会民众伸出橄榄枝的行为,并不只是口头上的谄媚,它事实上是爱国者党的政治策略的一部分。爱国者党计划将宗教少数派和公地拉入革命运动,利用他们的支持来实现自己的目标。执行这一策略的一个手段是强调共和国的大英雄并非都属于归正会。《下莱茵邮报》是爱国者党最具影响力的报纸之一,由彼得·特·霍恩(Pieter 't Hoen)在乌得勒支创立。1785年11月的《下莱茵邮报》反问道:难道最近这场灾难性战争中唯一的英雄、海军将领佐特曼(Zoutman)不是路德宗信徒?难道威廉三世著名的军事工程师库霍恩不是门诺派信徒?难道三级会议派历史上的英雄奥尔登巴内费尔特和格劳秀斯不是抗辩派信徒?[12]

第42章 1780—1787年:爱国者党革命 1319

爱国者党革命推进的方式是通过出版物在人民中间传播民主意识，将民兵团体转变为实现人民意志的工具，最终迫使执政的代表和摄政官恢复公民在地方政治中的控制权，因而也恢复公民在各省和全国政治中的控制权。[13] 新型民兵，或按其称谓称"自由军"，在以下四个方面区别于旧式民兵：第一，他们由市民防御委员会而非摄政官掌控，委员会将选举军官；第二，他们将摒弃先前浓厚的归正会特性，对各个宗教教派的荷兰人开放，也包括天主教教徒；第三，他们将直接参与城市政治，以支持"正直的摄政官"，对抗"反爱国者"；第四，他们将接受更大强度的训练，获得更先进的武器，这样他们不仅能在城镇内维持秩序，还能在必要的时候，抵抗荷兰省或外国的常备军。新型自由军的规模也将大于旧式民兵的规模。多德雷赫特，是爱国者党运动的一个领导中心。那里在1783年1月率先创立了新型自由军以代替旧式民兵，并且很快便招募到一千多人。

爱国者党的另一个重要中心在乌得勒支城。该城拥有爱国者党的一份重要报纸、一个首要俱乐部（"为了祖国与自由"），并且创建了规模最大的自由军之一。1784年12月之后，乌得勒支城还召开了自由军的一系列代表大会，来自共和国各地的代表云集于此。乌得勒支城颇合情理地被称为共和国的爱国者党运动时期"民主政治的驾驶舱"。[14] 正是在乌得勒支城，爱国者党与"政治的摄政官"结盟，给执政权威制造了首个重大挑战。他们联手废除了奥伦治派规章——这是威廉三世和威廉四世分别在1674年和1748年强加给该省的。[15] 爱国者党的出版物鼓励市民提交议案，要求赋予该省一套新的宪政体系。最具代表性的一事就是，爱国者党谴责奥伦治派规章是违宪、非法的，因为它是强加于该省的，它违背人民意愿，也未咨询公民组织——据称，查理五世之前，重大事宜的决策都要以此为前提。[16]

与1748年类似，在爱国者党势力强大的城镇，他们的小册子和海报淹没了大街小巷，里面公布了向城镇议事会递交请愿书的时间、地点，并大张旗鼓地号召大批民众前来示威以制造心理压力。这些举动本身就会让人想起1748年的相似景象。但这次，运动更强调把权力移交给人民，更坚信民众压力的合法性，也更明确地宣称要在必要时使用武力。许多自由军成员携带武器参与了民众的示威。乌得勒支城的爱国者党领袖彼得·菲利普·翁达切（Pieter Philip Ondaatje）警告议事会"我们不是1748年的人"时，[17]他指的是，这次市民不会像那时一样，轻易被欺骗和挫败。

如果说范德卡佩伦的小册子吹响了爱国者党革命的号角，那么这场运动中最有分量的出版物要数著名的两卷本作品《宪法的恢复》（Grondwettige Herstelling，1784年）。该书由包括范德卡佩伦在内的多名爱国者党领袖编写，但匿名发表。它或许是1789年以前启蒙运动在欧洲最重要的政治文本之一。这一作品的诞生基于如下前提：共和国正经历危险的衰退，迫切需要根本性改革。但是，它并不诉诸摄政官、贵族或执政，而是诉诸人民——"值得尊敬的村民和同胞市民"。与范德卡佩伦的小册子类似，它坚持主张，在强行推进必要的改革时，民兵团体要扮演至关重要的角色。但是这个修复和净化了的共和国的核心原则仍与过去类似，是反西班牙大起义、乌得勒支同盟和此后联省历史发展共同推崇的原则。本书同样将威廉三世身后的派系斗争理解为人民——主要是行会、民兵团体和宣誓委员会力图恢复大起义真正本质的举动，它削减了执政和摄政官的腐败权力。《宪法的恢复》认为，按照美国民兵的模式武装值得尊敬的公民，是迫使执政和摄政官尊重中等阶层人口权益的手段。所谓"中等阶层"包括有产者和专业人士，而无关宗教。与此同时，这样的民兵也能防范未受教育、目无遵纪的民众。[18] 该书包含了民主的元素，但究其本质而言远不是彻底的民主，它在广义上支持人民主权，但政府以现存的经历史演化而来的体制为基础，由最具资格的人掌控。那么他们是谁？《宪法的恢复》所设想的最根本变革便是以新型精英取代摄政官——早在17世纪60年代，彼得·德拉库尔便提出了这一点。而新精英是那些凭借自己的能力和责任心而证明自己值得从低位晋升为高官的人。[19] 该作品的作者似乎认为，由这样的"开明"精英治理是共和政府的真正本质。

荷兰爱国者党革命是启蒙运动和大西洋民主革命时代的产物。整个西方世界的一些人渴望根本性改革和人民主权——不过新体制也将保卫财产权，把有能力之人提升到大众之上。爱国者党革命的设想和观点呈现了与这些人的思想世界的诸多亲缘关系。爱国者党也确实利用了几位同时代英格兰和法兰西作家的观点，尤其是普赖斯、普里斯特利和卢梭的思想。[20] 但是爱国者党主要的思想来源是18世纪中叶共和国本土的意识形态辩论，包括瓦赫纳尔与吕扎克的交锋，而其终极根源包括：17世纪有关反西班牙大起义性质的论战，以及格劳秀斯、赫拉斯温克尔、德维特、德拉库尔、许贝尔、诺特、范斯林厄兰特等17世纪到18世纪早期共和国政治作家的作品。爱国者党对于孟德斯鸠有着鲜明的厌恶，因为后者尊敬君主立宪制和英格兰的案例，这让孟德斯鸠更适用于奥伦治派而非爱国者党的立场。[21]

《宪法的恢复》中大量地呈现爱国者党对"人民"概念的挪用。对于吕扎克和范胡恩斯倾向于有保留地赞成1672年和1747年至1748

年的人民起义，该书进行了尖锐的抨击。如果说主权最终存在于人民之中，那么人民如今反抗奥伦治政权、强烈要求改革的骚动就与早前那些起义同样具有合法性，甚至合法性更高。此前，人民领袖恢复自由的真挚行动因为奥伦治派的奸诈而挫败。

爱国者党的一个关键理论家是吕特赫·扬·斯希梅尔彭宁克（Rutger Jan Schimmelpenninck，1761—1825年），后来他成为巴达维亚共和国最后一任大议长（1805—1806年在位）。斯希梅尔彭宁克在1784年和1785年先后以拉丁语和荷兰语出版《论组织良好的人民政权》（*Verhandeling over eene wel ingerichte volksregeering*），为服务于公民利益的民主共和国辩护。这本书受到广泛的关注和讨论，于1794年再版。斯希梅尔彭宁克无疑受到卢梭的影响，但其思想更根植于古典共和主义传统——这可以追溯至黄金时代、大起义乃至古老的罗马共和主义著作。[22] 斯希梅尔彭宁克的一个主要灵感来源是西塞罗，后者强调公民身份和好政府的道德基础，强调有必要防止位高权重者的腐败。这些观念在共和国的环境下一直具有吸引力。

与此同时，吕扎克在他最大部头的出版物《荷兰的财富》（*Hollands Rijkdom*，4卷，莱顿，1780—1784年）中，依然猛烈抨击德维特和瓦赫纳尔的共和主义。他向公众保证自己同样珍视自由和宽容、厌恶压迫，但同时疏远了自己早前对"人民"意志的狂热。他如今的看法是，执政就是自由和繁荣最好、最可靠的保证。至于克勒伊特，他则用一连串对反西班牙大起义考证翔实的研究抨击爱国者党的意识形态。他主张：爱国者党宣称，反腓力二世斗争的实质是通过诉诸人民主权以追求自由，这完全是错误的。[23]

爱国者党革命的一个显著特征在于，它同时在西部和东部取得进

第42章 1780—1787年：爱国者党革命

展。爱国者党在内陆省份的两大势力中心是代芬特尔和兹沃勒。代芬特尔曾在德维特时期支持总三级会议派，又在威廉三世去世后带头反抗奥伦治派和1675年规章。该城也是上艾瑟尔首先在1783年春设立自由军的地方。自由军成员宣誓捍卫"整个祖国"及城市本身的"自由、安全和平静"。[24] 代芬特尔还是爱国者党革命期间第一个反对恢复1675年规章的上艾瑟尔城镇，该城将选举市长的权力从执政处转移到宣誓委员会手中。代芬特尔和兹沃勒都出现了活跃的自由军和民主运动。类似于乌得勒支省和荷兰省，行会成员——包括小店主、技术工匠和专业人士——构成了两地爱国者党运动的主心骨。两座城市也都有相当多的奥伦治派支持者——虽然他们势力较弱。从职业背景上看，他们大体上与爱国者党的支持者是同一类人，即小店主和工匠。这一现象在两座城市表现得比在荷兰省更为突出。两个民众阵营之间的主要分歧除了政治意识形态，就是宗教。这一点让人想起过去。奥伦治派平民经常受富修斯派观点和反天主教情感的激励，将爱国者党运动视为对天主教教徒友好的运动。

爱国者党运动的另一个显著特征在于，它在协调各省份、各城镇的革命活动方面，成功超越了1702年至1707年和1748年的运动。1785年6月，乌得勒支城举办大规模群众聚会，来自共和国各地的成千上万名自由军代表参与其中。会议通过了《联合法案》(*Act of Association*)，向自由军许诺将发动一场联合行动，以重建"真正的共和"宪法，恢复公民被剥夺的权利。法案中的一些说辞在语气上是新颖的、具有革命性的，这在很大程度上归功于美国经验。然而，他们真正要求和竭力追寻的，不过是18世纪荷兰共和国传统权益的略微扩展。因此，把修辞搁到一旁，爱国者党革命本质上是1672年、1702年至1703年和1747年至1748年运动所显示趋势的进一步发展，而不是与18世纪末大西洋西部新世界的革命潮流相联系的、全新的开始——这是人们常见的误解。[25]

几周之后，莱顿召集了荷兰省自由军的代表大会，爱国者党的领衔记者维博·范恩耶（Wybo Fijnje）和彼得·弗雷德（Pieter Vreede）也在其中。大会通过了所谓的莱顿方案。这是一份表面冠冕堂皇，而仔细审视起来又相当保守的纲领。它宣称"自由"是共和国和公民权利的基础，主张人民主权，要求不受限制的自由出版、由公民选举民兵军官、允许所有教派的成员加入自由军的权利。[26]这种大规模示威活动从乌得勒支传播至多德雷赫特、豪达和哈勒姆，大量的请愿书被递交到议事会，要求结束权贵寡头统治、由公民选举市政官员。

民众运动开始于乌得勒支，也是在乌得勒支，爱国者党赢得了最轰动的胜利。2 000至5 000人的群众团体经常到街上聚集，他们大多遵循守秩序、非暴力的行为模式，但表现出很大的决心。他们佩戴黑色的帽徽和丝带，以对抗奥伦治派的帽徽，他们的丝带还扎成V形，象征自由（Vrijheid）。最终，乌得勒支省三级会议在民众的压力下屈服了。在荷兰省各城镇，革命进程稍缓，而且多少有些失序。1784年之后，这里的街道上爆发了爱国者党与奥伦治派民众之间的一系列冲突，海牙、鹿特丹、哈勒姆和莱顿尤其如此。相较于对手，奥伦治派示威者常常来自稍微贫穷、受教育程度较低的社会阶层，而且经常是妇女。[27]他们高喊着："拥护奥伦治亲王！打倒爱国者！"1784年4月3日，鹿特丹的一支自由军部队向奥伦治派民众开火，打死4人，打伤数人。1784年6月，荷兰省三级会议颁布法令，将混乱归咎于奥伦治派，并禁止奥伦治派示威。在许多城镇，自由军开始禁止奥伦治派旗帜、帽徽和丝带出现，宣称"奥伦治色"是"反爱国主义"和"奴隶"之色。1785年9月4日，海牙的奥伦治派骚乱遭到镇压。此后，荷兰省三级会议还将海牙驻军的指挥权移交给省执行委员会。执政及其普鲁士夫人早已愈发感到无力，甚至有被囚禁于三级会议大厦之感。当此之时，他们离开海牙，退守到海尔德兰的效忠派地区。[28]

面对有组织的民众施压，所有地方当局都被迫屈服或逃离。共和国开始日渐分化为亲爱国者党地区和反爱国者党地区。1786年，乌得勒支省三级会议放弃乌得勒支城，退到阿默斯福特，那里驻扎着常备军。经过清洗的乌得勒支市议事会的回应是在城市里召集一个竞争性的"合法"三级会议。新三级会议遭到贵族院大部分成员的抵制，但亲爱国者党（也是天主教占主导的）城镇蒙特福特和韦克拜杜尔斯泰德派代表出席。乌得勒支城的新"市民议事会"是共和国首个经民主选举产生的城镇议事会，包含16名人民代表，他们大多是小店主和小手艺人，其中包括一名阿民念派成员、一名门诺派成员和两名天主教教徒。1786年8月，乌得勒支城召集大规模自由军集会，共有13517名民兵出席，占共和国爱国者党民兵总军力的将近一半。到1786年夏，爱国者党在乌得勒支省、荷兰省和上艾瑟尔省的大部分地区取得胜利——或者说似乎如此；在海尔德兰省、北布拉班特省和格罗宁根省也有重要的支持中心。[29] 相较而言，在泽兰省、弗里斯兰省和海尔德兰省部分地区，占据上风的是奥伦治派。此外，在荷兰省本身，尽管当时城镇议事会机构大多掌握在爱国者党手中，社会却深陷分裂。许多城市无产者、农民和渔民支持奥伦治派。这样的分裂也普遍地反映在乡村地区。[30] 在某些地区，如阿姆斯特丹附近的瓦特兰

(Waterland），也存在乡村爱国者党民兵网络。而在村庄里，地方议事会大多是坚定的奥伦治派；与城里的同行相比，乡村讲道者也更可能倾向于富修斯派和奥伦治派。[31] 不过也有例外。有一个重要的开明科齐乌斯派讲道者——艾斯布兰德·范哈梅尔斯费尔德（IJsbrand van Hamelsveld），他在爱国者党领导团体中能起到突出的作用，并主张政教分离。在1766年至1776年间，范哈梅尔斯费尔德曾在瓦特兰的迪尔赫丹（Durgerdam）村度过，在该地区有一定的影响力。

斗争在1786年8月进入高潮阶段。当时海尔德兰贵族院请求执政派总三级会议的军队去制服阿纳姆区的两座小城——埃尔堡和哈特姆。这一行动遭到爱国者党控制的阿纳姆和聚特芬的反对。然而，军队如期出现并占领了两座城市，这触发了整个共和国的爱国者党出版物的愤怒抗议。国家陷入极度紧张的状态，内战的恐惧降临。爱国者党俱乐部和自由军开始在他们势力强大的地方设立特殊防卫区，开始筹款和储备武器、物资。荷兰省三级会议中的亲爱国者党领袖、多德雷赫特议长科内利斯·德海塞拉尔（Cornelis de Gijselaar）在省三级会议中主张，荷兰省应剥夺"新阿尔瓦"——他指的是奥伦治亲王——陆军总司令的职位，停止向总三级会议军队支付军饷。[32] 乌得勒支城变为名副其实的军营，局势当时一触即发。1787年5月，常备军与爱国者党的民兵在阿默斯福特附近发生冲突，80名士兵战死。

随着危机的迫近，爱国者党面临的一个重大障碍便是，荷兰各城镇的摄政官精英，尤其是阿姆斯特丹的摄政官精英，大多只是为了撤销奥伦治派在1747—1751年间的获益并削减执政的权力，才支持民众运动。对于记者、律师等领导爱国者党运动的专业人士的民主理念，

第42章 1780—1787年：爱国者党革命

没几个摄政官是认同的。此外，爱国者党越是勤于操练，越是为武装冲突做准备，摄政官中的总三级会议派就越是不安。[33] 荷兰的一些城镇一开始效仿乌得勒支，要求城镇议事会能够真正民主、要求由市民选举议事会成员，反奥伦治派阵线的内部冲突就摆到了台面上。多德雷赫特、哈勒姆和莱顿尤其渴望把民主体制强加给心不甘、情不愿的议事会。这件事本身便巩固了海牙、鹿特丹和代尔夫特这类城镇议事会的立场，这类城镇中奥伦治派占上风。因为如今的形势似乎变成摄政官只有通过与奥伦治派结盟，才能保住自己的权力。

阿姆斯特丹的爱国者党与摄政官精英的分裂在1787年2月加剧。当时，自由军开始组织民众运动，以逼迫议事会放弃传统的成员选拔方式，接受民主化改革。爱国者党的出版物和自由军刚一反对市政厅，强劲的奥伦治派便开始了反击。到1787年4月，一些阿姆斯特丹摄政官已经开始寻求与威廉五世和解，同时他们还通过动员所谓的"斧头派"来组织抵抗自由军压力的力量。"斧头派"是狂热的奥伦治派，他们是船厂工人、木匠和驳船船员，来自阿姆斯特丹市中心以北的艾河工业带。爱国者党俱乐部别无选择，只能增强民众压力。4月21日，一大批示威民众挤满市政厅门前的水坝广场，递交了要求清洗议事会的请愿书。在这场行动的支持下，亲爱国者党的摄政官得以发动内部政变，清除反爱国者党成员。于是，阿姆斯特丹转移到爱国者党的控制下，他们通过市民的"防御委员会"和爱国者党俱乐部进行管控。这个城市里许多重要商人和金融家逃回乡村宅邸，有的逃到更远的地方。5月底，局势变化得更快。当时自由军部队攻击了数名反爱国者党摄政官的家宅，连接造船区与城市的桥梁被摧毁，以彻底阻止斧头派介入。[34]

虽然总三级会议派摄政官日渐疏远爱国者党，但爱国者党革命依然在推进。1787年8月，鹿特丹市政厅被爱国者党领袖彼得·保吕斯及其支持者占领。代尔夫特的议事会也被颠覆，代之以爱国者党的市民委员会——其中包括两名重要的爱国者党记者维博·范恩耶和赫里特·帕佩（Gerrit Paape）。类似的地方政变也在莱顿、多德雷赫特、阿尔克马尔和霍伦发生。在弗拉讷克大学法学教授约翰·法尔克纳（Johan Valckenaer）的领导下，以及弗拉讷克行会、学生及多克姆和斯内克市民的支持下，弗里斯兰爱国者党抨击在吕伐登召集的弗里斯兰省三级会议是非法的。爱国者党民兵夺取了哈灵根城，这使爱国者党控制的弗里斯兰城镇增至4个，同时爱国者党在弗拉讷克召集了与前者对立的弗里斯兰省三级会议。

另一方面，泽兰的奥伦治派民兵组织得越来越好，信心更足。民兵经常得到水手和渔民的支持，从而能够有效抑制该省的大部分爱国者党活动。爱国者党运动遇到的更严重的挫败是奥伦治派在海尔德兰取得胜利。[35]这里的常备军比荷兰任何地方的都多。同时在不列颠的鼓励和资助下，海尔德兰组织了一场政变，它算是军队的战果。1787年6月，阿纳姆和聚特芬被攻占，自由军遭到镇压。两座城镇都遍布奥伦治派的旗帜和彩带，不过这一大堆橙色彩带主要是驻军指挥官和士兵提供的，也主要是这些人佩戴。[36]许多市民的住宅遭到洗劫，阿纳姆尤其严重。夺取主要城镇后，驻军迅速解散了哈尔德韦克、蒂尔和扎尔特博默尔的自由军。到1787年6月底，执政再次成为海尔德兰的主人。

1787年夏，共和国的政治、社会和意识形态冲突都很尖锐。与所有真正的革命计划类似，爱国者党所宣称的国家复兴意图改变了人民的生产和生活方式，恢复了其活力。这种复兴同时是政治的、经济的、军事的和文化的复兴，而绝不仅仅是道德的复兴。"对祖国的爱"从18世纪70年代起就根深蒂固地烙印在共和国的政治话语中，它与一种思潮不可分割，即认为各族人民的伟大或堕落本质上是道德现象，根植于其道德观和社会责任感的兴盛或衰落。荷兰人深切关注如何限制反宗教和不道德现象的发展。相关内容不仅充溢于爱国者党的报纸和范德卡佩伦、保吕斯、范恩耶、帕佩等爱国者党重要宣传家的作品，而且充溢于吕扎克、克勒伊特和赖克洛夫·米夏埃尔·范胡恩斯的作品。范胡恩斯是奥伦治派重要报纸《老荷兰爱国者》（Ouderwetse Nederlandsche Patriot）的主编，启蒙运动和橙色运动的拥护者。[37]

富修斯派一系的加尔文宗正统派牧师和奥伦治派出版物，通常将18世纪80年代的爱国者党俱乐部和自由军贬斥为持异议者、异教徒、无神论和教宗党的巢穴。[38]事实上，爱国者党的领袖和老百姓大多有归正会背景。而与此前的一个多世纪里一样，这个共和国牧师的机构自身深刻分裂，而且大体上同样分为富修斯派和科齐乌斯派。1800年，巴达维亚共和国治下，共和国大约有归正会牧师1 570人，门诺派牧师300人，抗辩派牧师50人，天主教牧师几百人。[39]归正会牧师中，一个人数众多的少数派偏爱科齐乌斯神学和激进政治。[40]在弗里斯兰，据估计有四分之一的归正会牧师支持爱国者党。而18世纪80年代期间，在海牙参与选边站队的5个归正会牧师中，只有2个支持执政，3个站在爱国者党一边。[41]

奥伦治派牧师被轻蔑地斥为"循规蹈矩者"和教条主义者，因为他们强调信纲，刻板地看待预定论和恩典论。相比之下，亲爱国者党的牧师被奥伦治派贬斥为"阿民念派"和门诺派之友。爱国者党领导团体中最具影响力的新科齐乌斯派成员是范哈梅尔斯费尔德。爱国者党革命失败后的1791年，他出版了《荷兰民族的道德状况》（De *zedelijke toestand der Nederlandsche Natie*），宣称启蒙运动具有两面性，是善和恶都可能掌握的利器。他赞颂启蒙运动，因为它不仅传播了知识和对阅读的热爱，提升了人民的受教育程度，而且创造了一种民族意识。但是，他也同样激烈地谴责启蒙运动给生活方式带来的影响，谴责它鼓励反宗教和不道德的倾向。范哈梅尔斯费尔德的核心观点是：一个健康、稳定的共和国必定有赖于高水平的公共道德，而没有高水平的私人道德，公共道德必不能持久；进一步来说，没有坚实的宗教根基，这一点也无法维持。因此，在他看来，加尔文宗信仰是国家和革命的锚点。与所有的爱国者党作家一样，范哈梅尔斯费尔德执迷于追求"共和美德"，他希望通过给社会注入更严厉的道德观念，来提升公共福祉："一个渴望获得真正的自由，并维系其自由的民族，必须是有道德、勤劳、无畏、节俭和朴素的，不能缺乏男子气概或沉溺于感官愉悦。"[42] 约翰·德维特是他心目中的英雄，其最具吸引力的"共和"品质便是举止大方，穿着简朴，他就像公众中的普通一员一样进进出出，只有一名仆人陪同。

在范哈梅尔斯费尔德看来，就启蒙运动在共和国促进反宗教和不道德现象的程度而言，它正在损害共和自由本身。他承认，共和国正在变为宗教色彩不那么强的国家，这一变化正以令人担忧的速度推进。他评论称，在他自己还是大学生的18世纪50年代，全国有三四百名神学候选人准备着要担任归正会牧师；无论什么时候，只要有职位空缺，即便是在某个偏远乡村，你也能指望有足足40名候选人立即申请补位。而在1790年，他估计整个共和国只有四五十个神学学生准备担任牧师，大约是上一代神学候选人的10%。[43] 他承认，这是启蒙运动造成的，不过是传播法兰西观念和性放荡的恶劣启蒙运动。他声称，性放荡的观念已经在共和国社会传播得如此之广，以至于本应受人尊敬的已婚妇女犯下通奸之事在当时竟已相当寻常。

对于开明的奥伦治派而言，共和国已然是"公民自由"的楷模，而爱国者党厉声要求的出版自由也在此早已存在。[44] 范胡恩斯在《老荷兰爱国者》一书中的核心要旨是：自由出版与恣意出版之间是有区别的；而爱国者党报纸想要的是损害社会稳定和福祉所仰赖的宗教、道德和社会支柱，他们要颠覆对宗教的尊敬，抹杀"自由"与"恣意"之间的区别。恣意的放纵如果不被压制，便将毁灭"真正的荷兰式自由"，即"在一片自由的土地上、在像我们这样自由的民族的治理下"去思考、发言和写作的自由。[45]

范胡恩斯、吕扎克和克勒伊特这类开明的奥伦治派与爱国者党理论家之间的意识形态鸿沟相对狭窄——至少在他们所使用的术语和思考方式方面如此。[46] 双方都以"自由"与共和美德观念为中心建立自己的意识形态，都强调政治和经济的福祉有赖于宗教和道德，两派思想家都坚持认为有必要在人民中间宣传对祖国的爱，都笃信教育、学术和科学的价值。尽管如此，两派也在某些问题上存在根本的分歧，包括："自由"——尤其是出版自由——的性质；教会及其神学在社会和政治中的地位；最重要的是在民主层面——人民在政治中的地位。考虑到这些，两派之间的意识形态鸿沟又是无法逾越的。对于许多奥伦治派而言，爱国者党的观点似乎不仅是令人反感的，而且是不信神的、邪恶的和毁灭社会的。依照17世纪晚期的奥伦治派传统，范胡恩斯的刊物反复把爱国者党称为"抗辩派和其他持异议者"的党派。这意味着，他们的许多热情源自对荷兰归正会的派系仇恨，他们的目的是损害教会、社会和国家。[47]

第43章

共和国的落幕

奥伦治派反革命（1787—1795）

在1787年夏，尽管执政及其支持者一方拥有常备军，但他们看起来绝没有强大到能扑灭爱国者党革命的程度。事实证明，最终是外国势力的介入起了决定性作用。自1784年的第四次英荷战争以来，不列颠大臣们就一直很积极，他们给予奥伦治派领导钱财和鼓励，提供削弱爱国者党的策略。爱国者党将不列颠视为共和国及其贸易和殖民帝国的主要敌人，不列颠政府也同样坚信，爱国者党革命对不列颠利益造成了严重威胁——包括外交、战略、贸易和航海上的。范德卡佩伦在18世纪80年代初的通信揭示，爱国者党领袖私底下知道，普鲁士对他们的敌意一点儿也不少。尽管尽一切可能避免激怒普鲁士国王似乎是明智之举，但盛行的反英言辞才是爱国者党态度和意识形态的基调。此外，主要是不列颠一直鼓励普鲁士采取打击爱国者党的行动。结果，在反英言辞持续不断的同时，对普鲁士的评论相当少。1786年8月，腓特烈大帝去世，而荷兰出版物竟完全没有讨论谁将继承普鲁士王位，以及这有可能对共和国造成什么影响。出版物只以最礼貌的措辞提及普鲁士。[1]

执政软弱又优柔寡断,对普鲁士最终镇压爱国者革命的干预几乎什么都没有做。[2] 普鲁士新任国王是腓特烈·威廉二世(Friedrich Wilhelm Ⅱ,1786—1797年在位),一个纪律严明的人。他是民主思想的敌人,也是威廉明娜的哥哥。他越来越关注共和国势态的发展。1787年6月亲王夫人威廉明娜在斯洪霍芬附近被豪达的自由军俘获时,普鲁士国王宣称,爱国者党的行为是对霍亨索伦家族的羞辱。同时,国王得到不列颠强有力的鼓励,开始在低地国家内部和邻近的普鲁士领土上集结军队。随后,1787年9月,一支由2.6万人组成的普鲁士军队穿越边境,分两路纵队向海牙和阿姆斯特丹进军。他们全程几乎没遭遇什么抵抗。尽管爱国者党一直在宣扬武装公民、训练自由军,但一见到普鲁士人的刺刀,人民民兵的革命狂热便直接烟消云散。乌得勒支不战而降,爱国者党革命溃败。

在普鲁士军队和不列颠金钱的支持下,威廉五世作为胜利者返回海牙。他打算在从前的基础上恢复奥伦治政权,同时只进行最低限度的报复。然而,惩罚爱国者党和限制言论的严厉程度大大超过了他本人和一些支持者原本的意愿,而这根本不是他能控制的。出版物上的言论遭到钳制,政治集会被禁止,爱国者党俱乐部和自由军被解散。旧式的民兵团体得到恢复,由已清除了反奥伦治派的城镇议事会掌控。而在此之前,奥伦治派的抗议人群已经冲上大街,袭击了爱国者党主要成员的住宅——他们通常是洗劫而不毁灭它们。依照共和国最优良的传统,几乎没有爱国者党人被杀,或遭受极其残酷的伤害,不过大批人员遭到威吓。在沮丧和恐惧的阴霾下,数千名重要爱国者党人选择逃离,而非留下来面对更多的群众暴力和官方打压。他们成群结队地穿越边境进入奥属尼德兰,许多人选择继续前行到法兰西避难——路易十六对他们表示欢迎。

威廉五世选来指挥奥伦治政权重建的人是泽兰的退伍军人劳伦斯·彼得·范德施皮格尔（Laurens Pieter van de Spiegel，1736—1800）。1787年12月，范德施皮格尔被任命为荷兰省大议长。他是个精力充沛、精明能干的摄政官政治家，尽管并非出身于古老的摄政官家族，却多少承袭了范斯林厄兰特的传统。范德施皮格尔也对共和国体制做了大量的历史研究，在18世纪80年代出版了许多体现渊博知识的历史作品，他也汇编了一些政治论述。范德施皮格尔对共和国及其过去有着深刻的认识。他和范斯林厄兰特一样，坚信有必要改革共和国的联邦结构，将各省打造为整合度更高的整体。

与范斯林厄兰特相似的是，范德施皮格尔发现自己设想的实践遭到保守势力和既得利益者的联合阻碍。虽然如此，他确实也实现了部分改革设想，其中最重要的是早就需要的、对各省分摊份额的修订：荷兰省的分摊份额大幅提升，海尔德兰的稍有提升，而泽兰、乌得勒支和弗里斯兰的有所减少（参见表8）。他还开始改革东印度公司势力范围之外的殖民帝国。第四次英荷战争揭示，西印度公司不仅在事实上破产，而且无力管理或保卫自己的殖民地。[3] 总三级会议不顾泽兰的反对，在1791年对西印度公司进行资产清算，股东得到股票票面价值30%的补偿（他们的股票已经不怎么值钱，而且自1780年以来就几乎没收到分红）。从1792年1月起，西印度公司从前在几内亚的领地——苏里南、埃塞奎博、德梅拉拉、波默伦及荷属安的列斯六岛和在西非的要塞由大会议直接管理。新同盟机构——西印度殖民地委员会成立。不过，在政权残余的最后岁月里，委员会在重组殖民地及其防御的道路上没取得什么成就。

第43章 共和国的落幕

范德施皮格尔并不是一个无名小卒。他力争推行改革，增强政权的支持力量；同时，遵照上位者的意思，避免激烈的手段，表现出对共和国制度和程序一定程度的尊重。逮捕的案例极少，他负责的镇压行动则一直温和。不过，避免激烈手段意味着：反抗精神很快死灰复燃；共和国没有什么可能切断荷兰人民与身在法兰西和南尼德兰的爱国者党流亡群体的联系，也没有什么可能将他们与即将到来的革命风暴隔绝。1788年，革命首先在奥属尼德兰爆发，而后在1789年的法国接踵而至。

"南部"的保守派革命与新"尼德兰共和国（netherlands republic）"

对于身在法国的荷兰爱国者党流亡者而言，法国大革命（French Revolution）的爆发和由此引发的普世主义的意识形态都是激励人心的进展。1789年之后，爱国者党革命就在政治上和意识形态上与法国大革命紧密地联系在一起。然而，无论在1789年之前还是之后，荷兰的革命进程都与南尼德兰爆发的革命截然不同（而且大体上一直疏离）。北部与南部的政治、意识形态、宗教和整体文化环境之间依然存在不可逾越的鸿沟，而大革命的推进只会进一步扩大这一鸿沟。确实，爱国者党运动既不是反基督教的，也不是非基督教的。但是，它也显然缺少宗教基础，并否认教派的要求和前提。没有哪个教派能在这场运动中主张任何特殊地位。它的思想世界由启蒙运动和美国革命的典范塑造而成。但是它依然坚定不移地相信，反西班牙大起义和共和国的基本制度具有永恒的有效性,是走向光明未来的最可靠指导。与此不同,南部的政治和意识形态剧变本质上是对"约瑟夫主义"的反应——神圣罗马帝国皇帝约瑟夫二世在南尼德兰推行开明的专制主义。[4]

1780年约瑟夫二世继承玛丽娅·特蕾莎的遗产,成为哈布斯堡王朝唯一的统治者。此后不久,皇帝决意巡幸他治下的低地国家。这次巡幸(1781年5月至7月)成了名副其实的"由上而下的革命"的推手。这场革命的意义之深远不亚于邻国北尼德兰同时爆发的爱国者党运动。约瑟夫二世削减了布鲁塞尔新摄政——他的妹妹玛丽亚·克里斯蒂娜(Maria Christina,1780—1793)及其丈夫的权力,将南部收归维也纳直接管辖。1781年,他颁布《宽容特许令》,强制给予新教徒和犹太人以宽容,而他们在这片土地早已习惯了反宗教改革灌输了两个世纪的拒绝宽容。他查封了多余的修道院,令剩余的修道院服从维也纳而不是罗马;他限制宗教游行,改革行会,还开始改造鲁汶大学,削减教会和贵族的特权。比较能令人接受的是,他下令重启斯海尔德河的海洋贸易。1787年,皇帝开启了彻底重组整套司法和行政体系的计划,提出要废除大部分已有的司法区和法庭。

1787年春,一场抗议活动兴起,特别是在布拉班特。此次抗议活动由布鲁塞尔律师亨德里克·范德诺特(Hendrik van der Noot,1731—1827)领导。布拉班特省三级会议提醒皇帝,他在该省应遵照他的勃艮第和哈布斯堡前任曾宣誓维护的历史特权条款来进行统治。[5]众多小册子也相继面世,指责皇帝践踏南部省份的古老宪法权利。1787年6月,范德诺特和布鲁塞尔的行会开始组织民兵队伍,它与北部爱国者党组建的那些类似,不过在政治和意识形态措辞上更为保守。1787年9月,布鲁塞尔爆发人民起义,致使奥地利人将军队撤出该城。

在两年的时间里，南部一直徘徊在全面起义的边缘。到1789年6月，事态发展到紧急关头。约瑟夫二世有限的耐心被消耗殆尽，宣布奥属尼德兰各省的所有特权全部"废止、撤销、无效"[6]。与此同时，比利时起义者得到北部的帮助。18世纪80年代的荷兰和比利时的民众运动截然不同，它们对待权威、宗教、人民参与政府、传统司法权和奥伦治家族的态度天差地别，甚至无论是威廉五世，还是其普鲁士盟友都丝毫不打算阻止南部的骚乱。相反地，海牙和柏林当局都仇视约瑟夫二世及其政策，进而开始鼓励这场既保守又反对奥地利的民众运动。范德诺特在布雷达设立了流亡的反革命委员会，该城是沉默的威廉的领地。1789年秋，起义者获准在这里集结起义的军队。引人注目的是，范德诺特1789年的政治宣言以大会议1581年否定腓力二世的弃权法案为基础，一些地方甚至一字不差，主张各省特权神圣不可侵犯。[7]

1789年10月，比利时起义者从荷属布拉班特进军南尼德兰，打败奥地利人，整个欧洲为此错愕。起义者在布鲁塞尔召集大会议，宣布建立新"共和国"，并且会一边关注美国革命，一边关注反西班牙大起义。[8] 起义者将这个新国家取名为"尼德兰合众国"（Republic of the United Netherlands States），而其中"States"一词在传统的低地国家指的是"国家"的意思。当此之时，南部起义分裂为两支：以范德诺特为首的保守派，是反革命主流；以让·弗朗索瓦·冯克（Jean François Vonck，1743—1792年）为首的自由民主运动派，这派人也被称为"冯克派"。[9] 保守派主张，罢黜统治者之后，主权应当交还给各州，而不是人民。冯克派不同意这一观点，但是发现不仅贵族、教士和农民，而且布鲁塞尔的行会都一致反对自己。全副武装的行会成员和农民谴责启蒙运动、宽容和冯克派。出版物更助长了民众对所谓反宗教的"本世纪哲学"的厌恶。到1790年5月，冯克派的大多数成员逃至边境对面的法国。

数月内，尼德兰的新共和国颇有活力地维持着自己的存在，尽管其宪政安排有缺陷，总三级会议也没能争取到各省三级会议足够的合作与财政贡献。南部的尼德兰合众国于1790年发布自己的宣传纪念章，上面刻着一头尼德兰雄狮，手持一根挂着自由帽的杆子。同样的象征符号曾出现在16世纪70年代反西班牙大起义的宣传纪念章上。具有讽刺意味的是，许多民众开始张扬地佩戴奥伦治帽徽。在北部，这是反革命的象征，而在南部，它却代表着对各省特权的忠诚——这是奥伦治亲王领导的反腓力二世大起义所捍卫的。[10] 普鲁士越来越频繁地插手低地国家政治，它不仅与北部的奥伦治政权联手支持新共和国，而且派军队去支援。

此时，普鲁士是比不列颠更强势的低地国家的仲裁者。普鲁士君主在尼德兰境内和毗邻的普鲁士领地上有大批驻军。而新任神圣罗马帝国皇帝利奥波德二世（Leopold II，1790—1792年在位）一方面担忧奥地利与普鲁士在匈牙利、波兰和捷克地区，还有低地国家上的竞赛升级，另一方面又远不像他已故的兄长约瑟夫二世那样强硬。在赖兴巴赫会议上，利奥波德二世积极讨好普鲁士，并在1790年7月与之达成协议。根据这一揽子协定，各方就欧洲东部和中部地区达成妥协。普鲁士同意：如果撤销约瑟夫二世的改革，那么奥地利政权就应当恢复在南尼德兰应行使的权力；同时，不得报复那些得到普鲁士支持的人。就南尼德兰达成的新宪政安排将由普鲁士、奥伦治家族和不列颠保证实施，普鲁士军队也撤出这个新兴的国家。1790年11月，一支由3万人组成的奥地利军队进军共和国；12月，奥军进入布鲁塞尔。同月，奥地利、普鲁士、不列颠和奥伦治家族在海牙签订了另一份条约，规定了各方在低地国家的合作。1791年6月，玛丽亚·克里斯蒂娜返回布鲁塞尔。

存在于1789年至1790年的尼德兰合众国昙花一现。不过它出现在欧洲和低地国家历史上的决定性时刻，并带来了深远的影响。它表明，18世纪到19世纪初，分隔低地国家南部与北部的政治、宗教和文化鸿沟已经达到最大程度。布拉班特1789年的反革命者党成员是低地国家中第一批政治理论家，他们要求将南部说荷兰语和说法语的人口统称为"比利时人"（de Belgen；les belges）。[11] 他们在制度方面的保守主义和对天主教的虔诚，令欧洲惊叹不已。他们坚定不移地认为，自己的革命运动既不同于法国的革命运动，也不同于北边的尼德兰的革命运动，并且对后两者持强烈的反对态度。他们拒斥启蒙运动和开明绝对主义，不过比起在布拉班特，冯克派确实在佛兰德和法语省份获得了略多一些的支持。

可以说，18世纪80年代尼德兰南北的人民运动有着不同的性质，而是南部的人民起义更像是更广泛的大西洋革命不可或缺的一部分。美国革命之后，大西洋革命运动吞没了西方世界。在这一进程中，荷兰爱国者党运动是欧洲的首场重大剧变，而法国大革命是最具戏剧性的。的确，奥属尼德兰是西部地区唯一在开明的专制主义和受美国与荷兰爱国者党启发的民众参政要求之间发生直接冲突的地区。[12] 但是，对"民族"再次觉醒、宪政改革、武装人民的渴望，和"自由"的言论，也同样是尼德兰合众国的基本特征。所有这些都是席卷大西洋世界的大危机的明确表现。

联省终结

尽管荷兰爱国者党厌恶法国启蒙运动的激进思潮和革命言论，但他们天然地比任何群体（除了比利时反对派中最不妥协的冯克派）都更可能加入法国大革命的势力。不过，地理因素决定了南方首先被革命的法国所控制。1792年11月法军在热马普（Jemappes）获胜之后，革命事业便在南部得到发展；1794年6月，法军在弗勒吕斯（Fleurus）大败奥军之后，整个南尼德兰完全处于法国控制之下。不过，1792年至1794年间，强加给奥属尼德兰的只是一场来自外部的革命。它与18世纪80年代晚期民众起义的主旨和关注点没有连续性，因此也缺少民众的支持。1795年10月，南尼德兰正式并入法国，随之而来的是影响深远的制度变革：先前的省级行政机构被一扫而空，取而代之的是9个法国式的省；司法体系也被法国的革命体系取代。1796年9月，教会遭到查禁，教会建筑和财产被没收。随后的1797—1798年间，这里兴起削减世俗神职人员影响力的运动。不过这对大多数民众而言，完全是异域的，它的动力来自法国。

在北尼德兰，事态的发展则截然不同。1795年1月，法国革命军成功渡过冰封的大河。法军到来之前，人们对革命的期盼便在不断累积，以此引发的一波革命的热潮又横扫法国军队。1793年至1794年间，北尼德兰的众多读书会重夺先前爱国者党的锐气，再度积极宣传反奥伦治派的情绪和激进观念。据称，到1794年夏，仅在阿姆斯特丹就有34个读书会，其成员规模为60—80人。而在各个大城镇还存在众多类似的社团。许多会员不仅以革命观念还以枪支武装自己，准备好重启1787年中断的斗争。乌得勒支城有12个在私宅中聚会的读书会。它们中共计有1 000名自由军士兵，藏匿了数百支枪。1794年9月，阿姆斯特丹被革命秘密委员会用海报和小册子淹没了。10月曾有一次起义的苗头，但是被不列颠和普鲁士人鼎力支持的奥伦治政权迅速镇压。

1795年1月，行进的法军抵达乌得勒支城时，看到的是一个热情等待他们的城市。城里四处装饰着三色彩带和大革命的其他标志。在法军到来之前就接连展开的一系列起义赋予了法军入侵的合法性。看到这一有利条件，法军决定稍作停留，再向阿姆斯特丹挺进。乌得勒支城的各个革命委员会再次行动起来。这次，他们接管了城市，全国各地革命委员会迅速效仿他们。1795年的法军入侵宛如一场狂欢。正如一个不列颠观察者指出的：入侵"欢快地进行"，各座城镇装饰着三色旗、革命海报以及爱国者党的黑色帽徽。针对逃离的奥伦治派显要的人身或者是财产的暴力行为相当少。[13]

尤为引人瞩目的是，1787年遭到镇压的革命运动与1795年重启的革命之间有着高度的连续性。在1795年发挥着重要作用的众多俱乐部、读书会、印刷厂、民兵部队和书店，也正是活跃于18世纪80年代早期和中期那些。事实上，1795年的荷兰革命在当时被视为爱国者党革命的延续，因此它所依据的原则也曾激励过荷兰起义和共和国的创建。当然，这是一次复兴，不是共和国的覆灭。这种革命是真正的解放，是对暴政的扫除，并且因为法军相对遵纪、得休的行为而强化。这种严明的纪律与撤退的不列颠和普鲁士人涣散的纪律形成了鲜明的对比，正如英格兰目击者观察到的那样，不列颠和普鲁士士兵将自己的挫败发泄到民众身上，沿途洗劫城镇和村庄。革命是对过去荣光的恢复，这样的理解展现在无数的胜利游行、感恩仪式、剧院演出和宴会中。许多这样的活动,既在颂扬荷兰的过去和共和国,也在颂扬法国大革命的理念。公民的政府中,也存在着对1787年以及其他过去历史的回归。1795年3月,代尔夫特举行了首次市政官员的民主选举。最得人心的10名候选人中,至少有7位曾是1787年爱国者党议事会的成员。[14]

1795年,共和国更名"巴达维亚共和国"。不过,新领导人还需要一些时间来组织和拟定他们脑海中影响深远的改革。巴黎的公共安全委员会和驻尼德兰的法军军官已向爱国者党保证,他们不会干涉革命的荷兰共和国的建立。于是,暂时而言,巴达维亚共和国将采取什么统治形式还是未知数。民主的反奥伦治派如今控制着市级、省级以及其他常规机构。但是目前和接下来的数年里,体制、程序或管理体系本身都不会出现任何重大变动。事实上,在18世纪90年代末,将巴达维亚共和国称为"联省"仍是稀松平常之事。

第44章

尾声

巴达维亚共和国（1795—1806）

巴黎的革命政府决定承认巴达维亚共和国，但是与此同时，又在国内压力下要求，为1793年以来共和国对法国开战而造成的损失，向荷兰强征1亿荷兰盾的补偿金，并将佛兰德、芬洛、鲁尔蒙德和马斯特里赫特省并入法国。而割让佛兰德省还意味着，巴达维亚共和国不得不接受永久取消自1585年起生效的对斯海尔德河的限制。

至于其他，爱国者党如今可以腾出手来推行自己的革命。但是具体包括些什么呢？威廉五世及其家人于1795年1月18日从斯海弗宁根出发逃往英格兰，这让范德施皮格尔大为失望。这位大议长在2月4日遭到逮捕。他的文书和处事行为受到一个爱国者党委员会的详尽调查。委员会由法尔克纳领导，他曾在巴黎领导流亡的爱国者党委员会。但无论是范德施皮格尔，还是留下来的其他奥伦治派领导人，都没有遭到严酷对待。事态发展的路径与法国的截然不同。经过3年相当温和的囚禁，范德施皮格尔被释放。他在生命的最后一年逃到德意志，加入流亡的奥伦治党。

清洗奥伦治派并以爱国者党取而代之的行动在共和国各地迅猛推

进。革命委员会与民兵接管了国家。民主办法被相当迅速地引进多座城镇的公民政府。但是,老摄政官寡头没有被扫除,在阿姆斯特丹尤其如此。不过,他们在原则和事实上遭到打击,再未恢复元气。然而,这是18世纪80年代爱国者党内部所固有的革命,与保留共和国旧式的、各省分权的结构也不矛盾。1795年12月,共和国下令清算东印度公司资产。1796年3月,新设立的国家委员会接管东印度贸易和殖民地以及南非。不过它的作为一时也没能超越1792年以来接管前西印度公司殖民地的委员会。暂时而言,1579年的乌得勒支同盟和旧共和国的大部分程序大体仍在运转。

所有地方的俱乐部里都出现了激烈的讨论,革命委员会则要承受各种各样的压力。民众普遍要求召集国民议会,以改革共和国宪法,议会的代表不再由各省任命,改由人民选举。1795年12月,总三级会议屈服于压力,准备召开国民议会。在1796年国民议会代表的选举中,所有年满20岁的男性公民皆被赋予投票权——接受救济的贫民不在此列。国民议会在1796年3月1日如期召开。不过,与会代表的构成仅显示出与过去的部分割裂。一些代表是律师、记者等专业人士,但是更多代表是摄政官家族或贵族成员。更重要的是,希望将乌得勒支同盟和共和国旧式联邦体制一扫而光的激进派并没有完全占据上风。议会中的一大派系是反奥伦治的联邦派。他们希望避免体制方面的骤然断裂,并且保留大部分传统结构。[1]

会议结果便是一份新宪法草案的诞生,它保留了联邦原则和联省的诸多特征。它最终被1797年8月的全民公投否决。而到1797年年底,局势依然僵持,统治集团分裂为联邦派和统一派。1798年1月,在法国支持下,荷兰发生激进派政变,联邦派被驱逐出国民议会。其结果

第44章 尾声

是，一部全新的单一制宪法诞生，一改过去的整个结构。这部宪法于1798年4月交付全民公投。然而，联省仍然没有作古。新宪法是由人数急剧减少的选民投票通过的，奥伦治派和联邦派都被排斥在外——总共只有大约30%的选民参与投票。此外，新宪法获得的支持中很大一部分来自天主教占主导的地区——曾经的公地。1798年6月，共和国发生第二次政变，政变由爱国者党温和派领导，他们强调旧共和国传统和体制的持续有效性。他们保留了新宪法，但没有付诸实践。

1795年的革命锐气只持续了短暂的时间。1797年10月，发生于登海尔德附近坎珀当（Camperdown）的海战中，荷兰海军被不列颠击溃。对于那些认为"发动一场颠覆性的对英战争，共和国便能得到拯救"的人来说，这次战败绝对冷却了他们的热情，也标志着荷兰海军作为全球政治中重要力量的终结。1798年6月的政变，以及紧接其后更为温和的1801年政变，暂时（直至1805年）阻碍了从根本上对继承自过去的体制和行政管理结构进行彻底变革的努力。1798年至1805年，即便有些地方在形式上出现重大变革，其表象之下的实质所呈现出的与旧共和国体制的连续性也达到令人惊叹的程度。

对于1795年之前的联省来说，没有什么比省主权和以省为基础的行政管理、司法、赋税和官员任免的组织方式更重要了。因此，1798年单一制宪法的一个主要任务就是解散这些省结构，这对宪法宗旨的实现至关重要。议会拟订了全面的计划，意图将取代旧省的新省置于中央政权的控制下，让新省成为纯粹的行政管理机构，同时废除旧式的思维方式。其措施包括切断与旧省的联系、更改各省的名称、重新划定边界。因此，联省被划分成三个新省：弗里斯兰与格罗宁根合并组成新的埃姆斯省；布拉班特与前荷兰省和海尔德兰的部分地区合并，设立新的北布拉班特省；乌得勒支省消失，它的一部分与海尔德兰的剩余部分一道并入莱茵省，另一部分并入泰瑟尔省（北荷兰省）。

但是这些新安排没能持续多久。1801年之后，当局让大部分地区重回旧省边界。更为重要的是，对中央政权的服从更多是名义上而非实际上的，而司法和财政机构依然掌握在权贵和贵族手中。这些人大多是1795年之前管理旧省行政机构的人。"经过革命风暴洗礼的荷兰社会处于惊人有序的状态。"1800年，一位英格兰旅行者评论道。他震惊于以下事实：旧共和国硬币和印章上的纹章图案和传奇故事依然流传，尤其是反西班牙大起义。尽管两个世纪已经过去了，大起义依旧是老百姓政治观点的基本要素，以至于在论述"近期事件的详尽细节时，总是要提及或详述"大起义的相关事件。[2]

旧共和国与新共和国不一致的另一个基本特征是高度的城市自治。如果说革命意识形态和巴达维亚共和国的中央集权化目标在现实层面真的意味着什么，那一定是扫除旧式的、摄政官控制的市政当局。然而，暂时来说，这类行动并未发生。直到1805年或1806年，城镇议事会才基本成功地保留了对城市民兵、赋税、司法和诸多事务的控制权。阿姆斯特丹市议事会尤其如此。在该城，市议事会甚至恢复了历史上具有象征意义的36个席位。[3]

而巴达维亚革命优先考虑的另一个问题是废除归正会的特殊地位，切断教会与国家的密切联系，允许非归正会的公民担任公职或进入城镇议事会，结束他们在民兵团体、行会和大学中地位较低的状态。荷兰天主教教徒确实是巴达维亚革命的主要动力之一。18世纪90年代，南部与北部革命运动最鲜明的差异便在此：比利时民众基本上都回避从法国引进的革命；而在北部，尽管一些荷兰天主教牧师力图压制革命情绪[4]，但天主教教徒坚定地支持对旧制度的打击。1798年年初的激进派政变之后,荷兰涌现出一大批信奉天主教的高官。不过在此方面,革命的成果也基本上在随后的局势中被挫败。1798年之后,天主教教徒趋向于从高级管理层中再度消失。新共和国也并没有在重新分配国家大型教堂、教会学校和其他财产方面的尝试,大部分教会财产依然在归正会手中。在分派贫民救济方面,归正会相当大的影响力和有利地位大体得以完整保留。尽管天主教教徒、门诺派信徒和犹太人由此在理论上获得了解放,但实际情况并非如此。在阿姆斯特丹,犹太人占该城人口的11%左右。按中央政府的计划,该城犹太人应当与其他人一样在民兵中服役。但这项计划遭到阿姆斯特丹议事会的坚决抵制。[5]

战争让共和国的贸易、航运和渔业陷入瘫痪,人们普遍对法国的军队及其征用感到不满。就整体而言,到18世纪90年代末期,抗击欧洲各君主国的革命战争似乎进展得并不顺利,但是荷兰的社会秩序维持得相当好。奥伦治派情绪的复苏依然有限。1798年,受反法同盟胜利的鼓励,不列颠政府和流亡在外的执政都开始积极计划复辟奥伦治家族治下的旧共和国。正在这时,伦敦开始讨论一项计划:将比利时与北尼德兰合并,建构一个反法和反革命共和思想的坚固堡垒。[6]一支由英格兰、俄国、奥伦治派组成的入侵联军正在筹建。威廉五世将指挥部设在林根,号召荷兰人民起义反对压迫者,恢复执政治下的旧共和国。东部草率地发起起义行动,但却被民兵毫不费力地镇压。然而,当不列颠舰队将2.4万联军士兵(大多是训练有素的英军)投入北荷兰半岛尖端时,共和国陷入了骚乱。荷兰残余的海军大部分叛变,升起奥伦治派旗帜,举手投降。拉尔夫·阿伯克龙比(Ralph Abercromby)爵士率领的入侵军占领霍伦、恩克赫伊曾和阿尔克马尔,并开始向哈勒姆和阿姆斯特丹挺进。不过,巴达维亚共和国军队中几乎没有叛逃者,虽然民众对其支持也很有限。阿伯克龙比记录道:只有最支持奥伦治亲王的人"才愿意戴上奥伦治派帽徽,此外再没别人"[7]。事实证明,法荷联军尽管人数不如入侵者多,但要比预想的坚定。1799年10月6日,他们在阿尔克马尔附近的卡斯特里克姆挫败英军。阿伯克龙比撤退了,此后不久他放弃了入侵行动,军队返回英格兰。

从一开始,巴达维亚共和国就因为经济崩溃和贫困、苦难的陡增而深陷困境。不过,共和国社会的稳定和恢复能力大体保存完好,其社会治理、教育、福利和教会生活的传统结构也大致如此。诚然,城镇和乡村都存在犯罪和流民显著增长的情形,酗酒的情况也是如此——杜松子酒业是这个国家除了娼妓业唯一繁荣的产业。然而,按照英格兰标准看,阿姆斯特丹的监狱人数依然相当少,几乎没有人因为谋杀和持械抢劫而遭处决,大部分街道依然安全、整洁。1800年,一位不列颠观察者把握十足地评论道,旧共和国的治理形式"应该因其对私人和家庭生活模式产生的良好影响而受到拥戴"[8]。他接着记录道,"在整个联省,仆人的处境整体而言远远优于英格兰同类之人的处境"。几年后,对巴达维亚共和国有着详尽了解的意大利官员马泰奥·加尔迪(Mattheo Galdi)断言,荷兰社会是人类进步和环境有序的模范,是整个拿破仑治下欧洲的标杆。[9]

拿破仑废除共和国

那么,巴达维亚共和国为何在诞生仅仅十年之后便崩溃了呢?从本质上说，它是被全球战争势不可当的压力所碾碎的——既无力抵抗拿破仑的军队，又沦为不列颠确定无疑的猎物。

在海上和殖民领域，不列颠横扫一切。流亡不列颠之后不久，威廉五世便被说服，签署了所谓的《邱园通函》（Circular Note of Kew，1795年2月），命令荷兰殖民地总督不要抵抗英军，并将其要塞、港口和船只交由不列颠处置。没有几个殖民地权力机构从命，但是许多人被这些命令搞得迷惑不解、士气低落，因而陷入困境。在所有的殖民地，尤其是苏里南和库拉索，官员和殖民者都分裂为相互敌对的爱国者党与奥伦治派，这让荷兰人的困境进一步加剧。马六甲、安波那和西苏门答腊（Sumatra）的总督遵从《邱园通函》，不战而降。科钦在遭到短暂炮火攻击后投降。荷兰在印度南部的其他飞地迅速被攻占。1796年2月，不列颠完成了他们对荷属锡兰的征服。到18世纪90年代末，共和国的东印度帝国及其贸易被摧毁，陷入瘫痪。

英军在1795年9月夺取南非（这里大多数人亲爱国者党、反不列颠）。根据《亚眠和约》（1802年），这片殖民地被交还共和国，而随后，它在1806年再度被不列颠吞并。苏里南和西圭亚那殖民地在1799年被征服。西圭亚那与锡兰、荷兰在印度南部的飞地和南非一道，被永久并入不列颠帝国。苏里南最终在1814年回归新成立的尼德兰王国。库拉索岛在1800年被不列颠占领，同样在1814年归还尼德兰王国。肢解荷兰帝国的最后一项行动是1811年不列颠征服爪哇。

荷兰航运和海外贸易体系遭到重创。先前东印度公司在米德尔堡、鹿特丹、霍伦和恩克赫伊曾的造船厂和码头全都在1803年关闭。泽兰的萧条异常严峻，以至于到1808年，该省的船坞、制造厂和大规模作坊几乎悉数关闭。[10] 米德尔堡的人口从1795年的2万锐减至1815年的1.3万。恩克赫伊曾在17世纪曾拥有最大规模的捕鲱船队,到1797年,该城捕鲱业的规模衰减至1700年的五分之一,到1810年实际上已不复存在。共和国的城市自1688年和九年战争开始以来一直持续地长期衰退,此时衰退在各地愈演愈烈。莱顿的人口从3.1万减至2.85万(1688年水平的一半左右);哈勒姆人口从2.1万降至1.75万;代尔夫特人口从9 500人减至7 500人;阿姆斯特丹人口从20万人降为18万人——这是欧洲唯一一座陷入衰退的国际大都市。杜松子酒的生产有所扩张,斯希丹杜松子酒厂的数目从1775年的120家增长到1792年的220家,1798年增长到260家。此外几乎再没有什么行业有所发展。甚至是豪达的烟斗制造业也急剧衰落,其规模在1790年至1804年间收缩了大约三分之二。[11]

然而,最终是政治而非经济的现实导致了共和国的终结。1804年拿破仑称帝之后,法国政权不再以友善的态度看待其附属国对共和主义制度和观点的坚持。随着法国与反法的欧洲君主国之间的战争规模和开支不断升级,将盟国降级为由法国严密控制的、顺服的附属国这一策略变得越来越有吸引力。巴达维亚共和国事实上而非名义上的终结随着1805年的政变到来。这实质上源于拿破仑对共和国的恼怒。在拿破仑看来,共和国没有很好地与法国合作,它不仅没有尽力为战争征兵、筹款,而且没有强制推行针对不列颠的大陆经济封锁政策(这些年里,共和国与不列颠确实利用中立国的船只频繁地进行贸易)。拿破仑要求两国要构建更密切的合作、实现带来更大收益的激进财政改革,还要建立统一的行政管理体系——这是实现前两个目标的必要先决条件。他决心自行其是。1804年年末到1805年年初的冬季,新政权被安置到海牙,其首领是共和主义观念资深的支持者吕特赫·扬·斯希梅尔彭宁克。如今,他成了巴达维亚共和国最后一任大议长。荷兰再次举行公投,以通过1805年的新版单一制宪法。结果,投票率低得惊人——只有1.4万投票人同意——几乎没有人愿意去投反对票。

不过,即便是仍存有与过去的一丝连续,斯希梅尔彭宁克也并没有放弃早前的共和主义信念,他认为自己在某种程度上是旧共和国与1795年传统的捍卫者。然而,1805年至1806年间的改革标志着真正的分水岭——最终肃清了过去的机构。这迅速鲜明地表现在国民生活的各个方面。依照另一位爱国者党元老和革命者霍赫尔(I. J. A. Gogel,1765—1821年)的巧妙安排,共和国的赋税体系被彻底改造。新普通税法取消了各省各不相同的税种和市政税——由国家法律保障的地方除外。它还废除了诸多食品的消费税,这些曾是旧赋税体系的基础。而新普通税法将重心转移到先进的、对社会中等和富裕阶层征收的直接税上——以地产和财富为基础进行评定。[12] 各省和各市的自治权被取消,1805年针对地方政府的法律剥夺了自治市擅自推行任何经济或财政法规的权力。行会的权力遭到急剧削减。与此同时,中央政府得到强化,效率得到提升。

然而,1805年至1806年的斯希梅尔彭宁克政权不只是关键分水岭:它存续时间短暂,是个短命但具有决定性作用的转型期,在许多方面(除了它的共和派言论)都是皇帝在1806年3月强加给路易·波拿巴的君主制的前身。1804年以来,荷兰已发生迅猛的、根本上的变革。然而,拿破仑想要的是一个能全然满足他战略、海事、后勤和经济需求的荷兰政权,而非把荷兰利益放在首位的政权——斯希梅尔彭宁克和霍赫尔的政权正是如此。于是,共和国被废除,君主国取而代之。不过斯希梅尔彭宁克政权的政策为单一制国家打造了一个框架,清除了旧共和国的大多数特性。如今路易·波拿巴的君主国延续了这些政策。1807年，当局推行进一步的地方政府改革，最终将"省"降至单纯的行政管理机构的地位，剥夺了地方精英的所有权力和影响力，清除了残留的城镇和乡村自治权。司法法典自1804年以来就在筹备，1809年正式颁布：它扫除了各省的"高等法院"，在荷兰历史上首次建立起统一的司法体系。行会在1808年被正式取缔。事实上，这些年里，旧共和国的典型特性几乎全部被有意识地抹除。1807年秋，路易·波拿巴将宫廷从联省的政治中心海牙搬到乌得勒支。这是在强势地表达国王的意图，表达他决心实现的变革。而后不久，他又将宫廷搬到阿姆斯特丹。极具象征意义的是，阿姆斯特丹议事会被迫为他让路，腾出了那座伟大、闻名的建筑——1795年以前政权共和精神的缩影，多年来一直充当荷兰省摄政官首要堡垒的阿姆斯特丹市政厅在1808年成了王室宫殿。荷兰共和国彻底落下帷幕。

注 释

第1章 导论

1. Swart, *Miracle*, 3.
2. De Vries, *Barges and Capitalism*, 114—116.
3. Benthem, *Holländischer Kirch- und Schulen-Staat*, i. 9.
4. Davids, "Technische ontwikkeling", 13—17.
5. Quoted in Cohen, *Séjour de Saint-Évremond*, 2.
6. Smit, *Van Pascha tot Noah*, iii. 233—277.
7. Bientjes, *Holland und die Holländer*, 22.
8. Temple, *Observations*, 134.
9. Leti, *Raguagli politici*, 2, ii. 408—410.
10. Kossmann and Mellink, *Texts*, 86.
11. *Perpetual Edict, en Eeuwigh-durende Wet*, p. A2.
12. De Hooghe, *Spiegel van staat*, i. 57.

第2章 迈入近代

1. Visser, "Dichtheid", 16; Van Uytven, "Oudheid en middeleeuwen", 23; Klep, "Urban Decline", 266—267.
2. Jappe Alberts, *Gesch. van de beide Limburgen*, i. 76, 93.
3. De Vries, *Dutch Rural Economy*, 24, 33.
4. Janse, *Grenzen aan de macht*, 45—53, 88—98, 371.
5. Kokken, *Steden en Staten*, 32—33.
6. Van der Wee, "Overgang", 18.
7. Visser, "Dichtheid", 19—20; Van der Woude, "Demografische ontwikkeling", 136—137; Van Houtte, *Economische en sociale gesch.* 129—131.
8. Israel, *Dutch Primacy*, 9—10, 18—27.

9　Grapperhaus, *Alva en de Tiende Penning*, 27.
10　Ibid. 119.
11　Maddens, *Beden in het graafschap Vlaanderen*, 15.
12　Unger, *Dutch Shipbuilding*, 33—4; Unger, "Dutch herring", 256—259.
13　Van Zanden, "Op zoek naar de 'Missing Link'", 372.
14　Van Zanden, *Rise and Decline*, 30—33.
15　Visser, "Dichtheid", 16—17.
16　Jappe Alberts and Jansen, *Welvaart in wording*, 139—142; Van Houtte, "Zestiende eeuw", 56—60.
17　Dollinger, *The German Hansa*, 298—302.
18　Jappe Alberts and Jansen, *Welvaart in wording*, 259—260, 281—283.
19　Jansen, *Hoekse en Kabeljauwse twisten*, 18—22.
20　Brokken, *Ontstaan van de Hoekse en Kabeljauwse twisten*, 254, 289.
21　Carasso-Kok, "Schutters", 65—66.
22　Jansen, *Hoekse en Kabeljauwse twisten*, 84, 92.
23　Blockmans, "Corruptie", 241; De Schepper, *Belgium Nostrum*, 47.
24　Gosses and Japikse, *Handboek*, p. ccxlviii.
25　Blockmans and Prevenier, *Bourgondische Nederlanden*, 211.
26　Van Uytven, "Splendour or Wealth", 104—106.
27　Ibid. 110.
28　Paravacini, "Expansion et intégration", 301—306.
29　Baelde, "Het Gulden Vlies", 220—221.
30　Jansen, *Hoekse en Kabeljauwse twisten*, 83—84.
31　Bonenfant, *Philippe-le-Bon*, 28.
32　Jansma, "Philippe-le-Bon", 14—17.
33　Van Dalen, *Gesch. van Dordrecht*, i. 313—314.
34　Jansma, "Philippe-le-Bon", 16—18.
35　Gouthoeven, *D'Oude Chronijcke*, 463—464.
36　Jansen, "Bredase Nassaus", 30—32.
37　Gosses and Japikse, *Handboek*, pp. ccxlii-ccxlvi.

38　Gouthoeven, *D'Oude Chronijcke*, 499—500.
39　Koenigsberger, "Fürst und Generalstaaten", 561—562.
40　Blockmans and Van Peteghem, "Pacificatie van Gent", 330.
41　Blockmans, "Breuk of continuiteit?", 109, 114.
42　Hugenholz, "The 1477 Crisis", 37—38.
43　Jansen, *Hoekse en Kabeljauwse twisten*, 89.
44　Boone and Brand, "Ondermijning van het Groot Privilege", 6.
45　Ibid. 19—21.
46　Van Uytven, "Crisis als cesuur", 430.
47　Struick, *Gelre en Habsburg*, 23—26.
48　Blockmans and Prevenier, *Bourgondische Nederlanden*, 255.
49　Koenigsberger, "Fürst und Generalstaaten", 574—576.
50　Heiningen, *Batenburg*, 33.
51　Wellens, *Etats Généraux*, 286.
52　Ibid. 298; De Schepper, "Burgerlijke overheden", 324.
53　Kokken, *Steden en Staten*, 12.
54　Verhofstad, *Regering der Nederlanden*, 73—75.
55　Koenigsberger, "Fürst und Generalstaaten", 561—563, 579.
56　Jansen, "Bredase Nassaus", 34—36.
57　Blockmans and Van Herwaarden, "De Nederlanden van 1493 tot 1555", 443.
58　Wellens, *États Généraux*, 237—238.
59　Jansen, "Bredase Nassaus", 36.
60　Formsma, *Historie van Groningen*, 178—179.
61　Theissen, *Centraal gezag*, 26—28.
62　Sjoerds, *Algemene Beschryvinge*, i, part I, 501—502.
63　Theissen, *Centraal gezag*, 89.
64　Wagenaar, *Amsterdam*, i. 190.
65　Tracy, *Holland*, 72—87.
66　Blockmans and Van Herwaarden, "De Nederlanden van 1493 tot 1555", 452.
67　Baelde, "De Nederlanden", 48.

68　De Schepper, "Burgerlijke overheden", 331; Tracy, *Holland*, 46.
69　Baelde, "De Nederlanden", 49—52.
70　Baelde, "Edellieden", 47—51.
71　Van Nierop, *Van ridders tot regenten*, 162—164.
72　Ibid. 167.
73　Ibid. 170.
74　Grapperhaus, *Alva en de Tiende Penning*, 23; Tracy, *A Financial Revolution*, 45; Tracy, *Holland*, 116—122, 209—212; Koopmans, *Staten van Holland*, 57, 64, 66—71.
75　Spufford, *Monetary Problems*, 154—157, 164.
76　Maddens, "Invoering", 348—354; Tracy, *A Financial Revolution*, 35.

第3章　1470—1520年：人文主义与宗教改革的缘起

1　Post, *The Modern Devotion*, 521, 677.
2　Lourdaux, "Dévots modernes", 279—282; Weiler, "Betekenis", 41—42.
3　Thomas à Kempis, *Imitation of Christ*, 85.
4　Sjoerds, *Algemene Beschrijvinge*, ii, part 1, 770—771; Exalto, "Willem Teellinck", 21.
5　Lourdaux, "Dévots modernes", 280, 296; Schoeck, *Erasmus*, 264—268.
6　Lourdaux, "Dévots modernes", 281—291.
7　Tilmans, *Aurelius en de Divisiekroniek*, 19—22.
8　Waterbolk, *Verspreide opstellen*, 175—176.
9　Lancée, *Erasmus en het Hollands Humanisme*, 122; Oberman, "Wessel Gansfort", 113—120.
10　Akkerman, "Agricola and Groningen", 11, 17—19.
11　Ibid. 9; Schoeck, "Agricola and Erasmus", 181—182, 184.
12　Schoeck, "Agricola and Erasmus", 181, 184.
13　Huizinga, *Erasmus of Rotterdam*, 7.
14　Schoeck, "Agricola and Erasmus", 182, 187.
15　Ibid. 186; Schoeck, *Erasmus of Europe*, 112.

16 Tilmans, "Cornelius Aurelius", 204—206; Schöffer, "The Batavian Myth", 65—66.
17 IJssewijn, "The Coming of Humanism", 271, 281; Bots, *Humanisme en onderwijs*, 29—40.
18 Van Gelder, *The Two Reformations*, 213, 312.
19 Screech, *Erasmus*, 234—240; Markish, *Erasmus and the Jews*, 16—23.
20 Augustijn, "Erasmus und die Juden", 32—36; Markish, *Erasmus and the Jews*, 8—13.
21 Screech, *Erasmus*, 228—240.
22 Augustijn, *Erasmus en de Reformatie*, 12—13.
23 Lindeboom, *Het Bijbelsch humanisme*, 16—17.
24 Schoeck, *Erasmus of Europe*, 127—129.
25 Augustijn, *Erasmus en de Reformatie*, 13—16.
26 Ibid. 1213; Augustijn, "Ecclesiology of Erasmus", 143—144.
27 *Collected Works of Erasmus*, viii. 44.
28 Van Gelder, *The Two Reformations*, 213, 312; Herwaarden, "Geloof en geloofsuitingen", 403—404.
29 Châtelet, *Early Dutch Painting*, 118—120.
30 Veldman, "Maarten van Heemskerck's visie", 193.
31 Van Gelder, *Erasmus, schilders, en rederijkers*, 13, 42—43.
32 Hoogewerff, *Jan van Scorel*, 57.
33 Augustijn, *Erasmus en de Reformatie*, 25—29.
34 Ibid. 29, 45.
35 Bietenholz, "Erasmus, Luther und die Stillen", 31—32.
36 *The Collected Works of Erasmus*, viii. 44.
37 Ibid. 155.
38 Ibid. 160.
39 Ibid. 312.
40 Ibid. 101.
41 Ibid. vii. 135.

42　Ibid. 136.
43　Grosheide, "Enige opmerkingen", 78.
44　Rummel, "Nameless Critics", 42.
45　Huizinga, *Erasmus of Rotterdam*, 130—137; Rummel, "Nameless Critics", 42—45.
46　Duke, *Reformation and Revolt*, 12, 83, 155—156.
47　*The Collected Works of Erasmus*, viii. 403.
48　Ibid. vi. 297.
49　Ibid. viii. 71.
50　Augustijn, *Erasmus en de Reformatie*, 29; Augustijn, "Ecclesiology of Erasmus", 152—153.
51　Spruyt, "Humanisme, Evangelisme en Reformatie", 26—27, 36.
52　Eckert, *Erasmus von Rotteram*, ii. 344—345; Rummel, "Nameless Critics", 45.
53　*The Collected Works of Erasmus*, viii. 382; Eckert, loc. cit.
54　Huizinga, *Erasmus of Rotterdam*, 161.
55　*The Collected Works of Erasmus*, iv. 157.
56　Grosheide, "Enige opmerkingen", 73—78; Augustijn, "Gerard Geldenhouwer", 134.
57　Lindeboom, *Het Bijbelsch humanisme*, 26—27; Bietenholz, "Erasmus, Luther und die Stillen", 43—46.
58　Tilmans, *Aurelius en de Divisiekroniek*, 128, 152.
59　Huizinga, *Verzamelde werken*, vi. 255—260.
60　Lancée, *Erasmus en het Hollands Humanisme*, 97—100.
61　Biji, *Erasmus in het Nederlands*, 245—246.
62　Ibid. 30, 49—50, 58—60, 73.

第4章　1516—1559年：领土合并

1　Maddens, *Beden in het graafschap Vlaanderen*, 365—369.
2　Tilmans, *Aurelius en de Divisiekroniek*, 122—127, 146—156.
3　Ibid. 127—128.

4 Schöffer, "The Batavian Myth", 65—66.
5 Tracy, *Holland*, 73.
6 Theissen, *Regeering van Karel V*, 50.
7 Struick, *Gelre en Habsburg*, 282—284.
8 Woltjer, *Friesland in hervormingstijd*, 6—7.
9 Heringa, *Gesch. van Drenthe*, i. 282.
10 Wagenaar, *Amsterdam*, i. 190.
11 Sjoerds, *Algemene Beschryvinge*, ii, part 1, 819.
12 Tracy, *Holland*, 75.
13 Formsma et al., *Historie van Groningen*, 174, 178—179.
14 Post, *Kerkelijke verhoudingen*, 209—210.
15 Struick, *Gelre en Habsburg*, 311.
16 Wessels, "Ketterij in de graafschap", 55, 59, 67.
17 Augustijn, "Gerard Geldenhouwer", 136.
18 Struick, *Gelre en Habsburg*, 311.
19 Slicher van Bath, *Gesch. van Overijssel*, 119.
20 Tracy, *Holland*, 75—76.
21 Theissen, *Regeering van Karel V*, 92.
22 Doeleman, *Heerschappij*, 146.
23 Res. SH 13 Oct. 1538.
24 Res. SH 22 Nov. 1531, 16 Aug. 1532, and 21 Apr. 1536.
25 Fockema Andreae, *Nederlandse staat*, 57.
26 Res. SH 26 June 1536.
27 Bannier, *Landgrenzen*, 1, 46.
28 Wagenaar, *Hervormer van Gelderland*, 11.
29 Wessels, "Ketterij in de graafschap", 71—73.
30 Malengreau, *L'Esprit particulariste*, 54, 58.
31 Gosses and Japikse, *Handboek*, pp. ccciv—cccv.
32 Coonen, "Gelderland", 8—16, 38—40.
33 Lademacher, *Geschichte der Niederlande*, 32—34; Lademacher, *Die*

Niederlande, 46—48.

34　Woltjer, *Friesland in hervormingstijd*, 9—10.

35　Theissen, *Centraal gezag*, 146, 181—184.

36　Ros, *Rennenberg*, 7—8.

37　Bergsma, *Aggaeus van Albada*, 6.

38　Slicher van Bath, *Gesch. van Overijssel*, 119.

39　De Schepper, "Grote Raad van Mechelen", 408.

40　Reitsma, *Centrifugal and Centripetal Forces*, 40, 46—48.

41　Fruin, *Gesch. der staatsinstellingen*, 85.

42　Moore, "Cathedral Chapter of St Maarten", 241—242.

43　Vijibrief, *Van anti-aristocratie tot democratie*, 40, 45.

44　Jappe Alberts, *Gesch. van de beide Limburgen*, i. 124—126.

45　Struick, *Gelre en Habsburg*, 25—26.

46　Nève, *Rijkskamergerecht*, 167, 183—184.

47　Heeringa, *De Graafschap*, 39.

48　Zijp, *Strijd*, 177—178.

49　Jappe Alberts, *Gesch. van Gelderland*, 91—92.

50　Frijhoff, *Gesch. van Zutphen*, 78.

51　Nève, *Rijkskamergerecht*, 167, 183.

52　Heiningen, *Batenburg*, 63.

53　Jappe Alberts, *Gesch. van de beide Limburgen*, i. 124—126.

54　De Schepper, *Belgium Nostrum*, 5—7.

55　De Vooys, *Gesch. van de Nederlandse taal*, 34—39, 60—61.

56　Hermans, "Wat lazen Friezen", 20—21.

57　De Vooys, *Gesch. van de Nederlandse taal*, 60.

第5章　1519—1565年：荷兰宗教改革早期

1　Dierickx, *Documents*, i. 181.

2　De Meester, *Le Saint-Siège et les troubles*, 3.

3　Thielen, *Gesch. van de enclave Groenlo*, 25—28.

4　DuPlessis, *Lille and the Dutch Revolt*, 167.
5　Post, *Kerkelijke verhoudingen*, 39.
6　Ibid. 124—125.
7　Dubbe and Vroom, "Mecenaat en kunstmarkt", 17.
8　Post, *Kerkelijke verhoudingen*, 509.
9　Rogier, *Geschiednis*, i. 16—17; Post, *Kerkelijke verhoudingen*, 149, 165.
10　Rogier, *Geschiedenis*, i. 21; Duke, *Reformation and Revolt*, 9—10.
11　Post, *Kerkelijke verhoudingen*, 151.
12　Faber, *Drie Eeuwen Friesland* i. 23—24; Woltjer, *Friesland in hervormingstijd*, 67—68, 75—76.
13　Duke, *Reformation and Revolt*, 10, 56, 60—61, 77—79.
14　Woltjer, *Friesland in hervormingstijd*, 75—76, 182.
15　De Klerk, "Zestiende-eeuwse processies", 90; Van der Pol, *Reformatie te Kampen*, 133.
16　De Hoop Scheffer, *Gesch. der kerkhervorming*, i. 70—71.
17　Visser, *Luther's geschriften in de Nederlanden*, 16.
18　De Hoop Scheffer, *Gesch. der kerkhervorming*, i. 70, 230.
19　Kronenberg, *Verboden boeken*, 31—33.
20　Visser, *Luther's geschriften*, 18.
21　Te Water, *Kort Verhael*, 5.
22　Visser, *Luther's geschriften*, 11.
23　Hackett, *The Letters*, 80—81.
24　Spruyt, "Humanisme, evangelisme en Reformatie", 36.
25　Ibid. 45.
26　Visser, *Luther's geschriften*, 27.
27　Kronenberg, *Verboden boeken*, 65; Kronenberg, "Uitgaven van Luther", 5—15.
28　Meihuizen, *Menno Simons*, 22.
29　Van der Pol, *Reformatie te Kampen*, 91—92, 128—131.
30　Duke, *Reformation and Revolt*, 57, 73—74, 153—154.
31　De Hoop Scheffer, *Gesch. der kerkhervorming*, i. 245, 253.

32　Valvekens, *Inquisitie in de Nederlanden*, 177, 193.
33　Ibid. 194—195.
34　Ibid. 202—203.
35　Bergsma, "Uyt Christelijcken yver", 70.
36　Wagenaar, *Hervormer van Gelderland*, 2—9.
37　Valvekens, *Inquisitie in de Nederlanden*, 270—273.
38　Spruyt, "Humanisme, evangelisme en Reformatie", 35.
39　Mellink, *Wederdopers*, 340.
40　De Hoop Scheffer, *Gesch. der kerkhervorming*, i. 515, 519; Knappert, *Opkomst*, 119—120.
41　Pont, *Gesch van het Lutheranisme*, 41.
42　Pettegree, *Emden and the Dutch Revolt*, 12, 34.
43　Dankbaar, *Martin Bucer's Beziehungen zu den Niederlanden*, 14; De Bruin, "Hinne Rode", 205.
44　Visser, *Luther's geschriften*, 130—137.
45　Trosée, *Verraad van George van Lalaing*, 180.
46　Duke, *Reformation and Revolt*, 57—58.
47　Augustijn, "Anabaptisme", 21.
48　Pettegree, *Emden and the Dutch Revolt*, 11—12, 29—35.
49　Doornkaat Koolman, *Dirk Philips*, 17.
50　Meihuizen, *Menno Simons*, 2—4.
51　Duke, *Reformation and Revolt*, 58—59, 85—89.
52　Mellink, *Wederdopers*, 334—336.
53　Meihuizen, *Menno Simons*, 4, 29.
54　Mellink, *Wederdopers*, 25—30, 186.
55　Ibid. 32—38; Jappe Alberts, *Gesch. van de beide Limburgen*, i. 134.
56　Brugmans, *Gesch. van Amsterdam*, i. 275—281.
57　Mellink, *Wederdopers*, 25—38; Decavele, *Dageraad*, ii. 301—304, 607.
58　Brandsma, *Menno Simons*, 35—42.
59　Ibid. 34.

60 Doornkaat Koolman, *Dirk Philips*, 12—13.
61 Bainton, *David Joris*, 25.
62 Kühler, *Gesch. der Ned. Doopsgezinden*, 192—193; Waite, *David Joris*, 113—114; Hsia, *Society and Religion in Münster*, 7—8.
63 Waite, *David Joris*, 114.
64 Bainton, *David Joris*, 25.
65 Ibid. 72—73.
66 Ibid. 145—147.
67 Küher, *Gesch. der Ned. doopsgezinden*, 301, 316—318.
68 Waite, *David Joris*, 79—80.
69 Ibid. 177—186.
70 Zijistra, "Tgeloove is vrij", 44—45.
71 *The Complete Writings of Menno Simons*, 8, 11.
72 Brandsma, *Menno Simons*, 42.
73 *The Complete Writings of Menno Simons*, 11.
74 Brandsma, *Menno Simons*, 52—54.
75 Ibid. 47—54; Meihuizen, *Menno Simons*, 32—34.
76 *The Complete Writings of Menno Simons*, 381.
77 Ibid. 28, 117, 105.
78 Wessel, *Leerstellinge strijd*, 268—270.
79 *The Complete Writings of Menno Simons*, 129.
80 Kühler, *Gesch. der Ned. doopsgezinden*, 301, 321.
81 Decavele, *Dageraad*, ii. 301—304, 433—436.
82 Bergsma, "Uyt Christelijcken yver", 79.
83 Van der Wiele, "Inquisitierechtbank", 60; Valvekens, *Inquisitie*, 225.
84 Duke, *Reformation and Revolt*, 99.
85 Augustijn, "Anabaptisme", 27.
86 Braekman, *Guy de Brès*, 95—96.
87 Brandt, *Historie der Reformatie*, i. 315.
88 Reitsma, *Centrifugal and Centripetal Forces*, 49—54.

89　Wessels, "Ketterij in de graafschap", 69—73.
90　Schilling, "Politische Elite", 245—279; Schilling, "Bürgerkämpfe", 180.
91　Hsia, *Society and Religion in Münster*, 3, 45, 93, 201.
92　Schröer, *Korrespondenz*, 137.
93　Mout, "Intellectuele milieu", 605—610.
94　Swart, "Willem de Zwijger", 54.
95　Van Gelder, *The Two Reformations*, 312—321.
96　Zijlstra, "Tgeloove is vrij", 45.
97　Joris, *Wonder-Boeck*, i. 68—69 and ii. 71—86.
98　Zijp, "Spiritualisme in de 16e eeuw", 79.
99　Ibid. 83—84; Simon, "Hendrik Niclaes", 434—436.
100　Hamilton, *Family of Love*, 39.
101　Ibid. 70—71, 97, 106.
102　Bergsma, *Aggaeus van Albada*, 4—5.
103　Güldner, *Toleranz-Problem*, 66—73; Van Gelderen, *Political Thought*, 246.
104　Van Gelder, *The Two Reformations*, 313.
105　Hamilton, *Family of Love*, 72, 106—107.
106　Ibid. 103—104; Lindeboom, *Stiefkinderen*, 271.
107　Bonger, *Motivering*, 75—83.
108　Veldman, "Maarten van Heemskerck's visie", 194—196.
109　Thomas, "Mythe van de Spaanse Inquisitie", 335.
110　Van de Wiele, "Inquisitierechtbank", 41.
111　Valvekens, *Inquisitie in der Nederlanden*, 270—273.
112　Bergsma, "Uyt christelijcken yver", 70.
113　Postma, "Nieuw licht op een oude zaak", 14.
114　Dierickx, *L'Érection des nouveaux diocèses*, 24—29.
115　Van Nierop, *Beeldenstorm*, 41.
116　Woltjer, *Friesland in hervormingstijd*, 98.
117　Res. SH 17 Apr. 1564.
118　Steen, *A Chronicle*, 24; DuPlessis, *Lille and the Dutch Revolt*, 174.

119　Decavele, *Dageraad*, ii. 330—332.
120　Ibid. 391.
121　Pettegree, *Emden and the Dutch Revolt*, 32—34
122　Ibid. 37—38.
123　Decavele, *Dageraad*, ii. 574; Duke, *Reformation and Revolt*, 228—229.
124　Decavele, *Dageraad*, ii. 433; Pettegree, *Emden and the Dutch Revolt*, 69—80.
125　Crew, *Calvinist Preaching and Iconoclasm*, 64—65; Pettegree, *Emden and the Dutch Revolt*, 102.

第6章　大起义前的社会

1　Van Houtte, *Economische en sociale gesch.* 48—52.
2　De Vries, *Dutch Rural Economy*, 25, 34.
3　Baelde, "Edellieden en juristen", 40—41.
4　Veeze, *Raad van de Prinsen van Oranje*, 7—9.
5　Bieleman, *Boeren op het Drentse zand*, 39—54.
6　Bieleman, "Dutch Agriculture", 161—162.
7　Ros, *Rennenberg*, 7—9.
8　Van Nierop, *Nobility of Holland*, 98.
9　Feenstra, *Drentse edelen*, 7—8.
10　Feenstra, *Adel in de Ommelanden*, 80.
11　Jappe Alberts and Jansen, *Welvaart in wording*, 112—113.
12　Van Gelder, *Nederlandse dorpen*, 14, 32.
13　De Vries, *Dutch Rural economy*, 44—47.
14　Van Houtte, "De zestiende eeuw", 51—52.
15　Faber, *Drie eeuwen Friesland*, i. 316—360.
16　Slicher van Bath, *Samenleving*, 310.
17　Zijp, *Strijd*, 54.
18　Van Nierop, *Nobility of Holland*, 35—38.
19　De Vries, *Dutch Rural Economy*, 41—42.
20　Vandenbroeke and Vanderpijpen, "The Problem", 167—168.

21　Bieleman, "Dutch Agriculture", 162—163.
22　Van Zanden, "Op zoek naar de 'Missing Link' ", 385—386.
23　Lesger, *Hoorn als stedelijk knooppunt*, 71—72.
24　De Vries, *Dutch Rural Economy*, 72, 153.
25　Van der Woude, *Het Noorderkwartier*, i. 339—361; Van der Wee, "Overgang", 31.
26　De Vries, *Dutch Rural Economy*, 229—234.
27　Van der Woude, "Demografische ontwikkeling", 134—135.
28　Nusteling, "Periods and Caesurae", 92.
29　Visser, "Dichtheid", 13, 19; Klep, "Urban Decline", 266—267.
30　Faber, Diederiks, and Hart, "Urbanisering", 255; De Vries, *Dutch Rural Economy*, 87.
31　Slicher van Bath, *Samenleving*, 60—61.
32　Faber, *Drie eeuwen Friesland*, ii. 413.
33　Nusteling, "Periods and Caesurae", 92.
34　De Vries, *European Urbanization*, 39—45.
35　Van Zanden, "Prijs van de vooruitgang?", 82—83.
36　Van Houtte, "De zestiende eeuw", 73.
37　Ibid. 59—60.
38　Lesger, *Hoorn als stedelijk knooppunt*, 83—84; Unger, "Dutch Herring", 256—259.
39　Unger, "Scheepvaart", 112.
40　Bang, *Tabeller*, i. 30—63.
41　Faber, *Drie eeuwen Friesland*, i. 272—273.
42　Brulez, "Scheepvaart", 126; Hart, "Rederij", 107—108.
43　Noordegraaf, "Nijverheid", 18.
44　Ibid. 19—20.
45　Van Loenen, *Haarlemse brouwindustrie*, 20, 47—48.
46　Hibben, *Gouda in Revolt*, 21—22.
47　Van Houtte, *Economische en sociale gesch.* 98—99.

48 Blockmans and Prevenier, *Bourgondische Nederlanden*, 164.
49 Hoogewerff, *Gesch. van de St Lucasgilden*, 119—124, 167.
50 Grayson, "Civic Militia", 39—40.
51 Ibid. 39; Carasso-Kok, "Schutterijen", 27.
52 Weevers, *Poetry of the Netherlands*, 102—103.
53 Ibid. 104; Van Gelder, *Erasmus, schilders en rederijkers*, 59—61.
54 Ibid. Duke, *Reformation and Revolt*, 90—91, 106—107.
55 Worp, *Drama en toneel*, i. 184—191.
56 Blockmans and Prevenier, "Armoede", 516.
57 Ligtenberg, *Armezorg te Leiden*, 13—14.
58 Blockmans and Prevenier, *Bourgondische Nederlanden*, 187.
59 DuPlessis, *Lille and the Dutch Revolt*, 140—143.
60 Spaans, *Haarlem na de Reformatie*, 171—174.
61 Van Dijk and Roorda, *Patriciaat in Zierikzee*, 11—15; Price, *Holland*, 32—56.
62 Tracy, *Holland*, 14.
63 De Jongste, "Hollandse stadspensionarissen", 86—87, 90.
64 Ten Boom, "Patriciaat te Rotterdam", 174—176.
65 Dudok van Heel, "Een kooplieden-patriciaat kijkt ons aan", 31.
66 Dudok van Heel, "Waar waren de Amsterdamse katholieken", 14—27.
67 Te Brake, *Regents and Rebels*, 24—25; Van den Bergh, *Life and Work of Gerard Noodt*, 12—14.

第7章 1549—1566年：哈布斯堡政权的崩溃

1 De Schepper, "Vorstelijke ambtenarij", 358, 375—376; Baelde, "De Nederlanden", 59; Jongste, "Hollandse stadspensionarissen", 86—87.
2 Vermij, "Staten van Holland en de adel", 221—223.
3 Res. Holl. 9 Apr., 20 Apr., 28 May, and 10 Oct. 1554.
4 Waterbolk, *Vigliana*, 8.
5 Tracy, *A Financial Revolution*, 75.
6 Van Houtte, "De zestiende eeuw", 65—71.

7　Israel, "Spanje en de Nederlandse Opstand", 51—53.
8　Ibid. 52.
9　Ibid.
10　Ibid.
11　BL MS Add. 14005, fo. 85v. "Discurso" of the duke of Osuna.
12　Tracy, *A Financial Revolution*, 72.
13　Ibid. 87—91.
14　Ibid. 75, 90—91.
15　Tracy, *Holland*, 130—132.
16　Rodriguez-Salgado, *Changing Face of Empire*, 354—355.
17　Tracy, *A Financial Revolution*, 92—97.
18　DuPlessis, *Lille and the Dutch Revolt*, 44.
19　Jappe Alberts, *Gesch. van Gelderland*, 92; Woltjer, *Friesland in hervormingstijd*, 38—39.
20　Zijp, *Strijd*, 177.
21　Waterbolk, *Vigliana*, 9.
22　Koopmans, *Staten van Holland*, 55—58.
23　Tracy, *Holland*, 180—185.
24　Tracy, *A Financial Revolution*, 124.
25　Rodríguez-Salgado, *Changing Face of Empire*, 127—129.
26　Ibid. 128.
27　Grapperhaus, *Alva en de Tiende Penning*, 53.
28　Osten Sacken, *El Escorial*, 86—89.
29　Rodríguez-Salgado, *Changing Face of Empire*, 347—353.
30　Dierickx, *Documents*, i. 181, 184.
31　Vermij, "Staten van Holland en de adel", 217—223.
32　De Schepper, *Belgium Nostrum*, 7—16.
33　Koopmans, *Staten van Holland*, 54—64.
34　Grapperhaus, *Alva en de Tiende Penning*, 69—70; Koenigsberger, "Orange, Granvelle and Philip II", 577.

35 Rodríguez-Salgado, *Changing Face of Empire*, 350.

36 Van Durme, *Antoon Perrenot*, 178.

37 Rachfahl, *Wilhelm von Oranien*, i. 140—145.

38 Swart, "Willem de Zwijger", 48—49.

39 Ibid. 49.

40 Koenigsberger, "Orange, Granvelle and Philip II", 581.

41 Swart, "Wat bewoog Willem van Oranje", 555—556; Mout, "Intellectuele milieu", 605—610.

42 Swart, "Wat bewoog Willem van Oranje", 556.

43 Fontaine Verwey, "Rôle d'Henri de Brederode", 297—300.

44 Van Beuningen, *Wilhelmus Lindanus*, 252; De Jong, *Reformatie in Culemborg*, 83, 133.

45 Beenakker, *Breda in de eerste storm*, 45.

46 Dierickx, *Documents*, i. 181, 184.

47 Dierickx, *L'Érection des nouveaux diocèses*, 18—19, 29.

48 More, "Cathedral Chapter of St Maarten", 223.

49 Rogier, *Gesch. van het katholicisme*, i. 260—261.

50 Slicher van Bath, *Gesch. van Overijssel*.

51 Rogier, Gesch. *van het katholicisme*, i. 360—362.

52 Ibid., 314—315, 360—362.

53 Worp, *Gesch. van het drama*, i. 191.

54 Wagenaar, *Hervormer van Gelderland*, 13.

55 Knappert, *Opkomst*, 218.

56 Rachfahl, *Wilhelm von Oranien*, ii. 474—475.

57 Res. SH. 13 Dec. 1564 and 26 Sept. 1565.

58 Rosenfeld, "Provincial Governors", 53—59.

59 Geurts, *Nederlandse Opstand in de pamfletten*, 4—6.

60 Pont, *Gesch. van het Lutheranisme*, 158.

61 De Jong, *Reformatie in Culemborg*, 83—84.

62 Bor, *Oorspronck*, i. 38—40v.

63　Kossmann and Mellink, *Texts*, 60.
64　Ibid.
65　Lademacher, *Geschichte der Niederlande*, 57.
66　Brandt, *Historie der Reformatie*, i. 319.
67　Fontaine Verwey, "Rôd' Henri de Brederode", 300.
68　Beenakker, *Breda in de eerste storm*, 61; Duke, *Reformation and Revolt*, 129.
69　Brandt, *Historic der Reformatie*, i. 315—318; Smit, "Hagespreeken", 212.
70　Schotanus, *Geschiedenissen*, 728.
71　Van der Linde, *Jean Taffin*, 52.
72　Van Gelder, *Erasmus, schilders en rederijkers*, 45—46, 59; Van Gelder, *The Two Reformations*, 213.
73　Res. Holl. 1565, pp. 10—12. SH to Margaret of Parma, 20 May 1565; Nusteling, *Welvaart en werkgelegenheid*, 260.
74　Bor, *Oorspronck*, i. 59.
75　Freedberg, "Art and Iconoclasm", 74; Duke, *Reformation and Revolt*, 132.
76　Bor, *Oorspronck*, i. 64—65; Kleijntjens and Van Kampen, "Bescheiden", 66—69.
77　De Jong, *Reformatie in Culemborg*, 133, 156—157; Scheerder, *Beeldenstorm*, 77—79.
78　Troost and Woltjer, "Brielle in hervormingstijd", 330—339.
79　Duplessis, *Lille and the Dutch Revolt*, 225—226.
80　Jappe Alberts, *Gesch. van Gelderland*, 980—99.
81　Coonan, "Gelderland", 188—189; Kolman, *Reductie van Nijmegen*, 19.
82　DuPlessis, *Lille and the Dutch Revolt*, 309—316; Steen, *A Chronicle*, 85—88.
83　Van Nierop, *Beeldenstorm*, 32.
84　Woltjer, "Dutch Privileges", 28—29; Grayson, "Civic Militia", 44—49.
85　Woltjer, "Dutch Privileges", 28—29; Grayson, "Civic Militia", 47—49.
86　Spaans, *Haarlem na de Reformatie*, 34—35.
87　Schotanus, *Geschiedenissen*, 728.
88　Woltjer, *Friesland in hervormingstijd*, 163—167.

89 *It aade Friesche Terp*, 170; Van Gelder, "Nederlandsche adel", 10.
90 Duke, *Reformation and Revolt*, 146.
91 Ibid.
92 Beenakker, *Breda in de eerste storm*, 114—115; Spaans, *Haarlem na de Reformatie*, 35—36; Ramsay, *The Queen's Merchants*, 43—45.
93 Swart, "Willem de Zwijger", 55.
94 Van Nierop, *Beeldenstorm*, 53—56.
95 Rachfahl, *Wilhelm von Oranien*, ii. part 2, 891—892.
96 Duke, *Reformation and Revolt*, 149.
97 Evenhuis, *Ook dat was Amsterdam*, i. 68.
98 Van Gelderen, *Political Thought*, 115—119.

第8章　1567—1572年：阿尔瓦公爵的镇压

1 Steen, *A Chronicle*, 11; Maltby, *Alba*, 143.
2 Verheyden, *Conseil des Troubles*, 508.
3 Maltby, *Alba*, 146—147, 256.
4 Ibid., p. xiii; Dierickx, "Lijst der veroordeelden", 415—422; Maltby, *Alba*, 140.
5 Scherft, "Philips Willem", 28.
6 Van Nierop, *Van ridders tot regenten*, 195; Van Gelder, "Nederlandsche adel", 3, 18—19.
7 *It aade Friesche Terp*, 170.
8 Formsma *et al.*, *Historie van Groningen*, 223; Reitsma, *Centrifugal and Centripetal Forces*, 189.
9 Ros, *Rennenberg*, 10.
10 Spaans, *Haarlem na de Reformatie*, 36—37.
11 Ibid.
12 Elias, *Vroedschap van Amsterdam*, i. 47—52, 61—62, 92—96.
13 Water, *Kort Verhael*, 107—110.
14 Reitsma, *Centrifugal and Centripetal Forces*, 97—98.
15 Verheyden, *Conseil des Troubles*, 486, 488, 505.

16 Ibid. 477—505.
17 De Meij, *Watergeuzen*, 149—150, 154.
18 Parker, *Dutch Revolt*, 119.
19 Troost and Woltjer, "Brielle in hervormingstijd", 336.
20 Jaanus, *Hervormd Delft*, 24—27; Duke, *Reformation and Revolt*, 201—202.
21 Brandt, *Historie den Reformatie*, i. 461.
22 Beenakker, *Breda*, 150; Woltjer, *Friesland in hervormingstijd*, 213; Van der Pol, *Reformatie te Kampen*, 191—194.
23 Velius, *Chronyk van Hoorn*, 321.
24 Rachfahl, *Wilhelm von Oranien*, ii. 226—228.
25 Swart, "Wat bewoog Willem van Oranje", 561—562.
26 Glawischnig, *Niederlande, Kalvinismus und Reichsgrafenstand*, 82.
27 Swart, *William the Silent*, 16.
28 Kossmann and Mellink, *Texts*, 86.
29 De Meij, *Watergeuzen*, 60—61.
30 De Jong, *Voorbereiding*, 138.
31 Ibid. 49—52; Nauta, *Opera minora*, 37—38.
32 Nauta, *Opera minora*, 37—38; Van't Spijker, "Stromingen", 52, 59.
33 Nauta, *Opera minora*, 37—38; Fruin, *Verspreide geschriften*, ii. 238—240.
34 Nijenhuis, "De publieke kerk", 336.
35 Woltjer, "Politieke betekenis", 43—44, 47.
36 De Meij, *Watergeuzen*, 166—168.
37 Den Tex, *Oldenbarnevelt* (English), i. 9.
38 Verheyden, *Conseil des Troubles*, 508; Maltby, *Alba*, 151—152.
39 Dierickx, *L'Érection des nouveaux diocèses*, 125.
40 Sjoerds, *Algemene Beschrijvinge*, ii part I, 700.
41 Van Beuningen, *Wilhelmus Lindanus*, 237, 255.
42 Grapperhaus, *Alva en de Tiende Penning*, 106—110; Parker, *Dutch Revolt*, 114—117.
43 Geyl, *Revolt of the Netherlands*, 109.

44 Craeybeckx, "Alva's Tiende Penning", 185.
45 Hibben, *Gouda in Revolt*, 42—44; Grapperhaus, *Alva en de tiende penning*, 218—219.
46 Grayson, "Civic Militia", 55—57.
47 Waterbolk, *Rond Viglius van Aytta*, 51—52.

第9章 大起义的开始

1 Craeybeckx, "Alva's tiende penning", 183—184.
2 Woltjer, *Kleine Oorzaken*, 9.
3 Hibben, *Gouda in Revolt*, 33—34, 44; Spaans, *Haarlem na de Reformatie*, 38—41.
4 Grayson, "Civic Militia", 55—57.
5 BL MS Add.28387, fos. 77—78. "Relacion de Gelanda y Flesingas" (April 1572).
6 Ramsay, *The Queen's Merchants*, 175—176.
7 Melles, *Ministers aan de Maas*, 42—43.
8 Geyl, *Revolt of the Netherlands*, 116—122.
9 BL MS Add 28387, fo. 73v. "Relacion de lo que ha passado" (8 April 1572).
10 Brandt, *Historie Enkhuizen*, 155—172.
11 Velius, *Chronyk van Hoorn*, 331—338; Grayson, "Civic Militia", 56—57.
12 Wijn, *Beleg van Haarlem*, 9—10.
13 Spaans, *Haarlem na de Reformatie*, 41.
14 Hibben, *Gouda in Revolt*, 29—30, 53—55.
15 Boogman, "De overgang", 26.
16 Ibid.; Van Gelder, *Revolutionnaire Reformatie*, 26.
17 Boogman, "De overgang", 94—97.
18 Bakhuizen van den Brink, "Eerste vergadering", 205—209.
19 Bremmer, *Reformatie en rebellie*, 32.
20 Kluit, *Historie der Hollandsche staatsregering*, i. 17—19, 27—30.
21 Koopmans, *Staten van Holland*, 27.
22 Ibid.

23　Kossmann and Mellink, *Texts*, 98—100.
24　Bakhuizen van den Brink, "Eerste vergadering", 217—221.
25　Lademacher, *Stellung des Prinzen von Oranien*, 42—43.
26　Muller, *Staat der Vereenigde Nederlanden*, 49.
27　Kossmann and Mellink, *Texts*, 100.
28　Berkelbach van der Sprenkel, Oranje, 110—112; Koenigsberger, "Why did the States General of the Netherlands Become Revolutionary?", 106—107.
29　Bakhuizen van den Brink, "Eerste vergadering", 214—215.
30　Koopmans, *Staten van Holland*, 180, 186—187, 284.
31　Kernkamp, *Handel op den vijand*, i. 20—21.
32　Van Dijk, "Bedreigd Delft", 179—182; Boogman, "De overgang", 108—110.
33　Woltjer, *Friesland in hervormingstijd*, 221—222.
34　Glawischnig, *Niederlande, Kalvinismus und Reichsgrafenstand*, 91.
35　Marnef, *Calvinistisch bewind te Mechelen*, 80—81.
36　*Archives ou correspondance*, iv. 3—4.
37　Maltby, *Alba*, 241—242.
38　Ibid. 243—245.

第10章　大起义与新国家的诞生

1　Verwer, *Memoriaelbouck*, 4, 195; Overmeer, *Hervorming te Haarlem*, 54—55.
2　Van Dijk, "Bedreigd Delft", 185.
3　Overmeer, *Hervorming te Haarlem*, 54—55.
4　Spaans, *Haarlem na de Reformatie*, 44.
5　Wijn, *Beleg van Haarlem*, 16—18; Marnef, Calvinistisch bewind te Mechelen, 79—82.
6　Bremmer, "Beleg en ontzet van Leiden", 172—173.
7　Woltjer, *Kleine oorzaken*, 11.
8　Swart, *Willem van Oranje*, 69.
9　Geyl, *Revolt of the Netherlands*, 138.
10　Van Gelder, *Revolutionnaire Reformatie*, 26—33; Hibben, *Gouda in Revolt*,

46—53; Spaans, *Haarlem na de Reformatie*, 41.
11 Ibid. 137; Wijn, *Beleg van Haarlem*, 11, 72, 19.
12 Pot, *Beleg van Zierikzee*, 15—16.
13 Waterbolk, *Rond Viglius van Aytta*, 53—54.
14 *Archives ou correspondance*, iv. 50, 237: Orange to Louis and Jan van Nassau, Delft, 5 Feb. and 13 Nov. 1573.
15 Ibid.
16 De Vrankrijker, *Motiveering*, 99—103; Parker, *Dutch Revolt*, 166—167.
17 Bremmer, *Reformatie en rebellie*, 101—102.
18 Fruin, *Verspreide geschriften*, ii. 377—379.
19 Geurts, *Nederlandse Opstand in de pamfletten*, 207—209.
20 Van Gelder, *Van Beeldenstorm tot Pacificatie*, 217—219; Parker, *Dutch Revolt*, 166—167.
21 Kossmann and Mellink, *Texts*, 128.
22 Van Gelder, *Revolutionnaire Reformatie*, 34—35.
23 Voet, *Antwerp*, 202—203.
24 De Vrankrijker, *Motiveering*, 106.
25 Blockmans and Van Peteghem, "Pacificatie", 323—324.
26 Baelde, "Pacificatie van Gent", 379—380.
27 Ibid. 80.
28 Woltjer, "Dutch Privileges", 28—29.
29 Blockmans and Van Peteghem, "Pacificatie", 327, 329.
30 Koopmans, *Staten van Holland*, 124.
31 Swart, *Willem van Oranje*, 122—124.
32 Geurts, *Nederlandse Opstand in de pamfletten*, 63—64.
33 Parker, *Dutch Revolt*, 180—183.
34 *Apologie, ofte Verantwoordinghe*, 48—52.
35 Decavele, "Willem van Oranje", 79.
36 Malengreau, *L'Esprit particulariste*, 138, 143, 146.
37 Woltjer, "De Vrede-makers", 312.

38 Woltjer, "Wisselende gestalten", 90.//
39 Muller, *Staat der Vereenigde Nederlanden*, 163.//
40 Den Tex, "Staten in Oldenbarnevelt's tijd", 52.//
41 Decavele, "Willem van Oranje", 72.//
42 Swart, "Willem de Zwijger", 72.//
43 Ros, *Rennenberg*, 72.//
44 ARH PR 362, pp. 215—216. Proposals of Frisian rural deputies, 13 Nov. 1577.//
45 Faber, *Drie eeuwen Friesland*, i. 338—339.//
46 Sjoerds, *Algemene Beschrijvinge*, ii, part I, 707.//
47 Sickenga, *Hof van Friesland*, 3, 7.//
48 Lenting, "Benoeming van Graaf Johan van Nassau", 86—89.//
49 Kolman, *Reductie van Nijmegen*, 23.//
50 *Archives ou correspondance*, vi. 450, 502—504.//
51 Van Veen, "De overgang", 172—176.//
52 Brandt, *Historie der Reformatie*, i. 621.//
53 Dudok van Heel, "Waar waren de Amsterdamse katholieken?", 13—19.//
54 Ibid.; Pontanus, *Historische Beschijvinghe*, 340.//
55 Elias, *Vroedschap van Amsterdam*, i, pp. l, xlii.//
56 Dudok van Heel, "Waar waren de Amsterdamse katholieken?", 15—19.//
57 Lademacher, *Stellung des Prinzen von Oranien*, 97—102; Van Gelderen, *Political Thought*, 48.//
58 Berkelbach van der Sprenkel, *Oranje*, 171—175.//
59 Parker, *Dutch Revolt*, 186—189.//
60 De Schepper, *Belgium Nostrum*, 34.//
61 Decavele, "Willem van Oranje", 72—75; Decavele, "Brugse en Gentse mendicanten", 78, 92.//
62 Marnef, "Brabants Calvinisme", 10.//
63 DuPlessis, *Lille and the Dutch Revolt*, 277.//
64 *Geschiedenis van Breda*, 166, 214.//
65 Voet, *Antwerp*, 215.

66　Marnef, *Calvinistisch bewind te Mechelen*, 120—125.
67　Blockmans, "Alternatives", 145, 153.
68　Malengreau, *L'Esprit particulariste*, 138, 141, 155.
69　Verhofstad, *Regering der Nederlanden*, 73—74.
70　Decavele, "Mislukking", 626—627.
71　*Archives ou correspondance*, vii. 92.
72　Fruin, *Geschiedenis der staatsinstellingen*, 156.
73　"Articulen vande Verbondt" (Apr. 1575) in Res. Holl. 20 Apr., 18 and 19 May 1575.
74　Ibid., p. 297 clause XVII.
75　Res. Holl. 2 June 1575.
76　Woltjer, *Leidse universiteit*, 2.
77　*Notulen* SZ 1821 Sept. 1578.
78　Boogman, "Union of Utrecht", 380, 383.
79　*Archives ou correspondance*, vi. 544.
80　Ibid. 546; Slicher van Bath, *Gesch. van Overijssel*, 122.
81　Boogman, "Union of Utrecht", 383—385.
82　*Notulen* SZ 1578, p. 70; *Archives ou correspondance*, vi. 539.
83　*Notulen* SZ 1578, pp. 70, 170.
84　Den Tex, "Staten in Oldenbarnevelt's tijd", 55.
85　Lenting, "Gelderland in betrekking tot de Unie", 301—304, 328—329.
86　*Archives ou correspondance*, vi. 549.
87　Woltjer, "Wisselende gestalten van de Unie", 95.
88　Lenting, "Gelderland in betrekking tot de Unie", 333.
89　Schotanus, *Geschiedenissen*, 826—827, 831.
90　ARH PR 362, pp. 283, 300; Napjus, *Sneek. Historisch Cronyk*, 70—71.
91　Ros, *Rennenberg*, 75—76, 80.
92　Swart, "Willem de Zwijger", 74.
93　Woltjer, "Wisselende gestalten van de Unie", 98—99.
94　*Notulen* SZ 1578/9, p. 169. Instructions for delegates going to Antwerp, 11 Mar.

1579.

95 Parker, *Dutch Revolt*, 194.
96 Christ, *De Brabantsche Saecke*, 17.
97 Van der Linde, *Jean Taffin*, 88; Bremmer, *Reformatie en rebellie*, 154—157.
98 De la Court, *Aanwysing*, 399—400.
99 Van Kalveen, "De definitieve vestiging", 31—35.
100 Pirenne, *'s-Hertogenbosch*, 160, 177, 226.
101 *Archiefaartsbisdom Utrecht*, liv, 257—258.
102 Koch, "Reformation in Deventer", 36—38.
103 GA Kampen Oud-archief, 22, pp. 132—133, res. raad. 14 Aug. 1578.
104 Ibid. 136, res. raad 7 Oct. 1578.
105 Ibid. 161, res. raad 23 May 1579.
106 Reitsma, *Centrifugal and Centripetal Forces*, 187—189.
107 Bremmer, *Reformatie en rebellie*, 201—206.
108 Bayle, *Dictionnaire*, ii. 1962—1963.
109 Ros, *Rennenberg*, 108—111.
110 Trosée, *Verraad van George van Lalaing*, 102, 166.
111 Emmius, *De Agro Frisiae*, 171—172.
112 Ros, *Rennenberg*, 197—198.
113 Ibid. 199—204; Van der Pol, *Reformatie te Kampen*, 290—294.
114 Hattum, *Gesch. der stad Zwolle*, iv. 38—40.
115 Koch, "Reformation in Deventer", 38—40.
116 Schotanus, *Geschiedenissen*, 830—831.
117 Napjus, *Sneek*, 71.
118 Kalma *et al.*, *Gesch. van Friesland*, 298.
119 Van Kalveen, "Definitieve vestiging", 41.
120 Van Gelder, *Revolutionnaire Reformatie*, 147—148.
121 De Jong, *Reformatie in Culemborg*, 212.
122 Van Reyd, *Historie*, 49—50.
123 Reitsma, *Centrifugal and Centripetal Forces*, 210—213.

124　Slicher van Bath, *Gesch. van Overijssel*, 123.
125　Swart, "Willem de Zwijger", 75.
126　De Vrankrijker, *Motiveering*, 121—122.
127　Geurts, *Nederlandse Opstand in de pamfletten*, 294—296.
128　Kossmann and Mellink, *Texts*, 227; Bremmer, *Reformatie en Rebellie*, 218—219.
129　*Notulen* SZ 1578/9, pp. 12—13.
130　Jappe Alberts, *Gesch. van Gelderland*, 121.
131　De Voogt, *Gesch. van het muntwezen*, 84—85.
132　Van Gelderen, *Political Thought*, 151—157
133　*The Apologie of Prince William*, 85.
134　Hattum, *Gesch. der stad Zwolle*, iv. 215.
135　Kluit, *Historie*, i. 276—277.
136　Holt, *Duke of Anjou*, 167—169, 171.
137　Geyl, *Revolt of the Netherlands*, 187.
138　Blockmans, "Alternatives", 145—146.
139　Van Meteren, *Historie*, iv. 47.
140　Parker, *Army of Flanders*, 271—272.
141　Holt, *Duke of Anjou*, 185—192.
142　Van Gelder, *Revolutionnaire Reformatie*, 165—168.
143　Koopmans, *Staten van Holland*, 130.
144　Decavele, "Willem van Oranje", 83.
145　Delfos, *Anfänge der Utrechter Union*, 249.
146　*Archives ou correspondance*, viii. 341, 358, 361.
147　Rowen, *Princes of Orange*, 28—31.
148　Swart, *William the Silent*, 35.
149　Hibben, *Gouda in Revolt*, 178—182.
150　Van Gelder, *Levensbeschouwing*, 163—164.
151　Hooft, *Memorien*, ii. 8.
152　Woltjer, "Dutch Privileges", 28—29.

153　Res. Holl. 23 Mar. 1581; Kluit, *Historie*, i. 263—264.
154　Res. Holl. 11 July 1584.
155　Ibid.
156　Decavele, "Willem van Oranje", 80.
157　*Cal. St. Papers*. Elizabeth, XVIII, 354, 24 Feb. 1584.
158　Res. Holl. 17 July 1584.
159　Res. Holl. 23 July 1584.
160　Res. Holl. 30 Aug. 1584; Fockema Andreae, *Nederlandse staat*, 19.
161　Jongbloet-van Houtte, "Belegering", 29, 35—36.
162　Res. Holl. 6 Oct. 1584; Hibben, *Gouda in Revolt*, 190—191.
163　Hooft, *Memorien*, 13—212.
164　O'Donnell, *Fuerza de desembarco*, 71—72.
165　Briels, *Zuid-Nederlanders*, 80; Thijs, *Van Geuzenstad tot katholiek bolwerk*, 37—38.
166　Wilson, *Queen Elizabeth and the Revolt*, 81—86.
167　Rogier, *Paulus Buys en Leicester*, 5.
168　Wernham, "English Policy and the Revolt", 36—38.
169　Vijlbrief, *Van anti-aristocratie tot democratie*, 59.
170　Rogier, *Paulus Buys en Leicester*, 10—11; Oosterhoff, *Leicester and the Netherlands*, 71—72.
171　Nijenhuis, *Adrianus Saravia*, 93—100.
172　Woltjer, "Politieke betekenis van de Emdense synode", 44—47.
173　De Jong, *Reformatie in Culemborg*, 212—214; Oosterhoff, *Leicester and the Netherlands*, 76—82.
174　Wilson, *Queen Elizabeth and the Revolt*, 97, 101—103.
175　Den Tex, *Oldenbarnevelt* (English), i. 29.
176　Brugmans, *Correspondentie*, i. 31—40.
177　Reitsma, *Centrifugal and Centripetal Forces*, 238—239.
178　Van Deursen, "Maurits", 87.
179　Koopmans, *Staten van Holland*, 132.

180　Brugmans, *Correspondentie*, i. 48.
181　Van Deursen, "Maurits", 88.
182　Res. Holl. 1586, p. 188.
183　Brugmans, *Correspondentie*, i. 47.
184　Oosterhoff, *Leicester and the Netherlands*, 93—94.
185　Bor, *Oorspronck*, iii. 31.
186　Ibid. 57.
187　Den Tex, "De Staten in Oldenbarnevelt's tijd", 58.
188　Israel, *Empire and Entrepots*, 102—103.
189　Velius, *Chronyk van Hoorn*, 470; Kernkamp, *Handel op den vijand*, i. 185—188.
190　Hagedorn, *Ostfrieslands Handel*, 173.
191　De Pater, "Leicester en Overijssel", 245—246.
192　Bor, *Oorspronck*, iii. 82v—105; Brandt, *Historie*, i. 715.
193　Bor, *Oorspronck*, iii. 31.
194　Oosterhoff, *Leicester and the Netherlands*, 116.
195　Brugmans, *Correspondentie*, i. 320.
196　Van Reyd, *Historie*, 113—114, 118.
197　Brandt, *Historie*, i. 722.
198　Van Meteren, *Historie*, iv. 43—44.
199　Brugmans, *Correspondentie*, i. 46.
200　Ibid. ii. 148.
201　Broersma and Busken Huet, *Brieven*, 66, 71.
202　Van Reyd, *Historie*, 237—242.
203　Broersma and Busken Huet, *Brieven*, 168.
204　Ibid. 105.
205　Briels, *Zuid-Nederlanders*, 131.
206　Van Reyd, *Historie*, 237—238.
207　Nijenhuis, *Adrianus Saravia*, 107.

第11章 1588—1590年：共和国的巩固

1　Wernham, "Mission of Thomas Wilkes", 452.
2　Oosterhoff, *Leicester and the Netherlands*, 186—188.
3　Wilson, *Queen Elizabeth and the Revolt*, 107—109.
4　Wernham, "Mission of Thomas Wilkes", 450.
5　Ibid. 452.
6　Bor, *Oorspronck*, ii, part 2, 55.
7　Den Tex, "Staten in Oldenbarnevelt's tijd", 64.
8　Kossmann and Mellink, *Texts*, 269—272.
9　RAU SU 231/4, fos. 12, 28—29. res. 6 Feb. and 9 Apr. 1588.
10　Bannatyne, "Utrecht in Crisi", 42—43.
11　RAU SU 231/4, fo. 26. res. 9 Apr. 1588.
12　PRO SP 84/30, fo. 9. "The government in Freeslande at this present" (1588).
13　Ibid., fos. 9v—10.
14　PRO SP 84/30, fo. 187. Bodley to Walsingham, 30 Jan. 1589.
15　Den Tex, *Oldenbarnevelt* (English), i. 125.
16　Broersma and Busken Huet, *Brieven*, 94—95.
17　Bannatyne, "Utrecht in Crisis", 44—45.
18　Brandt, *Historie... Enkhuizen*, 183.
19　Ibid. 188—189; Fockema Andreae, *Nederlandse staat*, 45.
20　Bor, *Oorspronck*, ii part 2, 55.
21　Van Deursen, "Maurits", 90.
22　PRO SP 84/38, fo. 155. Wilkes to Burghley, 7 Aug. 1590.
23　Ibid., fo. 18.
24　Slicher van Bath, *Gesch. van Overijssel*, 125.
25　PRO SP 84/39, fos. 32v, 12lv. Bodley to Burghley, 28 Sept. and 7 Oct. 1590.
26　Rogier, *Paulus Buys en Leicester*, 11.
27　Den Tex, "Staten in Oldenbarnevelt's tijd", 66—67.

第12章　1590—1609年：成为大国

1　Fruin, *Tien jaren*, 94.
2　't Hart, *Making of a Bourgeois State*, 59—61.
3　Ten Raa and De Bas, *Staatsche leger*, ii. 346—349.
4　O'Donnell, *Fuerza de desembarco*, 72—74, 171.
5　Van Reyd, *Historie*, 296—298.
6　Parker, *Dutch Revolt*, 228—229.
7　Formsma, *Ommelander strijd*, 140—141.
8　Fruin, *Tien jaren*, 121—122.
9　PRO SP 84/45, fo. 77v. Bodley to Burghley, 4 July 1592.
10　PRO SP 84/45, fo. 213. Bodley to Burghley, 31 Aug. 1592.
11　Van Reyd, *Historie*, 324, 398.
12　Ibid. 350.
13　Res. SG 1 Sept. 1592 and 10 Aug. 1593.
14　Van Meteren, *Historie*, vi. 11—12.
15　Kalma *et al.*, *Gesch. van Friesland*, 281.
16　Boogman, "Union of Utrecht", 396.
17　Heringa, *Gesch. van Drenthe*, 283—284.
18　Bor, *Oorspronck*, iv. 23—24.
19　Formsma, *Ommelander strijd*, 146.
20　Formsma, "Aanbieding", 1.
21　*Journaal van Anthonis Duyck*, i. 460.
22　Wiersum, *Gedwongen vereeniging*, 20—23.
23　Emmius, *De Agro Frisiae*, 171—175.
24　Heringa, *Gesch. van Drenthe*, 290—291.
25　Ibid.
26　Smit, *Bestuursinstellingen*, 24, 71.
27　Pettegree, *Emden and the Dutch Revolt*, 222—223.
28　Van Winter, "De Zeven Provincien", 17, 35.

29 Antholz, *Politische Wirksamkeit des Johannes Althusius*, 28—35.
30 Ibid. 121—122.
31 "Gedenkschrift van Joris de Bye", 445.
32 Res. SG 16 Aug and I Nov. 1596.
33 Res. SG i Nov. 1596; Bor, *Oorspronck*, v. 59.
34 Ter Kuile, "Graafschap Lingen", 17.
35 Van Meteren, *Historic*, vi. 462—464.
36 Barendrecht, *Francçois van Aerssen*, 24—26.
37 Den Tex, *Oldenbarnevelt*, iii. 301—303.
38 Parker, *Army of Flanders*, 247—251.
39 Geyl, *Revolt of the Netherlands*, 239—241.
40 CODOIN xliii. 2730.
41 Deventer, *Gedenkstukken*, ii. 283—284.
42 *Lettres de Buzanval*, 289—290.
43 Barendrecht, *François van Aerssen*, 18—19.
44 Simoni, "1598: An Exchange", 131—133, 150—151.
45 Ibid. 132.
46 PRO SP 84/56, fo. 50. Gilpin to Burghley, 5 Feb. 1599.
47 Fruin, *Verspreide geschriften*, iii. 235—236.
48 Emmius, *De Agro Frisiae*, 178—183.
49 Wiersum, *Gedwongen vereeniging*, 11—12.
50 Van Reyd, *Historie*, 418—419.
51 Heringa, *Gesch. van Drente*, 294—295.
52 Ten Raa and De Bas, *Staatsche leger*, ii. 323—324.
53 Van Deursen, "Maurits", 98.
54 Fruin, *Verspreide geschriften*, iii. 247—248.
55 Zwitzer, "*Militie van den staat*", 175.
56 Van Meteren, *Historie*, viii. 369.
57 Ibid. vii, 367.
58 Ten Raa and De Bas, *Het Staatsche leger*, ii. 397.

59　Wijn, *Krijgswezen*, 461—465.
60　Tops, *Groll*, 58.
61　't Hart, *Making of a Bourgeois State*, 43.
62　Zwitzer, "*Militie van den staat*", 175.
63　Tops, *Groll*, 109.
64　Frijhoff, *Gesch. van Zutphen*, 237.
65　Wijn, Het *Krijgswezen*, 125—127; De Munck, *Heusden*, 46.
66　Smit, *Bestuursinstellingen*, 101.
67　Overdiep, *Groninger schansenkrijg*, 107.
68　Zwitzer, "*Militie van den staat*", 33.
69　Ibid. 85.
70　Wijn, Het *Krijgswezen*, 102—126; Schulten and Schulten, *Het leger*, 57—58.
71　Oestreich, *Neostoicism*, 79.
72　Duyck, *Journal*, i. 463—467.
73　Parker, *Military Revolution*, 18—20.
74　Schulten and Schulten, *Het leger*, 92; Parker, *Military Revolution*, 20.
75　Oestreich, *Neostoicism*, 769.
76　Parker, *Army of Flanders*, 172, 175—176.
77　Parker, *The Thirty Years' War*, 206.
78　Mout, *Bohemen*, 99—117.
79　Westra, *Nederlandse ingenieurs*, 36—44.
80　Ibid. 75.
81　Ibid. 66, 76.
82　Davids, "Technological Change", 88.

第13章　共和国的体制

1　Boogman, "Union of Utrecht", 390—391.
2　Boogman, "Holländische Tradition", 90.
3　Kluit, *Historie*, i. 17—19.
4　Res. Holl. 16 Mar. 1581.

5   Koopmans, *Staten van Holland*, 180.
6   Kluit, *Historie*, i. 27—30.
7   Koopmans, *Staten van Holland*, 185—186.
8   Van Nierop, *Van ridders tot regenten*, 218—219.
9   ARH SH Ridderschap, viii. 16—17.
10 Res. Holl. 16 Mar. 1581.
11 Swart, *Willem van Oranje*, 55.
12 Koopmans, *Staten van Holland*, 194.
13 Fockema Andreae, *Nederlandse staat*, 45.
14 Fruin, *Gesch. der staatsinstellingen*, 81.
15 *Notulen* SZ 1596, pp. 157—160.
16 Ibid. 1578/9, pp. 12—13.
17 Theissen, *Centraal gezag*, 181—184.
18 Sjoerds, *Algemene Beschryvinge*, i, part 2, 900.
19 Ibid. ii, part 1, 204—207.
20 Sickenga, *Hof van Friesland*, 8—9.
21 Guibal, *Democratie en oligarchie*, 20.
22 Van de Water, *Groot Placaat-Boek ... Utrecht*, ii. 984—986.
23 Reitsma, *Centrifugal and Centripetal Forces*, 268—269.
24 Fruin, *Gesch. der staatsinstellingen*, 224.
25 Koopmans, *Staten van Holland*, 170—171.
26 de Vries, *Dutch Rural Economy*, 194—195.
27 Kossmann and Mellink, *Texts*, 168.
28 't Hart, *Making of a Bourgeois State*, 86.
29 Zwitzer, "Het quotenstelsel", 6.
30 Grapperhaus, *Alva en de Tiende Penning*, 27.
31 A. Th. van Deursen, "Tussen eenheid en zelfstandigheid", in S. Groenveld and H. L. P. Leeuwenberg (eds.), *De Unie van Utrecht* (The Hague, 1979), 147.
32 GA Amsterdam vroed. res. 8 May 1612.
33 ARH SG 8869, fos. 6, 9.

34 't Hart, *Making of a Bourgeois State*, 79.
35 Zwitzer, "*Militie van den staat*", 70—71.
36 Res. Holl. 15, 17, and 19 Mar. 1576.
37 't Hart, *Making of a Bourgeois State*, 135—136.
38 't Hart, *In Quest of Funds*, 82.
39 PRO SP 84/44, fo. 124. Bodley to Burghley, 25 Feb. 1592.
40 Japikse and Rijperman, *Resolutien*, viii. 92—93.
41 Dumbar, *Hedendaagsche historie*, ii. 356—357.
42 Dumbar, *Verhandeling*, 6—7, 87—88.
43 Reitsma, *Centrifugal and Centripetal Forces*, 268—269.
44 Japikse and Rijperman, *Resolutien*, viii. 305.
45 Duyck, *Journal*, i. 600.
46 Smit, *Bestuursinstellingen*, 15, 19.
47 Zwitzer, "Het quotenstelsel", 19.
48 Kappelhof, *Belastingheffing*, 102—108.
49 Ibid.; 't Hart, *In Quest of Funds*, 92—95.
50 Van Deursen, "Tussen eenheid en zelfstandigheid", 149.
51 Fruin, *Gesch. der staatsinstellingen*, 10—104.
52 Den Tex, "Staten in Oldenbarnevelt's tijd", 62—63.
53 Fontaine, *Raad van State*, 22—27.
54 Van Deursen, "Staat van oorlog", 48.
55 Fockema Andreae, *Nederlandse staat*, 20.
56 Van Deursen, "Raad van State", 3.
57 Fontaine, *Raad van State*, 45—47.
58 Smit, "Ambtenaren", 384.
59 Wijn, *Krijgswezen*, 90—91.
60 Kossmann and Mellink, *Texts*, 169.
61 Voogt, *Gesch. van het muntwezen*, 100—101.
62 *Notulen* SZ res. SZ 7 and 16 Jan. 1597.
63 Sjoerds, *Algemene Beschryvinge*, ii, part 1, 72—73; Fruin, *Gesch. der*

staatsinstellingen, 199—204.

64　't Hart, *Making of a Bourgeois State*, 41.
65　Van Winter, *Westerwolde*, 27; Van Winter, "De Zeven Provincien", 14—15.
66　Van Slingelandt, *Staatkundige geschriften*, ii. 244—245.
67　Christ, *Brabantsche Saecke*, 55—56.
68　*Geschiedenis van Breda*, ii. 52—53.
69　Christ, *Brabantsche Saecke*, 55, 65—66, 104.
70　*Geschiedenis van Breda*, ii. 53.
71　Kossmann and Mellink, *Texts*, 169.
72　Wernham, "English Policy and the Revolt", 36—38.
73　Bor, *Oorspronck*, v. 62v.
74　Van Reyd, *Historie*, 199.
75　Overdiep, *Groninger schansenkrijg*, 15.
76　PRO SP 84/41, fos. 339—340. Bodley to Burghley, 17 Apr. 1591.
77　De Meester, *Gesch. van de Staten van Gelderland*, 198—199.
78　Heringa, *Gesch. van Drente*, i. 290—291.
79　Fruin, *Gesch. der staatsinsellingen*, 215.
80　Wiersum, *Gedwongen vereeniging*, 23—28.
81　Smit, *Bestuursinstellingen*, 99—101.
82　Van Deursen, "Maurits", 92, 97.
83　Ibid.; Rowen, *Princes of Orange*, 40.
84　Mörke, "Hofcultuur", 45—46.

第14章　荷兰世界贸易霸主地位的肇始

1　Israel, *Dutch Primacy*, 38—79; Israel, *Empires and Entrepots*, 135—141, 190—202; Israel, "The 'New History'", 474—480.
2　Nusteling, *Welvaart en werkgelengenheid*, 234.
3　参见表3和表12。
4　Briels, *Zuid-Nederlanders*, 28, 47, 69—70; Voet, *Antwerp*, 238.
5　Briels, *Zuid-Nederlanders*, 184—190.

6 Van Maanen, "Vermogensopbouw", 11.
7 Poort, "English Garrisons", 72.
8 PRO SP 84/32, fo. 264v. Bodley to Walsingham, Bergen-op-Zoom, 31 May 1589.
9 Kellenbenz, "Pfeffermarkt", 33—36.
10 Velius, *Chronyk van Hoorn*, 470; Baasch, *Holländische Wirtschaftsgeschichte*, 256—257.
11 Geselschap, *Gouda, Zeven eeuwen stad*, 136—137.
12 Orlers, *Beschrijvinge*, 118—120.
13 Israel, *Dutch Primacy*, 38—43; Israel, *Empires and Entrepots*, 137—145, 189—202.
14 Israel, *Dutch Primacy*, 49—52.
15 Hart, *Geschrift en getal*, 305—307; Bushkovitch, *Merchants of Moscow*, 45, 61.
16 Israel, *Dutch Primacy*, 80—120.
17 Israel, *Empires and Entrepots*, 139—147.
18 *Notulen* SZ 1614, 241. "Advys" of the *Gecommitteerde Raden*, 17 Oct. 1614.
19 GA Amsterdam vroed. res. 8 May 1612.
20 Schreiner, "Niederländer und die norwegische Holzausfuhr", 324.
21 感谢A. M. 范德沃德（A. M. van der Woude）给我参考了他的数据，它们详尽阐释了约1621年开始的荷兰印刷业的衰落过程。
22 Bang, *Tabeller*, ii. 196—325; Federowicz, *England's Baltic Trade*, 92—96.
23 Klein, "De zeventiende eeuw", 103.
24 Israel, "The 'New History' ", 476.
25 Israel, *Dutch Primacy*, 8, 35, 114—120, 259—269.
26 Lesger, *Hoorn als stedelijk knooppunt*, 61—62, 85.
27 Ibid. 85—86, 172.
28 Ibid. 73; De Vries, *Enkhuizen, 1650—1850*, 72.
29 Israel, *Dutch Primacy*, 50—67.
30 Ibid. 67—73.
31 Van Dillen, *Oudste aandeelhoudersregister*, 6.
32 Kellenbenz, "Pfeffermarkt", 33—49.

33 Van Dillen, *Oudste aandeelhoudersregister*, 6—11.
34 Brulez, "Zoutinvoer", 184—185; Stols, *Spaanse Brabanders*, i. 8—9; Echevarria Bacigalupe, "Episodio", 58—85.
35 Van Dillen, *Oudste aandeelhoudersregister*, 11.
36 Van Deventer, *Gedenkstukken*, ii. 300, 311.
37 Gaastra, *Bewind en beleid*, 23.
38 Ibid. 34; Gaastra, *Geschiedenis van de VOC*, 31—32.
39 Ibid. 21—23.
40 Rietbergen, *Eerste landvoogd Pieter Both*, i. 47—48.
41 Gaastra, *Geschiedenis van de VOC*, 40.
42 Ibid. 71, 74.
43 Van den Boogaart, "Trade", 373—375.
44 Sluiter, "Dutch-Spanish Rivalry", 173—178.
45 Boxer, *Dutch in Brazil*, 2.

第15章 大起义之后的社会

1 Klein, "Zeventiende eeuw", 88.
2 Van Zanden, *Rise and Decline*, 51, 62—63.
3 Faber, Diederiks, and Hart, "Urbanisering", 267.
4 Briels, *Zuid-Nederlanders*, 213.
5 Scholliers, "Eerste schade", 49—50.
6 Nusteling, *Welvaart en werkgelegenheid*, 44.
7 Van Deursen, *Het kopergeld*, i. 55.
8 Hart, *Geschrift en getal*, 145.
9 Schmal, "Patterns of De-Urbanization", 291—292.
10 Koch, "Reformation in Deventer", 29.
11 GA Kampen Oud-Archief 23, fo. 16. res. raad 5 Dec. 1592.
12 GA Zutphen 1st afd. no. 2 res. raad 28 Apr. 1592.
13 Broek Roelofs, *Wilhelmus Baudartius*, 38.
14 ARB SEG 190, fo. 103. Isabella to Philip V, Brussels, 14 Mar. 1624.

15 Beutin and Entholt, *Bremen und die Niederlande*, 9—10, 36—37; Gutmann, *War and Rural Life*, 116.

16 Baasch, "Hamburg und Holland", 94.

17 Israel, *Empires and Entrepots*, 107—131.

18 Ibid. 107, 128; Gutmann, *War and Rural Life*, 113.

19 De Vries, *Dutch Rural Economy*, 160.

20 Ibid. 188; Faber, *Drie eeuwen Friesland*, i. 149.

21 Van der Woude, *Het Noorderkwartier*, ii. 530.

22 De Vries, *Dutch Rural Economy*, 86.

23 Ibid.

24 Faber, *Drie eeuwen Friesland*, ii. 405, 413.

25 Slicher van Bath, *Samenleving*, 54—55, 60.

26 Bieleman, "Dutch Agriculture", 171—173.

27 De Vries, *Dutch Rural Economy*, 229—235.

28 Ibid. 231—2; Van Zanden, "Prijs van de vooruitgang?", 80—82.

29 Faber, *Drie eeuwen Friesland*, i. 217.

30 Feenstra, *Adel in de Ommelanden*, 58.

31 Faber, *Drie eeuwen Friesland*, i. 347.

32 Van Nierop, *Van ridders tot regenten*, 149—150.

33 Van der Steur, "Johan van Duivenvoirde", 219.

34 Bruijn, *Dutch Navy*, 77, 125.

35 Feenstra, *Adel in de Ommelanden*, 60—61, 81—82.

36 Koopmans, *Staten van Holland*, 40.

37 Ibid. 43.

38 Spaans, *Haarlem na de Reformatie*, 37, 44.

39 Dudok van Heel, "Waar waren de Amsterdamse katholieken?", 13—26.

40 Ten Boom, "Patriciaat te Rotterdam", 180—182.

41 Van Dijk and Roorda, *Patriciaat van Zierikzee*, 59.

42 Hibben, *Gouda in Revolt*, 67—76.

43 Frijhoff, *Gesch. van Zutphen*, 103.

44　Israel, *Dutch Primacy*, 46—71.
45　Van Dillen, *Oudste aandeelhondersregister*, 46.
46　Elias, *Vroedschap van Amsterdam*, i. 174, 191, 201, 239.
47　Van Dillen, *Oudste aandeelhoudersregister*, 106, 115—116, 194.
48　Gaastra, *Gesch. van de VOC*, 30.
49　Van der Wee, "Industrial Dynamics", 352.
50　GA Haarlem Ell/2178, "Rekest van de bleker Pieter van Hulle".
51　Montias, *Artists and Artisans in Delft*, 149—152.
52　Slive, *Jacob van Ruisdael*, 20.
53　Brown, *Carel Fabritius*, 14—15.
54　Van Hoogstraeten, *Inleyding*, 318, 351.
55　Ibid. 346, 353.
56　Schwartz, *Rembrandt*, 153.
57　Von Moltke, *Govaert Flinck*, 9—11.
58　Usselincx, *Grondich Discours*, 2, 6.
59　Scholliers, "Eerste schade", 47—49.
60　De Vries, "An Inquiry", 82.
61　Nusteling, *Welvaart en werkgelegenheid*, 263.
62　Ibid.; De Vries, "Labour Market", 63.
63　Usselincx, *Grondich Discours*, 2.
64　Scholliers, "Eerste schade", 49.
65　De Vries, "An Inquiry", 83, 94; Noordegraaf, *Daglonen in Alkmaar*, 47, 49.
66　ARH SG 12575/34, fo. 3v.
67　Van Deursen, *Het kopergeld*, i. 39.
68　ARH SG 12575/34, fo. 3v.
69　De Vries, "An Inquiry", 94.
70　Groenhuis, *De predikanten*, 136—139.
71　Scholliers, "Eerste schade", 50.
72　*Relazione di Girolamo Trevisano*, 417.
73　De Jongste, *Onrust*, 51; Krikke-Frijns, "Ontstaan", 296.

74 Temple, *United Provinces*, 104.

75 De Vries, "Labour Market", 67.

76 Van Strien, *British Travellers*, 198.

77 Schwartz, *Dutch World of Painting*, 67.

78 Ibid. 66, 70—71.

79 *Geschiedenis van Breda*, ii. 274—275.

80 Van Strien, *British Travellers*, 134.

81 Hoogewerff, *Twee reizen van Cosimo de' Medici*, 37, 71—72.

82 Carleton, *Letters*, 218: Carleton to John Chamberlain.

83 Swetschinski, "Portuguese Jewish Merchants", i. 390.

84 Van Deursen, *Het kopergeld*, i. 98—100.

85 Spaans, *Haarlem*, 177—179.

86 Ibid. 182.

87 Evenhuis, *Ook dat was Amsterdam*, ii. 74—75.

第16章 新教化、天主教化与认信运动

1 Van Gelder, "Nederland geprotestantiseerd?", 450—451.

2 Van Gelder, *Revolutionnaire Reformatie*, 26.

3 Swart, MS "Willem de Zwijger", ch. "Oranje's 'Finest Hour'", 10.

4 *Apologie of Prince William*, 85.

5 Res. Holl. 1575, 206—207, 296—297.

6 Evenhuis, *Ook dat was Amsterdam*, i. 95—96.

7 Spiertz, "Katholieke geestelijke leiders", 3.

8 Brandt, *Histoire der Reformatie*, i. 550—551; Troost and Woltjer, "Brielle in hervorningstijd", 343—344.

9 Van Gelder, "Hervorming . . . te Alkmaar", 63—64.

10 Moryson, *An Itinerary*, 53.

11 Spaans, *Haarlem*, 72—73.

12 Res. Holl. 10 and 13 June and 3 July 1581.

13 Van Deursen, *Plain Lives*, 283—286.

14 "Visitatie der kerken ten platten lande", 191—219.
15 PRO SP 84/44, fo. 65. Bodley to Burghley, 27 Jan. 1592.
16 Rogier, *Gesch. van het katholicisme*, i. 439.
17 Vermaseren, "Sasbout Vosmeer", 195.
18 Jaanus, *Hervormd Delft*, 49.
19 Vermaseren, "asbout Vosmeer", 193.
20 Tukker, *Classis van Dordrecht*, 77.
21 Schilling, "Bürgerkämpfe in Aachen", 180, 184.
22 Frijhoff, "Katholieke toekomstverwachting", 439.
23 Buzanval, *Lettres*, 289.
24 De Jong, "Eerste drie Noord–Hollandse synoden", 194—196.
25 Groenhuis, *Predikanten*, 22—23.
26 Van 't Spijker, "Acta", 81.
27 Evenhuis, *Ook dat was Amsterdam*, i. 145.
28 Van Gelder, *Getemperde vrijheid*, 4—5.
29 Fruin, *Gesch. der staatsinstellingen*, 238—239.
30 Grotius, *Verantwoordingh*, 29.
31 Brandt, *Historie der Reformatie*, i. 553—554.
32 Van 't Spijker, "Acta", 82—89.
33 Den Tex, *Oldenbarnevelt*, iii. 50—51.
34 Rogge, *Caspar Janszoon Coolhaas*, i. 190—194; Van Gelderen, *Political Thought*, 231—233.
35 Hibben, *Gouda in Revolt*, 124—128.
36 Kaplan, "Hubert Duifhuis", 6—10.
37 Den Boer, "Unie van Utrecht", 73—74.
38 Bonger, *Motivering*, 23—26, 81.
39 Lipsius, *De Constantia*, 2—4.
40 Güldner, *Toleranz-Problem*, 87—90.
41 Stevin, *Het Burgherlick Leven*, 49—53.
42 Ibid. 55—56.

43 Geurts, *Eerste grote conflict*, 19—20.
44 Althusius, *Politics*, 165—168.
45 Bangs, *Arminius*, 145—146.
46 PRO SP 84/31, fos. 92—94. Gilpin to Burghley, 1 Mar. 1589.
47 Loosjes, *Gesch. der Luthersche kerk*, 60—90.
48 Whaley, *Religious Toleration*, 11, 119.
49 Pont, *Gesch. van het Lutheranisme*, 229, 552—557.
50 Smid, *Ostfriesische Kirchengeschichte*, 239—245.
51 Pont, *Gesch. van het Lutheranisme*, 536.
52 Loosjes, *Gesch. der Luthersche kerk*, 87.
53 Ibid. 88—89.
54 Rogge, *Caspar Janszoon Coolhaes*, ii. 91, 97.
55 Brandt, *Historie der Reformatie*, i. 815.
56 Seeligmann, "Het Marranen-probleem", 112.
57 Rogier, *Gesch. van het katholicisme*, ii. 71.
58 Spiertz, "Priest and Layman", 291—293.
59 Ibid. 291.
60 *Archief aartsbisdom Utrecht*, i. 209.
61 Abels and Van Booma, "Tussen Rooms-katholiek en Utrechts-gereformeerd", 200, 224—225.
62 *Archief aartsbisdom Utrecht*, xviii. 16.
63 Van Deursen, *Het kopergeld*, iv. 74.
64 Ibid. xx. 374.
65 Pathuis, "Handschrift", 2—4.
66 Spaans, *Haarlem*, 89.
67 *Archief aartsbisdom Utrecht*, i. 221.
68 Ibid. xvii. 459: "Nonnihil juvat and augmentum numeri et libertatem nonnullam Catholicorum Calvinistarum inter se discordia".
69 Ibid. xvii. 460; Groenveld, *Evidence factiën*, 13—14.
70 Geselschap, *Gouda*, 297.

71 Dudok van Heel, "Amsterdamse schuil of huiskerken?", 3.
72 *Archief aartsbisdom Utrecht*, xvii. 467.
73 参见表21.
74 *Archief aartsbisdom Utrecht*, xx. 364.
75 De Kok, *Nederland op de breuklijn*, 181—193.
76 *Archief aartsbisdom Utrecht*, xi. 199.
77 Ibid. i. 222 and xx. 373.
78 Ibid., xviii. 14.
79 Faber, *Drie eeuwen Friesland*, i. 80.
80 *Archief aartsbisdom Utrecht*, xviii. ll.
81 Ibid. xviii. 11.
82 Ibid. xl. 211.
83 Ibid. xx. 364; Spiertz, "Kerkeraad van Zutphen", 191—192.
84 GA Zutphen 1/108. res. raad, 27 Oct. 1591.
85 GA Zutphen 1/9. res. raad, 26 June and 1/12 res. raad. 23 Feb. 1647.
86 Thielen, *Gesch. van de enclave Groenlo*, 16—19.
87 Ibid. 83—85; Schröer, *Korrespondenz*, 53, 137—138.
88 Schröer, *Korrespondenz*, 137—138.
89 Ibid. 138.
90 Poelhekke, *Frederik Hendrik*, 268—270.
91 Thielen, *Gesch. van de enclave Groenlo*, 68—69.
92 *Geschiedenis van Breda*, ii. 170—176.
93 Toeback, "Kerkekijk-godsdienstige en culturele leven", 124—127.
94 De Kok, *Nederland op de breuklijn*, 140—142.
95 Trimp, *Jodocus van Lodensteyn*, 46.
96 Thijs, *Van Geuzenstad tot katholiek bolwerk*, 53.
97 *Archief aartsbisdom Utrecht*, xii. 203.
98 Van Deursen, *Plain Lives*, 286.
99 Van Strien, *British Travellers*, 208.
100 *Archief aartsbisdom Utrecht*, xiii. 222—223.

101　Rogier, *Gesch. van het katholicisme*, iii. 508.

102　AHN Estado leg. 727, "voto" of Olivares (Sept. 1629), fos. 10–v.

103　Van Deursen, *Plain Lives*, 295.

104　Fruin, *Verspreide geschriften*, iii. 300.

105　Grotius, *Verantwoordingh*, 30—32; Grotius, *Oratie*, 50—52.

106　Unger, "Standbeelden", 269—270.

107　Ibid. 271.

108　Maronier, *Jacobus Arminius*, 186—187, 202.

109　Van Deursen, *Bavianen en slijkgeuzen*, 228—229.

110　Bangs, *Arminius*, 280—281.

111　*Archief aartsbisdom Utrecht*, xii. 209.

112　Pont, *Gesch. van het Lutheranisme*, 551.

113　Limborch, "Voor–reden", 5—6v.

114　Van Slee, *Rijnsburger Collegianten*, 29—44.

115　Van Strien, *British Travellers*, 307.

116　Kühler, *Gesch. der Nederlandsche doopsgezinden*, 317, 321.

117　Doornkat Koolman, *Dirk Philips*, 133—136.

118　Van der Zijpp, *Gesch. der doopsgezinden*, 80—82.

119　Spaans, *Haarlem*, 101.

120　Meihuizen, *Galenus Abrahamsz*, 36—38.

第17章　身份认同的分化：《十二年停战协定》

1　Deventer, *Gedenkstukken*, ii. 69. Oldenbarnevelt to Van Aerssen, 18 Jan. 1606.

2　Israel, *Dutch Primacy*, 82; Israel, *Empires and Entrepots*, 194—202.

3　Israel, *Dutch Republic and the Hispanic World*, 5—6.

4　CODOIN xliii. 50, 52—54.

5　Van der Kemp, *Maurits van Nassau*, iii. 4.

6　ARH SG 12575-7. sec. declaration of Albert and Isabella, 13 Mar. 1607.

7　Rodríguez Villa, *Ambrosio Spínola*, 156—157

8　De Tex, *Oldenbarnevelt*, ii. 554.567.

9　Van Meteren, *Historie*, ix. 211—212.
10　Lawrence, "Hendrick de Keyser's Heemskerk Monument", 272.
11　Veenendaal, *Johan van Oldenbarnevelt*, ii. 185.
12　Jeannin, *Négotiations*, i. 253—254.
13　RAGr S.Gr. 3, res. S.Gr. 25 Nov. 1607 and 28 Feb. 1608.
14　Van der Kemp, *Maurits van Nassau*, iii. 9.
15　Res. Holl. 27 Mar. 1607.
16　GA Amsterdam res. vroed. 29 Oct. and 22 Nov. 1607.
17　BL MS Add. 40837, fo. 315v. Winwood and Spencer to Cecil, 17 Nov. 1608.
18　Van Loon, *Beschryving*, ii. 40—41.
19　Van Meteren, *Historie*, ix. 66—67.
20　Deventer, *Gedenkstukken*, iii. 311.
21　Rodríguez Villa, *Ambrosio Spínola*, 230—231.
22　De Pater, *Maurits en Oldenbarnevelt*, 54—55.
23　Res. Holl. 19 Mar. and 3 Apr. 1609.
24　Wernham, "English Policy and the Revolt", 29—35.
25　Barendrecht, *François van Aerssen*, 228—229.
26　De Groot, *Ottoman Empire and the Dutch Republic*, 104—106.
27　Heeringa, *Bronnen*, i. 51—54.
28　Beutin and Entholt, *Bremen und die Niederlande*, 8, 31—32.
29　GA Amsterdam res. vroed. 6 Oct. 1614; *Groot Placaet-Boeck*, i. 1170.
30　Van Deursen, *Honni soit*, 18—21.
31　Vreede, *Inleiding*, ii. 260.
32　Ten Raa and De Bas, *Het Staatsche leger*, iii. 32—34.
33　Van Deursen, "Val van Wezel", 14—15.
34　Israel, *Dutch Republic and the Hispanic World*, 16—17.
35　Ibid. 66—74.
36　AGS Estado 2294. "Relacion dell estado que tiene la negociacion" (Dec. 1611).
37　Van Deursen, *Honni soit*, 79—90.
38　Worp, "Dirk Rodenburg", 78—84.

39 AGS Estado 2294. "Advertencia de Don Rodrigo Calderon sobre sus despachos".
40 Disney, *Twilight*, 51, 162.
41 Penso de la Vega, *Confusion de confusiones*, 21—22.
42 Parker, *Army of Flanders*, app. a.
43 Brants, *La Belgique*, 52—57.
44 AGS Estado 2037. Consulta of the Consejo de Estado, 14 Apr. 1623, fo. 3.
45 Tuck, *Philosophy and Government*, 56—60.
46 Ibid. 60, 65.
47 Oestreich, *Neostoicism*, 61—63.
48 Elliott, *The Count-Duke of Olivares*, 22—23, 81.
49 Tuck, *Philosophy and Government*, 48, 54—56.
50 Klep, "Historisch moderniseringsproces", 19.
51 Coornaert, *Centre industriel*, 493—494.
52 Vandenbroeke and Vanderpijpen, "Agricultural Revolution", 167—168.
53 De Nave, *Antwerpen en de scheiding*, 81—82.
54 Baetens, *Nazomer*, i. 51—52.
55 Thijs, *Geuzenstad tot katholiek bolwerk*, 45.
56 Dambruyne, "Gentse immobilienmarkt", 163—165.
57 Vermaut, "Structural Transformation", 192—193.
58 Thijs, *Geuzenstad tot katholiek bolwerk*, 65, 69.
59 Ibid. 141—142.
60 Nauwelaerts, *Latijnse school*, 65—66.
61 Ibid. 98—100.
62 Dambruyne, "Versteningsproces", 44.
63 Thijs, *Van Geuzenstad tot katholiek bolwerk*, 120.
64 Plantenga, *L'Architecture religieuse*, 43—49.
65 Burckhardt, *Recollections of Rubens*, 200.
66 Baudouin, *Pietro Paulo Rubens*, 65—111.
67 Hsia, *Society and Religion in Münster*, 62—69.

68 Andriessen, "Jezuieten-auteurs", 44—46.
69 Andriessen, *Jezuieten en het samenhorigheidsbesef*, 87.
70 Brown, *Van Dyck*, 16.
71 Voeten, "Antwerpen's handel", 70—71.
72 Andriessen, *Jezuieten en het samenhorigheidsbesef*, 69—70, 79.
73 Kaper, *Pamfletten*, 37—41.

第18章 1607—1616年：荷兰政治体内部的危机

1 Grotius, *Briefwisseling*, i. 85.
2 Tuck, *Philosophy and Government*, 160—162.
3 Ibid. 162—163.
4 Schöffer, "The Batavian Myth", 71.
5 Bangs, *Arminius*, 280—281.
6 Ibid. 275—276.
7 Itterszon, *Franciscus Gomarus*, 119—127.
8 Rogge, *Johannes Wttenbogaert*, i. 323—324.
9 Den Tex, *Oldenbarnevelt*, iii. 163—165.
10 Knevel, "Onrust", 167—168.
11 Kaajan, *Groote Synode van Dordrecht*, 12.
12 Den Tex, "De Staten", 72—73.
13 Vijibrief, *Van anti-aristocratie*, 70—77.
14 Den Tex, *Oldenbarnevelt*, iii. 133—135.
15 Wijminga, *Festus Hommius*, 104—107.
16 Keuning, *Petrus Plancius*, 40—41.
17 Nobbs, *Theocracy and Toleration*, 47.
18 Van Limborch, *Leven van Simon Episcopius*, 6, 9.
19 Glasius, *Gesch. der Nationale Synode*, i. 238.
20 Van den Sande, *Nederlandtsche Geschiedenissen*, 65.
21 Baudartius, *Memoryen*, book ix, 88.
22 Van den Sande, *Nederlandtsche Geschiedenissen*, 65, 81.

23　Ibid. 65.
24　Carleton, *Letters*, 97.
25　Kühler, *Het Socinianisme*, 57—59.
26　Lubbertus, *Brief D. Sibrandi Lvbberti*, 6.
27　Van der Woude, *Hugo Grotius en zijn Pietas*, 16—17.
28　Grotius, *Pietas* (Dutch version), 6, 30.
29　Van der Woude, *Hugo Grotius en zijn Pietas*, 8—9.
30　Althusius, *Politics*, p. xvi.
31　Antholz, *Politische Wirksamkeit des Johannes Althusius*, 124.
32　Wijminga, *Festus Hommius*, 183, 186.
33　Nijenhuis, *Matthew Slade*, 14.
34　Van der Woude, *Sibrandus Lubbertus*, 260—262.
35　Van Limborch, *Leven van Simon Episcopius*, 31.
36　Nobbs, *Theocracy and Toleration*, 61.
37　Grotius, *Oratie*, 26, 50, 52.
38　Den Tex, *Oldenbarnevelt*, iii. 300—301.
39　Ibid. 299—300.

第19章　1616—1618年：奥尔登巴内费尔特政权的倾覆

1　Van Deursen, *Bavianen en slijkgeuzen*, 306.
2　Van Deursen, "Maurits", 106.
3　Van Deursen, *Bavianen en slijkgeuzen*, 267.
4　Den Tex, *Oldenbarnevelt*, iii. 298—302, 426.
5　Israel, *Dutch Republic and the Hispanic World*, 60—64.
6　Van Deursen, *Bavianen en slijkgeuzen*, 257—267, 298.
7　*Archief aartsbisdom Utrecht*, xvii. 460.
8　Trigland, *Kerckelycke Geschiedenissen*, 839.
9　Den Tex, *Oldenbarnevelt*, iii. 401.
10　Carleton, *Letters*, 89.
11　Van Deursen, *Bavianen en slijkgeuzen*, 243—244.

12　Ibid. 267.
13　Briels, *Zuid-Nederlanders*, 269.
14　Israel, *Dutch Republic and the Hispanic World*, 56—60.
15　Dekker, *Holland in beroering*, 28—30.
16　Abels, "Van Vlaamse broeders", 80, 85—86.
17　GA Utrecht 2/121. res. vroed. 31 Mar. 1617.
18　Nijenhuis, *Matthew Slade*, 41—48.
19　Den Tex, *Oldenbarnevelt*, iii. 477.
20　Ibid. 404.
21　Royalton-Kisch, *Adriaen van de Venne's Album*, 58—60.
22　Nijenhuis, *Matthew Slade*, 36—37.
23　Grotius, *Oratie*, 52.
24　Ibid. 50.
25　Rademaker, *Life and Work of Gerardus Joannes Vossius*, 123—125.
26　Kühler, *Het Socinianisme*, 81—82.
27　Van der Woude, *Sibrandus Lubbertus*, 309—310, 322, 329.
28　Rademaker, *Life and Work of Gerardus Joannes Vossius*, 122.
29　Den Tex, *Oldenbarnevelt*, iii. 493—497.
30　Smit, "Prins Maurits en de goede zaak", 60—61.
31　GA Utrecht 2/121. res. vroed. 28 Aug. 1617.
32　Ibid. 30 Sept. 1617.
33　Carleton, *Letters*, 82, 117, 307.
34　GA Leiden Sec. Arch. 446, fo. 254. vroed. res. 6 Sept. 1617.
35　Knevel, "Onrust", 161.
36　Ibid. 163—164.
37　GA Delft 13/3, fo. 280. res. vroed. 11 Sept. 1617.
38　Ibid., fo. 281v. res. vroed. 4 Dec. 1617.
39　Groenveld, *Evidente factien*, 17.
40　Smit, "Prins Maurits en de goede zaak", 83, 89—90.
41　Carleton, *Letters*, 203—204.

42　Jenniskens, *Magistraat van Nijmegen*, 2, 7.
43　Den Tex, *Oldenbarnevelt*, iii. 553.
44　GA Utrecht 2/21 fo. 196v. res. vroed. 9 Mar. 1618.
45　ARH PR 8. res. S. Geld. 13 and 16 Mar. 1618.
46　GA Kampen Oud-archief 24, fo. 92v. res. raad, 25 Apr. 1618.
47　ARH PR 486, fos. 84–6. res. SO, 29 Apr., 5 and 7 May 1618.
48　GA Kampen Oud-archief 24, fo. 94. res. raad, 6 May 1618.
49　Carleton, *Letters*, 265.
50　Ibid. 192.
51　Grotius, *Verantwoordingh*, 6.
52　Ibid. 86.
53　Ibid. 26—27.
54　ARH PR 486, fo. 84. res. SO, 29 Apr. 1618.
55　Den Tex, *Oldenbarnevelt*, iii. 606.
56　Den Tex, "Staten in Oldenbarnevelt's tijd", 86.
57　Smit, "Prins Maurits en de goede zaak", 52.
58　GA Utrecht 2/121. res. vroed. 5 Aug. and 5 Sept. 1618.
59　Ibid. 27 July 1618.
60　Vervou, *Enige Aentekeningen*, 132—133.
61　Lee, *Dudley Carleton*, 256.

第20章　1618—1621年：反抗辩派的加尔文宗革命

1　Van Deursen, "Maurits", 108.
2　Wansink, "Holland and Six Allies", 151.
3　Ploos, "Adriaan Ploos van Amstel", 48, 59.
4　Van Nierop, *Van ridders tot regenten*, 221—223.
5　*Nootwendighe ende vrypostighe Vermaninghe*, 4—7, 9, 15; Carleton, *Letters*, 503.
6　Nijenhuis, *Matthew Slade*, 91.
7　Vervou, *Enige Aentekeningen*, 136, 149—150.
8　GA Alkmaar inv. no. 42, fo. 236. res. vroed. 11 Oct. 1618.

9   Spaans, *Haarlem*, 223.
10 Lois, *Cronycke*, 121—122; Grisebach, *Willem Kalf*, 13.
11 Wagenaar, *Amsterdam*, 1, 471—472.
12 Evenhuis, *Ook dat was Amsterdam*, i. 250.
13 Den Tex, *Oldenbarnevelt*, iii. 773.
14 Rowen, *John de Witt*, 6—7.
15 PRO SP 84/98, fo. 148. Carleton to James I. 8 Jan. 1621.
16 GA Utrecht 2/121. res. vroed. 2 and 12 Nov. 1618; GA Kampen Oud-archief 24, fo. 103. res. raad, 22 Sept. 1618.
17 Knevel, "Onrust", 166.
18 Carleton, *Letters*, 345.
19 GA Utrecht 2/121. res. vroed. 23 Nov. 1618.
20 GA Kampen Oud-archief 24, fo. 132. res. raad, 2 Aug. 1620.
21 Spaans, *Haarlem*, 158.
22 Wijminga, *Festus Hommius*, 180—181, 260.
23 GA Utrecht 2/121. res. vroed. 3 Sept. 1618.
24 Van der Ploeg, *Uit Alkmaars roemrijk verleden*, 45.
25 GA Gouda OA 8 res. vroed. 23 and 28 Nov. 1618.
26 Geselschap, *Gouda*, 306—307.
27 Brandt, *Historie van de rechtspleging*, 53—55.
28 Ibid. 87.
29 Ibid. 251.
30 Harvard, *Michiel van Mierevelt*, 88.
31 Kaajan, *Groote synode van Dordrecht*, 27, 33, 75.
32 Van den Berg, *Dordt in de Weegschaal*, 5.
33 Van Gelder, *Getemperde vrijheid*, 8.
34 Broek Roelofs, *Wilhelmus Baudartius*, 152—153.
35 De Vooys, *Gesch. van de Ned. taal*, 108—109.
36 Rogge, *Johannes Wttenbogaert*, ii. 278—279.
37 Smit, "Prins Maurits en de goede zaak", 143—146.

38　Kaajan, *Groote synode van Dordrecht*, 183.
39　Haentjens, *Simon Episcopius*, 55.
40　Brandt, *Historie der Reformaties*, iv. 628.
41　ARH Hof van Holland 5225, "Examen Johannes Grevius", fo. iv.
42　Van Limborch, *Leven van Simon Episcopius*, 120—121.
43　Tideman, *Remonstrantsche broederschap*, 305.
44　ARH Hof van Holland 5225, "Examen Johannes Grevius", fo. 2.
45　De Fijne, Eenige Tractaatjes, i. "Vaderlyk Onderwys", 21—23.
46　Gindely, *Geschichte des Böhmischen Aufstandes*, i. 454 and ii. 235.
47　Polisensky, *Tragic Triangle*, 185—208.
48　Carleton, *Letters*, 441.
49　Ouvré, *Aubéry du Maurier*, 308.
50　Israel, *Dutch Republic and the Hispanic World*, 74—81.
51　ARH PR 8. res. SGeld. 9 May 1620.
52　PRO SP 84/98, fo. 145v. Carleton to Nethersole, 8 June 1621.
53　Israel, *Dutch Republic and the Hispanic World*, 63—64, 74.
54　Ibid. 77—81.
55　Carleton, *Letters*, 473.
56　PRO SP 84/98, fo. 148. Carleton to James I, 29 Dec. 1620.
57　Smit, "Prins Maurits en de goede zaak", 152.
58　AGS Estado 2034. Bedmar to Philip Ⅲ, Brussels, 1 Feb. 1620.
59　KBH MS 75 k 83. "Op Peckij propositie", fo. 2.
60　PRO SP 84/95, fo. 271v. Carleton to James I, 19 June 1620.
61　De Boer, "Hervatting der vijandelijkheden", 48—49.
62　Van der Kemp, *Maurits van Nassau*, iv. 142.
63　Aubéry du Maurier, *Mémoires*, 242—243; Ouvré, *Aubéry du Maurier*, 507.
64　PRO SP 84/99, fos. 147 and 191. Carleton to Calvert, 11 and 21 Feb. 1621.
65　PRO SP 84/99, fo. 191v. Carleton to Calvert, 21 Feb. 1621.
66　Israel, *Empires and Entrepots*, 6, 217.
67　Carleton, *Letters*, 475.

68　Geyl, *Christoforo Suriano*, 306—307.
69　Carleton, *Letters*, 488.
70　PRO SP 84/94, fo. 16v. Carleton to Buckingham, 3 Jan. 1620.
71　Israel, *Dutch Republic and the Hispanic World*, 76—81.
72　Aitzema, *Historie*, i, 85.
73　Carleton, *Letters*, 488.
74　PRO SP 84/95, fo. 210. Carleton to Buckingham, 10 June 1620.
75　Ibid. 84/100, fo. 34. Carleton to Calvert, 20 Mar. 1621.
76　ARB SEG 185, fos. 24r–24v. Philip III to Albert, 4 Feb. 1621.
77　ARB SEG 186, fo. 99. Isabella to Philip IV, 22 Sept. 1621.
78　Van der Capellen, *Gedenkschriften*, i. 11; *Nootwendighe ende vrypostighe Vermaninghe*, 4—7, 9; Israel, *Dutch Republic and the Hispanic World*, 75—85, 154—157.
79　Bouwman, *Willem Teellinck*, 13—15.
80　Ibid. 24.
81　Exalto, "Willem Teellinck", 24, 27.
82　Boxer, *Dutch in Brazil*, 121.
83　Loosjes, *Gesch. der Luthersche kerk*, 118—121.
84　Knuttel, *Acta*, i. 6, 110.
85　Ibid. 103—104.
86　Bogaers, "Kwestie van macht?", 114—115.
87　Evenhuis, *Ook dat was Amsterdam*, ii, 119.
88　Vondel, *Hekeldigten*, 80, 96—98, 124—129.

第21章　1621—1628年：身陷重围的共和国

1　Israel, *Dutch Republic and the Hispanic World*, 202—215; Israel, *Dutch Primacy*, 121—196; Israel, *Empires and Entrepots*, 101—148, 205—210.
2　Lesger, *Hoorn als stedelijk knooppunt*, 61—62; De Vries, *Enkhuizen*, 72.
3　De Fijne, *Eenige Tractaatjes*: "Broederlicke vermaninge", A5.
4　Parker, *Army of Flanders*, 272.

5　Ten Raa and De Bas, *Staatsche leger*, iii. 292—293.
6　Maarseveen, "Republiek en Frankrijk", 422—423.
7　Polisensky, *Tragic Triangle*, 247.
8　Groenveld, *Evidente factien*, 24.
9　Reigersberch, *Brieven*, 2—4.
10　PRO SP 84/102, fo. 171v. Carleton to Calvert, 5 Sept. 1621.
11　Res. Holl. 13 Oct. 1621 and 20 Mar. 1623.
12　PRO SP 84/103, fo. 6. Carleton to Calvert, 4 Oct. 1621.
13　Elias, *Vroedschap van Amsterdam*, i, p. lxxvii.
14　Evenhuis, *Ook dat was Amsterdam*, i. 258.
15　PRO SP 84/102, fo. 201. Carleton to Calvert, 17 Sept. 1621.
16　AGS Estado 2147. Isabella to Philip, 7 Apr. 1623.
17　AGS Estado 2147.consultas of the special junta on Netherlands affairs, 4 and 14 July and 10 Aug. 1623.
18　Israel, *Dutch Republic and the Hispanic World*, 157—160.
19　PRO SP 84/115, fo. 104. Carleton to Buckingham, 9 Dec. 1623.
20　Israel, *Dutch Republic and the Hispanic World*, 104—105.
21　ARH SG 3182. res. SG res. 26 June and 3 Aug. 1623.
22　Wassenaer, *Historisch Verhael*, v. 171.
23　Alcalá-Zamora, *España, Flandes y el mar del Norte*, 187.
24　AGS Estado 2037, consultas of 16 Sept. and 26 Oct. 1623.
25　PRO SP 84/120, fo. 67v. Carleton to Prince of Wales, 4 Sept. 1624.
26　Aubéry du Maurier, "Rapport", 399.
27　Schrevelius, *Harlemias*, 198—200; Dekker, *Holland in beroering*, 30—31.
28　Reigersberg, *Brieven*, 23.
29　't Hart, *Making of a Bourgeois State*, 128—130.
30　Maarseveen, "Republiek en Frankrijk", 443—447.
31　Blok, *Frederik Hendrik*, 66.
32　Hofman, *Constantijn Huygens*, 21, 108—109.
33　Poelhekke, *Frederik Hendrik*, 157—158.

34 Reigersberg, *Brieven*, 23—24, 38.
35 Van Dalen, *Gesch. van Dordrecht*, ii. 818.
36 Israel, *Empires and Entrepots*, 75—88.
37 Evenhuis, *Ook dat was Amsterdam*, i. 283—288.
38 Reigersberg, *Brieven*, 50; Grotius, *Briefwisseling*, ii. 154—157, 441.
39 Uyttenbogaert, *Brieven*, ii. 301—303.
40 Reigersberg, *Brieven*, 51.
41 Brandt, *Leven van Joost van der Vondel*, 14—16.
42 Schwartz, *Rembrandt*, 36.
43 Van der Capellen, *Gedenkschriften*, i. 352.
44 ARH PR 486 res. SO. 5 and 9 May 1625.
45 Blok, *Frederik Hendrik*, 72.
46 Poelhekke, *Frederik Hendrik*, 87—88.
47 Israel, *Empires and Entrepots*, 48—56, 79—81.
48 Aitzema, *Historie*, ii. 67.
49 Blok, *Frederik Hendrik*, 79.
50 Ibid. 80.
51 PRO SP 84/131, fo. 7v. Carleton to Conway, 18 Jan. 1626.
52 Grotius, *Briefwisseling*, iii. 19.
53 Brugmans, *Gesch. van Amsterdam*, iii. 40.
54 Dekker, *Holland in beroering*, 104.
55 Grotius, *Briefwisseling*, iii. 19.
56 Israel, *Empires and Entrepots*, 79.
57 Grotius, *Briefwisseling*, iii. 64.
58 Israel, *Empires and Entrepots*, 80.
59 Van der Capellen, *Gedenckschriften*, i. 437—438.
60 Jenniskens, *Magistraat van Nijmegen*, 17—18.
61 Meertens, *Letterkundig leven in Zeeland*, 229—301.
62 Aitzema, *Verhael*, i. 97—100.
63 Aitzema, *Historie*, ii. 939.

64　Uyttenbogaert, *Brieven*, iii, part 1, 138, 150—152, 174—175.
65　GA Gouda OA 9, fo. 92. res. vroed. 5 Oct. 1627.
66　Wagenaar, *Amsterdam*, i. 496—497.
67　Brugmans, *Gesch. van Amsterdam*, iii. 42.
68　Leenaertsz, *Copie vande Remonstrantie*, A2—3.
69　Grotius, *Verantwoordingh*, 14—15, 26—27.
70　Wagenaar, *Amsterdam*, i. 500—504.
71　GA Leiden Sec. Arch 917, res. vroed. 19 Jan. 1629; GA Gouda OA 9, fo. 112v, res. vroed. 26 Feb. 1629.
72　De Fijne, *Eenige Tractatjes*, ii. 200—201.
73　Israel, *Dutch Republic and the Hispanic World*, 116—117, 190—194; Israel, *Empires and Entrepots*, 118.
74　Elliott, *Count-Duke of Olivares*, 366—367.
75　Israel, *Dutch Republic and the Hispanic World*, 162—165.
76　Ten Raa and De Bas, *Staatsche leger*, iv. 355—356.
77　Elliott, *Count-Duke of Olivares*, 331—335.
78　ARB SEG 126. Olivares to Spínola, Madrid, 30 Apr. 1628.
79　Van der Capellen, *Gedenkschriften*, i. 444, 451—452, 465; Grotius, *Briefwisseling*, iii. 236.
80　Uyttenbogaert, *Ondersoek*, 23.
81　*Cort ende bondich verhael van de Arminiaansche Factie*, fo. A3v.
82　De Fijne, *Eenige Tractaatjes*, ii. 200—201.
83　Van Gelder, *Getemperde vrijheid*, 238—241.
84　Knuttel, *Acta*, i. 239—245.
85　Arnoldi, *Vande Conscientie-dwangh*, 20.
86　Ibid. 93.
87　Ibid. 94.
88　Ibid. 28.
89　Ibid. 47—48.
90　Grotius, *Oratie*, 52.

91　Grotius, *Remonstrantie*, 112—116.
92　Grotius, *Briefwisseling*, ii. 154—157.
93　De Fijne, *Eenige Tractaetjes*; "Broederlicke vermaninge" (1624), A2—5; and "Silvere Naalde" (1624), B3—8.
94　*Archief aartsbisdom Utrecht*, ii. 1—25.
95　Nobbs, *Theocracy and Toleration*, 103—105.
96　Van Limborch, "Voor-reden", 2—4.
97　Episcopius, *Vrye Godes-dienst*, 36—37.
98　Ibid. 43.
99　Ibid. 36—37.
100　Ibid. 37.
101　Ibid. 44.
102　Nobbs, *Theocracy and Toleration*, 96—97.
103　Van Limborch, "Voorreden", 2.
104　Grotius, *Briefwisseling*, iii. 45.
105　Ibid. iv. 56—57.

第22章　1629—1647年：迎来胜利的共和国

1　ARB SEG 200, fo. 57. Isabella to Philip Ⅳ, 13 Feb. 1629.
2　Res. Holl. 10 and 21 Mar. 1629.
3　GA Leiden Sec. Arch. 447, fo. 99. res. vroed. 2 Feb. 1629.
4　Aitzema, *Historie*, ii. 883—884.
5　Elliott, *Count-Duke of Olivares*, 387—388.
6　Israel, *Empires and Entrepots*, 174.
7　GA Amsterdam Algemeen bestuur 11, fos. 182v—183.
8　PRO SP 84/140, fo. 40; Poelhekke, *Frederik Hendrik*, 309—314.
9　Israel, *Empires and Entrepots*, 45—56, 87—91.
10　GA Groningen res. raad. 13 and 15 Oct. 1629.
11　*Notulen* SZ 1629, pp. 363, 369—370.
12　PRO SP 84/140, fo 71-2. Carleton to Dorchester, 15 Oct. 1629.

13 Israel, *Empires and Entrepots*, 90.
14 RAZ SZ 2099. Zeeland deputies to SZ, The Hague, 10 Nov. 1629.
15 GA Leiden Sec. Arch. 448, fos. 164, 167, 176 res. vroed. 6 Dec. 1629 and 7 Jan. 1630.
16 Israel, *Dutch Republic and the Hispanic World*, 230.
17 Israel, *Dutch Primacy*, 187—195.
18 Usselincx, *Waerschouwinghe*, 1—5.
19 GA Rotterdam res. vroed. 26 Nov. 1629.
20 *Resolutie der Stadt Haerlem*, 10—13.
21 Grotius, *Briefwisseling*, iv. 200—201.
22 GA Leiden Sec. Arch 448, fo. 164v. res. vroed. 10 Dec. 1629.
23 BRB MS 16149, fo. 32v. Aytona to Philip IV, 19 June 1630.
24 Israel, *Empires and Entrepots*, 91—92.
25 PRO SP 84/141, fo. 89. Vane to Dorchester, 4 Mar. 1630.
26 Grotius, *Briefwisseling*, iv. 230—231.
27 Tümpel, *Rembrandt*, 56—57; *A Corpus of Rembrandt Paintings*, ii. 91.
28 *Capita Selecta Veneto-Belgica*, i. 152
29 Res. Holl. 13, 19, and 29 Mar. 1631.
30 ARH SG 4562, fos. 199—200v. sec. res. SG 8 and 30 Apr. 1631.
31 *Mémoires de Frédéric Henri*, 125—126; Van der Capellen, *Gedenkstukken*, i. 625—626.
32 Becker, "Rotterdamsche heyligh", 30.
33 Hallema, *Hugo de Groot*, 116—122.
34 Ibid. 123—124.
35 ARH SG 4562. sec. res. SG 19 May 1632.
36 ARH SG 4562, fos. 207, 209. sec. res. SG 5 Feb. and 21 Mar. 1632.
37 Van Gelder, *Getemperde vrijheid*, 137.
38 Waddington, *République des Provinces Unies*, i. 146—150.
39 Duits, *Van Bartholomeusnacht tot Bataafse opstand*, 172—175.
40 Gachard, *Histoire politique*, 242—243, 248.

41　Gachard, *Actes*, i. 3—6.
42　Israel, *Empires and Entrepots*, 179—180.
43　RAZ SZ 2102. Zeeland deputies in The Hague to SZ, 19 Oct. 1632.
44　GA Leiden Sec. Arch. 449, fos. 1—4, res. vroed. 9 Oct. 1632.
45　Ibid., fo. 13v, res. vroed. 7 Dec. 1632; GA Gouda OA 9, fo. 188v, res. vroed. 15 Nov. 1632.
46　Fouw, *Onbekende raadpensionarissen*, 63—64.
47　Gachard, *Actes*, i. 148—152.
48　De Boer, *Friedensunterhandlungen*, 80—85.
49　ARH SG 12,548. Utrecht vroed. to SG, 27 May 1633.
50　De Boer, *Friedensunterhandlungen*, 141—142.
51　Israel, *Dutch Republic and the Hispanic World*, 247.
52　Israel, *Empires and Entrepots*, 92—94.
53　Ibid. 62—63, 94—95.
54　Ibid. 62, 94.
55　*Archives*, 2nd ser. iii. 3841; de Pange, *Charnacé*, 75—76.
56　De Boer, *Friedensunterhandlungen*, 104.
57　GA Rotterdam vroed. res. 9 June 1633; GA Dordrecht vioed. res. 6 June 1633.
58　GA Rotterdam vroed. res. 10 Aug. 1633.
59　Groenveld, *Evidente factien*, 34—35.
60　Poelhekke, *Frederik Hendrik*, 404.
61　De Pange, *Chanacé*, 83.
62　*Archives*, 2nd ser. iii. 38—41.
63　Duits, *Van Bartholomeusnacht tot Bataafse opstand*, 177—179.
64　Israel, *Dutch Republic and the Hispanic World*, 299—304; Israel, *Empires and Entrepots*, 94—97.
62　*Archives*, 2nd ser. iii. 38—41.
63　Duits, *Van Bartholomeusnacht tot Bataafse opstand*, 177—179.
64　Israel, *Dutch Republic and the Hispanic World*, 299—304; Israel, *Empires and Entrepots*, 94—97.

65 De Pange, *Charnacé*, 93—96.
66 *Archives*, 2nd ser. iii. 47.
67 Aitzema, *Verhael*, i. 287.
68 *Archives*, 2nd ser. iii. 54.
69 GA Dordrecht res. vroed. 7 Feb. 1634.
70 Ploos, "Adriaan Ploos van Amstel", 54—58, 66.
71 Waddington, *République des Provinces Unies*, i. 221.
72 Meertens, *Letterkundig leven*, 301.
73 Aitzema, *Verhael*, i. 297.
74 Israel, *Empires and Entrepots*, 83—85; Groenveld, *Verlopend getij*, 75—84; De Bruin, *Geheimhouding*, 253—259.
75 De Bruin, *Geheimhgouding*, 253—254.
76 Waddington, *République des Provinces Unies*, i. 283.
77 Blok, *Frederik Hendrik*, 164—166; Poelhekke, *Frederik Hendrik*, 429—431.
78 Lonchay, *La Rivalité*, 68—69.
79 AGS Estado 2153, "voto del Conde Duque", 16 Nov. 1635; AGS Estado 2052, "voto del Conde Duque", 7 Oct. 1637; AGS Estado 2156, "votos" of Olivares of 8 Jan. and 9 Mar. 1638; Israel, *Empires and Entrepots*, 182—185.
80 Israel, *Empires and Entrepots*, 183—185; Israel, *Dutch Republic and the Hispanic World*, 251—258.
81 AGS Estado 2053, *consulta of the Junta de Estado*, 7 Mar. 1638, fo. 7.
82 AGS Estado 2051, *consulta*, 12 Apr. 1636; Parker, *Army of Flanders*, 272.
83 AGS Estado 2153, "voto del Conde Duque", 16 Nov. 1635.
84 BL MS Add. 14007, fo. 53. Philip IV to Cardinal–Infante, 25 Oct. 1635.
85 Gachard, *Histoire politique,* 259—260, 342—343.
86 BL MS Add. 14007, fo. 57. Olivares to Cardinal–Infante, 25 May 1636.
87 AGR SEG 214, fo. 565. Philip IV to Cardinal–Infante, 13 June 1636.
88 *Archives*, 2nd ser. iii. 83—85; Poelhekke, *Frederik Hendrik*, 436—440.
89 Grotius, *Briefwisseling*, viii. 70.
90 Ten Berge, *Hooggeleerde en zoetvloeiende dichter*, 72—73, 104.

91 Schama, *Embarrassment of Riches*, 436—437, 443.
92 Van Deursen, "De raadpensionaris Jacob Cats", 158—159.
93 Res. Holl. 15, 16 and 21 Dec. 1636.
94 Israel, *Dutch Primacy*, 143—147, 194—196; Israel, *Empires and Entrepots*, 24, 123—126, 148—150.
95 Israel, *Dutch Primacy*, 194; Israel, *Empires and Entrepots*, 130.
96 Aitzema, *Historie*, v. 198—199; Van Dillen, "Effectenkoersen", 10—11.
97 Lesger, *Huur en conjunctuur*, 77—87.
98 Schama, *Embarrassment of Riches*, 359.
99 Blok, *Frederik Hendrik*, 196.
100 Slothouwer, *Paleizen van Frederik Hendrik*, 338—340.
101 AGR SEG 217, fos. 358—360, "Discurso sobre . . . atacar Grave".
102 Groenveld, "Breda", 106.
103 *Geschiedenis van Breda,* ii. 181—183.
104 *Archief aartsbisdom Utrecht*, xii. 429—430.
105 GA Leiden Sec. Arch. 683, fo. 308, res. gerecht. 8 June 1633.
106 Ibid; GA Leiden Sec. Arch. 684, fo. 158, res. gerecht. 13 Dec. 1637.
107 *Klare ende korte Aenmerckinge*, 67.
108 Ibid. 8—9.
109 *Archief aartsbisdom Utrecht*, xii. 420.
110 Van Dalen, *Gesch. van Dordrecht*, ii. 803, 821—822.
111 Waddington, *République des Provinces Unies*, i. 281.
112 Groenveld, *Verlopend getij*, 99—100.
113 Aitzema, *Historie*, v. 92.
114 Blok, *Frederik Henderik*, 205—207.
115 Van Winter, *Westerwolde*, 105.
116 Aitzema, *Historie*, v. 93—94.
117 Ibid.
118 Lijndrajer, *Ontwikkeling*, 115—116.
119 Blok, *Frederik Hendrik*, 215—216.

120　Res. Holl. 13 and 30 Oct., and 22 Dec. 1640 and 2 Feb. 1641.
121　ARH SG 4563, fos. 359v, 367. sec. res. SG 19 Oct. 1635.
122　AGS Estado 3980, Cardinal-Infante to Philip IV, 15 Feb. 1639.
123　Israel, *Dutch Republic and the Hispanic World*, 348.
124　Israel, *Empires and Entrepots*, 98—99.
125　Res. Holl. 14 Apr., 1 Aug., and 19 Dec. 1642.
126　D'Estrades, *Correspondance*, 149.
127　Ibid. 156.
128　De Bruin, *Geheimhouding*, 258.
129　Geyl, *Oranje en Stuart*, 31—32.
130　Hofman, *Constantijn Huygens*, 192—194.
131　Israel, *Dutch Republic and the Hispanic World*, 355.
132　ARH SG 4853. sec. res. SG 10 Mar. 1644.
133　ARH SG 4853, "Tot justificatie van ... Zeelandt" (Mar. 1644).
135　Israel, *Empires and Entrepots*, 241—243.
136　Aitzema, *Historie*, v. 637—641.
137　Ibid.; Israel, *Dutch Primacy*, 148.
138　Groenveld, *Verlopend getij*, 131—133.
139　Res. Holl. 20 and 23 Mar. and 17 Apr. 1646.
140　Poelhekke, *Geen blijder maer*, 10.
141　GA Haarlem res. vroed. 15 Sept. 1646; GA Gouda OA 10, res. vroed. 15 Sept. 1646.
142　Kernkamp, *Prins Willem II*, 71.
143　Van der Capellen, *Gedenkschriften*, ii. 172—182.
144　ARH SG 4856. sec. res. SG 12 and 28 Jan. 1647.
145　Poelhekke, *Frederik Hendrik*, 563.
146　Van der Hoeven, *Hollands aeloude vryheid*, ii. 305.
147　Mörke, "Hofcultuur", 56—57.

第23章　1590—1648年：艺术与建筑

1　Ter Kuile, "Werkzaamheid", 250.

2　Freedberg, "Art and Iconoclasm", 77—78.
3　Boitet, *Beschryvinge*, 74—77.
4　Orlers, *Beschryvinge*, 163.
5　De Meyere, "Utrechtse schilderkunst", 164.
6　Busken Huet, *Land van Rembrand*, 750.
7　Van Dorsten and Strong, *Leicester's Triumph*, 65—67.
8　Freedberg, "Art and Iconoclasm", 78—80.
9　Levy-Van Helm, "Haarlemse schuttersstukken", 109.
10　Busken Huet, *Land van Rembrand*, 275.
11　Brown, *Dutch Landscape*, 20—22; Haak, *The Golden Age*, 174.
12　Keyes, *Esaias van den Velde*, 29—30, 34.
13　Thiel-Stroman, "The Frans Hals Documents", 375.
14　Ysselstein, *Van linnen en linnenkasten*, 43, 57.
15　Ysselstein, *Gesch. der tapijtweverijen*, i. 70, 79.
16　Schwartz, *Dutch World of Painting*, 29—30.
17　Gonnet, "Oude schilderijen", 140; Van Bueren, *Ton lof van Haarlem*, 200—205.
18　Ter Kuile, "Werkzaamheid", 246—251.
19　Orlers, *Beschrijvinge*, 159—160, 168, 215.
20　Fokkens, *Beschrijvingh*, 394—398.
21　Kuyper, *Dutch Classicist Architecture*, 58—60.
22　Turck, "Lakenhal in Leiden", 404—405.
23　Slothouwer, *Paleizen van Frederik Hendrik*, 186; Terwen and Ottenheym, *Pieter Post*, 56—60.
24　Van der Woude, "Schilderijproduktie", 20—25.
25　De Vries, "Art History", 265.
26　Frederiks, "Kabinet schilderijen", 62—63.
27　Sluijter, *Heydensche fabulen*, 14, 24—25, 38; Miedema, "Appreciation", 130—133.
28　Sluijter, *Heydensche fabulen*, 279—290.
29　Lee, *Dudley Carleton*, 218.

30　Ibid.
31　Russell, "Hendrick Vroom", 119—120.
32　Lee, *Dudley Carleton,* 218.
33　Russell, "Hendrick Vroom", 143.
34　Keyes, *Esaias van den Velde,* 28—32; Freedberg, *Dutch Landscape Prints,* 28—34.
35　Schneider, *Caravaggio und die Niederländer,* 32—34.
36　Van de Pol, "Beeld en werkelijkheid", 118—119.
37　Israel, *Dutch Primacy,* 121—187.
38　Israel, *Empires and Entrepots,* 28—29, 189.
39　Bergström, *Dutch Still-Life Painting,* 112.
40　Segal, *A Prosperous Past,* 121.
41　Brown, *Dutch Landscape,* 22—23; Buijssen, *Between Fantasy,* 56—57.
42　Bol, *Holländische Marinemalerei,* 91.
43　Rosenberg, *Rembrandt,* 18.
44　Sluiter, *Leidse fijnschilders,* 15.
45　Rosenberg, *Rembrandt,* 17—21.
46　Tümpel, *Rembrandt,* 104.
47　*A Corpus of Rembrandt Paintings,* iii. 341—356.
48　Hoogstraeten, *Inleyding,* 291, 308.
49　Manke, *Emanuel de Witte,* 7—13.
50　Uyttenbogaert, *Brieven,* iii. 11.
51　Bredius, *Johannes Torrentius,* 6—8.
52　Sutton, *Pieter de Hooch,* 12.
53　De Vries, "Dutch Rural Economy and the Landscape", 86.
54　Schwartz, *Rembrandt,* 82—83.
55　*A Corpus of Rembrandt Paintings,* i. 253—257.
56　Gudlaugsson, *Geraert ter Borch,* i. 52—63.

第24章　1572—1650年：智识生活

1　Lipsius, *De Constantia,* 3—4.

2　Güldner, *Toleranz-Problem*, 107.
3　Van Dorsten, *Poets, Patrons and Professors*, 37.
4　Mout, "In het schip: Justus Lipsius", 55—62.
5　Hamilton, *Family of Love*, 96—98
6　Van Dorsten and Strong, *Leicester's Triumph*, 63.
7　Kluyskens, "Justus Lipsius' levenskeuze", 22; Mout, "In het schip: Justus Lipsius", 61.
8　Van der Meulen, *Comedies van Coornhert*, 70, 78, 110—111
9　Buisman, *Ethische denkbeelden*, 25—43.
10　Van Mander, *Het Schilder-Boeck*, 3—7.
11　Dijksterhuis, *Simon Stevin*, 192—195, 211—214.
12　Florin, "Simon Stevin", 94—95.
13　Cornelissen, *Eendracht van het land*, 77—79.
14　Groenveld, *Hooft als historieschrijver*, 23—25, 45.
15　Woltjer, *De Leidse universiteit*, 2.
16　Groenhuis, *De predikanten,* 165—166.
17　Res. Holl. 1575, 348—354.
18　Lunsingh Scheurleer and Posthumus Meyjes, *Leiden University*, 2—4.
19　Geurts, *Eerste grote conflict*, 26.
20　Broek Roelofs, *Wilhelmus Baudartius*, 22—23.
21　Molhuysen, *Bronnen*, i. 45.
22　Nijenhuis, *Adrianus Saravia*, 69.
23　Dibon, *Enseignement philosophique*, 18.
24　Fockema Andreae, *Album Studiosorum*, 13—18.
25　Geurts, *Voorgeschiedenis*, 35.
26　Bots and Frijhoff, "Studentenpopulatie", 57.
27　Wansink, *Politieke wetenschappen*, 9, 26.
28　Ibid.
29　Bots and Frijhoff, "Studentenpopulatie", 61.
30　Kernkamp, *Utrechtsche Academi,* i. 47—48.

31 Van Slee, *Illustre School te Deventer*, 40.
32 Kernkamp, *Utrechtsche Academie*, i. 57.
33 Sassen, *Wijsgerig onderwijs aan de Illustre School te 's-Hertogenbosch*, 7—8.
34 Sassen, *Wijsgerig onderwijs aan de Illustre School te Breda*, I.
35 Molhuysen, *Bronnen*, i. 39.
36 Scaliger, *Autobiography*, 37.
37 Ibid.; Grafton, *Joseph Scaliger*, ii. 374—375.
38 Rademaker, "Scriverius and Grotius", 47.
39 Sellin, *Daniel Heinsius*, 14, 36.
40 Brugman, "Arabic Scholarship", 213.
41 Sellin, *Daniel Heinsius*, 79, 188.
42 Grafton, *Joseph Scaliger*, ii. 376, 393.
43 Kernkamp, *Utrechtsche Academie*, i. 43.
44 Van Berkel, *Isaac Beeckman*, 50.
45 Cornelissen, *Eendracht*, 92—96.
46 Groenveld, *Hooft als historieschrijver*, 32—38.
47 De Jonge, "Study", 94—97.
48 Ibid.
49 Ibid. 96—99.
50 Rademaker, *Life and Work of Gerardus Joannes Vossius*, 264.
51 Van Rooden, *Constantijn L'Empereur*, 181—183.
52 Popkin, *History of Scepticism*, 66—150; Tuck, *Philosophy and Government*, 30—65.
53 Israel, *European Jewry*, 35—40, 53—56.
54 Vermij, "Het copernicanisme", 357—362.
55 Benthem, *Holländischer Kirch- und Schulen-Staat*, ii. 57—58.
56 Van Berkel, *Isaac Beeckman*, 44—47.
57 Ibid. 159—176.
58 Verbeek, *René Descartes et Martin Schoock*, 30—31.
59 Descartes, *Correspondance*, iii. 545—546.

60　Verbeek, *René Descartes et Martin Schoock*, 200, 316—317.
61　Descartes, *Correspondance*, iii. 598—599.
62　Van Berkel, *In het voetspoor van Stevin*, 46.
63　*Correspondence of Descartes*, 210—211.
64　Sassen, *Gesch. van de wijsbegeerte*, 144—145.
65　Verbeek, *René Descartes et Martin Schoock*, 52, 55.
66　Vanpaemel, "Kerk en wetenschap", 184.
67　Vermij, "Het copernicanisme", 364.
68　Descartes, *Correspondance,* iv. 323—324.
69　Popkin, *The Third Force*, 90—92.
70　Van Slee, *Rijnsburger Collegianten*, 138—141; Meihuizen. *Galenis Abrahamsz*, 43—48; Lindeboom, *Stiefkinderen*, 342—343.
72　Lindeboom, *Stiefkinderen*, 342—343.
73　Popkin, "Some Aspects", 8—9.
74　Van der Wall, *Mystieke Chiliast Petrus Serrarius*, 204, 208, 621.
74　Ibid. 149—154, 338—342.
75　Popkin, *The Third Force*, 95—96.
76　Van der Wall, *Mystieke Chiliast Petrus Serrarius*, 291—297.
77　Ibid. 104; Evans, *Making of the Habsburg Monarchy*, 78, 395.
78　Rood. *Comenius*, 134.

第25章　1647—1650年：威廉二世执政期

1　Kernkamp, *Prins Willem II*, 48—49.
2　Groenveld, "Willem II en de Stuarts", 175.
3　Ibid. 159; Blok, *Frederik Hendrik*, 246.
4　Israel, *Dutch Republic and the Hispanic World*, 362—374.
5　ARH SG 4856. sec. res. SG 22 Jan. 1647.
6　Van der Capellen, *Gedenkschriften*, ii. 172—174.
7　*Journalen . . . Willem II*, 447—448, 458—459.
8　(C.P.T.), *Historie van Johan Olden-Barnevelt*, 3v.

9 GA Dordrecht city council archives, 115/336. SZ to SG, 10 Oct. 1648.
10 *Correspondência Sousa Coutinho*, iii. 56, 359.
11 Nusteling, *Welvaart en werkgelegenheid*, 260—261, 263—264.
12 Muller, "Spanje en de partijen", 172.
13 AGS Estado 2170. Brun to Philip IV, 25 Mar. 1650.
14 Aitzema, *Herstelde Leeuw*, 90—91.
15 Poelhekke, *Geen blijder maer*, 42—45.
16 ARH SG 4856, "articulen", 27 Dec. 1646; *Correspondcencia Sousa Countinho*, iii. 58.
17 Aitzema, *Verhael*, ii. 188, 317—319.
18 Knuttel, *Acta*, iii. 72—75.
19 Beaufort, *Leven van Willem den II*, i. 369—371.
20 Van Heurn, *Historie*, iii. 2—3.
21 Knuttel, *Acta*, iii. 76.
22 *Archief aartsbisdom Utrecht*, iv. 148; Ter Kuile, "Graafschap Lingen", 20—21.
23 Kohl, *Christoph Bernhard von Galen*, 96.
24 *Geschiedenis van Breda*, ii. 135—137.
25 Knuttel, *Toestand*, 253.
26 Res. Holl. 18 May 1649.
27 Groenveld, *De Prins voor Amsterdam*, 93—95.
28 (Stermond), *Lauweren-krans gevlochten*, 18.
29 Teellinck, *Vrymoedige Aenspraeck*, 15.
30 (Stermond), *Lauweren-krans gevlochten*, 15v.
31 Aitzema, *Historie*, vii. 53.
32 ARH Hof van Holland 5266/8. "Contra Abraham van de Velde".
33 Wijnne, *Geschillen*, pp. xiixiv; Zwitzer, *Militie*, 175.
34 Kernkamp, *Prins Willem II*, 100—106.
35 Rowen, *Princes of Orange*, 85.
36 Wijnne, *Geschillen*, p. xl; Groenveld, *De Prins voor Amsterdam*, 44—53.
37 Aitzema, *Historie*, vii. 53—62; *Recht der souverainiteyt*, 5.

38 (Van de Velde), *Oogen-salve*, 2v.

39 Groenveld, "Enckel valsch", 113.

40 Ibid., Groenveld, "Willem II en de Stuarts", 162.

41 Groenveld, "Enckel valsch", 113—115.

42 AGS Estado 2072. consulta 16 Aug. 1650; Poelhekke, *Geen blijder maer*, 174.

43 Boxer, *Dutch in Brazil*, 221—225.

44 Groenveld, "Enckel valsch", 115.

45 (Stermond), *Lauweren-krans gevlochten*, IIV.

46 Wijnne, *Geschillen*, p. xl.

47 Kernkamp, *Prins Willem II*, 109.

48 Rowen, *Rhyme and Reason*, 68.

49 Ibid. 114; Van der Plaat, "Lieuwe van Aitzema's kijk", 352.

50 *Journalen... Willem II*, 530.

51 Evenhuis, *Ook dat was Amsterdam*, i. 326.

52 *Journalen... Willem II*, 530.

53 Groenveld, *Prins voor Amsterdam*, 42—45.

54 *Recht der Souverainiteyt*, 7; Poelhekke, *Geen blijder maer*, 37—40.

55 (Van de Velde), *Oogen-salve*, 4r—v.

56 *Grondigh Bericht*, 4—7, 13.

57 Poelhekke, *Geen blijder maer*, 167—169.

58 AGS estado 2076. consulta, Madrid, 25 Nov. 1650.

第26章 社会

1 Israel, *Dutch Primacy*, 197—207; Israel, *Dutch Republic and the Hispanic World*, 382—385; Israel, *Empires and Entrepots*, 148—160, 209—212, 383—409; Israel, "New History", 473—476.

2 Bushkovitch, *Merchants of Moscow*, 45—46.

3 Posthumus, *Geschiedenis*, ii. 930—931; Slicher van Bath, *Samenleving*, 59, 200—201; Israel, *Dutch Primacy*, 262—269.

4 Wijsenbeek-Olthuis, *Achter de gevels*, 59, 419; De Jong, "Walvisvaart", 313;

Israel, *Dutch Primacy*, 259—269, 346—358.

5 Hoynck van Papendrecht, *Rotterdamsche plateel*, 74, 126—132.
6 't Hart, *Making of a Bourgeois State*, 44.
7 Ubachs, *Twee heren*, 20.
8 Frijhoff, *Gesch. van Zutphen*, 92—93.
9 Holthuizen-Seegers and Nusteling, "Arnhem", 87—88.
10 GA Breda afd. 1/la H 2001 and H 2002.
11 Montias, *Vermeer*, 94.
12 GA Breda Afd. 1/la H 249. Breda raad to RvS, 29 July 1649.
13 Frijhoff, *Gesch. van Zutphen*, 114.
14 GA Breda Afd. 1/1a Acten Mag. 163459, fo. 237. res. raad. 23 Mar. 1651.
15 GA Nijmegen 102. res. raad. 2 and 14 Feb. 1655.
16 Ibid. res. raad. 18 Aug. 1650.
17 Kappelhof, *Belastingheffing*, 289—292.
18 Slicher van Bath, *Samenleving*, 59, 200—202.
19 Roessingh, "Tobacco Growing", 42.
20 Lesger, *Hoorn*, 159.
21 Van der Woude, *Het Noorderkwartier*, i. 184.
22 Lesger, *Hoorn*, 151, 171.
23 Bang and Korst, *Tabeller*, i. 1—15.
24 Israel, *Dutch Primacy*, 292—358; Nusteling, "Strijd", 10—12.
25 Van der Woude, *Het Noorderkwartier*, ii. 490; Davids, "Technological Change", 97.
26 Nusteling, "Periods and Caesurae", 111.
27 Ibid. 108.
28 Nusteling, *Welvaart en werkgelegenheid*, 235, 237.
29 Faber, *Drie eeuwen Friesland*, i. 57 and ii. 413—415.
30 Slicher van Bath, *Samenleving*, 53—60.
31 Bieleman, *Boeren op het Drentse zand*, 65, 70.
32 Roessingh, "Het Veluwse inwonertal", 108—109.

33　Ibid. 96, 102.

34　Faber, "Decline", 119.

35　Van Royen, *Zeevarenden*, 29.

36　Bruijn and Lucassen, Op de schepen, 20—21.

37　PRO SP 75/17, fo. 191. Talbot to Bennet, Copenhagen, 11 Oct. 1664.

38　Van Royen, *Zeevarenden*, 31.

39　Posthumus, *Geschiedenis*, iii. 930—931.

40　Ibid. 938.

41　Rowen, *The Low Countries*, 209.

42　Wijsenbeek-Olthuis, *Achter de gevels*, 83.

43　Lister, *Life and Administration*, iii. 319.

44　Ibid. 331.

45　Hart, *Geschrift en getal*, 140—142.

46　Posthumus, *Geschiedenis*, iii. 908, 913.

47　Enschedé, "Jean Nicholas de Parival", 82.

48　Slot, *Abel Tasman*, 45, 58.

49　Pauwels, *Verzamelde opstellen*, 52—53.

50　Buning, Overbeek and Vermeer, "Huisgenoten", 357.

51　Nusteling, *Welvaart en werkgelegenheid*, 262.

52　ARH PR 383, fo. 317. res. SF 20 Feb. 1686.

53　Enschedé, "Jean Nicholas de Parival", 76.

54　Buning, Overbeek, and Verveer, "Huisgenoten des geloofs", 359.

55　ARH PR 491 res. SO 5 Apr. 1688.

56　Nusteling, "The Netherlands and the Huguenot Émigrés", 21.

57　Enschedé, "Papier en papierhandel", 186—188.

58　Klein, "Nederlandse glasmakerijen", 31—34.

59　Nusteling, "The Netherlands and the Huguenot Émigrés", 22, 25.

60　GA Haarlem gildenarch. 35, Anthonie Maire, "Proposition", fo. 2.

61　*Briefwisseling . . . Van der Goes*, ii. 279.

62　Posthumus, *Geschiedenis*, iii. 652.

63　Ibid. 650—652; Nagtegaal, "Stadsfinanciën", 101, 105.
64　Posthumus, *Inquiry*, i. 574—575, 20.
65　Nusteling, *Welvaart en werkgelegenheid*, 131, 137.
66　Posthumus, *Geschiedenis*, iii. 1010; Lesger, *Huur en conjunctuur*, 67.
67　Klein, "Heffing", 47—48.
68　Van Zanden, *Rise and Decline*, 134—137.
69　Ibid.
70　Bieleman, *Boeren op het Drentse zand*, 65, 212.
71　Slicher van Bath, *Samenleving*, 278.
72　Verstegen, *Gegoede ingezetenen*, 64.
73　*Briefwisseling... Van der Goes*, ii. 21.
74　Baars, "Gesch. van het grondbezit", 130.
75　*Briefwisseling... Van der Goes*, ii. 221.
76　Ibid. 76, 180.
77　ARH PR 377. res. SF 19 Nov. 1670.
78　Van der Woude, *Het Noorderkwartier*, ii. 530.
79　Van Zanden, "Prijs van de vooruitgang", 89.
80　Faber, *Drie eeuwen Friesland*, i. 61.
81　De Vries, *Dutch Rural Economy*, 194.
82　Roessingh, "Tobacco Growing", 39—42.

第27章　1647—1702年：宗教

1　Nusteling, *Welvaart en werkgelegenheid*, 237.
2　Mentink and Van der Woude, *Demografische ontwikkeling*, 44.
3　Posthumus, *Geschiedenis*, iii. 880.
4　GA Haarlem kerkeraad 10/8. res. 9 June 1665.
5　(Van de Velde), *Oogen-salve*, B, D.
6　De Jong, "Voetius en de tolerantie", 115.
7　Voetius, *Politico Ecclesiastica*, ii. 538—540, 542—544, 551.
8　*Archief aartsbisdom Utrecht*, xi. 79, 87, 118, 151.

9　Ibid. x. 179.
10　Roldanus, "Adriaen Paets", 153.
11　De la Court, *Aanwysing*, 60, 65—66, 382, 398.
12　Rees, *Verhandeling*, 36—37.
13　Basnage, *Annales*, 135—137; Bots, "Tolerantie", 660.
14　Stouppe, *Religion des Hollandois*, 69.
15　Ibid. 65—66.
16　Bayle, *Dictionnaire*, iii. 2633.
17　Brun, *Véritable religion des Hollandois*, 165—166.
18　*Archief aartsbisdom Utrecht*, xi. 132.
19　De Jongste, *Onrust aan het Spaarne*, 60.
20　Mentink and Van der Woude, *Demografische ontwikkeling*, 47—48.
21　Wijsenbeek-Olthuis, *Achter de gevels*, 413.
22　*Archief aartsbisdom Utrecht*, xi. 67, 70.
23　Brun, *Véritable religion des Hollandois*, 168.
24　De la Court, *Aanwysinge*, 401.
25　*Archief aartsbisdom Utrecht*, xi. 171—176.
26　Faber, *Drie eeuwen Friesland*, i. 80.
27　*Archief aartsbisdom Utrecht*, xi. 205.
28　Ibid. 211; Frijhoff, *Gesch. van Zutphen*, 272.
29　Holthuizen-Seegers and Nusteling, "Arnhem", 92.
30　Brun, *Conseil d'extorsion*, 32, 52; Frijhoff, "Katholieke toekomstverwachting", 447.
31　GA Utrecht kerkeraad 10, res. 1 and 7 Sept. 1673.
32　Holthuizen-Seegers and Nusteling, "Arnhem", 70, 92, 97.
33　GA Zutphen 1st afd. 1/20. res. raad 28 Nov. 1676.
34　GA Kampen kerkeraad 13, fo. 28. res. 1 May 1674.
35　GA Utrecht kerkeraad 10. res. 4 May 1672.
36　GA Delft kerkeraad 7, res. 13, 20, 27 June 1672.
37　Brun, *Véritable religion des Hollandois*, 54—55.

38 Ibid. 221—225.
39 Van der Zijpp, *Gesch. der doopsgezinden*, 147.
40 Kalma and De Vries, *Friesland in het rampjaar*, 179—181.
41 Huber, *Hedendaegse rechts-geleertheyt*, 21.
42 De la Court, *Aanwijsinge*, 399—400.
43 Israel, "William III and Toleration", 134—135.
44 *Archief aartsbisdom Utrecht*, v. 5.
45 Barnouw, *Philippus van Limborch*, 42—43.
46 Gibbs, "Influences of the Huguenot Émigrés", 275.
47 GA Haarlem kerkeraad 10/10. res. 15 June 1685.
48 GA Leiden kerkeraad 7. res. 31 Aug. 1685.
49 GA Delft kerkeraad 7. res. 30 Nov. and 5 Dec. 1685.
50 *Archief aartsbisdom Utrecht*, v. 15.
51 *Négociations . . . d'Avaux*, vi. 109—110.
52 Israel, *Anglo-Dutch Moment*, 136—139.
53 GA Leiden kerkeraad 7. res. 9 Nov. 1685.
54 Knuttel, *Acta*, vi. 19—20.
55 GA Leiden *Notulen* burgemeesterskamer (1682—1698), fo. 89.
56 GA Leiden kerkeraad 7. res. 19 Nov. 1688.
57 GA Delft kerkeraad 7, fo. 175v. res. 20 Nov. 1688.
58 GA Amsterdam inv. 376 no. 15, fos. 275—276. res. 19 Jan. 1689.
59 GA Haarlem 10/27, fo. 88. res. burgomasters 13 Nov. 1688.
60 Israel, "Amsterdam Stock Exchange", 436—438.
61 Van der Hoeven, *Hollands aeloude vryheid*, ii. 400.
62 ARH SH 2939/18. Anabaptist preachers and deacons to Fagel, Amsterdam, 1 Nov. 1688.
63 Ibid.
64 Ceyssens, *Premieère Bulle contre Jansénius*, pp. xxix—xxxvii; Spiertz, "Jansenisme", 149—151.
65 Ceyssens, *Fin de la première période*, i, pp. v, xx—xxii.

66 BL MS Add. 14007, fo. 189. "Instrucción reservada . . . â Don Juan de Austria".
67 Ceyssens, *Fin de la première période*, i. I; Spiertz, "Jansenisme", 153—159.
68 Van Schaik, "Johan Christian van Erkel", 138, 143—145.
69 Spiertz, "Katholieke geestelijke leiders", 8—9.
70 Smit, "Neercassel", 203—205.
71 Spiertz, "Katholieke geestelijke leiders", 9—10.
72 Ibid. 11.
73 Brun, *Véritable Religion*, 167.
74 Kannegieter, *Gesch. van de vroegere Quakergemeenschap*, 321—325.
75 Barnouw, *Philippus van Limborch*, 18, 139.
76 Voetius, *Afscheydt Predicatie*, 14.
77 Huber, *Hedendaegse Rechts-geleertheyt*, 21.
78 Brun, *Véritable religion des Hollandois*, 166.
79 Nusteling, *Welvaart en werkgelegenheid*, 237.
80 Mentink and Van der Woude, *Demografische ontwikkeling*, 43, 45.
81 Van der Zijpp, *Gesch. der doopsgezinden*, 96, 178—180.
82 GA Haarlem kerkeraad 10/4 res. 6 Oct. 1623.
83 De Jongste, *Onrust aan het Spaarne*, 60.
84 Faber, *Drie eeuwen Friesland*, i. 82—83.
85 GA Zutphen 1/107. res. raad 11 July 1668.
86 Kramer, "Luthersche gemeente te Groningen", 291.
87 Loosjes, *Gesche. der Luthersche kerk*, 108, 114.
88 Ibid. 158—159.
89 ARH Hof van Holland 5335/8, "stukken rakende de Luthersche kerk te Zaandam".
90 Reijnders, *Van "Joodsche Natiën"*, 135, 143.
91 Ubachs, *Twee heren*, 72.
92 *Archief aartsbisdom Utrecht*, xix. 2—5.
93 Loosjes, *Gesch. der Luthersche kerk*, 115.
94 Reijnders, *Van "Joodsche Natiën"*, 158.

95 Van Heurn, *Historie der stad en Meyerye*, iii. 43.
96 Ibid. 223.
97 Sassen, *Wijsgerig onderwijs . . . 's-Hertogenbosch*, 6—7.
98 Loosjes, *Gesch. der Luthersche kerk*, 108.
99 Van Winter, *Westerwolde*, 13.
100 *Leydsche Proceduuren*, 3—4, 13—14.
101 *Request van de Borgerye*, point 18.
102 Van Asselt, "Voetius en Cocceius", 32—33.
103 Cocceius, *Leer van het Verbond*, 231—232.
104 Groenendijk, "Petrus Wittewrongel", 66—67.
105 Res. Holl. 3 May 1655 and 27 July 1656.
106 Van Lieburg, *Nadere Reformatie*, 13—44.
107 Visser, *Gesch. van den sabbatsstrijd*, 116—120.
108 Cocceius, *Indagatio naturae Sabbati*, 123—127.
109 Knuttel, *Acta*, iv. 130—131.
110 Eekhof, *Theologische faculteit*, 323—326.
111 Schrenk, *Gottesreich und Bund*, 117.
112 Goeters, *Vorbereitung*, 127.
113 Visser, *Gesch. van den sabbatstrijd*, 160—161, 167—170.
114 Trimp, *Jodocus van Lodensteyn*, 111—113.
115 (Joncourt), *Entretiens*, 6—7.
116 Bayle, *Lettres*, ii. 511.
117 *Chef des moqueurs démasqué*, 312.
118 Bekker, *Kort Begryp* 36.
119 Bánki, "Utrechtse universiteit", 94, 99—101.
120 Ypeij and Dermout, *Geschiedenis*, iii. 512.
121 Van Asselt, "Voetius and Cocceius", 35—36.
122 Gelazius Major, *Overtuychde ontrouw*, 10; Benthem, *Holländischer Kirch- und Schulen-Staat* ii, 57, 141.
123 Cramer, *Abraham Heidanus*, 121—124.

124　Ypeij and Dermout, *Geschiedenis*, ii. 516—519.
125　Van der Wall, "Profetie en providentie", 34.
126　Nauta, *Samuel Maresius*, 381—385.
127　Knuttel, *Balthasar Bekker*, 140, 144.
128　De la Court, "Brieven", 126.
129　Van der Wall, "Profetie en providentie", 34.
130　Ypeij and Dermout, *Geschiedenis*, ii. 506 and iii. 174—176; Van der Wall, "Orthodoxy and Scepticism", 124.
131　Goeters, *Vorbereitung*, 272.
132　Cerny, *Theology, Politics, and Letters*, 62—63.
133　Trimp, *Jodocus van Lodensteyn*, 121—123; Van der Wall, *Mystieke chiliast*, 453—454, 495.
134　ARH SH 2606. Walloon Synod to SH, 3 Apr. and 8 Sept. 1669.
135　ARH PR 15. res. S. Geld. 6 May 1669.
136　Van Strien, *British Travellers*, 310—312.
137　Leiburg, *Nadere Reformatie*, 126—127.
138　Trimp, *Jodocus van Lodensteyn*, 98.
139　Kühler, *Socinianisme*, 154—161; Van Slee, *Rijnsburger Collegianten*, 144—149.
140　Meihuizen, *Galenus Abrahamsz*, 103—108.
141　Ibid.
142　Loosjes, *Gesch. der Luthersche kerk*, 146—153.
143　De la Court, "Brieven", 131.
144　(De Wit), *Schotschen Duyvel*, 62—63.
145　De la Court, "Brieven", 131.
146　(De Wit) *Schotschen Duyvel*, 63, 68—69.
147　Van den Bergh, *Life and Work of Gerard Noodt*, 224—238.
148　Noodt, *Discours sur la liberté de conscience*, 332, 405.
149　Le Clerc, *A Funeral Oration*, 8—13; Barnouw, *Philippus van Limborch*, 18, 24—27.

150 Da Costa, *Examination*, 17, 311—318.
151 Berkvens-Stevelinck, "Tolerance", 257—258.
152 *A Trip to Holland*, 12.
153 Bayle, *Lettres*,iii. 828, 835.
154 Bots, "Tolerantie", 664; Berkvens-Stevelinck, "Tolerance", 269.

第28章　自由与宽容

1　Leti, *Raguagli historici*, i. 29—31.
2　"Denn hier krehet die Henne und der Hahn muss nur keckeln", quoted in Bientjes, *Holland und die Holländer*, 223.
3　Leti, *Raguagli historici*, iii. 408—410.
4　Parival, *Dálices de la Hollande*, 174.
5　Von Haller, *Dagboek*, 30—31.
6　ARH SH 5318/ii, satirical placard, dated 30 Nov. 1679.
7　Woltjer, *De Leidse universiteit*, 43—45.
8　Enschedé, "Jean Nicolas de Parival", 83.
9　Verhees-van Meer, *De zeeuwse kaapvaart*, 62—63; Bruijn, *Dutch Navy*, 140.
10　Blok, *Michiel Adriaanszoon de Ruyter*, 11—12.
11　Slot, *Abel Tasman*, 78—83.
12　Spierenburg, *Judicial Violence*, 38.
13　Roodenburg, *Onder censuur*, 304.
14　Noordam, "Prostitutie in Leiden", 68.
15　Multhauf, "Light of Lamp-Lanterns", 238.
16　Ibid. 240.
17　Van Dalen, *Gesch. van Dordrecht*, ii. 593.
18　Van Heurn, *Historie*, iii. 287—288.
19　Leti, *Teatro Belgico*, ii. 29.
20　Van de Pol, "Beeld en werkelijkheid", 136—137.
21　Noordam, "Prostitutie in Leiden", 71—74.
22　Thijs, *Van Geuzenstad tot katholiek bolwerk*, 138.

23 Van de Pol, "Beeld en werkelijkheid", 131—140.
24 Noordam, "Prostitutie in Leiden", 66.
25 Roodenburg, *Onder censuur*, 292—293.
26 Leti, *Raguagli historici*, i, rag. 3, p. 269; Leti, *Il ceremoniale*, v. 734.
27 Knuttel, *Verboden boeken*, 29, 39.
28 Haks, "Libertinisme", 86.
29 Schwartz, *Dutch World of Painting*, 120.
30 Benthem, *Holländischer Kirch- und Schulen-Staat* ii. 452—453.
31 Quoted in Roldanus, *Coenraad van Beuningen*, 140.
32 Roodenburg, *Onder censuur*, 281.
33 GA Haarlem kerkeraad 10/11. res. 6 Apr. 1703.
34 GA Haarlem 10/11. res. 7 July 1705.
35 Van der Woude, "Onderwijs en opvoeding", 258.
36 Art, "Volksonderwijs", 268.
37 Welten, *Hervormers*, 17.
38 *Notulen SZ* 1590, 90—91. res. SZ 20 June 1590.
39 De Booy, "Het 'basisonderwijs' ", 209—212.
40 Ibid. 212—214.
41 Ibid. 215.
42 Ibid. 210.
43 Hart, *Geschrift en getal*, 131.
44 *Lammerenkrijgh*, A3; Sprunger, "Faillissementen", 108.
45 Van Lieburg, *Nadere Reformatie*, 12—14, 57—58.
46 Van de Velde, *Biddaghs-Meditatie*, A4, C3, D.
47 Trimp, *Jodocus van Lodensteyn*, 79—81.
48 Groenendijk, "Petrus Wittewrongel", 66—69.
49 Van 't Spijker, "Voetius practicus", 250.
50 Duker, *Gisbertus Voetius*, iii, pp. xxxvi—xl.
51 Van Leenhof, *Zedig en Christelik verandwoordschrift*, 122.
52 Roodenburg, *Onder censuur*, 323.

53　Schenkeveld-van der Dussen, "Inleiding", 13—15.
54　Evenhuis, *Ook dat was Amsterdam*, ii. 292.
55　Worp, *Drama en toneel*, ii. 96.
56　Huygens, *Gebruyck of ongebruyck*, 14—34.
57　Krull, *Jacobus Koelman*, 32—34.
58　Bogaers, "Kwestie van macht", apps.
59　Van de Pol, "Beeld en werkelijkheid", 131—133.
60　Kotte, "Gelderse bloem", 93.
61　Holthuizen-Seegers and Nusteling, "Arnhem", 76—78.
62　*Genees-Middelen voor Holland*, 6.
63　GA Delft kerkeraad 7, fos. 147v—148v. res. 30 Nov. 1685.
64　GA Delft kerkeraad 7, fo. 151v. res. 5 Dec. 1685.
65　GA Amsterdam 376/15, fos. 269—270. res. kerkeraad 11 and 18 Nov. 1688.
66　GA Leiden kerkeraad 7. res. 15 March 1686.
67　Velthuysen, *Apologie*, 9—11.

第29章　17世纪50年代：巅峰时期的共和国 I

1　Bremmer, *Reformatie en rebellie*, 226.
2　Tuck, *Philosophy and Government*, 169.
3　BL MS Add. 14006, fos. 258v—259. "Relazión del govierno de los Estados Generales" (Nov. 1663).
4　Ibid., fo. 254.
5　Quoted in De Bruin, *Geheimhouding en verraad*, 377.
6　Van der Plaat, "Lieuwe van Aitzema's kijk", 354—357.
7　Poelhekke, *Geen blijder maer*, 182—183.
8　Groenveld, *Evidente factiën*, 43.
9　Fruin, *Gesch, der staatsinstellingen*, 269—270.
10　GA Leiden Sec. Arch. 451, fo. 57. res. vroed. 28 Nov. 1650.
11　Res. Holl. 8 Dec. 1650.
12　ARH SH 2709/3. Oudewater to SH, 28 Apr. 1653.

13 Melles, *Ministers aan de Maas*, 105.
14 De Wit, *Gorcums heren*, 6.
15 Notulen SZ res. SZ 23 and 24 Mar. 1651.
16 Kluiver, "Zeeuwse reacties", 410.
17 RAGr. Arch. Sgr 11. res. SGr. 15 and 19 Nov. 1650.
18 RAF stadhold. arch. 37/1/2d. Willem Frederik to SU, The Hague, 17 Nov. 1650.
19 RAF stadhold. arch. 37/1/4k. Linteloo to Willem Frederik, 21 Nov. 1650.
20 GA Nijmegen 102, fos. 513, 524. res. raad 11 and 14 Dec. 1650.
21 ARH SG PR 488 fo. 159. res. SO 18 Nov. 1650.
22 Aitzema, *Herstelde Leeuw*, 127.
23 Van der Capellen, *Gedenkschriften*, ii. 334.
24 Aitzema, *Herstelde Leeuw*, 133.
25 ARH SG PR 374, fo. 889. res. SF, 25 Apr. 1651.
26 Van Slingelandt, *Staatkundige geschriften*, ii. 225.
27 ARH SG PR 374. res. SF 6 Dec. 1650.
28 Van der Capellen, *Gedenkschriften*, ii. 349—350.
29 ARH SG PR 488, fo. 165. res. SO 11 Mar. 1651.
30 Aitzema, *Herstelde Leeuw*, 155—156.
31 Op 't Hof, "Godsdienstige ligging", 44—49.
32 Nothulen SZ res. SZ 25 Mar. 1651.
33 Duker, *Gisbertus Voetius*, iii. 148—149.
34 Basnage, *Annales*, 204—205.
35 Aitzema, *Herstelde Leeuw*, 151.
36 Ibid. 160; RAGr. arch. SGr. 11 res S.Gr. 22 Mar. 1651.
37 Aitzema, *Herstelde Leeuw*, 157—158; Van Gelder, *Getemperde vrijheid*, 95.
38 Fruin, *Gesch. der staatsinstellingen*, 272; Poelhekke, *Geen blijder maer*, 237—238.
39 Van der Capellen, *Gedenkschriften*, ii. 371—372.
40 GA Nijmegen stadsarch. 103, fo. 44. res. raad 26 Mar. 1651.
41 Ibid.; Schulten and Schulten, *Het leger*, 59.

42 Wagenaar, *Vad. Hist.* xii. 190.
43 ARH SG PR 374, fo. 889. res. SF 25 Apr. 1651.
44 Christ, *Brabantsche Saecke*, 220—228.
45 Ibid. 253-60.
46 RAGr Ommelander arch. 319 res. Ommelands, 21 Nov. 1651.
47 De Boer, *Woelingen in Stad en Lande*, 7—11.
48 Van der Bijl, *Idee en Interest*, 18; 't Hart, "Autonoom", 56—58.
49 Notulen SZ res. SZ 21 Sept. and 2 Oct. 1651.
50 GA Leiden Sec. Arch. 451, fo. 118. res. vroed. 25 July 1651.
51 Rowen, *John de Witt*, 53.
52 Van Loon, *Beschryving*, ii. 362.
53 Israel, *Dutch Primacy*, 197—207.
54 Israel, "England's Mercantilist Response", 50—56.
55 *A Brief Narration of the Present Estate*, fo. 2.
56 Wilson, *Profit and Power*, 58.
57 Groenveld, "English Civil Wars", 561.
58 Bruijn, *Dutch Navy*, 62—63, 69—71.
59 Bruijn, *Dutch Navy*, 72—74.
60 Ibid. 138; see the SG's placard of 26 Sept. 1653 in BL Printed Proclamations, D n 2/1 no. 32.
61 RAF Stadhoud. arch. 37/1/4k. Manmaker to Willem Frederik, Bergen-op-Zoom, 8 July 1652.
62 RAF Stadhoud. arch. 37/1/4k. Goethals to Willem Frederik, Delft, 7 Aug. 1652.
63 Ibid.
64 Ibid.
65 Ibid.
66 RAF Stadhoud. arch. 37/1/4k. Willem Frederik to SZ, 14 July and to S.Gr. 5 Aug. 1652.
67 Rowen, *John de Witt*, 83.
68 Ibid. 58.

69　Ibid. 86—87.
70　Wagenaar, *Vad. Hist.* xii. 229.
71　GA Zutphen 1/13. res. raad 21 Sept. 1652.
72　RAF Stadhoud. arch 37/1/22 a/b res. S. Gr. 23 Dec. 1652.
73　PRO SP 84/159,fo. 149. Charles II to Boreel, Paris, 6 Mar. 1653.
74　Geyl, *Oranje en Stuart*, 87—89.
75　Oudendijk, *Johan de Witt en de zeemacht*, 52—53.
76　GA Leiden Sec. Arch. 451, fo. 230. res. vroed. 5 Aug. 1653.
77　Thurloe, *State Papers*, i. 437, 458.
78　Farnell, "Navigation Act", 451.
79　Geyl, *Oranje en Stuart*, 103—104.
80　Thurloe, *State Papers*, ii. 272.
81　BOX MS Rawl. A. 13, p. 332. "Intelligence", 5 May 1654.
82　Ibid.
83　GA Leiden Sec. Arch. 451, fos. 342—343. res. vroed. 30 Apr. and 9 May 1654.
84　Sypestein, *Geschiedkundige bijdragen*, i. 64—67.
85　ARH SG PR 375, pp. 271—272. res. SF. 27 May 1654.
86　BOX MS Rawl. A. 16, p. 74. "Intelligence", 14 July 1654.
87　RAF Stadhoud. arch. 37/ii/48 a/c. res. S. Geld. 28 July 1654.
88　RAF Stadhoud. arch. 37/ii/48 a/c res. Utrecht ridderschap, 18 July 1654.
89　De Vries, Gesch. van Zwolle, ii. 49—50.
90　BOX MS Rawl. A. 20, p. 113. "Intelligence", 20 Nov. 1654.
91　Kluiver, "Zeeuwse reacties", 411—420.
92　Rowen, *The Low Countries*, 196.
93　GA Leiden Sec. Arch. 451, fo. 359. res. vroed. 27 May 1654.
94　BOX MS Rawl. A. 14, pp. 266-7. "Intelligence", 28 May 1654.
95　Ibid.
96　Ibid. 270.
97　BOX MS Rawl. A. 16, pp. 439—440. "Intelligence", 7 Aug. 1654.
98　Lesger, *Huur en conjunctuur*, 67, 83.

99 Thurloe, *State Papers*, ii. 650.
100 *Brieven geschreven ende gewisselt*, iii. 41.
101 Bussemaker, *Gesch. van Overijssel*, i. 68—69.
102 GA Gouda OA 11. res. vroed. 26 Oct. 1654.
103 Aitzema, *Histoire*, viii. 217, 357.
104 Wagenaar, *Vad. Hist.* xii. 342.
105 Sypestein, *Geschiedkundige bijdragen*, i.86.
106 BOX MS Rawl. A. 17, p. 232. "Intelligence", 21 Dec. 1654.
107 Bussemaker, *Gesch. van Overijssel*, i. 69—70.
108 GA Leiden Sec. Arch. 451, fos. 54, 57. res. vroed. 22 Mar. and 20 Apr. 1655.
109 Sypestein, *Geschiedkundige bijdragen*, i. 101—102.
110 GA Amsterdam res. vroed. 11 and 14 Sept. 1655.
111 GA Amsterdam res. vroed. 19 Nov. 1655.
112 Japikse, *Johan de Witt*, 111—112.
113 Rowen, *John de Witt*,368.
114 BOX MS Rawl. A. 17, pp. 278—279. "Intelligence", 20 Dec. 1655.
115 Sypestein, *Geschiedkundige bijdragen*, i. 109.
116 GA Amsterdam res. vroed. 15 Jan. 1657.
117 ARH SG PR 375, p. 595. res SF, 17 Feb. 1657.
118 Rowen, *John de Witt*, 372.
119 Bannier, *Landgrenzen*, 260.
120 De Vries, *Gesch. van Zwolle*, ii. 52.
121 *Brieven geschreven ende gewisselt*, iii. 400.
122 Bussemaker, *Gesch. van Overijssel*, i. 177—184.
123 Ibid.
124 De Boer, *Woelingen in Stad en Lande*, 23—32.
125 Aitzema, *Historie*, viii. 985.
126 Ibid. ix. 622—623; Feenstra, *Adel in de Ommelanden*, 81—82.
127 Schilfgaarde, *Graven van Limburg Stirum*, i. 127.
128 Schröer, *Korrespondenz*, 60—62.

129　De Bruin, *Geheimhouding en verraad*, 439—440.
130　Van der Hoeven, *Bijdrage*, 98—102, 106.
131　Boogman, "De raison d'état politicus", 389—393.
132　Ibid. 399—407.

第30章　1659—1672年：巅峰时期的共和国 II

1　Parker, *Army of Flanders*, 272.
2　ARH SG 7086/1. Dijkvelt to SG, Brussels, 24 Dec. 1690.
3　De Schryver, *Jan van Brouchoven*, 104.
4　AGS Estado 3890. *consulta* of the Consejo de Estado, Madrid, 2 July 1696.
5　De Nave, *Antwerpen en de scheiding*, 17, 81—82.
6　Vermaut, "Structural Transformation", 193—197.
7　De Schryver, *Jan van Brouchoven*, 478.
8　Ibid. 476.
9　Despretz–Van de Casteele, "Het protectionisme", 311.
10　Japikse, *Johan de Witt*, 172—177.
11　Put, "Het fundament", 15.
12　Dequeker, "Heropleving", 159—160.
13　AGS Estado 2115. *consulta* of the Consejo de Estado, Madrid, 13 May 1671.
14　Vanpaemel, "Kerk en wetenschap", 184.
15　Popkin, *Isaac La Peyrère*, 48—49.
16　Akerman, *Queen Christina*, 204—206.
17　Plantenga, *L'Architecture religieuse*, 261.
18　Japikse, *Johan de Witt*, 162—169.
19　GA Amsterdam res. vroed. 21, 28, and 31 May 1660.
20　Van Deursen, "De raadpensionaris Jacob Cats", 157—158.
21　*Notulen* SZ res. SZ 18 June 1660.
22　Epkema, "Pieter de Groot", 178—179.
23　Aitzema, *Historie*, ix. 933—935.
24　Mörke, "Hofcultuur", 51—52.

25　GA Amsterdam res. vroed. 2 July 1660.
26　Sluijter, *Leidse fijnschilders*, 37—38.
27　Logan, *"Cabinet" of the Brothers*, 81.
28　*Notulen* SZ res. SZ, 7 Aug. 1660.
29　ARH PR 375, p. 856. res. SF 8 Sept. 1660
30　PRO SP 84/163, fo. 35. Charles to SZ 1 Oct. 1660
31　GA Leiden Sec. Arch. 452. res. vroed. 16 and 17 Sept. 1660.
32　Rowen, *John de Witt*, 514—519.
33　PRO SP 34/163, fo. 54. Amalia to Mary, 29 Sept. 1660.
34　GA Amsterdam res. vroed. 6 Jan. 1661.
35　PRO SP 84/163, fos. 147v, 189.
36　Aitzema, *Historie*, ix. 966—967.
37　Rowen, *John de Witt*, 539.
38　PRO SP 84/163, fo. 148v. (Willem van Haren?) to Williamson, Leeuwarden, 4 Nov. 1661.
39　Japikse, *Verwikkelingen*, 120—126.
40　Grever, "Structure of Decision-Making", 143.
41　BL Ms Egerton 2537, fo. 349. Downing to Nicholas, 24 June 1661.
42　Geyl, *Oranje en Stuart*, 149.
43　*Notulen* SZ res. SZ 3 and 4 Aug. 1661.
44　PRO SP 84/167, fo. 240. Bampfield to Williamson, Middelburg, 16 Aug. 1663.
45　BL MS Egerton 2538, fo. 16. Downing to Nicholas, 3 Feb. 1662.
46　Japikse, *Verwikkelingen*, 178, 191, 219.
47　BL MS Egerton 2538, fo. 45. Downing to Nicholas, 21 Mar. 1662.
48　De Boer, *Woelingen in Stad en Lande*, 41—49.
49　BL Egerton MS 2538, fo. 117. Downing to Nicholas, 22 Aug. 1662.
50　Ibid., fo. 120. Downing to Nicholas, 29 Aug. 1662.
51　De Bruin, *Geheimhouding en Verraad*, 363, 376.
52　PRO SP 84/165, fo. 324. (Van Haren?) to Williamson, 24 June 1662.
53　BL MS Egerton 2538, fo. 45. Downing to Nicholas, 21 Mar. 1662.

54 Ibid., fo. 131v. Downing to Nicholas, 12 Sept. 1662.
55 Groenveld, *Evidente factiën*, 53.
56 Haas, *Verdeling*, 224—229.
57 D'Estrades, *Lettres*, ii. 152.
58 Haitsma Mulier, *Nederlands gezicht van Machiavelli*, 12.
59 Van der Plaat, "Lieuwe van Aitzema's kijk", 353.
60 (Uytenhage de Mist), *Stadhouderlijcke regeeringe*, 30—32.
61 Rowen, *John de Witt*, 391—395.
62 Haitsma Mulier, *Myth of Venice*, 127—135.
63 Van der Bijl, "Pieter de la Court", 73.
64 Ypeij and Dermout, *Geschiedenis*, ii. 503.
65 Knuttel, *Acta*, iv, p. xvii.
66 GA Leiden Acta Kerkeraad v. res. 6 Apr. 1663.
67 Aitzema, *Historie*, x. 582.
68 De la Court, "Brieven", 109.
69 GA Leiden Acta kerkeraad 5, res. 13 Apr. 1663.
70 Aitzema, *Historie*, x. 616—622.
71 Rowen, *John de Witt*, 431—432.
72 PRO SP 84/167, fo. 240. Bampfield to Williamson, Middelburg, 16 Aug. 1663.
73 Notulen SZ res. SZ 26 June, 5 Sept., and 8 Nov. 1663.
74 De Wit, *Public Gebedt*, ii. 2.
75 De la Court, "Brieven", 143.
76 (Uytenhage de Mist), *Apologie*, 58.
77 Ibid. 156.
78 Bouwman, *Voetius over het gezag der synoden*, 23.
79 *De Ver-resenen Barnevelt*, 31.
80 (De Wit?), *Schotschen Duyvel*, 52.
81 Duits, *Van Bartholomeusnacht tot Bataafse opstand*, 121, 134—136.
82 Ibid. 254—268.
83 De la Court, "Brieven", 143.

84 Lister, *Life and Administration*, iii. 278.
85 Barbour, *Capitalism in Amsterdam*, 103; Israel, *Dutch Primacy*, 276—277.
86 Bruijn, "The Dutch Navy", 50, 54; Bruijn, *Dutch Navy*, 75—79.
87 Boxer, *Anglo-Dutch Wars*, 25.
88 Oudendijk, *Johan de Witt en de zeemacht*, 111—112.
89 Lister, *Life and Administration*, iii. 387.
90 Rowen, *John de Witt*, 590.
91 Lister, *Life and Administration*, iii. 305—306.
92 *Kort en Bondigh Verhael*, 59, 62—63.
93 Lister, *Life and Administration*, iii. 300, 319.
94 Ibid. 382, 387.
95 Ibid.
96 Grever, "Committees and Deputations", 33.
97 Spinoza, *Correspondence*, 213.
98 ARH SG PR 377, p. 192. res. SF 7 Oct. 1666.
99 Grever, "States of Friesland", 16.
100 Ibid.
101 D'Estrades, *Lettres*, iii. 17.
102 Lister, *Life and Administration*, iii. 375.
103 Blok, *Michiel Adriaanz. de Ruyter*, 259.
104 Bang and Korst, *Tabeller*, i. 1—12.
105 De Bruijn, "Dutch Privateering", 79—86; Israel, *Dutch Primacy*, 278.
106 Ibid. 275—279.
107 Cal. St. Papers. *America and the West Indies* (1661—1668), 328.
108 Van Winter, "Acte van Navigatie", 44, 53.
109 GA Haarlem vroed. res. 21, fo. 93. res. vroed. 2 Feb. 1666.
110 GA Leiden Sec. Arch. 453. res. vroed. 1 and 29 Mar. 1666.
111 GA Haarlem vroed. res. 21, fos. 141—142. res. vroed. 23 Aug. 1666.
112 De Bruin, *Geheimhouding en verraad*, 537—538.
113 GA Gouda OA II. res. vroed. 5 Apr. 1666.

114　GA Leiden Sec. Arch. 453. fo. 247. res. vroed. 29 Nov. 1666.
115　D'Estrades, *Lettres*, iii. 17.
116　Van Malssen, *Louis XIV d'après les pamphlets*, 6—12.
117　Rowen, *John de Witt*, 479—480.
118　Lonchay, *La Rivalité*, 206—207.
119　Haley, *An English Diplomat*, 44—48.
120　Israel, *Dutch Republic and the Hispanic World*, 404—409.
121　AGS La Haya xlvii, fo. 421. Gamarra to Philip IV, 25 Dec. 1663.
122　Elzinga, "Tarif de Colbert", 221—223.
123　Brugmans, "Notulen", 191, 268.
124　Elzinga, "Tarif de Colbert", 246—248.
125　AGS Estado 2203. consulta 16 Sept. 1667.
126　AGS Estado 2203. consultas 1 and 27 Oct. 1667.
127　Rowen, *John de Witt*, 686—694.
128　Haley, *An English Diplomat*, 172—173.
129　Franken, *Coenraad van Beuningen's ... aktiviteiten*, 91—92.
130　Haley, *An English Diplomat*, 149, 176.
131　Mims, *Colbert's West India Policy*, 195—196.
132　Pomponne, *Relation de mon ambassade*, 159—160.
133　Kohl, *Christoph Bernhard von Galen*, 297—299; Schröer, *Korrespondenz*, 138.
134　O'Connor, *Negotiator out of Season*, 45—47.
135　Rowen, *John de Witt*, 725, 731.
136　GA Amsterdam res. vroed. 2 Nov. 1669.
137　Elzinga, *Voorspel*, 281—282, 284.
138　Van der Hoeven, *Leeven en Dood*, 310—311.
139　O'Connor, *Negotiator out of Season*, 50.
140　Haley, *An English Diplomat*, 265.
141　Valckenier, *'t Verwerd Europa*, 16—19, 116—117.
142　Ibid. 228—229, 236, 249.
143　Rees, *Verhandeling*, 41—42; Japikse, *Johan de Witt*, 278—279.

144　De la Court, *Aanwysinge*, 399—400.

145　Ibid. 60, 65—66, 382, 398.

146　*Den Zeeuwsen Buatist*, 27—28.

147　Spinoza, *Political Works*, 137.

148　Meinsma, *Spinoza en zijn kring*, 317—319.

149　Klever, "Inleiding", 27.

150　Ibid. 86—109.

151　Van den Enden, *Vrije Politijke Stellingen*, 207—215.

152　Roldanus, "Adriaen Paets", 159.

153　Meinsma, *Spinoza en zijn kring*, 317—326.

154　Spinoza, *Tractatus Theologico-Politicus*, 51; Francès, *Spinoza*, 61.

155　Spinoza, *Tractatus Theologico-Politicus*, 297.

156　Ibid. 6—7.

157　Spinoza, *Correspondence*, 260—261.

158　Groenveld, "The Mecca of Authors?", 72—73.

159　Roldanus, *Coenraad van Beuningen*, 156—157.

160　Van Bunge, "Rotterdamsche collegiant", 74.

161　Spinoza, *Correspondence*, 253—254.

162　Japikse, *Johan de Witt*, 287—288; Rowen, *John de Witt*, 788—792.

163　Geyl, *Studies en strijdschriften*, 141.

164　GA Leiden Sec. Arch. 453. res. vroed. 2 Aug. 1667.

165　*Perpetual Edict*, clauses 1—3.

166　GA Leiden Sec. Arch. 454, fos. 33—34. res. vroed. 30 Dec. 1667.

167　Melles, *Joachim Oudaan*, 76—79.

168　*Briefwisseling van Reede van Amerongen*, 114.

169　Porta, *Joan en Gerrit Corver*, 6.

170　*Briefwisseling van Reede van Amerongen*, 78.

171　Japikse, *Johan de Witt*, 311.

172　Van der Hoeven, *Leeven en Dood*, 324—327.

第31章 1672年：灾难之年

1　Sonnino, *Louis XIV and the Origins*, 192.
2　Boxer, *The Anglo-Dutch Wars*, 47—48.
3　Bannier, *Landgrenzen*, 306.
4　Kotte, "Gelderse bloem", 52—53.
5　GA Utrecht kerkeraad res. 17 June 1672.
6　Ibid., res. 20 June 1672.
7　Kohl, *Christoph Bernhard von Galen*, 362.
8　Roorda, *Partij en factie*, 100—101.
9　Vivien and Hop, *Notulen*, 110—111.
10　Wicquefort, *Histoire*, iv. 424—430.
11　Roorda, *Partij en factie*, 114.
12　Salomons, "Rol van de Amsterdamse burgerbeweging", 206—208.
13　"Een dagboek", 51—54.
14　Ibid. 206—209.
15　Van Dalen, *Gesch. van Dordrecht*, ii. 1137—1138.
16　Roorda, *Partij enfactie*, 107, 162.
17　Wagenaar, *Vad. Hist.* xiv. 79.
18　Van der Hoeven, *Hollands aeloude vryheid*, ii. 376.
19　Melles, *Ministers aan de Maas*, 129.
20　Vos, *Vroedschap van Zierikzee*, p. xlv; Roorda, *Partij en factie*, 129—130.
21　Kurtz, *Haarlem in het rampjaar*, 7.
22　Wicquefort, "Mémoire", 285—286.
23　*Den Oprechten Patriot*, app.
24　Kurtz, *Haarlem in her rampjaar*, 24—34.
25　Ibid.; GA Delft vroed. res. 5, fos. 88v, 89v. res. vroed. 30 Aug. 1672; GA Leiden Sec. Arch. 445, fos. 73, 75. res. 6 and II Sept. 1672.
26　Edwards, "Amsterdam City Government", 6—8.
27　Roorda, *Partij en factie*, 192—193.

28 Ibid. 220—224.

29 Edwards, "Amsterdam City Government", 6.

30 Price, *Holland*, 79—80.

第32章 1672—1702年：威廉三世执政期

1 Kalma and De Vries, *Friesland in het rampjaar*, 137—139.

2 Huber, *Spiegel van Doleancie*, 120—124.

3 Brun, *Le Conseil d'extorsion*, 19.

4 GA Nijmegen vroed. res. fo. 448, res. vroed. 27 Aug. 1672.

5 Van der Biji, "Utrechts weerstand", 140—142.

6 De Groot, *Lettres*, 92, 101.

7 Ibid. 93, 100, 107.

8 Ibid. 100, 107.

9 Huber, *Spiegel van Doleancie*, 123.

10 De Groot, *Lettres*, 93—95, 99—100.

11 Ibid.

12 Ibid. 389—390.

13 Ibid. 99—100.

14 Ibid. 107.

15 Kooimans, *Onder regenten*, 43.

16 De Wit, *Gorcums heren*, 18—21.

17 GA Delft 1st afd. 13/5, fo. 107. William III to SH, 13 Dec. 1673.

18 GA Delft 1st afd. 13/5, fo. 111. res. vroed. 30 Dec. 1674.

19 Van der Biji, *Idee en interest*, 25—26.

20 Boxer, *The Anglo-Dutch Wars*, 52—58.

21 De Bruijn, "Dutch Privateering", 85—93.

22 Israel, *Dutch Primacy*, 297—299.

23 Kohl, *Christoph Bernhard von Galen*, 389, 416.

24 Kotte, "Gelderse bloem", 103.

25 Ter Kuile, "Graafschap Lingen", 24.

26 Van Klaveren, "Utrecht zonder regeering", 98.
27 Ibid. 100—103.
28 Hartog, "Prins Willem III", 126.
29 Van der Bijl, "Utrechts weerstand", 139.
30 Van der Hoeven, *Hollands aeloude vryheid*, ii. 379.
31 Barbour, *Capitalism in Amsterdam*, 58.
32 PRO SP 84/200, fos. 79—80. Temple to Williamson, 19/29 Feb. 1675.
33 Hartog, "Prins Willem III", 142—144.
34 PRO SP 84/198, fo. 288, "A relation of the present State of Affairs".
35 Ibid.
36 Ibid.
37 Wagenaar, *Vad. Hist.* xiv. 366.
38 *Groot Placaet-Boeck*, iii. 524; Wagenaar, *Historische verhandeling*, 53.
39 Van den Bergh, *Life and Work*, 14—15; Rowen, *Princes of Orange*, 138—139.
40 Japikse, *Prins Willem III*, 362.
41 PRO SP 84/199, fo. 6. Intelligence, 7 May 1675.
42 PRO SP 84/198, fo. 288. "A Relation of the present state of affairs" (Apr. 1675).
43 Ibid.
44 PRO SP 84/200, fo. 147v. Temple to Williamson, II Feb. 1676.
45 Israel, Dutch Primacy, 299302, 306; Israel, "Amsterdam Stock Exchange", 421.
46 PRO SP 84/204, fo. 167v. "An account" (Mar. 1676).
47 PRO SP 84/198, fo. 289v. "State of the United provinces" (Apr. 1675).
48 Op 't Hof, "Nadere Reformatie in Zeeland", 40—68.
49 PRO SP 84/205, fo. 105. Meredith to Williamson, 14 Sept. 1677.
50 Van der Biji, "Kerk en politiek", 181, 192.
51 Guibal, *Johan Willem Friso*, 19—20.
52 Van Winter, *Westerwolde*, 106.
53 PRO SP 84/204, fo. 121. Meredith to Williamson, 19 Feb. 1677.
54 PRO SP 84/204, fo. 92. Meredith to Williamson, 2 Feb. 1677.
55 Edwards, "Amsterdam City Government", 12.

56　De Bruin, *Geheimhouding en verraad*, 269—270.

57　Van Slingelandt, *Staatkundige geschriften*, iv. 83—84.

58　Roorda, "Willem III", 166—169.

59　PRO SP 84/205, fo. 295. "The Commonwealth Party".

60　PRO SP 84/205, fo. 18. Meredith to Williamson, 29 June 1677.

61　PRO SP 84/205, fo. 56. Meredith to Williamson, 27 July 1677.

62　PRO SP 84/205, fo. 46, undated copy of Hendrik Casimir to SG (July 1677).

63　Japikse, *Prins Willem III*, ii. 61—62.

64　Van der Bijl, "Willem III, Stadhouder-koning", 171.

65　Roorda, "Peace of Nijmegen", 24—25.

66　Troost, "William III, Brandenburg", 308—311.

67　Res. Holl. 9, 14, 19 and 23 Sept. 1678.

68　Busken Huet, *Land van Rembrand*, 662.

69　Roorda, "Willem III", 127.

70　Dekker, "Private Vices, Public Virtues", 492—493.

71　PRO SP 84/204, fo. 248. Meredith to Williamson, 18 May 1677.

72　GA Delft 1st afd. 13/5, fos. 147v—148. William III to Delft *vroedschap*, 14 Dec. 1679.

73　PRO SP 84/205, fo. 294v, "The Commonwealth Party in the United provinces".

74　Res. Holl. 22 Dec. 1679.

75　GA Leiden Sec. Arch. 917/x/6. William III to Leiden, 11 Feb. 1680.

76　*Négociations . . . d'Avaux*, i. 294 and iv. 358.

77　BL MS Add. 37981, fos. 12v—14. Carr Blathwayt, Amsterdam, 21 Mar. 1681.

78　Lesger, *Huur en conjunctuur*, 83—84.

79　Roorda, "Peace of Nijmegen", 25.

80　Drossaers, *Diplomatieke betrekkingen*, 73.

81　GA Amsterdam PJG 334, accounts of Manuel Levy Duarte, fo. 688.

82　ARH PR 383, p. 59. res. SF 9 Aug. 1683.

83　RAF M 2/32. res. Mindergetal, Leeuwarden, 9 Oct. 1683.

84　RAGr. arch. SGR 378, res. S.Gr. 18 Dec. 1683.

85　Kurtz, *Willem III en Amsterdam*, 67—68.
86　Roldanus, *Coenraad van Beuningen*, 43.
87　PRO SP 84/218, fos. 145, 148v. Bampfield to Hughes, Leeuwarden, 9 and 12 Dec. 1683.
88　GA Leiden Sec. Arch. 458, p. 8. res. vroed. 27 Jan. 1684.
89　Kurtz, *Willem III en Amsterdam*, 84.
90　ARH PR 383, p. 85. res. SF 16 Feb. 1684.
91　RAGr. arch SGR 378. res. S.Gr. 21 Mar. 1684.
92　*Notulen SZ*, res. SZ 20 Jan. and 23 Mar. 1684.
93　De Bruin, *Geheimhouding*, 360—361.
94　Woltjer, "Willem III en Leiden", 419—421.
95　PRO SP 84/218, fo. 219. Bampfield to Hughes, Leiden, 29 Apr. 1684.
96　RAF SF s4/i "Secreet resolutie-boeck". res. SF 15 and 25 Mar. 1684.
97　Ibid. res. SF 19 Apr. 1684.
98　RAGr. arch. SGR 18, res. S.Gr. 25 Apr. 1684.
99　GA Haarlem vroed. res. 25, fo. 91v, res. vroed. 19 June 1684.
100　*Notulen SZ* res. SZ 14 July 1684.
101　ARH PR 491, fo. 45, sec. res. SO 7 July 1684.
102　Kurtz, *Willem III en Amsterdam*, 222.
103　PRO SP 84/218, fo. 255. Chudleigh to Sunderland, 20 Oct. 1684.
104　Wagenaar, *Vad. Hist.* xv. 283—284.
105　Ten Raa and De Bas, *Het Staatsche leger*, vi. 154, 157—158.
106　ARH arch SH Collectie Fagel 496, "Stukken betreffende . . . de Prins van Orange en Hendrik Casimir".
107　*Archives*, 2nd ser. v. 589.
108　Van Dalen, *Gesch. van Dordrecht*, ii. 1139—1140.
109　GA Leiden Sec. Arch. 917/x/b. William III to Leiden vroed., 12 Nov. 1684.
110　*Négociations . . . d'Avaux*, v. 176.
111　PRO SP 84/220, fo. 12v. Skelton to Sunderland, 16 Oct. 1685.
112　Prak, *Gezeten burgers*, 61.

113　Woltjer, "Willem III en Leiden", 420—421.
114　*Négociations . . . d'Avaux*, v. 196.
115　GA Leiden kerkeraad 7. res. 13 and 17 Mar. 1686.
116　GA Leiden kerkeraad 7. res. 15 Apr. 1686.
117　GA Leiden burgomasters' *notulen*, 1682—1698, fos. 95—96 (21 Mar. and 1 Apr. 1686).
118　Van Malssen, *Louis XIV d'après les pamphlets*, 43—53.
119　PRO SP 84/220, fo. 12v. Skelton to Sunderland, 16 Oct. 1685.
120　*Négociations . . . d'Avaux*, v. 203, 215.
121　Ibid. v. 250, 302 and vi. 12, 18, 100—102.
122　Ibid. i. 3, 153 and iv. 321.
123　Haley, *The British and the Dutch*, 133—135.
124　Israel, *Anglo-Dutch Moment*, 105—115.
125　BL MS 41814, fo. 40v. Skelton to Middleton, 15 Oct. 1686.
126　Symcox, "Louis XIV and the Outbreak", 186—187.
127　Lesger, *Huur en conjunctuur*, 84.
128　Israel, *Dutch Primacy*, 301, 340—341, 350—358.
129　Israel, *Anglo-Dutch Moment*, 114—116.
130　Ibid. 114.
131　*Négociations . . . d'Avaux*, vi. 102.
132　Res. Holl. 18 Mar. 1688.
133　GA Leiden Sec. Arch. 488, p. 359, res. 11 May 1688.
134　Groenveld, "J'equippe une flotte", 238—240.
135　Israel, *The Anglo-Dutch Moment*, 110—119.
136　Gebhard, *Het leven*, i. 320—327.
137　Israel, *The Anglo-Dutch Moment*, 115—119.
138　Ibid. 107—108.
139　BL MS Add. 41816, fo. 179. D'Albeville to Middleton, 14 Sept. 1688.
140　GA Amsterdam res. vroed. 21 and 24 Sept. 1688.
141　*Secreete Resolution*, iv. 226—227.

142　RAF arch. SF S4/1 "Secreet resolutie-boeck, 1671—99" res. 25 Sept. and 5 Oct. 1688.
143　GA Amsterdam res. vroed. 24 Sept. 1688.
144　GA Amsterdam res. vroed. 3 and 15 1688; GA Haarlem res. vroed. xxvi, fos. 217-18, res. 28 Sept. and 11 Oct. 1688.
145　*Secreete Resolutien*, iv. 230—234.
146　BL MS Add. 41816, fo. 232. D'Albeville to Middleton, 15 Oct. 1688.
147　Israel, *Anglo-Dutch Moment*, 337—338.
148　BL MS Add. 38495, fo. 30. Moreau to Polish king, The Hague, 12 Oct. 1688.
149　Israel, "Propaganda", 169—173.
150　BL MS Add. 41816, fo. 224. D'Albeville to Middleton, 9 Oct. 1688.
151　Israel, "Amsterdam Stock Exchange", 431—432.
152　BL MS Add. 41816, fo. 231. D'Albeville to Middleton, 10 Oct. 1688.
153　Israel, *Anglo-Dutch Moment*, 124.
154　Ibid. 2, 125—128, 145—146.
155　Ibid. 134.
156　Ibid. 142—158.
157　Res. Holl. 7 Dec. 1688.
158　Price, "William Ⅲ", 72, 75.
159　Rietbergen, "A Fateful Alliance", 465—467.
160　Sainte Marthe, *Entretiens*, 18.
161　De Bruin, *Geheimhouding*, 346.
162　Gebhard, *Het leven*, i. 389—390, 411—413.
163　*Archives*, 3rd ser. i. 45—46.
164　Israel, *Anglo-Dutch Moment*, 150—153.
165　PRO SP 84/221, fo. 21. Aglionby to Warre, The Hague, 27 Jan. 1690.
166　Woltjer, "Willem Ⅲ en Leiden", 423.
167　Porta, *Joan en Gerrit Corver*, 10—11.
168　PRO SP 84/221, fo. 51. Aglionby to Warre, The Hague, 10 Mar. 1690.
169　Le Noble, *Pierre de touche*, ix. 35.

170　Japikse, *Prins Willem III*, ii. 327—328.
171　Gemert, "Haagsche Broeder-Moord", 272—276.
172　Ibid. 154—155.
173　Dekker, "Private Vices, Public Virtues", 485—488.
174　Melles, *Ministers aan de Maas*, 139—141.
175　Thijssen-Schoute, *Uit de Republiek*, 115.
176　Israel, *Dutch Primacy*, 341, 359; Israel, "Amsterdam Stock Exchange", 422—425.
177　Nusteling, *Welvaart en werkgelegenheid*, 264.
178　Lesger, *Huur en conjunctuur*, 67, 84.
179　Israel, *Empires and Entrepots*, 158—161.
180　Dekker, *Oproeren*, 12—13.
181　Dekker, *Holland in beroering*, 32—34.
182　De Bruin, *Geheimhouding en verraad*, 348—349.
183　Res. Holl. 5 Oct. 1697.
184　ARH SH 2497, fos. 64—65, 107—110.
185　Japikse, *Prins Willem III*, ii. 390—395.
186　Woltjer, "Willem Ⅲ en Leiden", 424—427; De Jong, *Met goed fatsoen*, 49—54.
187　De Bruin, *Geheimhouding*, 349—350.

第33章　1645—1702年：艺术与建筑

1　Van der Hoeven, *Holland's aeloude vryheid*, ii. 356.
2　Fremantle, *Baroque Town Hall*, 23.
3　Terwen, "Ontwerpgeschiedenis", 247.
4　Vrolikhert, *Vlissingsche kerkhemel*, 118—119.
5　Taverne, *In 't land van belofte*, 216, 377.
6　Gonnet, *Wallen en poorten van Haarlem*, 8, 59.
7　Fokkens, *Beschrijvingh*, 398—399.
8　Lesger, *Huur en conjuctuur*, 83.

9   Taverne, *In 't land van belofte*, 252—254.
10 Houbraken, *Groote Schouburgh*, ii. 22—23, 162 and iii. 56; Von Moltke, *Govaert Flinck*, 11.
11 Telwen, "Ontwerpgeschiedenis", 231, 242—249.
12 Ozinga, *Protestantsche kerkenbouw*, 85—88.
13 Commelin, *Beschryvinge*, i. 495.
14 Israel, *European Jewry*, 220.
15 Fremantle, *Baroque Town Hall*, 23—35.
16 Swillens, *Jacob van Campen*, 171—181.
17 Parival, *Délices*, 39.
18 Taverne, *In 't land van belofte*, 231.
19 Van Mieris, *Beschryving*, i. 15—23; Parival, *Délices*, 78.
20 Van Oerle, *Leiden*, i. 377—378.
21 Commelin, *Beschryvinge*, i. 588, 594.
22 Blankert, *Kunst als regeringszaak*, 36—37.
23 Ottenheym, *Philips Vingboons*, 53.
24 Swillens, *Jacob van Campen*, 127—128.
25 De Vries, *Barges and Capitalism*, 347—348.
26 Kuyper, *Dutch Classicist Architecture*, 153.
27 Swillens, *Jacob van Campen*, 128.
28 Turck, "Lakenhal in Leiden", 402, 406.
29 Osinga, *Protestantsche kerkenbouw*, 45—46, 50.
30 Wheelock, *Perspective, Optics and Delft Artists*, 222—223, 226.
31 Swillens, *Jacob van Campen*, 154.
32 Giltaij et al., *Perspectiven*, 43, 201, 221.
33 Slive, *Jacob van Ruisdael*, 22.
34 Bergstrom, *Dutch Still-Life Painting*, 260; Segal, *A Prosperous Past*, 142, 197.
35 Grisebach, *Willem Kalf*, 143—144.
36 Bol, *Holländsiche Marinemalerei*, 230.
37 Schloss, *Travel, Trade and Temptation*, 7—8.

38　Houbraken, *Groote Schouburgh*, iii. 56.
39　Schloss, "Early Italianate Genre Paintings", 80, 91.
40　Montias, "Art Dealers", 247—249; *Artists and Artisans*, 247—249.
41　Sluijter, *Leidse fijnschilders*, 37.
42　De la Court, "Brieven", 148; Martin, *Leven en werken van Genii Dou*, 65.
43　Sluijter, *Leidse fijnschilders*, 40.
44　Montias, *Vermeer and his Milieu*, 251—256, 364—365.
45　De Groot, "Schilderijen van Aelbert Cuyp", 56, 70, 78, 80, 86.
46　Haak, *The Golden Age*, 420.
47　Montias, "Art Dealers", 247.
48　Van Hoogstraeten, *Inleyding*, 353—354.
49　Haak, *The Golden Age*, 50.
50　Schwartz, *Rembrandt*, 318—320.
51　Blankert, *Kunst als regeringszaak*, 27—29.
52　Haak, *The Golden Age*, 51.
53　Rowen, *John de Witt*, 511—512.
54　Van Rijn, *Atlas van Stolk*, iii. 47.
55　Van Notten, *Rombout Verhulst*, 12.
56　Taverne, *In 't land van belofte*, 375.
57　Bredius, "Italiaansche schilderijen in 1672", 92.
58　Montias, *Artists and Artisans*, 215.
59　Van Peer, "Drie collecties schilderijen", 94—97.
60　Montias, "Works of Art", 343; De Vries, "Art History", 264.
61　Grisebach, *Willem Kalf*, 162—163.
62　Segal, *A Prosperous Past*, 196—197.
63　Sutton, *Pieter de Hooch*, 35—36.
64　Kuretsky, *Paintings of Jacob Ochtervelt*, 23—27.
65　Percival–Prescott, "Art of the Van de Veldes", 31.
66　De Vries, "An History", 261.
67　Ibid.

68　Bol, *Holländische Marinemalerei*, 301.
69　De Lairesse, *Groot Schilderboek*, i. 47, 71.
70　Ibid. i. 17—18, 41 and ii. 168—174.
71　Kuyper, *Dutch Classicist Architecture*, 173, 541.
72　De Jong, "Nederlandish Hesperides", 29.
73　Dixon Hunt, "Reckoning with Dutch Gardens", 45—51.
74　De Jong, "Nederlandish Hesperides", 23—24.

第34章　1650—1700年：智识生活

1　Thijssen-Schoute, *Nederlands Cartesianisme*, 125.
2　Van Velthuysen, *Bewys*, preface, p. v.
3　Tepelius, *Historia Philosophiae Cartesianae*, 70—79.
4　De Vrijer, *Henricus Regius*, 42—44.
5　Wittichius, *Dissertationes duae*, 246—254; Du Boys, *Schadelickheyt*, 11—12.
6　Bekker, *De Philosophia Cartesiana*, 116, 145.
7　Velthuysen, *Bewys*, preface, pp. v—vi.
8　Du Boys, *Schadelickheyt*, pp. ix—xiii.
9　Sassen, *Wijsgerig onderwijs aan de Illustre School te 's-Hertogenbosch*, 28—30.
10　Du Boys, *Schadelickheyt*, 3.
11　Thijssen-Schoute, *Uit de Republiek der letteren*, 202, 236.
12　Wittichius, *Dissertationes duae*, 251—254.
13　Van Velthuysen, *Bewys*, 1, 4, 25—26.
14　Du Boys, *Schadelickheyt*, 11—12.
15　Cramer, *Abraham Heidanus*, 66—68.
16　ARH SH 2647, fo. 248. De Witt to Heidanus, 21 July 1656.
17　Du Boys, *Schadelickheyt*, 3.
18　ARH SH 2647, fo. 248. De Witt to Heidanus, 21 July 1656.
19　Molhuysen, *Bronnen*, iii. 112.
20　Res. Holl. 30 Sept. 1656.
21　ARH SH 2647, fo. 276. De Witt to Heidanus, 29 July 1656.

22 ARH SH 2647, fo. 324. De Witt to Leiden burgomasters, undated (Aug. 1656).
23 Knuttel, *Acta*, iv. 35—36.
24 Molhuysen, *Bronnen*, iii. 118.
25 Velthuysen, *Bewys*, p. vi.
26 Bekker, *De Philosophia Cartesiana*, 145.
27 Knuttel, *Balthasar Bekker*, 43—49.
28 Bekker, *De Philosophia Cartesiana*, 28, 116, 145.
29 Bekker, *Friesche Godgeleerdheid*, 698.
30 ARH SH 2711. S.Gr. to SH, 4 May 1669.
31 Thijssen-Schoute, *Nederlands Cartesianisme*, 481.
32 Nauta, *Samuel Maresius*, 381—385.
33 De Vrijer, *Henricus Regius*, 80—81.
34 Spinoza, *Correspondence*, 334.
35 Cramer, *Abraham Heidanus*, 102—103.
36 Ibid. 103—105, 152.
37 Ibid. 124—128.
38 Thijssen-Schoute, "Cartésianisme aux Pays-Bas", 208.
39 Ibid. 251—252.
40 Bots and Frijhoff, "Studentenpopulatie", 57.
41 Van Strien, *British Travellers*, 309.
42 Wansink, *Politieke wetenschappen*, 9.
43 Bots and Frijhoff, "Studentenpopulatie", 59.
44 Banki, "Utrechtse universiteit", 94, 99—100.
45 Ridder-Symoens, "Buitenlandse studenten", 74.
46 Schneppen, *Niederländische Universitäten*, 15, 27.
47 Woltjer, *Leidse universiteit*, 23.
48 Wansink, *Politieke wetenschappen*, 10.
49 De Vries, "Christiaan Huygens", 10—11.
50 Spinoza, *Correspondence*, 204.
51 De Vries, "Christiaan Huygens", 6—9.

52　Ibid.
53　Klever, "Insignis opticus", 50—52.
54　Cook, "New Philosophy", 132—133.
55　Schierbeek, *Jan Swammerdam*, 185—186, 226.
56　Ibid. 27—28.
57　Snelders, "Antoni van Leeuwenhoek's Mechanistic View", 59—61.
58　Schierbeek, *Antoni van Leeuwenhoek*, 31.
59　Ibid. 87.
60　Schama, *Embarrassment of Riches*, 526—527.
61　Freedberg, "Science, Commerce and Art", 386.
62　Ibid. 379.
63　Ibid. 381; Boxer, *Dutch Seaborne Empire*, 181—182.
64　Voetius, *Politica Ecclesiastica*, ii. 536—555 and iv. 596—599.
65　Ibid. ii. 544—551.
66　Ibid. iv. 598—599.
67　De Jong, "Voetius en de tolerantie", 114—115.
68　Cocceius, *Leer van het Verbond*, 40—50 *et passim*.
69　Van Slee, *Rijnsburger Collegianten*, 384.
70　Res. Holl. 3 July 1653.
71　Ibid.
72　Kühler, *Socinianisme*, 148—149.
73　Eekhof, *Theologische faculteit*, 65, 249.
74　Van Gelder, *Getemperde vrijheid*, 176—177.
75　Van Bunge, "Rotterdamse collegiant", 68—69.
76　Meinsma, *Spinoza en zijn kring*, 101.
77　Knuttel, *Acta*, iii. 491 and iv. 21.
78　ARH SH 2710/1. Baljuw to De Witt, Alkmaar, 19 Mar. 1655.
79　Res. Holl. 14 Dec. 1654.
80　Zilverberg, "Lancelot van Brederode", 232, 237.
81　Kühler, *Socinianisme*, 189.

82　Van der Wall, *De mystieke chiliast*, 202, 234—235.
83　Ibid. 202.
84　ARH PR 491, fos. 28v, 73. Res. SO, 3 Apr. 1684 and 19 Mar. 1686.
85　Van Slee, *Rijnsburger Collegianten*, 227.
86　Van der Zijpp, *Gesch. der doopsgezinden*, 159.
87　Kühler, *Socinianisme*, 177—179.
88　Van Slee, *Rijnsburger Colegianten*, 215—217.
89　Kühler, *Socinianisme*, 187—188.
90　Van de Water, *Groot Placaat-Boeck . . . Utrecht*, iii. 432.
91　Spinoza, *Collected Works*, i. 142—155.
92　Ibid. 188.
93　Ibid. 190—191.
94　Ibid. 207.
95　Ibid. 350.
96　Ibid.
97　Thijssen-Schoute, *Uit de Republiek der letteren*, 181—182.
98　Meijer, *Philosophia S. Scripturae*, 56—57.
99　Van der Wall, *De mystieke chiliast*, 478—483.
100　Vandenbossche, *Adriaan Koerbagh*, 2.
101　Ibid. 7—8.
102　Spinoza, *Tractatus Theologico-Politicus*, 49—51.
103　Ibid. 53—54.
104　GA Leiden Acta Kerkeraad v, res. 9 and 16 May 1670; GA Haarlem Acta Kerkeraad ix, Res. 27 May 1670.
105　Knuttel, *Acta*, iv. 531.
106　Bekker, *Kort Begryp*, 39.
107　Stouppe, *Religion des Hollandois*, 65.
108　*Groot Placaet-Boeck*, iii. 525.
109　Bayle, *Dictionnaire*, iii. 2641.
110　Halma, *Aanmerkingen*, 1—3.

111 Thijssen-Schoute, *Uit de Republiek der letteren*, 198.
112 Maréchal, "Inleiding", 11—16.
113 Ibid. 16—18.
114 Ibid. 29—30.
115 Klever, "Inleiding", 70—72.
116 Thijssen-Schoute, *Uit de Republiek der letteren*, 197; Maréchal, "Inleiding", 33—34.
117 Lindeboom, *Herman Boerhaave*, 46.
118 Halma, *Aanmerkingen*, 20, 26, 78.
119 Bayle, *Dictionnaire*, iii. 2633.
120 Bayle, *Lettres*, iii. 906—910.
121 De Vet, *Pieter Rabus*, 176—181.
122 Cramer, *Abraham Heidanus*, 124.
123 Bekker, *De Betoverde Weereld*, 559, 578, 625.
124 Koelman, *Wederlegging*, 120—137; Bekker, *Nodige Bedenkingen*, 30.
125 Bekker, *Kort Beright*, 46.
126 (Walten), *Aardige Duyvelary*, 9.
127 Knuttel, *Balthasar Bekker*, 178—179.
128 Van der Waeyen, *De Betooverde Wereld ondersoght*, 14.
129 Leydecker, *Beckers Philosophise Duyvel*, 117—119.
130 Koelman, *Wederlegging*, 197—198, 218.
131 Knuttel, *Balthasar Bekker*, 296—299.
132 Koelman, *Wederlegging*, 330, 339; Bekker, *Kort en Waarachtig Verhaal*, 21.
133 (Bayle), *Nouvelles de la République des Lettres*, iv. 2879—2880.
134 *De gebannen Duyvel*, 1.
135 Bekker, *Nodige Bedenkingen*, 7—8.
136 Knuttel, *Balthasar Bekker*, 267.
137 De Vet, *Pieter Rabus*, 270—273.
138 [Walten], *Aardige Duyvelary*, 1—5.
139 Ypeij and Dermout, *Geschiedenis*, iii. 174—175; Van der Wall, "Orthodoxy

and Scepticism", 124.

140 Knuttel, "Ericus Walten", 437.
141 GA Delft Kerkeraad 7, fos. 207v—210v, res. 9 and 12 Mar. 1692.
142 Bekker, *Nodige Bedenkingen*, 53—55.
143 Van de Water, *Groot Placaat-Boeck... Utrecht*, iii. 433.
144 Trevor-Roper, *European Witch-Craze*, 102—103.
145 Labrousse, *Pierre Bayle*, i. 169—170.
146 Leydecker, *Bekkers Philosophise Duyvel*, 29—30, 134—135.
147 Bayle, *Lettres*, i. 417, 431—432.
148 Zobeln, *Declaratio Apologetica*, 4—9, 38—39.
149 Bell, *Spinoza in Germany*, 1.
150 Kettner, *Duobus Impostoribus*, pp. A2, B, B2—4.
151 Zobeln, *Declaratio Apologetica*, 1—2, 6—8, 38—39.
152 Schwager, *Beytrag*, 3—4, 131—133.

第35章 殖民帝国

1 Israel, *Dutch Primacy*, 236—244.
2 Emmer, "West India Company", 83—86; Postma, *Dutch Atlantic Slave Trade*, 27—45.
3 Katzen, "White Settlers", 201.
4 Israel, *Anglo-Dutch Moment*, 420—427.
5 Arasaratnam, "Dutch East India Company and its Coromandel Trade", 326, 337, 346.
6 Aalbers, *Rijcklof van Goens*, 19.
7 Prakash, *Dutch East India Company and the Economy of Bengal*, 15—23.
8 Gaastra, *Gesch. van de VOC*, 118.
9 Ibid.; Arasaratnam, *Dutch Power in Ceylon*, 161—163.
10 Gaastra, "VOC in Azië tot 1680", 200—201.
11 Bruijn and Lucassen, *Op de schepen*, 14.
12 Gaastra, *Gesch. van de VOC*, 115.

13　Bruijn and Lucassen, *Op de schepen*, 21.
14　Van Dam, "Concept", 270—271.
15　Postma, *Dutch in the Atlantic Slave Trade*, 45.
16　ARH WIC 206, fos. 8—16.
17　ARH WIC 203, fo. 29IV. Beck to Amsterdam directors, 4 Jan. 1710.
18　Goslinga, *Dutch in the Caribbean*, 199.
19　Oldewelt, "Scheepvaartsstatistiek", 131.
20　Postma, *Dutch in the Atlantic Slave Trade*, 51—52, 54.
21　Goslinga, *Dutch in the Caribbean*, 422—423.
22　Gaastra, *Bewind en beleid*, 32.
23　Ibid. 32—34; Gaastra, *Gesch. van de VOC*, 31.
24　Gaastra, *Gesch. van de VOC*, 66.
25　Goonewardena, *Foundation of Dutch Power in Ceylon*, 141—142.
26　Boxer, *Dutch Seaborne Empire*, 253; Schutte, *Nederlandse Patriotten en de koloniën*, 64.
27　Gaastra, *Bewind en beleid*, 273, 276.
28　Boxer, *Jan Compagnie*, 30—32.
29　Aalbers, *Rijcklof van Goens*, 34.
30　Goslinga, *The Dutch in the Caribbean*, 271—272.
31　Ibid. 31.
32　Troostenburg de Bruyn, *Hervormde kerk in Nederlandsch Oost-Indië*, 562—563.
33　Bruijn and Lucassen, *Op de schepen*, 98—101, 158.
34　Aalbers, *Rijcklof van Goens*, 165, 219.
35　Boxer, *Dutch Seaborne Empire*, 144—145.
36　Troostenburg de Bruyn, *Hervormde kerk in Nederlandsch Oost-Indië*, 23, 381.
37　Ibid. 13—14.
38　Arasaratnam, *Dutch Power in Ceylon*, 220.
39　Emmanuel and Emmanuel, *History*, i. 45—48.
40　Van der Linde, *Surinaamse suikerheren*, 102—131.
41　Smith, *Religion and Trade*, 190—191.

42　Ibid. 193—194.

43　Ibid. 215—216.

44　Cardot, *Curazao hispánico*, 393—394; Goslinga, *Dutch in the Caribbean*, 258.

第36章　1702—1747年：摄政官治下的共和国

1　Rogier, "Ware Vrijheid als oligarchie", 300.

2　Guibal, *Johan Willem Friso*, 64—65.

3　Schutte, "Republiek", 269.

4　Prak, *Gezeten burgers*, 263—266.

5　Lademacher, "Wilhelm III von Oranien", 265—266.

6　Porta, *Joan en Gerrit Corver*, 38—39.

7　ARH SG PR 387, p. 579. res. SF, 17 Mar. 1703.

8　GA Leiden Sec. Arch. 462, fos. 434. 87. res. 20 and 23 Mar. 1704.

9　PRO SP 84/231, fo. 274. Dayrolle to Tilson, 29 June 1708.

10　Haitsma Mulier, *Nederlandse gezicht van Machiavelli*, 13.

11　Van den Bergh, *Life and Work of Gerard Noodt*, 217—223.

12　Van der Bijl, *Idee en interest*, 102—107.

13　ARH SG PR 23. res. S.Geld. 8 Apr. 1702.

14　Wertheim-Gijse Weenink, "Een kwarteeuw burgerverzet", 410, 415.

15　Van den Bergh, *Life and Work of Gerard Noodt*, 15.

16　GA Nijmegen raad 102, fos. 513, 516, 524. res. 10, 11, 12, and 14 Dec. 1650.

17　Brants, *Bijdrage*, 56—61.

18　Wertheim-Gijse Weenink, *Burgers in verzet*, 29.

19　Van der Bijl, *Idee en interest*, 185—187.

20　Vrielink, "Harderwijk", 9—11.

21　Ibid. 15—17.

22　ARH SG PR 387, p. 736. SF to SF deputies at The Hague, 22 Aug. 1705.

23　PRO SP 84/229, fo. 367. Dayrolle to Harley, 29 July 1707.

24　Guibal, *Johan Willem Friso*, 136.

25 Ibid. 64—65.
26 Palacios Preciado, *Trata de negros*, 136—138.
27 ARH SH 2548 fos. 138v, 155, Dutch consul at Cadiz to SG, 14 and 29 Mar. 1701.
28 Ter Kuile, "Graafschap Lingen", 27.
29 Jappe Alberts, *Gesch. van de beide Limburgen*, ii. 52.
30 Warnsinck, *Vloot van den koning-stadhouder*, 21, 77.
31 Zwitzer, "Militie van den staat", 176.
32 Jones, *Marlborough*, 63.
33 Van Slingelandt, *Staatkundige geschriften*, iv. 83—84.
34 Israel, *Dutch Primacy*, 359—376.
35 Ibid. 364—365.
36 PRO SP 84/229. fo. 456v; Helvetius, "Mémoire", 185.
37 Aalbers, "Factieuze tegenstellingen", 419—420.
38 Huisman, *Belgique commerciale*, 69—72.
39 Geikie and Montgomery, *The Dutch Barrier*, 49—51.
40 Ibid. 156—158.
41 Stork–Penning, *Het grote werk*, 275, 301—302, 376.
42 Porta, *Joan en Gerrit Corver*, 67—69.
43 Despretz–Van de Casteele, "Het protectionisme", 307.
44 Ibid. 311.
45 De Schryver, *Jan van Brouchoven*, 228.
46 Ibid. 478.
47 Houtman–de Smedt, "Zuidelijke Nederlanden", 333.
48 Veenendaal, *Het Engels-Nederlands condominium*, 71—73.
49 Ibid.
50 De Schryver, *Jan van Brouchoven*, 355—358.
51 Huisman, *La Belgique commerciale*, 69—73.
52 Geikie and Montgomery, *The Dutch Barrier*, 326.
53 Ibid. 356—357.

54　Hasquin, "Temps des assainissements", 79.
55　Ibid. 81.
56　Roegiers, "Jansenistische achtergronden", 431—432.
57　Ibid. 433—434.
58　Houtman-de Smedt, "Zuidelijke Nederlanden", 351.
59　Ibid. 352.
60　Daelemans, "Pachten en welvaart", 168; Aerts and Delbeke, "Problemen", 585—588.
61　Ibid. 588—589.
62　Goslinga, *Slingelandt's Efforts*, 9.
63　Aalbers, *Republiek en de vrede*, 5.
64　Ibid. 3.
65　Ibid. 62—63.
66　Lademacher, *Geschichte der Niederlande*, 168—171.
67　Schutte, "Republiek", 277.
68　Leeb, *Ideological Origins*, 50—52.
69　Van Slingelandt, *Staatkundige geschriften*, ii. 127 ff.
70　Wagenaar, *Vad. Hist.* xviii. 136.
71　Van Arkel, *Houding van den Raadpensionaris*, 21.
72　Ibid., pp. xviii, 173.
73　Aalbers, "Factieuze tegenstellingen", 442—443.
74　Gabrieëls, *Heren als dienaren*, 67.
75　Aalbers, *Republiek*, 103.
76　Ibid. 109; Zwitzer, "*Militie van den staat*", 176.
77　De Jongste, "Bewind op zijn smalst", 45—46.
78　Van Arkel, *Houding van den Raadpensionaris*, 36—40.
79　Schutte, "Republiek", 294.
80　ARH SG PR 387, p. 731. SF to SH, 20 June 1705.
81　De Jongste, "Bewind op zijn smalst", 52.
82　Schutte, "Willem IV en Willem V", 192.

83　Israel, *Dutch Primacy*, 376—398; Nusteling, "Strijd", 9—14, 19.
84　Aalbers, *Republiek*, 100—126.
85　De Jongste, "Bewind op zijn smalst", 47.
86　Suijkerbuijk, *Archief van Anthonie van der Heim*, pp. v—vi.
87　Rogier, "Ware Vrijheid", 310.
88　De Beaufort, *Verhandeling*, 4—5, 228.
89　Crispeel, *Politiecque Reflectien*, 217—219; Leeb, *Ideological Origins*, 56.
90　Zwitzer, "*Militie van den staat*", 176.
91　Browning, *War of the Austrian Succession*, 173, 206—208.
92　Haley, *British and the Dutch*, 211.
93　Carter, *Neutrality or Commitment*, 731.
94　Zwitzer, "*Militie*", 176.

第37章　社会

1　Israel, *Dutch Primacy*, 292—376; Nusteling, "Strijd", 9—14.
2　Davids, "Technische ontwikkeling", 32—33.
3　Sartre, *Voyage en Hollande*, 20, 25.
4　Ibid. 34.
5　Nusteling, *Welvaart en werkgelegenheid*, 90—97.
6　Posthumus, *Geschiedenis*, iii. 1098—1099.
7　Ibid.
8　De Jongste, *Onrust*, 18—20.
9　Slicher van Bath, *Samenleving*, 201—210.
10　Harkx, *Helmondse textielnijverheid*, 42—45.
11　Faber, *Drie eeuwen Friesland*, ii. 602.
12　Unger, "Publikatie", 170—195; Lesger, *Hoorn*, 150—151.
13　Hazewinckel, *Geschiedenis*, ii. 210.
14　Heeres, "Annual Values", 270—271.
15　Van Braam, "Over de omvang", 38—39, 43.
16　Van der Woude, *Het Noorderkwartier*, ii. 477.

17　Israel, *Dutch Primacy*, 383—388.
18　De Pinto, *Traité*, 242.
19　Cohen, *Jews*, 70—78.
20　Faber, "De achttiende eeuw", 128.
21　Willemsen, *Enkhuizen*, 56.
22　Van der Woude, *Het Noorderkwartier*, ii. 593—601.
23　Faber, *Drie eeuwen Friesland*, i. 155—176; Bieleman, *Boeren*, 315—321.
24　Roessingh, "Tobacco Growing", 39, 44—49.
25　Bieleman, *Boeren*, 536—537.
26　Nusteling, "Periods and Caesurae", 96.
27　Ibid. 97, 101, 109.
28　Ibid. 109.
29　Oldewelt, "Beroepsstructuur", ii. 218
30　Kooijmans, *Onder regenten*, 19.
31　Prak, *Gezeten burgers*, 132.
32　De Pinto, *Traité*, 242—244, 246.
33　De Jongste, *Onrust*, 39.
34　GA Leiden Sec. Arch. 113. Geregsdagboek 1730/3, pp. 94—95.
35　Luzac, *Hollands Rijkdom*, iv. 119.
36　Wijsenbeek-Olthuis, *Achter de gevels*, 417.
37　Faber, Diederiks, and Hart, "Urbanisering", 264.
38　Faber, *Drie eeuwen Friesland*, i. 245.
39　De Jongste, *Onrust*, 50.
40　Faber, "De achttiende eeuw", 144.
41　Accarias de Serionne, *Richesse de la Hollande*, i. 265.
42　Faber, *Drie eeuwen Friesland*, ii. 414—415.
43　Harkx, *Helmondse textielnijverheid*, 56.
44　Philips, "Eenige aanduidingen", 32—33.
45　Frijhoff, *Gesch. van Zutphen*, 96, 117—118.
46　Te Brake, *Regents and Rebels*, 12—13.

47 Pottle, *Boswell in Holland*, 281.
48 Bruneel, "L'Essor démographique", 166.
49 Van der Woude, "Demografische ontwikkeling", 125.
50 Klep, "Het historisch moderniseringsproces", 20.
51 Westermann, "Memorie", 74.
52 Cohen, *Jews*, 18—31.
53 Lesger, *Huur en conjunctuur*, 68—69, 74—75.
54 Posthumus, *Geschiedenis*, ii. 1005, 1082.
55 Nusteling, *Welvaart en werkgelegenheid*, 264—265.
56 De Jongste, *Onrust*, 35.
57 Ibid.
58 Dekker, "Staking", 33.
59 Ibid. 28—30.
60 Nusteling, *Welvaart en werkgelegenheid*, 155.
61 GA Leiden Sec. Arch. 115, p. 37.
62 Ibid. 43.
63 Pottle, *Boswell in Holland*, 281.
64 Hart, *Geschrift en getal*, 167—169.
65 Faber, *Drie eeuwen Friesland*, i. 78.
66 De Jong, *Met goed fatsoen*, 99.
67 Ibid. 103—105.
68 De Jongste, *Onrust*, 50.
69 Nusteling, *Welvaart en werkgelegenheid*, 169, 265.

第38章 教会

1 De Kok, *Nederland op de breuklijn*, 203.
2 Schutte, *Hollandse dorpssamenleving*, 92.
3 De Kok, *Nederland op de breuklijn*, 311, 319, 437.
4 Ibid. 322, 326—327.
5 Ibid. 392, 398, 407.

6 Thielen, *Gesch. van de enclave Groenlo*, 158.

7 De Kok, *Nederland op de breuklijn*, 422.

8 Faber, *Drie eeuwen Friesland*, i. 80—81.

9 De Kok, *Nederland op de breuklijn*, 143.

10 Mentink and Van der Woude, *Demografische ontwikkeling*, 47—48.

11 Loosjes, *Gesch. der Luthersche kerk*, 163.

12 Ibid. 182.

13 De Kok, *Nederland op de breuklijn*, 353, 356, 360.

14 De Vries, *From Pedlars to Textile Barons*, 28—29.

15 GA Leiden Sec. Arch 114, fos. 75—76. res. gerecht, 24 June 1733.

16 Reijnders, *Van "Joodsche Natien"*, 63—64.

17 Ibid. 64—65.

18 Gans, *Memorboek*, 253.

19 De Vries, *From Pedlars to Textile Barons*, 32.

20 De Kok, *Nederland op de breuklijn*, 385—388.

21 Van der Zijpp, *Gesch. der doopsgezinden*, 178—179.

22 Faber, *Drie eeuwen United Friesland*, i. 82.

23 Blaupot ten Cate, *Gesch. der doopsgezinden*, 244.

24 Mentink and Van der Woude, *Demografische ontwikkeling*, 43—45.

25 Van der Wall, "Orthodoxy and Scepticism", 124—126.

26 Kernkamp, *Utrechtsche Academie*, i. 289.

27 Ibid. i. 301; Sluis, *Herman Alexander Röell*, 42—43.

28 Van der Bijl, "Kerk en politiek", 191—193.

29 *Journal Littéraire*, i. 476—477.

30 [De Joncourt], *Entretiens*, 6—7.

31 Fruytier, *Sions Worstelingen*, 763—765.

32 Sluis, *Herman Alexander Röell*, 118.

33 Van den Berg, "Godsdienstig leven", 331, 335.

34 Frijhoff, "Paniek van Juni 1734", 170—173.

35 Polman, *Romeinse bescheiden*, i. 305.

36　Van der Zijpp., *Gesch. der doopsgezinden*, 163—166.
37　Van der Berg, "Zinzendorf en de Hernhutters", 77—78.
38　Spiertz, "Achtergronden", 183.
39　Polman, *Katholiek Nederland*, i. 18—20.
40　Spiertz, "Katholieke geestelijke leiders", 20.
41　Polman, *Katholiek Nederland*, i. 20.
42　Van Schaik, "Johan Christiaan van Erkel", 147; Spiertz, "Anti-jansenisme", 240—241.
43　Polman, *Katholiek Nederland*, i. 284—286.
44　Ibid. 291.
45　Ibid. 322—323.
46　Mentink and Van der Woude, *Demografische ontwikkeling*, 44.
47　*Archief aartsbisdom Utrecht*, x. 29, 31, 33—34, 37.
48　De Kok, *Nederland op de breuklijn*, 303—329.

第39章　启蒙运动

1　Labrousse, *Pierre Bayle*, i. 169—170.
2　Berkvens-Stevelinck, *Prosper Marchand*, 167—168.
3　Basnage, *Histoire des Juifs*, 第二版前言。
4　Kaplan, *From Christianity to Judaism*, 451—456.
5　Jacob, *The Radical Enlightenment*, 196.
6　Aalstius, *Inleiding*, 4—7; Nieuwentyt, *Regt gebruik*, 6.
7　Jacob, *The Radical Enlightenment*, 51—53.
8　Mijnhardt, "Nederlandse Verlichting", 252—253, 260.
9　Vercruysse, "Fortune de Bernard Nieuwentyt", 224—227.
10　Nieuwentyt, *Gronden van Zekerheid*, 1—2.
11　Bots, *Tussen Descartes en Darwin*, 5—17.
12　Davids, "Universiteiten", 12—13.
13　's Gravesande, *Œuvres philosophiques*, ii. 22, 355.
14　Vercruysse, *Voltaire et la Hollande*, 36—37, 127.

15 Mijnhardt, "Dutch Enlightenment", 203.
16 Van Berkel, "Intellectuals against Leeuwenhoek", 195—197.
17 Lindeboom, *Herman Boerhaave*, 70, 95—101.
18 Vercruysse, *Voltaire et la Hollande*, 119—120.
19 Lindeboom, *Herman Boerhaave*, 270.
20 Ibid. 366—367.
21 Schierbeek, *Jan Swammerdam*, 85.
22 Van Klaveren, "Nicolaas Chevalier", 156.
23 Boxer, *Dutch Seaborne Empire*, 182.
24 Ten Kate, *Gemeenschap*, 18; Ten Kate, *Aenleiding*, i. 11—12, 14.
25 Pottle, *Boswell in Holland*, 135.
26 Bots, "Rôle des périodiques néerlandais", 54—55.
27 Ibid. 53.
28 Ibid.
29 Ibid. 54—55.
30 Popkin, *The Third Force*, 146—147.
31 Ibid. 136, 145, 270.
32 Ibid. 145.
33 Wade, *Clandestine Organization*, 114, 124—126.
34 Berti, "Jan Vroesen", 537—538; Berti, "Scepticism", 216—221.
35 Jacob, *Radical Enlightenment*, 52, 187, 196.
36 Aalstius, *Inleiding*, 4—7; Nieuwentyt, *Het regt gebruik*, 6; Nieuwentyt, *Gronden van Zekerheid*, 2, 244, 303.
37 Jacob, "Radicalism", 229—230.
38 Colenbrander, "Herkomst der Leidsche studenten", 278—287; Wansink, *Politieke wetenschappen*, 7.
39 Ridder-Symoens, "Buitenlandse studenten", 77.
40 Pottle, *Boswell in Holland*, 282; 在这个问题上，我也从与卡雷尔·戴维斯（Karel Davids）的对话中获益良多。
41 Sluijter, *Leidse fijnschilders*, 152.

42　Grijzenhout, "A Myth of Decline", 327—328.
43　Ibid. 328—329.
44　Freedberg, "Science, Commerce and Art", 377—379.
45　Ibid. 379.
46　Van Boven and Segal, *Gerard en Cornelis van Spaendonck*, 13—15.
47　Grijzenhout, "A Myth of Decline", 329—330.
48　Hasquin, "Joséphisme et ses racines", 218—219.
49　*Charles-Alexandre de Lorraine*, 96—105.
50　Roegiers, "Jansenistische achtergronden", 450—454.
51　Hasquin, "Joséphisme et ses racines", 229—234.
52　Troostenburg de Bruyn, *Hervormde kerk in Nederlandsch Oost-Indië*, 53—54.
53　Goslinga, *Dutch in the Caribbean*, ii. 518.
54　Ibid. 256—257.
55　Cardot, *Curazao hispánico*, 410.
56　Katzen, "White Settlers", 206.
57　Mijnhardt, *Tot Heil van 't Menschdom*, 135, 181, 189.
58　Cohen, *Jews*, 95—97.
59　Ibid. 181—250.
60　Schutte, *Nederlandse Patriotten en de koloniën*, 71, 75.
61　Ibid. 61—64.
62　Ibid. 78—81.
63　Goslinga, *Dutch in the Caribbean*, 309—310, 459.
64　Mijnhardt, "Nederlandse Verlichting", 253.
65　Bánki, "Utrechtse universiteit", 111.
66　Wiechmann, "Van Academia naar Akademie", 54.
67　De Pinto, *Précis*, 14.
68　Marx, "Elie Luzac", 76, 86.
69　Brugmans, "Autour de Diderot en Hollande", 65.
70　Mijnhardt, "The Dutch Enlightenment", 205—211.
71　Bisschop, *Justus van Effen*, 173—175.

72　Van Sas, "Vaderlandsliefde", 473.

73　Mijnhardt, "Dutch Enlightenment", 216—220.

74　Mijnhardt, *Tot heil van 't menschdom*, 260—274.

第40章　1747—1751年：第二次奥伦治革命

1　Rousset de Missy, *Relation historique*, 20—23.

2　Bleyswijk, *Memoiren*, 187—190.

3　Wagenaar, *Vad. Hist.* xx. 85—86.

4　*Archives*, 4th ser. i. 10.

5　Ibid.; Bentinck, *Briefwisseling*, 256—258.

6　Rousset de Missy, *Relation historique*, 32.

7　De Jongste, "Restoration", 55.

8　Ibid. 56—57.

9　*Archives*, 4th ser. i. 5.

10　Geyl, "Agent Wolters", 57—58.

11　Wagenaar, *Vad. Hist.* xx. 118.

12　De Voogd, *Doelistenbeweging*, 80.

13　Rowen, *Princes of Orange*, 173.

14　*Archives*, 4th ser. i. 222—227. Considerations de W. Bentinck (July 1748).

15　Schutte, "Willem Ⅳ en Willem Ⅴ", 199.

16　Gabriëls, *Heren als dienaren*, 65.

17　*Journal van Mr Justinus de Beyen*, 37—41; Porta, *Joan en Gerrit Corver*, 249.

18　Gabriëls, *Heren als dienaren*, 70.

19　Te Brake, *Regents and Rebels*, 30.

20　Guibal, *Democratie en oligarchie*, 138—189.

21　De Jongste, *Onrust*, 181—185.

22　Prak, "Burgers in beweging", 177—185.

23　Porta, *Joan en Gerrit Corver*, 255—257.

24　Wagenaar, *Vad. Hist.* xx. 222—224.

25　De Voogd, *Doelistenbeweging*, 107—111.

26 BL MS Egerton 1745, fo. 486. Rousset de Missy to Bentinck, Amsterdam, 26 June 1748.
27 Velema, "Elie Luzac and Two Dutch Revolutions", 125—128.
28 BL MS Egerton 1745, fo. 462. Report on the situation in Leiden, 20 June 1748.
29 De Voogd, *Doelistenbeweging*, 106—107, 115.
30 *Archives*, 4th ser. i. 221—222.
31 De Voogd, *Doelistenbeweging*, 110—111.
32 *Billyk verzoek der Amsterdamsche Burgery* (Oct. 1748), demands 1, 4, and 7.
33 Porta, *Joan en Gerrit Corver*, 265—266.
34 De Voogt, *Doelistenbeweging*, 180—183.
35 De Jongste, *Onrust*, 216—236.
36 Prak, *Gezeten burgers*, 97—98.
37 Hardenbroek, *Gedenkschriften*, 27.
38 Prak, "Burgers in beweging", 390.
39 De Jongste, "Restoration", 41—42; Te Brake, *Regents and Rebels*, 31.
40 Smit, *Bestuursinstellingen*, 73.
41 Feenstra, *Adel in de Ommelanden*, 91.
42 Nijenhuis, *Joodse philosophe*, 102—103.

第41章 蹒跚的共和国与"南部"的新活力

1 Te Brake, "Provincial Histories", 81—84.
2 Van Hardenbroek, *Gedenkschriften*, 60.
3 Gaastra, *Gesch. van de VOC*, 164.
4 De. Jongste, *Onrust*, 321—324.
5 Schutte, "Willem IV en Willem V", 218—219.
6 Gabriels, *Heren als dienaren*, 101—102.
7 Rowen, *Princes of Orange*, 167, 172, 192.
8 De Voogd, *Doelistenbeweging*, 242.
9 Kooijmans, *Onder regenten*, 74; De Jong, *Met goed fatsoen*, 77—79.
10 De Jongste, *Onrust*, 344—345.

11　Gabriels, *Heren als dienaren*, 126—128.
12　Van Hardenbroek, *Gedenkschriften*, 48.
13　De Jong, *Met goed fatsoen*, 77—79; Prak, *Gezeten burgers*, 101—103.
14　Kooijmans, *Onder regenten*, 75—76.
15　Rowen, *Princes of Orange*, 196—197; Leeb, *Ideological Origins*, 111—112.
16　*Archives*, 4th ser. i. 218—227.
17　Luzac, *Zugt*, 2—12.
18　Ibid.; Luzac, *Het ordeel*, 106—112; Leeb, *Ideological Origins*, 70—71.
19　Wagenaar, *Vrymoedige aanmerkingen*, 102, 113; Leeb, *Ideological Origins*, 79—80, 90—97.
20　Velema, "Elie Luzac and Two Dutch Revolutions", 129—130, 146.
21　*Ouderwetse Nederlandsche Patriot*, iii. 297.
22　Velema, "Elie Luzac and Two Dutch Revolutions", 129—130, 146.
23　Kossmann, *The Low Countries*, 41—42.
24　Haitsma Mulier, "Between Humanism and Enlightenment", 176.
25　Paulus, *Verklaring der Unie*, i. 97, 185—187.
26　Haitsma Mulier, "Between Humanism and Enlightenment", 181.
27　*Ouderwetse Nederlandsche Patriot*, iii. 288—294.
28　Van Sas, "The Patriot Revolution", 117.
29　Carter, *Neutrality or Commitment*, 81.
30　Hoynck van Papendrecht, *Rotterdamsche plateel*, 125.
31　*Charles-Alexandre de Lorraine*, 78—79, 220—221.
32　Houtman-de Smedt, "Zuidelijke Nederlanden", 368—369.
33　Dorban, "Les Débuts", 126; Vermaut, "Structural Transformation", 195—196.
34　Dorban, "Les Débuts", 130—140.
35　Chorley, "The Shift", 97.
36　*Charles-Alexandre de Lorraine*, 25—43.
37　Schutte, "Willem Ⅳ en Willem Ⅴ", 214.
38　Rowen, *Princes of Orange*, 197—198.
39　*Archives*, 5th ser. i. 109—111.

40 Gabriels, *Heren als dienaren*, 236.
41 Miller, *Sir Joseph Yorke*, 34.
42 Carter, *Neutrality or Commitment*, 84.
43 Zwitzer, *Militie*, 176.
44 Bartstra, *Vlootherstel*, 265, 280.
45 Leeb, *Ideological Origins*, 122—136.
46 Schulte Nordholt, *Dutch Republic and American Independence*, 25.
47 Miller, *Sir Joseph Yorke*, 51.
48 Schulte Nordholt, *Dutch Republic and American Independence*, 150—156.
49 Ibid. 155.

第42章 1780—1787年：爱国者党革命

1 Kossmann, *Politieke theorie*, 253.
2 (Van der Capellen), *Aan het Volk van Nederland*, 6—7, 10.
3 Ibid. 19.
4 Ibid. II, 25; Leeb, *Ideological Origins*, 159—160.
5 *Post van den Neder-Rhijn*, 6/270 (1784), 992.
6 De Wit, *Nederlandse revolutie*, 22.
7 Van Sas, "The Patriot Revolution", 97—98.
8 Ibid. 99—104; Popkin, "Print Culture", 287—291.
9 Ter Brake, "Provincial Histories", 85—87.
10 Van Sas, "The Patriot Revolution", 111—115.
11 Velema, "Revolutie, contrarevolutie", 524—527; Van Sas, "Vaderlandsliefde", 476—482.
12 *Post van den Neder-Rhijn*, 8/391 (Nov. 1785), 700.
13 (Van der Capellen), *Aan het Volk van Nederland*, 19—21; Te Brake, *Regents and Rebels*, 51, 81—83; Van Sas, "The Patriot Revolution", 116.
14 Schama, *Patriots and Liberators*, 75, 427.
15 Te Brake, *Regents and Rebels*, 56—57.
16 *Post van den Neder-Rhijn*, 8 (17 Sept. 1785), 377, 573.

17　Schama, *Patriots and Liberators*, 91.
18　Leeb, *Ideological Origins*, 189—192.
19　Ibid. 192—193.
20　Ibid. 193; Kossmann, *The Low Countries*, 44; Klein, "Republikanisme", 191—193, 202.
21　Velema, "Elie Luzac and Two Dutch Revolutions", 143—144.
22　Klein, "Republikanisme", 191, 206.
23　Leeb, *Ideological Origins*, 206—209.
24　Te Brake, *Regents and Rebels*, 51.
25　De Wit, *Strijd tussen aristocratie en democratie*, 43, Van Sas, "The Patriot Revolution", 109—110; Prak, "Citizen Radicalism", 93—96; Lademacher, *Die Niederlande*, 387—388.
26　Schama, *Patriots and Liberators*, 95; Prak, "Citizen Radicalism", 89—93.
27　Dekker, "Revolutionaire en contrarevolutionaire vrouwen", 561—562.
28　De Wit, *Nederlandse revolutie*, 37.
29　Geyl, *Studies*, 223; Te Brake, *Regents and Rebels*, 159, 162.
30　Schutte, *Hollandse dorpssamenleving*, 132.
31　Nieuwenhuis, *Keeshonden en Prinsmannen*, 157—158.
32　Schama, *Patriots and Liberators*, 109.
33　Leeb, *Ideological Origins*, 214.
34　De Wit, *Nederlandse revolutie*, 82—83.
35　Ibid. 110—113.
36　Geyl, *Studies*, 218.
37　Van Sas, "The Patriot Revolution", 102—103, 109.
38　*Ouderwetse Nederlandsche Patriot*, ii. 358, 537 and iii. 88—92.
39　Galdi, *Quadro politico*, ii. 72.
40　Nieuwenhuis, *Keeshonden en Prinsmannen*, 159, 161.
41　Schutte, "Gereformeerden", 500—501.
42　Van Hamelsveld, *Zedelijke toestand*, 404.
43　Ibid. 457.

44　Kluit, *De rechten van den Mensch*, 81, 103, 158.
45　*Ouderwetse Nederlandsche Patriot*, i. 141—142 and ii. 578—581, 602.
46　Velema, "Revolutie, contrarevolutie", 517—518.
47　*Ouderwetse Nederlandsche Patriot*, iii. 88—92.

第43章　共和国的落幕

1　De Jongste, "Beeldvorming", 526—529.
2　Schutte, "Willem Ⅳ en Willem Ⅴ", 222.
3　Emmer, "Suiker, goud, en slaven", 470.
4　Hasquin, "Le Joséphisme", 224—234.
5　Polasky, "Success of a Counter-Revolution", 414—415.
6　Ibid. 416.
7　Kossmann, *The Low Countries*, 59.
8　Dhondt, "Conservatieve Brabantse ontwenteling", 435—436.
9　Ibid. 43941; Kossmann, *The Low Countries*, 60.
10　Kossmann, *The Low Countries*, 62.
11　Polasky, "Success of a Counter-Revolution", 420.
12　Dhondt, "Conservatieve Brabantse ontwenteling", 427.
13　Lademacher, *Geschichte der Niederlande*, 211.
14　Te Brake, *Regents and Rebels*, 170.

第44章　尾声

1　De Wit, *Strijd tussen aristocratie en democratie*, 120—123.
2　Fell, *A Tour*, 190—191.
3　Schama. *Patriots and Liberators*, 425.
4　Kossmann, *The Low Countries*, 101.
5　Michman, "Emancipatie", 80—81.
6　Kossmann, *The Low Countries*, 102.
7　Haley, *British and the Dutch*, 220.
8　Fell, *A Tour*, 200.

9 Galdi, *Quadro politico*, ii. 69—70, 258, 273.
10 Wintle, "Economie van Zeeland", 116—117.
11 Metelerkamp, *Tableau statistique*, 40—41, 70—73.
12 Schama, *Patriots and Liberators*, 501—514.

参考文献

已出版的原始资料

AALSTIUS, JOHANNES, *Inleiding tot de Zeden-leer* (Dordrecht, 1705).
ACCARIAS DE SERIONNE, JACQUES, *La Richesse de la Hollande* (2 vols.; London, 1778).
AITZEMA, LIEUWE VAN, *Herstelde Leeuw, of Discours over 't gepasseerde in de Vereenigde Nederlanden in 't jaer 1650, ende 1651* (The Hague, 1652).
—— *Historie of verhael van saken van staet en oorlogh in, ende ontrent de Vereenigde Nederlanden* (14 vols.; The Hague, 1667-71).
—— *Verhael van de Nederlantsche Vreedehandeling* (2 vols.; The Hague, 1650).
ALTHUSIUS, JOHANNES, *The Politics of Johannes Althusius*, trans. F. S. Carney (London, 1965).
The Apologie of Prince William of Orange against the Proclamation of the King of Spaine, the English trans. of 1581, ed. H. Wansink (Leiden, 1969).
Archief voor de geschiedenis van het aartsbisdom Utrecht (75 vols.; Utrecht, 1875-1957).
Archives ou correspondance inédite de la Maison d'Orange-Nassau, ed. G. Groen van Prinsterer *et al.* (25 vols. in 5 series; Leiden and Utrecht, 1835-1915).
ARNOLDI, HENRICUS, *Vande Conscientie-dwangh* (Delft, 1629).
AUBÉRY DU MAURIER, B., 'Rapport van den ambassadeur Aubéry du Maurier (1624)', *BMHG* 2 (1879), 392-405.
AUBÉRY DU MAURIER, L., *Mémoires pour servir à l'histoire de Hollande et des autres Provinces Unies* (Paris, 1680).
BASNAGE, JACQUES, *Annales des Provinces-Unies depuis les négotiations pour la Paix de Munster* (The Hague, 1719).
—— *Histoire des Juifs depuis Jésus-Christ jusqu'à présent* (2nd edn.; 12 vols.; The Hague, 1716).
BAUDARTIUS, WILHELMUS, *Memoryen* (1620; 2nd edn. 14 books in 2 vols. Arnhem, 1624).
BAYLE, PIERRE, *Dictionnaire Historique et Critique* (4 vols; Rotterdam, 1720).
—— *Lettres* (3 vols.; Amsterdam, 1729).
—— *Het leven van B. de Spinoza, met eenige Aanteekeningen over zyn Bedryf, Schriften en Gevoelens*, trans. and annotated François Halma (Utrecht, 1698).
—— *Nouvelles de la République des Lettres* (12 vols.; Amsterdam, 1684-9).
BEAUFORT, LIEVEN DE, *Het leven van Willem den I, Prins van Oranje* (2nd edn.; 3 vols.; Leiden, 1732).
—— *Verhandeling van de vryheit in den Burgerstaet* (Leiden, 1737).
BEKKER, BALTHASAR, *De Betoverde Weereld* (Leeuwarden, 1691).

BEKKER, BALTHASAR, *De Friesche Godgeleerdheid* (Amsterdam, 1693).
—— *Kort Begryp der algemeine kerkelycke Historien* (Amsterdam, 1686).
—— *Kort Beright Aangaende alle de schriften welke over sijn Boek de Betoverde Weereld enen tijd lang heen en weder verwisseld zijn* (Franeker, 1692).
—— *Kort en Waarachtig Verhael van 't gebeurde... in den kerkenraad en classis van Amsterdam, en de synode van Noord-Holland* (Amsterdam, 1692).
—— *Nodige Bedenkingen op de Nieuwe Beweegingen onlangs verwekt... tegen den Auteur van 't Boek de Betoverde Weereld* (Amsterdam, 1692).
——*De Philosophia Cartesiana* (Wesel, 1668).
BENTHEM, HEINRICH LUDOLF, *Holländischer Kirch- und Schulen-Staat* (2 vols.; Frankfurt/Leipzig, 1698).
BENTINCK VAN RHOON, WILLEM, *Briefwisseling en aantekeningen*, ed. C. Gerretson and Pieter Geyl (Utrecht, 1934).
BENTIVOGLIO, GUIDO, *Relatione delle Province Vnite di Fiandra* (2 vols.; Liège, 1635).
BIENTJES, JULIA, *Holland und die Holländer im Urteil deutscher Reisender, 1400–1800* (Groningen, 1967).
Billyk verzoek der Amsterdamsche Burgery aan zyne Doorlugtige Hoogheyd (Amsterdam, 1748).
BLEYSWIJK, DIEDERIK VAN, *Memoiren* (Utrecht, 1887).
BOITET, R., *Beschryving van Delft* (Delft, 1729).
BOOMKAMP, GYSBERT, *Alkmaar en deszelfs geschiedenissen* (Rotterdam, 1747).
BOR, PIETER, *Oorspronck, begin ende vervolgh der Nederlantsche Oorlogen* (1595) (4 vols.; Leiden/Amsterdam, 1621).
BOYS, J. DU, *Korte Aenmerckingen op het Onbewesen bewys dat het gevoelen vander Sonne stillest andt ende des Aertryckx beweginghe niet strijdigh is met Godts-Woort* (The Hague, 1656).
—— *De Schadelickheyt van de Cartesiaensche Philosophie* (Utrecht, 1656).
BRANDT, GERARD, *Historie van de rechtspleging gehouden in den jaren 1618 ende 1619 ontrent de drie gevangenen heeren, Mr Johan van Oldenbarnevelt, Mr Rombout Hoogerbeets, Mr Hugo de Groot* (Rotterdam, 1723).
—— *Historie der Reformatie* (4 vols.; Amsterdam, 1677–1704).
—— *Historie der vermaerde zee- en koop-stadt Enkhuizen* (Enkhuizen, 1666).
—— *Het leven van Joost van den Vondel*, ed. P. Leendertz (The Hague, 1932).
Brief Narration of the Present Estate of the Bilbao Trade (n.p. n.d. [London, 1650]).
Briefwisseling tusschen de Gebroeders Van der Goes (1659–1673). ed. C. J. Gonnet (2 vols.; Amsterdam, 1899–1909).
Briefwisseling van Godard Adriaan van Reede van Amerongen en Everard van Weede van Dijkveld (1671–2), ed. M. van der Bijl and H. Quarles van Ufford, Nederlandse Historische Bronnen, 9 (The Hague, 1991).
Brieven geschreven ende gewisselt tusschen den Heer Johan de Witt, Raedtpensionaris... ende de Gevolmaghtigden van den Staedt der Vereenighde Nederlanden (7 vols.; The Hague, 1723–7).

BROESMA, R., and BUSKEN HUET, G. (eds.), *Brieven over het Leycestersche tijdvak uit de papieren van Jean Hotman*, *BMHG* 34 (1913), 1–271.

BRUGMANS, H., *Correspondentie van Robert Dudley, graaf van Leycester en andere documenten betreffende zijn gouvernement-generaal in de Nederlande, 1585–1588*, WHG 3rd ser. 58 (3 vols.; Utrecht, 1931).

—— 'De Notulen en monumenten van het College van Commercie te Amsterdam, 1663–1665', *BMHG* 18 (1897), 181–330.

BRUN, JEAN, *Le Conseil d'extorsion* (Amsterdam, 1675).

—— *La Véritable Religion des Hollandois* (2 vols.; Amsterdam, 1675).

BURGER VAN SCOORL, DIRK, *Chronyk van Medenblik* (Hoorn, 1728).

BUZANVAL, PAUL CHOART, SEIGNEUR DE, *Lettres et négotiations*, ed. G. W. G. Vreede (Leiden, 1846).

CAPELLEN, ALEXANDER VAN DER, *Gedenkschriften* (2 vols.; Utrecht, 1777–8).

[CAPELLEN, JOAN DERK VAN DER], *Aan het Volk van Nederland* (Ostend, 1781).

Capita Selecta Veneto-Belgica (1629–31), ed. J. J. Poelhekke (The Hague, 1964).

CARLETON, SIR DUDLEY, *Letters from and to Sir Dudley Carleton, Knt. During his Embassy in Holland from January 1616 to Dec. 1620* (2nd edn.; London, 1775).

CARR, WILLIAM, *The Travellours Guide and Historian's Faithful Companion* (London, 1691).

CEYSSENS, LUCIEN, *La Fin de la première période du Jansénisme. Sources (1654–1660)* (2 vols.; Brussels/Rome, 1963).

—— *La Première Bulle contre Jansenius* (Brussels/Rome, 1961).

Le Chef des moqueurs démasqué (The Hague, 1707).

COCCEIUS, JOHANNES, *Indagatio naturae Sabbati et quietis Novi Testamenti* (Leiden, 1658).

—— *De Leer van het Verbond en het Testament van God* (1648), trans. W. J. van Asselt and H. G. Renger (Kampen, 1990).

Colección de documentos inéditos para la historia de España (CODOIN) (113 vols.; Madrid, 1842–95).

COMMELIN, CASPAR, *Beschryvinge van Amsterdam* (2nd edn.; 2 vols.; Amsterdam, 1726).

COORNHERT, DIRK VOLKERTSZ., *Spiegelken vande ongerechticheyt ofte menschelicheyt des vergodeden H. N. Vader vanden Huyse der Liefden* (n.p. 1581).

—— *Zedekunst dat is wellevenskunst* (1587; Leiden, 1942).

Correspondência diplomática de Francisco de Sousa Coutinho durante a sua embaixada em Holanda (3 vols.; Coimbra, 1920–55).

Correspondencia de la Infanta Archiduquesa Doña Isabel Clara Eugenia de Austria con el duque de Lerma y otros personajes, ed. A. Rodríguez Villa (Madrid, 1906).

De Correspondentie tussen Willem van Oranje en Jan van Nassau, 1578–1584, ed. J. H. Kluiver, *NHB* iv (1984).

Cort ende bondich verhael van de Arminiaensche Factie (n.p. [1628, Kn. 3960]) said to be by the Haarlem pensionary Gilles de Glarges.

COSTA, URIEL DA, *Examination of Pharisaic Traditions*, trans. H. P. Salomon and I. S. D. Sasson (Leiden, 1993).

COURT, PIETER DE LA, *Aanwysing der heilsame politike Gronden en Maximen van de Republike van Holland en West-Vriesland* (Leiden, 1669).

—— 'Brieven uit de correspondentie van Pieter de la Court en zijn verwanten (1661–1666)', ed. J. H. Kernkamp, *BMHG* 70 (1956), 82–165.

—— [V. D. H.], *Het Interest van Holland, ofte Grond van Hollands welvaren* (Amsterdam, 1662).

—— and COURT, JOHAN DE LA, *Politike Discoursen* (2 vols.; Amsterdam, 1662).

[C. P. T. R. DE], *Historie van het Leven en Sterven vande Heer Johan Olden-Barnevelt* (n.p. 1648).

CRISPEEL, J., *Politiecque Reflectien van Staat* (Utrecht, 1739).

'Een Dagboek uit het "Rampjaar" 1672', ed. J. F. Gebhard, *BMHG* 8 (1885), 45–116.

DAM, PIETER VAN, *Beschryvinge van de Oostindische Compagnie*, ed. F. W. Stapel (4 vols. in 7 parts; The Hague, 1927–54).

—— 'concept en consideratien' (1662), *Bijdragen tot de taal- land- en volkenkunde van Nederlandsch-Indië*, 74 (1918), 270–98.

DEFOE, DANIEL, *An Enquiry into the Danger and Consequences of a War with the Dutch* (London, 1712).

DEKKER, R. M., *Oproeren in Holland gezien door tijdgenoten* (Assen, 1979).

DESCARTES, RENÉ, *Correspondance*, ed. Ch. Adam and G. Milhaud (8 vols.; Paris, 1936–63).

—— *Œuvres*, ed. Ch. Adam and P. Tannery (12 vols.; Paris, 1897–1910).

—— *Correspondance of Descartes and Constantyn Huygens, 1635–1647*, ed. L. Roth (Oxford, 1926).

DEVENTER, M. L. VAN, *Gedenkstukken van Johan van Oldenbarnevelt en zijn tijd* (3 vols.; The Hague, 1862–5).

DIERICKX, M., *Documents inédits sur l'érection des nouveaux diocèses aux Pays-Bas (1521–1570)* (3 vols.; Brussels, 1960).

DILLEN, J. G. VAN, *Bronnen tot de geschiedenis van het bedrijfsleven en het gildewezen van Amsterdam* (3 vols.; The Hague, 1929–74).

—— *Amsterdam in 1585: het kohier der Capitale Impositie van 1585* (Amsterdam, 1941).

DUIJKERIUS, JOHANNES, *Het leven van Philopater. Vervolg van 't leven van Philopater (1691/1697)*, ed. G. Maréchal (Amsterdam, 1991).

DUMBAR, GERHARD, *Hedendaagsche Historie... en wel in 't Byzonder van Overyssel* (4 vols.; Amsterdam, 1781–1803).

—— *Verhandeling over het regt van overstemming ter staatsvergadering van de Provincie van Overyssel* (Deventer, 1783).

DUNGANUS, CORNELIUS, *Den Vreedsamen Christen* (Utrecht, 1628).

DUYCK, ANTHONIE, *Journaal van Anthonis Duyck, advokaat-fiskaal van den Raad van State (1591-1602)*, ed. L. Mulder (6 vols. in 3 parts; The Hague/Arnhem, 1862-6).
EMMIUS, UBBO, *De Agro Frisiae* (Groningen, 1646).
ENDEN, FRANCISCUS VAN DEN, *Vrye Politijke Stellingen en Consideratien van staat* (1665; Amsterdam, 1992).
[EPISCOPIUS, SIMON?], *Voorstant vande vryheyt der conscientie teghen den Conscientie-Dwangh van Henricus Arnoldi* (n.p. 1630).
[——], *Vrye Godes-dienst* (n.p. [1627, Kn. 3753]).
EPPENS, ABEL, *Kroniek van Groningen*, ed. J. A. Feith and H. Brugmans, WHG 3rd ser. 27 (Utrecht, 1911).
ERASMUS OF ROTTERDAM, *The Collected Works of Erasmus*, ed. R. J. Schoeck et al., vols. i–x: *The Correspondence of Erasmus (1484-1534)*, trans. R. A. B. Mynors and D. F. S. Thomson (Toronto, 1974-92).
ESTRADES, GODEFROY D', *Lettres, mémoires et négociations de M. le Comte d'Estrades*, ed. Prosper Marchand (9 vols.; 'London' [The Hague], 1743).
FELL, R., *A Tour through the Batavian Republic during the Latter Part of the Year 1800* (London, 1801).
FIJNE, PASCHIER DE, *Eenige Tractaatjes* (2 parts; Amsterdam, 1735-6).
FOKKENS, MELCHIOR, *Beschryvingh der wijdt-vermaarde koop-stadt Amsterdam* (Amsterdam, 1664).
FRANCO MENDES, DAVID, *Memórias do estabelicimento e progresso dos judeus portuguezes e espanhões nesta famosa citade de Amsterdam*, Studia Rosenthaliana, 9 (1975).
FRUYTIER, JACOBUS, *Sions Worstelingen* (2nd edn.; Rotterdam, 1715).
GACHARD, L. P., *Actes des États-Généraux de 1632* (2 vols.; Brussels, 1853-66).
GALDI, MATTEO, *Quadro politico delle rivoluzioni delle Provincie-Unite e della Repubblica Batava* (2 vols.; Milan, 1809).
De gebannen Duyvel Weder In-geroepen (Hoorn, 1692) [Kn. 13865].
'Gedenkschrift van Joris de Bye', in *BMHG* 11 (1888), 400-59.
Genees-Middelen voor Holland (Antwerp, [1672, Kn. 10376]).
GELAZIUS MAJOR [pseudonym], *Overtuychde ontrouw* (n.p. 1676).
GOUTHOEVEN, W. VAN, *D'Oude Chronijcke ende Historien van Holland (met West-Vriesland) van Zeeland ende van Utrecht* (Dordrecht, 1620).
Grondigh Bericht, nopende den Intrest van desen Staet, vermidts de doodt van Sijn Hoogheyt (Rotterdam, 1651) [Kn. 7009]).
GROOT, PIETER DE, *Lettres de Pierre de Groot à Abraham de Wicquefort (1668-1674)*, ed. F. J. L. Krämer, WHG 3rd ser. 5 (The Hague, 1894).
—— *Vriende-Praetjen over het Eeuwig Edict* (n.p. [1672, (Kn. 10333]).
Groot Placaet-Boeck vervattende de placaten . . . van de . . . Staten Generael der Vereenigde Nederlanden ende van de . . . Staten van Hollandt en West-Vrieslandt (9 vols.; The Hague, 1658-1796).

GROTIUS, HUGO, *Briefwisseling*, ed. P. C. Molhuysen and B. L. Meulenbroek, the first 10 vols. covering the years 1597–1639 (The Hague, 1928–76).
—— *De Ivre Belli ac Pacis Libri Tres* (Paris, 1625).
—— *Meletius* (1611), ed. G. H. M. Posthumus Meyjes (Leiden, 1988).
—— *Oratie van . . . Hugo de Groot . . . ghedaen inde vergaderinghe der 36 raden der Stadt Amsterdam* (Enkhuizen, 1622).
—— *Pietas Ordinum Hollandiae ac Westfrisiae Vindicata* (Latin and Dutch versions, n.p. 1613).
—— *Remonstrantie nopende de ordre dije in de landen van Hollandt ende Westvrieslandt dijent gestelt op de joden*, ed. J. Meijer (Amsterdam, 1949).
—— *Verantwoordingh van de wettelijcke regieringh van Hollandt* ('Paris' [but Amsterdam], 1622).
HACKETT, SIR JOHN, *The Letters (1526–34)*, ed. E. Frances Rogers (Morgantown, W. Va., 1971).
HALLER, ALBRECHT VON, *Het Dagboek van zijn verblijf in Holland (1725–1727)*, ed. G. A. Lindeboom (Delft, 1958).
HALMA, FRANÇOIS, *Aanmerkingen op 't Vervolg van Philopater* (Utrecht, 1698).
HAMELSVELD, IJSBRAND VAN, *De Zedelijke toestand der Nederlandsche natie* (Amsterdam, 1791).
HARDENBROCK, GIJSBERT JAN VAN, *Gedenkschriften (1747–1787)*, ed. F. J. L. Krämer (Amsterdam, 1901).
HATTUM, BURCHARD JOAN VAN, *Geschiedenissen der stad Zwolle* (1767; new edn. 4 vols.; Zwolle, 1975).
HEERINGA, K. *Bronnen tot de geschiedenis van den Levantschen handel* (2 vols.; The Hague, 1930).
HELVÉTIUS, ADRIANUS ENGELHARD, 'Mémoire sur l'état présent du gouvernement des Provinces Unies' (1706), ed. M. van der Bijl, *BMHG* 80 (1966), 152–94.
Herstelden Barnevelt ofte 't Samenspraeck tusschen een Hollander, Seeu ende Vries (Leiden, [1663, Kn. 8799]).
HEURN, JOHAN HENDRIK VAN, *Historie der stad en Meyerye van 's Hertogenbosch*, (4 vols.; Utrecht, 1776–8).
HEUSSEN, H. F. VAN, *Historie ofte Beschryving van 't Utrechtsche bisdom* (3 vols.; Leiden, 1719).
HOEVEN, EMANUEL VAN DER, *Hollands aeloude vryheid, buyten het stadhouderschap* (3 vols.; Amsterdam, 1706).
—— *Leeven en Dood der doorlugtige Heeren Gebroeders Cornelis de Witt . . . en Johan de Witt, Raad Pensionaris van Holland* (Amsterdam, 1705).
Hollandse Vrijheid verdedigt tegen de Usurpatie der stadhouders (n.p. [1663, Kn. 8803]).
HOOFT, CORNELIS PIETERSZ, *Memorien en Adviezen*, ed. H. A. Enno van Gelder (Utrecht, 1925).
HOOGEWERFF, G. J. (ed.) *De twee reizen van Cosimo de' Medici Prins van Toscane door de Nederlanden (1667–69)* (Amsterdam, 1919).

HOOGHE, ROMEYN DE, *Spiegel van staat des Vereenigde Nederlanden* (2 vols.; Amsterdam, 1706-7).
HOOGSTRAETEN, SAMUEL VAN, *Inleyding tot de hooge schoole der schilderkonst* (Rotterdam, 1678).
HOUBRAKEN, ARNOLD, *De Groote Schouburgh der Nederlantsche konstschilders en schilderessen* (2nd edn.; 3 vols.; The Hague, 1753).
HUBER, ULRICUS, *Hedendaegse rechts-geleertheyt* (1686; Amsterdam, 1742).
—— *Spiegel van Doleancie en Reformatie na den tegenwoordigen toestant van het Vaderlandt* (1672), in Kalma and De Vries, *Friesland in het Rampjaar*, 120-36.
HUYGENS, CONSTANTIJN, *Briefwisseling (1608-1687)*, ed. J. A. Worp (6 vols.; The Hague, 1911-17).
—— *Gebruyck of ongebruyck van 't orgel in de kercken der Vereenighde Nederlanden* (1641), ed. F. L. Zwaan (Amsterdam, 1974).
It aade Friesche Terp, of Kronyk der geschiedenissen van de vrye Friesen (1677; Leeuwarden, 1834).
JAPIKSE, N., and RIJPERMAN, H. H. P. (eds.), *Resolutiën der Staten Generaal van 1576 tot 1609* (9 vols.; The Hague, 1917-71).
JEANNIN, PIERRE, *Les Négociations de Monsieur le Président Jeannin* (2 vols; Amsterdam, 1695).
[J. M.], *Histoire de la République des Provinces-Unies des Pais-Bas, depuis son établissement jusqu'à la mort de Guillaume III* (The Hague, 1704).
[JONCOURT, PIERRE DE], *Entretiens sur les différentes méthodes d'expliquer l'Écriture et de prêcher de ceux qu'on appelle Cocceiens et Voetiens dans les Provinces Unies* (Amsterdam, 1707).
JORIS, DAVID, *T Wonder-Boeck* (1542; 2nd edn.; 2 vols.; n.p. 1551).
Journaal van Mr Justinus van Beyer, heer van Hulzen, over de jaren 1743-1767, ed. H. D. J. van Schevichaven (Arnhem, 1906).
Journal Littéraire, vol. 1 (The Hague, 1715).
Journalen van den Stadhouder Willem II uit de jaren 1641-50, ed. F. J. L. Krämer, *BMHG* 27 (1906), 413-535.
JURIEU, PIERRE, *Le Philosophe de Rotterdam accusé, atteint et convaincu* (Amsterdam, 1706).
KATE, LAMBERT TEN, *Aenleiding tot de kennisse van het verhevene deel der Nederduitsche sprake* (Amsterdam, 1723).
—— *Gemeenschap tussen de Gottische Spraeke en de Nederduytsche vertoont* (Amsterdam, 1710).
KETTNER, FRIEDRICH ERNST, *De duobus Impostoribus Benedicto Spinosa et Balthasare Bekkero* (Leipzig, 1694).
Een Klare ende Korte Aenmerckinge op den tegenwoordigen staet, religie en politie onses lieven Vader-landts (n.p. [1637, Kn. 4545]).
KLUIT, ADRIAAN, *Historie der Hollandsche staatsregering tot aan het jaar 1795* (5 vols.; Amsterdam, 1802-5).

KLUIT, ADRIAAN, *De Rechten van den Mensch in Vrankrijk geen gewaarde rechten in Nederland* (Amsterdam, 1793).
KNUTTEL, W. P. C., *Acta der Particuliere Synoden van Zuid-Holland, 1621–1700* (6 vols.; The Hague, 1908–16).
KOELMAN, JACOBUS, *Wederlegging van B. Bekkers Betoverde Wereldt* (Amsterdam, 1692).
Kort en Bondigh Verhael van 't geene in den Oorlogh tusschen den Koningh van Engelant . . . ende de H. M. Heeren Staten der Vrye Vereenigde Nederlanden . . . is voorgevallen (Amsterdam, 1667).
KOSSMANN, E. H., and MELLINK, A. F., *Texts Concerning the Revolt of the Netherlands* (Cambridge, 1974).
LAIRESSE, GERARD DE, *Het Groot Schilderboek* (1707; 2nd edn.; 2 vols.; Haarlem, 1740).
Lammerenkrijgh, anders Mennonisten kercken-twist (n.p. [1663, Kn. 8818]).
LE CLERC, JEAN, *A Funeral Oration upon the Death of Mr Philip Limborch* (London, 1713).
LE NOBLE, E. DE, *La Pierre de touche politique* (28 vols.; Paris, 1688–91).
LEE, M. (ed.), *Dudley Carleton to John Chamberlain, 1603–1624: Jacobean Letters* (New Brunswick, NJ, 1972).
LEENAERTSZ, CAREL, *Copie vande Remonstrantie* (Haarlem [1629, Kn. 3936]).
LEENHOF, FREDERICUS VAN, *Zedig en Christelijk verandwoordschrift aan het bewaarde classis van Seven-Wolden* (Amsterdam, 1684).
LEEUWEN, S. VAN, *Batavia Illustrata* (The Hague, 1665).
LETI, GREGORIO, *Il ceremoniale historico e politico* (6 vols.; Amsterdam, 1685).
—— *Raguagli historici e politici* (2 vols.; Amsterdam, 1700).
—— *Teatro Belgico* (2 vols.; Amsterdam, 1690).
LEYDECKER, JACOBUS, *Dr Bekkers Philosophise Duyvel* (Dordrecht, 1692).
Leydsche Proceduuren (n. p. [1664, Kn. 8978]).
LIMBORCH, PHILIPPUS VAN, *Leven van Simon Episcopius*, preface to Episcopius's *Predicatien* (Amsterdam, 1693).
—— 'Voor-reden' to John Hales and Walter Balcanquel, *Korte Historie van het Synode van Dordrecht* (The Hague, 1671).
LIPSIUS, JUSTUS, *De Constantia Libri Duo* (1584; Brussels, 1873).
LISTER, T. H., *Life and Administration of Edward, First Earl of Clarendon*, iii (documentary appendix) (London, 1838).
LOIS, S., *Cronycke ofte korte Beschryvinge der stad Rotterdam* (The Hague, 1746).
LOON, G. VAN, *Beschryving der Nederlandsche Historipenningen* (4 vols.; The Hague, 1726–31).
LUBBERTUS, SIBRANDUS, *Brief D. Sibrandi Lvbberti . . . aenden Aertsbisschop van Cantelberch* (Delft, 1613).
LUZAC, ELIE, *Hollands Rijkdom* (4 vols.; Leiden, 1780–3).
—— *Het oordeel over de Heere Raadpensionaris Johan de Witt* (Leiden, 1757).
—— *De Zugt van den Heere Raadpensionaris Johan de Witt* (Leiden, 1757).

MANDER, CAREL VAN, *Het Schilder-Boeck* (Haarlem, 1604).
MEERBEECK, ADRIAEN VAN, *Chroniecke vande Gantsche Werelt, ende sonderlinghe vande seventhien Nederlanden* (Antwerp, 1620).
MEIJER, LODEWIJK, *Philosophia S. Scripturae Interpres* (n.p. 1674).
Mémoires de Frédéric Henri Prince d'Orange (Amsterdam, 1733).
METELERKAMP, M. R., *Tableau statistique de la Hollande en 1804* (Paris, 1807).
METEREN, EMANUEL VAN, *Historie van de Oorlogen en Geschiedenissen der Nederlanden* (10 vols.; Gorcum, 1748–63).
MIERIS, FRANS VAN, *Beschryving der stad Leyden* (2 vols.; Leiden, 1742).
MOLHUYSEN, P. C., *Bronnen tot de geschiedenis der Leidsche universiteit*, vol. i (1574–1610) and vol. ii (1610–47) (The Hague, 1913–16).
MONTANUS, ARNOLDUS, *'t Vermeerderde Leven en Bedryf van Frederik Hendrik, Prince van Oranjen* (Amsterdam, 1653).
MORYSON, FYNES, *An Itinerary containing His Ten Yeares Travell through ... Germany, Bohmerland, Switzerland, Netherland* (etc.) (London, 1617).
NAPJUS, EELCO, *Sneek. Historisch Chronyk* (1772; Leeuwarden, 1969).
Négociations de Monsieur le Comte d'Avaux en Hollande depuis 1679 jusqu'en 1688 (6 vols.; Paris, 1752–3).
NIEUWENTYT, BERNARD, *Gronden van Zekerheid of de regte betoogwyse der wiskundigen* (Amsterdam, 1720).
—— *Het Regt Gebruik der Werelt Beschouwingen ter overtuiginge van ongodisten en ongelovigen* (2nd edn.; Amsterdam, 1717).
NIJENHUIS, WILLEM, *Matthew Slade, 1569–1628: Letters to the English Ambassador* (Leiden, 1986).
NOODT, GERARD, *Du pouvoir des souverains et de la liberté de conscience en deux discours*, trans. Jean Barbeyrac (Amsterdam, 1714).
Nootwendighe ende vrypostighe Vermaninghe (n.p. [1620?, Kn. 3218]).
Notulen van de Staten van Zeeland (1588–1760) (c.170 vols.; Middelburg, n.d.).
Den Oprechten Patriot (n.p. [1672, Kn. 10497]).
ORLERS, JAN, *Beschryvinge der stadt Leyden* (Leiden, 1641).
Ouderwetse Nederlandsche Patriot, ed. R. M. C. van Goens (5 vols.; The Hague, 1781–3).
PARIVAL, JEAN DE, *Les Délices de la Hollande* (Leiden, 1662).
PAULUS, PIETER, *Discours du Représentant Pierre Paulus, Président de l'Assemblée Nationale* (The Hague, 1796).
—— *Verklaring der Unie van Utrecht* (3 vols.; Utrecht, 1775–6).
PENSO DE LA VEGA, JOSEPH, *Confusión de confusiones* (1688), ed. M. F. J. Smith (The Hague, 1939).
Perpetuel Edict en Eeuwigh-durende Wet tot voorstant vande Vryheyt (The Hague, 1667) [Kn. 9578].
PINTO, ISAAC DE, *Précis des arguments contre les matérialistes* (The Hague, 1774).
—— *Traité de la circulation et du crédit* (Amsterdam, 1771).

POLMAN, P., *Romeinse bescheiden voor de geschiedenis der rooms-katholieke kerk in Nederland, 1727–1853*, i. 1727–54 (The Hague, 1959).
POMPONNE, SIMON-NICHOLAS ARNAULD, MARQUIS DE, *Relation de mon ambassade en Hollande (1669–71)*, ed. H. H. Rowen (Utrecht, 1955).
PONTANUS, JOHANNES, *Historische Beschrijvinghe der seer wijt beroemde coopsstadt Amsterdam* (Amsterdam, 1614).
De Post van den Neder-Rhijn. ed. Pieter 't Hoen (12 vols.; Utrecht, 1781–7).
POSTHUMUS, N. W., *Bronnen tot de geschiedenis van de Leidsche textielnijverheid* (6 vols.; The Hague, 1910–22).
POTTLE, F. A., *Boswell in Holland, 1763–1764* (London, 1952).
PUTEANUS, ERYCIUS, *Des oorlogs ende Vredes Waeg-schale* (The Hague, 1633).
Het Recht der Souverainiteit van Hollandt (n.p. 1650 [Kn. 6741]).
Recueil des ordonnances des Pays-Bas. Règne d'Albert et Isabelle, ed. V. Brandts (2 vols.; Brussels, 1903–13).
REIGERSBERG, NICOLAES VAN, *Brieven van Nicolaes van Reigersberch aan Hugo de Groot*, ed. H. C. Rogge, WHG 3rd ser. 15 (Amsterdam, 1901).
'Relazione di Girolamo Trevisano. Anno 1620', in WHG 2nd ser. 37 (Utrecht, 1883), 387–472.
Relazioni veneziane. Venetiaanse berichten over de Vereenigde Nederlanden (1600–1795), ed. P. J. Blok (The Hague, 1909).
Request van de Borgerye (n.p. n.d. [Rotterdam, 1672, Kn. 10572]).
Resolutie bij de Heeren Raeden ende vroetschappen der stadt Haerlem ghenomen ... nopende 't stuck van den Treves (Haarlem [1630, Kn. 4009]).
Resolutien van de Heeren Staten van Holland en West-Vriesland (276 vols.; The Hague, c.1750–98).
REYD, EVERHART VAN, *Historie der Nederlantsche Oorloghen, begin ende voortgangh tot den Jaere 1601* (Leeuwarden, 1650).
ROUSSET DE MISSY, JEAN, *Relation historique de la grande révolution arrivée dans la république des Provinces-Unies en 1747* (Amsterdam, 1747).
RUBENS, PIETER PAUL, *Letters*, trans. and ed. R. Saunders Magurn (Cambridge, Mass., 1955).
SAINTE-MARTHE, DENIS DE, *Entretiens touchant l'entreprise du Prince d'Orange sur l'Angleterre* (Paris, 1689).
SANDE, JOHAN VAN DEN, *Nederlandtsche Geschiedenissen* (n.p. 1650).
SARTRE, P., *Voyage en Hollande fait en 1719*, ed. V. Advielle (Paris, 1896).
SCALIGER, JOSEPH JUSTUS, *Autobiography*, ed. G. W. Robinson (Cambridge, 1927).
SCHOTANUS, CHRISTIANUS, *De geschiedenissen kerckelyck ende wereldtlyck van Friesland* (Franeker, 1658).
SCHREVELIUS, THEODORUS, *Harlemias, ofte de eerste Stichtinge der Stad Haarlem* (2nd edn.; Haarlem, 1754).
SCHRÖER, ALOIS, *Die Korrespondenz des Münsterer Fürstbischofs Christoph Bernhard von Galen mit dem heiligen Stuhl* (Münster, 1972).

SCHWAGER, JOHANN MORITZ, *Beytrag zur Geschichte der Intoleranz* (Leipzig, 1780).
Secreete Resolutien van de Ed. Groot Mog. Heeren Staaten van Hollandt en West-Vrieslandt (16 vols.; The Hague, 1791).
'S GRAVESANDE, WILLEM, *Œuvres philosophiques et mathématiques* (2 vols.; Amsterdam, 1774).
SIMONS, MENNO, *The Complete Writings of Menno Simons*, ed. J. Ch. Wenger (Scotdale, Pa., 1956).
SJOERDS, FOEKE, *Algemeene Beschryvinge van Oud en Nieuw Friesland* (2 parts in 4 vols.; Leeuwarden, 1765-8).
SLINGELANDT, SIMON VAN, *Staatkundige geschriften* (4 vols.; Amsterdam, 1784-5).
SMIT, J. G., 'Prins Maurits en de goede zaak. Brieven van Maurits uit de jaren 1617-1619', *NHB* i (1979), 43-173.
SPINOZA, BARUCH (BENEDICTUS) DE, *The Collected Works of Spinoza*, ed. and trans. E. Curley, i (Princeton, NJ, 1985).
—— *The Correspondence of Spinoza*, trans. A. Wolf (London, 1966).
—— *Tractatus Theologico-Politicus* (Gebhardt ed., 1925), trans. S. Shirley (Leiden, 1989).
—— *The Political Works*, ed. and trans. A. G. Wernham (Oxford, 1958).
STANYON, A., *An Account of Switzerland Written in the Year 1714* (London, 1714).
[STERMOND, JACOB], *Lauweren-krans gevlochten voor Syn Hoocheyt, Wilhelm, de Prince van Oranjen*, (n.p. [1650; Kn. 6851]).
STEVIN, SIMON, *Het Burgherlick Leven* (1590; Amsterdam, 1939).
STOUPPE, J. B., *La Religion des Hollandois* (Cologne, 1673).
TEELLINCK, MAXIMILIAN, *Vrijmoedige Aenspraeck aen sijn Hoogheyt de Heer Prince van Orangien* (Middelburg [1650, Kn. 6857]).
Tegenwoordige Staat der Vereenigde Nederlanden; behelzende eene Beschryving van Zeeland (2 vols.; Amsterdam, 1751-3).
TEMPLE, SIR WILLIAM, *Observations upon the United Provinces of the Netherlands* (Cambridge, 1932).
TEPELIUS, JOHANNES, *Historia Philosophiae Cartesianae* (Nuremberg, 1674).
THIEL-STROMAN, I. VAN, 'The Frans Hals Documents', in S. Slive (ed.), *Frans Hals* (London, 1989), 371-414.
THOMAS À KEMPIS, *Imitation of Christ*, trans. B. I. Knott (London, 1963).
THURLOE, JOHN, *A Collection of State Papers* (7 vols.; London, 1742).
TRIGLAND, JACOBUS, *Kerckelycke Geschiedenissen* (Leiden, 1650).
A Trip to Holland, being a Description of the Country, People and Manners: As also some select Observations on Amsterdam (n.p. [London], 1699).
USSELINCX, WILLEM, *Grondich Discours over desen aen-staenden Vrede-handel* (n.p. [1608, Kn, 1439]).
—— *Waerschouwinghe over den Treves met den Coninck van Spaengien* (Flushing, [1630, Kn. 4016]).

[UYTENHAGE DE MIST, J.], *Apologie ofte Verantwoordinge van den Ondienst der stadhouderlyke regeeringe* (Amsterdam, 1663).
—— *De Stadhouderlijcke regeeringe in Hollandt en West-Vrieslant* (Amsterdam, 1662).
UYTTENBOGAERT, JOHANNES, *Brieven en onuitgegeven stukken van Johannes Wtenbogaert*, ed. H. C. Rogge (7 vols.; Utrecht, 1868–75).
—— *Johannis Uytenbogaerts Leven* (2nd edn.; n.p. 1646).
—— *Ondersoek der Amsterdamsche Requesten* (n.p. 1628).
VALCKENIER, PETRUS, *'t Verwerd Europa* (1667; 2 vols.; Amsterdam, 1742).
[VELDE, ABRAHAM VAN DE] *Biddaghs-Meditatie en Na-trachtinge* (Utrecht, 1659).
—— *Oogen-salve, voor de blinde Hollanders* (Rotterdam, 1650).
VELIUS, THEODORUS, *Chronyk van Hoorn* (Hoorn, [1740; Kn. 6852]).
VELTHUYSEN, LAMBERT VAN, *Apologie voor het tractaet van de Afgoderye en Superstitie* (Utrecht, 1669).
—— *Bewys dat noch de Leere van de Sonne Stilstant en des aertryx bewegingh, noch de gronden vande philosophie van Renatus Des Cartes strydig sijn met Godts woort* (Utrecht, 1656).
VERBEEK, THEO, *René Descartes et Martin Schoock. La Querelle d'Utrecht* (Paris, 1988).
Den Ver-resenen Barnevelt betabbert met alle sijne politijcke maximen (n.p. [1663, Kn. 8797]).
VERVOU, FREDRICH VAN, *Enige Aenteekeningen van 't Gepasseerde in de vergaderring van de Staten Generaal* (1616-20; Leeuwarden, 1874).
VERWER, WILLEM JANSZ., *Memoriaelbouck. Dagboek van gebeurtenissen te Haarlem van 1572–1581* (Haarlem, 1973).
VIVIEN, NICOLAAS, and HOP, CORNELIS, *Notulen gehouden ter Staten-Vergaderring van Holland (1671–1675)*, ed. N. Japikse, WHG 3rd. ser. 19 (Amsterdam, 1903).
'Visitatie der kerken ten platten lande in het Sticht van Utrecht ten jare 1593', *BMHG* 7 (1884), 186–267.
VOETIUS, GISBERTUS, *Afscheydt Predicatie... Ghedaen in de Ghemeynte tot Heusden* (Utrecht, 1636).
—— *Politica Ecclesiastica* (4 vols.; Amsterdam, 1663–76).
VONDEL, JOOST VAN DEN, *Hekeldigten* (Amersfoort, 1707).
—— *Twee Zeevaart-gedichten*, ed. Marijke Spies (2 vols.; Amsterdam, 1987).
Vrede-Vaen voor Liefhebbers vant Vaderland (The Hague [1627, Kn. 3763]).
VROLIKHERT, G., *Vlissingsche kerkhemel* (Flushing, 1758).
WAEYEN, JOHANNES VAN DER, *De Betooverde Wereld ondersoght en weederlegt* (Franeker, 1693).
WAGENAAR, JAN, *Amsterdam in zijne opkomst, aanwas, geschiedenissen...* (3 vols.; Amsterdam, 1760).
—— *Historische verhandeling over de Natuur... der waardigheid van Stadhouder* (Amsterdam, 1787).

—— *Vaderlandsche Historie vervattende de geschiedenissen der nu Vereenigde Nederlanden* (21 vols.; Amsterdam, 1749–59).
—— *Vrymoedige aanmerckingen over... den Raadpensionaris Johan de Witt* (Amsterdam, 1757).
[WALTEN, ERICUS], *Aardige Duyvelary voorvallende in dese dagen* (Amsterdam, n.d. [1692?]).
—— *De Regtsinnige Policey* (The Hague, 1689).
WASSENAER, NICOLAAS VAN, *Historisch Verhael* (21 vols.; Amsterdam, 1622–32).
WATER, J. VAN DE, *Groot Placaat-Boeck vervattende alle plaecaten... der Staten 's lands van Utrecht* (3 vols.; Utrecht, 1729).
WATER, JOAN WILLEM TE, *Kort Verhael der Reformatie van Zeeland in de zestiende eeuw* (Middelburg, 1766).
WESTERMANN, J. C., 'Een memorie van 1751 over de tabaksindustrie en den tabakshandel in de Republiek', *EHJ* 22 (1943), 68–81.
WICQUEFORT, ABRAHAM DE, *Histoire des Provinces-Unies des Païs-Bas, depuis le parfait établissement de cet état par la paix de Munster* (4 vols.; Amsterdam, 1861–4).
—— 'Mémoire sur la guerre faite aux Provinces-Unies en l'année 1672', ed. J. A. Wijnne, *BMHG* 11 (1888), 70–344.
WIT, JOHAN DE, *Public Gebedt* (3 vols.; Amsterdam, 1663–4).
[——], *Den Schotschen Duyvel, betabbert in den Verresenen Barnevelt* (Utrecht, 1663 [Kn. 8801]).
WITT, JOHAN DE, *Deductie, ofte Declaratie van de Staten van Hollandt ende West-Vrieslandt* (1654; abridged English trans. in Rowen, *The Low Countries*, 191–7).
WITTICHIUS, CHRISTOFORUS, *Dissertationes duae quarum prior de S. Scripturae in rebus philosophicis abusu examinat* (Amsterdam, 1653).
Den Zeeuwsen Buatist, of Binnelandsen verrader ontdekt in een oproerige en landverdervend pasquil (Rotterdam, 1668 [Kn. 9622]).
ZOBELN, ENOCH, *Declaratio Apologetica... wider Bathasar Beekers... bezauberte Welt* (Leipzig, 1695).

Secondary Literature

AALBERS, J., *Rijcklof van Goens* (Groningen, 1916).
AALBERS, JOHAN, 'Factieuze tegenstellingen binnen het College van de ridderschap van Holland na de Vrede van Utrecht', *BMGN* 93 (1978), 412–45.
—— *De Republiek en de vrede van Europa* (Groningen, 1980).
AARKEL, J. A., VAN, *De houding van den raadpensionaris Simon van Slingelandt tegenover het huis van Oranje* (Amsterdam, 1925).
ABELS, P. H. A. M., 'Van Vlaamse broeders, slijkgeuzen en predestinateurs. De dolerende gemeente van Gouda, 1615–1619', in P. H. A. M. Abels *et al.* (eds.), *In en om de Sint Jan. Bijdragen tot de Goudse kerkgeschiedenis* (Delft, 1989).

—— and BOOMA, J. G. J. VAN, 'Tussen Rooms-katholiek en Utrechts-gereformeerd', in H. ten Boom et al. (eds.), *Utrechters entre-deux. Stad en Sticht in de eeuw van de Reformatie, 1520–1620* (Delft, 1992).
AERTS, E. and DELBEKE, J., 'Problemen bij de social-economische geschiedenis van het Vlaamse platteland, 1700–1850', *BMGN* 98 (1983), 583–96.
AKERMAN, S. *Queen Christina of Sweden and her Circle* (Leiden, 1991).
AKKERMAN, F., 'Agricola and Groningen', in F. Akkerman and A. J. Vanderjagt (eds.), *Rodolphus Agricola Phrisius, 1444–1485* (Leiden, 1988).
ALCALÁ-ZAMORA Y QUEIPO DE LLANO, JOSÉ, *España, Flandes y el Mar del Norte (1618–1639)* (Barcelona, 1975).
ALPERS, S., *The Art of Describing: Dutch Art in the Seventeenth Century* (Chicago, 1983).
—— *Rembrandt's Enterprise* (Chicago, 1988).
ALPHEN, G. VAN., *De stemming van de Engelschen tegen de Hollanders in Engeland tijdens de regering van den koning-stadhouder Willem III, 1688–1702* (Assen, 1938).
ANDRIESSEN, J., 'Jezuieten-auteurs over de oorzaken van den Nederlandschen opstand in de XVIe eeuw', *BGN* 1 (1946), 31–46.
—— *Jezuieten en het samenhorigheidsbesef der Nederlanden, 1585–1648* (Antwerp, 1957).
ANTHOLZ, H., *Politische Wirksamkeit des Johannes Althusius in Emden* (Aurich, 1955).
ARASARATNAM, S., *Dutch Power in Ceylon, 1658–1687* (Djambatan/The Hague, 1958).
—— 'The Dutch East India Company and its Coromandel Trade, 1700–1740', *Bijdragen tot de taal- land- en volkenkunde van Nederlandsch-Indië 123* (1967), 325–46.
ASSELT, W. J. VAN., 'Voetius en Cocceius over de rechtvaardiging', in J. van Oort et al. (eds.), *De onbekende Voetius* (Kampen, 1989), 32–47.
AUGUSTIJN, C., *Erasmus en de Reformatie* (Amsterdam, 1962).
—— 'The Ecclesiology of Erasmus', in J. Coppens (ed.), *Scrinium Erasmianum* (2 vols.; Leiden, 1969), ii. 135–55.
—— 'Gerard Geldenhouwer und die religiöse Toleranz', *Archiv für Reformationsgeschichte*, 69 (1978), 132–56.
—— 'Erasmus und die Juden', *NAK* 60 (1980), 22–38.
—— 'Anabaptisme in de Nederlanden', *Doopsgezinde Bijdragen*, 12–13 (1986–7), 13–28.
BAARS, C., 'Geschiedenis van het grondbezit van Gelderse en Utrechtse edelen in de Beijerlanden', *AAG Bijdragen*, 28 (1980), 109–44.
BAASCH, E., 'Hamburg und Holland im 17. und 18. Jahrhundert', *Hansische Geschichtsblätter*, 16 (1910), 45–102.
—— *Holländische Wirtschaftsgeschichte* (Jena, 1927).
BAELDE, M., *De Collaterale Raden onder Karel V en Filips II, 1531–1578* (Brussels, 1965).

—— 'Edellieden en juristen in het centrale bestuur der zestiende-eeuwse Nederlanden, 1531-1578', *TvG* 80 (1967), 39-51.
—— 'Het Gulden Vlies', *Spiegel Historiael*, 7 (1972), 220-7.
—— 'De Pacificatie van Gent in 1576', *BMGN* 91 (1976), 369-93.
—— 'De Nederlanden van de Spaanse erfopvolging tot beeldenstorm (1506-1566)', in I. Schöffer *et al.*, *De Lage Landen van 1500 tot 1780* (Brussels, 1978), 38-101.
BAETENS, R., *De nazomer van Antwerpens welvaart* (2 vols.; Brussels, 1976).
BAINTON, R. H., *David Joris. Wiedertäufer und Kämpfer für Toleranz im 16. Jahrhundert* (Leipzig, 1937).
BAKHUIZEN VAN DEN BRINK, R. C., 'Eerste vergadering der Staten van Holland (19 July 1572)', in R. C. Bakhuizen van den Brink, *Van Hollandsche Potaard. Studien en fragmenten* (Brussels, 1943), 201-28.
BANG, N. E., *Tabeller over skibsfart og varetransport gennem Oresund, 1497-1660* (3 vols.; Copenhagen, 1930-53).
—— and KORST, K., *Tabeller over skibsfart og varetransport gennem Oresund, 1661-1783* (3 vols.; Copenhagen, 1930-53).
BANGS, C. D., *Arminius: A Study in the Dutch Reformation* (Nashville, 1971).
—— 'Regents and Remonstrants in Amsterdam', in *In het spoor van Arminius ... studies aangeboden aan Prof. G. J. Hoenderdaal* (Nieuwkoop, 1975), 15-29.
BÁNKI, Ö., 'De Utrechtse universiteit in de Hongaarsche beschavingsgeschiedenis', *Jaarboekje van 'Oud-Utrecht'* (1940), 87-117.
BANNATYNE, H., 'Utrecht in Crisis, 1586-1588', in *The Dutch in Crisis, 1585-1588: People and Problems in Leicester's Time*, publication of the Sir Thomas Browne Institute (Leiden, 1988), 35-52.
BANNIER, W. A. F., *De Landgrenzen van Nederland 1. Tot aan den Rijn* (Leiden, 1900).
BARBOUR, V., *Capitalism in Amsterdam in the 17th Century* (1950; 3rd imp.; Ann Arbor, Mich., 1976).
BARENDRECHT, S., *François van Aerssen* (Leiden, 1965).
BARNOUW, P. J., *Philippus van Limborch* (The Hague, 1963).
BARTSTRA, J. S., *Vlootherstel en legeraugmentatie, 1770-1780* (Assen, 1952).
BAUDOUIN, F., *Pietro Paulo Rubens* (1977; English edn. Antwerp, 1989).
BECKER, J., 'De "Rotterdamsche heyligh" ... Zeventiende-eeuwse echo's op het standbeeld van Erasmus', in W. L. Rose (ed.), *Vondel bij gelegenheid* (Middelburg, 1979), 11-62.
BEENAKKER, A. J. M., *Breda in de eerste storm van de opstand* (Tilburg, 1971).
BELL, D., *Spinoza in Germany from 1670 to the Age of Goethe* (London, 1984).
BERCHET, G., *Cromwell e la Repubblica di Venezia* (Venice, 1864).
BERG, C. A. VAN DER, 'Zinzendorf en de Hernhutters te Amsterdam', *JGA* 46 (1954), 77-104.
BERG, J. VAN DEN, 'Willem Bentinck (1704-1774) en de theologische faculteit te Leiden', in S. Groenveld *et al.* (eds.), *Bestuurders en Geleerden* (Amsterdam, 1985), 169-77.

BERG, J. VAN DEN, 'Godsdienstig leven binnen het protestantisme in de 18e eeuw', in *NAGN* ix. 331-44.
―― *Dordt in de weegschaal. Kritische reacties op de synode van Dordrecht (1618-1619)* (Leiden, 1988).
BERGE, D. TEN, *Hooggeleerde en zoetvloeiende dichter Jacob Cats* (The Hague, 1979).
BERGH, G. C. J. J. VAN DEN, *The Life and Work of Gerard Noodt (1647-1725)* (Oxford, 1988).
BERGSMA, W., *Aggaeus van Albada* (c.*1525-1587*) (Meppel, 1983).
―― ' "Uyt christelijcken yver en ter eeren Godes". Wederdopers en verdraagzaamheid', in M. Gijswijt-Hofstra (ed.), *Een schijn van verdraagzaamheid. Afwijking en tolerantie in Nederland van de zestiende eeuw tot heden* (Hilversum, 1989).
―― 'Calvinismus in Friesland um 1600 am Beispiel der Stadt Sneek', *Archiv für Reformationsgeschichte*, 80 (1989), 252-85.
―― 'Kalvinistysk krewearjen yn Molkwar yn de 17de ieu', *De Vrije Fries*, 69 (1989), 33-44.
BERGSTRÖM, I., *Dutch Still-Life Painting in the Seventeenth Century* (New York, 1956).
BERKEL, K. VAN, 'Intellectuals against Leeuwenhoek', in L. C. Palm and H. A. M. Snelders (eds.), *Antoni van Leeuwenhoek, 1632-1723* (Amsterdam, 1982).
―― *Isaac Beeckman (1588-1637) en de mechanisering van het wereldbeeld* (Amsterdam, 1983).
―― *In het voetspoor van Stevin. Geschiedenis van de natuurwetenschap in Nederland* (Amsterdam, 1985).
BERKELBACH VAN DER SPRENKEL, J. W., *Oranje en de vestiging van de Nederlandse staat* (Amsterdam, 1946).
BERKVENS-STEVELINCK, CH., 'La tolérance et l'héritage de Pierre Bayle (1647-1706) en Hollande dans la première moitié du XVIIIe siècle', *LIAS* 5 (1978), 257-72.
―― *Prosper Marchand. La Vie et l'œuvre (1678-1756)* (Leiden, 1987).
BERTI, S., ' "La Vie et l'esprit de Spinosa" (1719) e la prima traduzione francese dell' "Ethica" ', *Rivista Storica Italiana*, 98 (1986), 5-46.
―― 'Jan Vroesen, autore del "Traité des Trois Imposteurs" ', *Rivista Storica Italiana*, 103 (1991), 528-43.
―― 'Scepticism and the *Traité des trois imposteurs*', in R. H. Popkin and A. Vanderjagt (eds.), *Scepticism and Irreligion in the Seventeenth and Eighteenth Centuries* (Leiden, 1993), 216-29.
BEUNINGEN, P. TH. VAN, *Wilhelmus Lindanus als Inquisiteur en sschop* (Assen, 1966).
BEUTIN, L., AND ENTHOLT, H., *Bremen und die Niederlande* (Weimar, 1939).
BIELEMAN, J., *Boeren op het Drentse zand, 1600-1910* (Wageningen, 1987).

—— 'Dutch Agriculture in the Golden Age, 1570-1660', in K. Davids and L. Noordegraaf (eds.), *The Dutch Economy in the Golden Age* (Amsterdam, 1993), 159-85.
BIETENHOLZ, P. G., 'Erasmus, Luther und die Stillen im Lande', *Bibliothèque d'Humanisme et Renaissance*, 47 (1985), 27-46.
BIJL, M. VAN DER, *Idee en interest. Voorgeschiedenis, verloop en achtergronden van de politieke twisten in Zeeland . . . tussen 1702 en 1715* (Groningen, 1981).
—— 'Utrechts weerstand tegen de oorlogspolitiek tijdens de Spaanse Successieoorlog', in *Van Standen tot Staten. Stichtse Historische Reeks 1*. (Utrecht, 1975), 135-99.
—— 'Pieter de la Court en de politieke werkelikheid', in H. W. Blom and I. W. Wildenberg (eds.), *Pieter de la Court in zijn tijd* (Amsterdam, 1986), 65-91.
—— 'Willem III, Stadhouder-koning, pro religione et libertate', in W. F. de Gaay Fortma *et al.* (eds), *Achter den Tijd. Opstellen aangeboden aan Dr. G. Puchinger* (Haarlem, 1986), 155-82.
—— 'Kerk en politiek omstreeks 1700', in A. Wiggers *et al.* (eds.), *Rond de kerk in Zeeland. Derde verzameling bijdragen van de vereniging voor Nederlandse Kerkgeschiedenis* (Delft, 1991), 177-93.
BIJL, W., *Erasmus in het Nederlands tot 1617* (Nieuwkoop, 1978).
BISSCHOP, W. *Justus van Effen geschetst in zijn leven en werken* (Utrecht, 1859).
BLANKERT, A., *Kunst als regeringszaak in Amsterdam in de 17e eeuw* (Lochem, 1975).
—— *Vermeer of Delft* (1975; English edn. Oxford, 1978).
BLAUPOT TEN CATE, S., *Geschiedenis der doopsgezinden in Holland, Zeeland, Utrecht en Gelderland* (2 vols.; Amsterdam, 1847).
BLOCKMANS, W. P., 'Breuk of continuiteit? De Vlaamse privilegien van 1477 in het licht van het staatsvormingsproces', *Standen en Landen*, 80 (1985), 97-125.
—— 'Corruptie, patronage, makelaardij en venaliteit als symptomen van een ontluikende staatsvorming in de Bourgondisch-Habsburgse Nederlanden', *TvSG* 3 (1985), 231-47.
—— 'Alternatives to monarchical Centralisation: The Great Tradition of Revolt in Flanders and Brabant', in H. G. Koenigsberger (ed.), *Republiken und Republikanismus im Europa der frühen Neuzeit* (Munich, 1988), 145-54.
—— and HERWAARDEN, J. VAN, 'De Nederlanden van 1493 tot 1555', in *NAGN* v. 443-91.
—— and PETEGHEM, P. VAN, 'De Pacificatie van Gent als uiting van kontinuit in de politieke opvattingen van de standenvertegenwoordiging', *TvG* 89 (1976), 322-33
—— and PREVENIER, W., 'Armoede in de Nederlanden van de 14e tot het midden van de 16e eeuw', *TvG* 88 (1975), 501-38.
—— —— *De Bourgondische Nederlanden* (Antwerp, 1983).
BLOK, P. J., *Frederik Hendrik, Prins van Oranje* (Amsterdam, 1924).
—— *Michiel Adriaanszoon de Ruyter* (The Hague, 1930).

BOER, M. G. DE, *De woelingen in Stad en Lande in het midden der 17e eeuw* (Groningen, 1893).
—— *Die Friedensunterhandlungen zwischen Spanien und den Niederlanden in den Jahren 1632 und 1633* (Groningen, 1898).
—— 'Hervatting der vijandelijkheden na het twaalfjarig bestand', *TvG* 35 (1920), 34–49.
—— *Tromp en de Duinkerkers* (Amsterdam, 1949).
BOER, M. G. L. DEN, 'De Unie van Utrecht, Duifhuis en de Utrechtse religievrede', *Jaarboek Oud-Utrecht* (1978), 71–88.
BOER-MEIBOOM, W. E. DE, *Archief van Pieter Steyn, 1749–1772* (The Hague, 1979).
BOGAERS, L., 'Een kwestie van macht?', *Volkskundig Bulletin*, 11 (1985), 102–26.
BOL, L. J. *Die holländische Marinemalerei des 17. Jahrhunderts* (Brunswick, 1973).
BONENFANT, P., *Philippe-le-Bon* (1943; 2nd edn. Brussels, 1955).
BONGER, H., *De Motivering van de godsdienstvrijheid bij . . . Coornhert* (Arnhem, 1954).
BOOGAART, ERNST VAN DEN (with P. Emmer, P. Klein, and K. Zandvliet), *La Expansión holandesa en el Atlántico, 1580–1800* (Madrid, 1992).
—— 'The Trade between Western Africa and the Atlantic World, 1600–90', *Journal of African History*, 33 (1992), 369–85.
BOOGMAN, J. C., 'De overgang van Gouda, Dordrecht, Leiden en Delft in de zomer van het jaar 1572', *TvG* 57 (1942), 81–109.
—— 'Die holländische Tradition in der niederländischen Geschichte', in G. A. M. Beekelaar *et al.* (eds.), *Vaderlands Verleden in Veelvoud* (The Hague, 1975), 89–104.
—— 'De *raison d'état* politicus Johan de Witt', *BMGN* 90 (1975), 379–407.
—— 'The Union of Utrecht: Its Genesis and Consequences', *BMGN* 94 (1979), 377–407.
BOOM, H. TEN, 'Het patriciaat te Rotterdam voor en na 1572', *Rotterdams Jaarboekje* (1990), 165–89.
BOONE, M., and BRAND, H., 'Ondermijning van het Groot Privilege van Holland, Zeeland en West-Friesland', *Holland*, 24 (1992), 2–21.
BOOY, E. P. DE, 'Het "basisonderwijs" in de zeventiende en achttiende eeuw—de Stichtse dorpsscholen', *BMGN* 92 (1977), 208–22.
BOT, P. N. M., *Humanisme en onderwijs in Nederland* (Utrecht/Antwerp, 1955).
BOTS, J., *Tussen Descartes en Darwin* (Assen, 1972).
BOTS, H., 'Tolerantie of gecultiveerde tweedracht', *BMGN* 107 (1992), 657–69.
—— 'Le Rôle des périodiques néerlandais pour la diffusion du livre (1684–1747)', in Ch. Berkvens-Stevelinck *et al.* (eds.), *Le Magasin de l'Univers: The Dutch Republic as the Centre of the European Book Trade* (Leiden, 1992), 49–70.
BOTS, J. A. H., and FRIJHOFF, W. TH. M., 'De studentenpopulatie van de Franeker academie', in G. Th. Jensma *et al.* (eds.), *Universiteit te Franeker, 1585–1811* (Leeuwarden, 1985), 56–72.

BOUTANT, CH., *L'Europe au grand tournant des années 1680* (Paris, 1985).
BOUWMAN, H., *Willem Teellinck en de practijk der Godzaligheid* (1928; Kampen, 1985).
BOUWMAN, M., *Voetius over het gezag der synoden* (Amsterdam, 1937).
BOVEN, M. VAN, and SEGAL, S., *Gerard en Cornelis van Spaendonck. Twee Brabantse bloemenschilders in Parijs* (1980; 2nd edn. Maarssen, 1988).
BOXER, C. R., *The Dutch Seaborne Empire, 1600–1800* (London, 1965).
—— *The Dutch in Brazil, 1624–54* (1957; new edn. Hamden, Conn., 1973).
—— *Jan Compagnie in War and Peace, 1602–1799* (London/Hong Kong, 1979).
—— *The Anglo-Dutch Wars of the 17th Century*, National Maritime Museum booklet (London, 1974).
BRAAM, A. VAN, 'Over de omvang van de Zaanse scheepsbouw', *Holland*, 24 (1992), 33–49.
BRAEKMAN, E. M., *Guy de Brès* (Brussels, 1960).
BRAKE, W. PH. TE, *Regents and Rebels* (Cambridge, Mass., 1989).
—— 'Provincial Histories and National Revolution in the Dutch Republic', in Jacob and Mijnhardt (eds.), *The Dutch Republic in the Eighteenth Century*, 60–90.
BRANDSMA, J. A., *Menno Simons van Witmarsum* (Drachten, 1960).
BRANTS, A., *Bijdrage tot de geschiedenis der Geldersche plooierijen* (Leiden, 1874).
BRANTS, V., *La Belgique au XVIIe siècle, Albert et Isabelle* (Louvain/Paris, 1910).
BREDIUS, A., *Johannes Torrentius. Schilder, 1589–1644* (The Hague, 1909).
—— 'Italiaansche schilderijen in 1672 door Haagsche en Delftsche schilders beoordeeld', *Oud-Holland*, 34 (1916), 88–93.
BREMMER, R. H., 'Het beleg en ontzet van Leiden (1574) een venster op de Opstand', *NAK* 47 (1965/6), 1666–94.
—— *Reformatie en rebellie* (Franeker, 1984).
BRIELS, J. G. C. A., *Zuid-Nederlanders in de Republiek, 1572–1630* (Sint-Niklaas, 1985).
—— 'De Zuidnederlandse immigratie, 1572–1630', *TvG* 100 (1987), 331–55.
BROEK ROELOFS, O. C., *Wilhelmus Baudartius* (Kampen, 1947).
BROKKEN, H. M., *Het ontstaan van de Hoekse en Kabeljauwse twisten* (Zutphen, 1982).
BROWN, CHRISTOPHER, *Carel Fabritius* (Oxford, 1981).
—— *Van Dyck* (Oxford, 1982).
—— *Dutch Landscape: The Early Years. Haarlem and Amsterdam 1590–1650*, National Gallery London exhibition catalogue (London, 1986).
BROWNING, R., *The War of the Austrian Succession* (Stroud, 1994).
BRUGMAN, J., 'Arabic Scholarship', in Th. H. Lunsingh Scheurleer and G. H. M. Posthumus Meyjes (eds.), *Leiden University in the Seventeenth Century* (Leiden, 1975), 203–16.

BRUGMANS, H., *Geschiedenis van Amsterdam* (2nd edn.; 6 vols.; Utrecht/Antwerp, 1972-3).
BRUGMANS, H. L., 'Autour de Diderot en Hollande', *Diderot Studies*, 3 (Geneva, 1961), 55-72.
BRUIJN, J. R., 'Dutch Privateering during the Second and Third Anglo-Dutch Wars', *Acta Historiae Neerlandicae*, 9 (1977), 79-93.
—— 'The Dutch Navy in its Political and Social Economic Setting of the Seventeenth Century', in Ch. Wilson and D. Proctor (eds.), *1688: The Seaborne Alliance and Diplomatic Revolution* (London, 1989), 45-58.
—— 'In een veranderend maritiem perspectief: het ontstaan van directies voor de vaart op de Oostzee, Noorwegen en Rusland', *Tijdschrift voor Zeegeschiedenis*, 9 (1990), 15-26.
—— *The Dutch Navy of the Seventeenth and Eighteenth Centuries* (Columbia, SC, 1993).
—— and LUCASSEN, L. (eds.), *Op de schepen der Oostindische Compagnie* (Groningen, 1980).
BRUIN, C. C. DE, 'Hinne Rode', *Jaarboek Oud-Utrecht* (1981), 191-208.
BRUIN, G. DE, *Geheimhouding en verraad. De geheimhouding van staatszaken ten tijde van de Republiek (1600-1750)* (The Hague, 1991).
BRULEZ, W., 'De zoutinvoer in de Nederlanden in de 16e eeuw', *TvG* 68 (1955), 181-92.
—— 'Scheepvaart in de Zuidelijke Nederlanden', in *NAGN* vi. 123-8.
BRUNEEL, C., 'L'Essor démographique', in *La Belgique autrichienne 1713-1794* (Europalia 87 Österreich) (Brussels, 1987), 163-200.
BUEREN, T. VAN, *Tot lof van Haarlem* (Hilversum, 1993).
BUIJNSTERS, P. J., 'Les Lumières hollandaises', *Studies on Voltaire and the Eighteenth Century*, 87 (1972), 197-215.
BUIJSSEN, E., *Between Fantasy and Reality: 17th Century Dutch Landscape Painting* (Baarn, 1993).
BUISMAN, J. F., *De ethische denkbeelden van Hendrik Laurensz Spiegel* (Wageningen, 1935).
BUNGE, W. VAN, 'De Rotterdamse collegiant Jacob Ostens', *De Zeventiende Eeuw*, 6 (1990), 65-82.
BUNING, E., OVERBEEK, P., and VERMEER, J., 'De huisgenoten des geloofs. De immigratie van de Huguenoten', *TvG* 100 (1987), 356-73.
BURCKHARDT, JACOB, *Recollections of Rubens* (1898; English edn. London, 1950).
BUSHKOVITCH, P. *The Merchants of Moscow, 1580-1650* (Cambridge, 1980).
BUSKEN HUET, C., *Het land van Rembrand* (1883; Amsterdam, 1987).
BUSSEMAKER, C. H., *Geschiedenis van Overijssel gedurende het eerste stadhouderlooze tijdperk* (2 vols; The Hague, 1888-9).
CARASSO-KOK, M., 'Schutters en stadsbestuur in Leiden, 1392-1421', in Marsilje et al. (eds.), *Uit Leidse bron geleverd*, 61-6.

—— 'De schutterijen in de Hollandse steden tot het einde der zestiende eeuw', in M. Carasso-Kok and J. Levy-van Helm (eds.), *Schutters in Holland. Kracht en zenuwen van de stad* (Haarlem, 1988), 16–35.

CARDOT, C. F., *Curazao hispánico. Antagonismo flamenco-español* (Caracas, 1973).

CARTER, A. C., *Neutrality or Commitment: The Evolution of Dutch Foreign Policy, 1667–1795* (London, 1975).

CERNY, G., *Theology, Politics and Letters at the Crossroads of European Civilization: Jacques Basnage and the Baylean Huguenot Refugees in the Dutch Republic* (Dordrecht, 1987).

CEYSSENS, L., *La Fin de la première période du Jansénisme. Sources des années 1654–60* (2 vols.; Brussels/Rome, 1963).

—— *La Première Bulle contre Jansenius* (Brussels/Rome, 1961).

Charles-Alexandre de Lorraine. Gouverneur général des Pays-Bas autrichiens, catalogue of the exhibition held in Brussels under the auspices of the Europalia 87 Österreich (Brussels, 1987).

CHARLIER, G., 'Diderot et la Hollande', *Revue de littérature comparée*, 22 (1947), 190–229.

CHÂTELET, A., *Early Dutch Painting: Painting in the Northern Netherlands in the Fifteenth Century* (1980; English edn. Oxford, 1981).

CHIJS, P. O. VAN DER, *De Munten der voormalige heeren en steden van Gelderland . . . tot aan de Pacificatie van Gent* (Haarlem, 1853).

CHORLEY, P., 'The Shift from Spanish to Central-European Merino Wools in the Verviers-Aachen Cloth Industry (1760–1815)', in E. Aerts and J. H. Munro (eds.), *Textiles of the Low Countries in European Economic History* (Leuven, 1990), 96–104.

CHRIST, M. P., *De Brabantsche Saecke* (Tilburg, 1984).

COHEN, G., *Écrivains français en Hollande dans la première moitié du XVIIe siècle* (Paris, 1920).

—— *Le Séjour de Saint-Évremond en Hollande et l'entrée de Spinoza dans le champ de la pensée française* (Paris, 1926).

COHEN, R., *Jews in another Environment: Surinam in the Second Half of the Eighteenth Century* (Leiden, 1991).

COLENBRANDER, H. T., 'De herkomst der Leidsche studenten', in *Pallas Leidensis* (Leiden, 1925), 275–91.

COOK, H. J., 'The New Philosophy in the Low Countries', in R. Porter and M. Teich (eds.), *The Scientific Revolution in National Context* (Cambridge, 1992), 115–49.

COOMBS, D., *The Conduct of the Dutch: British Opinion and the Dutch Alliance during the War of the Spanish Succession* (The Hague, 1958).

COONAN, J. S., 'Gelderland in the Sixteenth Century' (uncompleted St Andrews Ph.D. thesis, abandoned in 1984).

COORNAERT, E., *Un Centre industriel d'autrefois: la draperie-sayetterie d'Hondschoote* (Paris, 1930).

CORNELISSEN, J. D. M., *De eendracht van het land. Cultuurhistorische studies over Nederland in de zestiende en zeventiende eeuw* (Amsterdam, 1987).
A Corpus of Rembrandt Paintings, ed. J. Bruyn, B. Haak, S. H. Levie *et al.* (The Hague/Boston/London, 1982–).
COSSEE, G. H., 'Doopsgezinden en Remonstranten in de 18e eeuw', in *In het spoor van Arminius*, 61–74.
CRAEBECKX, J., 'Les Industries d'exportation dans les villes flamandes au XVIIe siècle', *Studi in onore di Amintore Fanfani* (6 vols; Milan, 1962), iv. 411–68.
—— 'Alva's Tiende Penning een mythe?' in G. A. M. Beekelaar *et al.* (eds.), *Vaderlands Verleden in Veelvoud* (The Hague, 1975), 182–208.
CRAMER, J. A., *Abraham Heidanus en zijn Cartesianisme* (Utrecht, 1889).
—— *De theologische faculteit te Utrecht ten tijde van Voetius* (Utrecht, 1932).
CREW, P. M., *Calvinist Preaching and Iconoclasm in the Netherlands, 1544–1569*, (Cambridge, 1978).
DAELEMANS, F., 'Pachten en welvaart op het platteland van Belgisch Brabant (15e-18e eeuw)', AAG *Bijdragen*, 28 (1986), 165–84.
DALEN, J. L. VAN, *Geschiedenis van Dordrecht* (2 vols.; Dordrecht, 1931–3).
DAMBRUYNE, J., 'De Gentse immobilienmarkt en de economische trend, 1590–1640', *BMGN* 104 (1989), 157–83.
—— 'Het versteningsproces en de bouwactiviteit te Gent in de zeventiende eeuw', *TvG* 102 (1989), 30–50.
DANKBAAR, W. F., *Martin Bucer's Beziehungen zu den Niederlanden* (The Hague, 1961).
DAVIDS, C. A., 'Migratie te Leiden in de achttiende eeuw', in H. A. Diederiks *et al.* (eds.), *Een stad in achteruitgang. Social-historische studies over Leiden in de achttiende eeuw* (Leiden, 1978).
—— 'Universiteiten, Illustre Scholen en de verspreiding van technische kennis in Nederland, eind 16e–begin 19e eeuw', *Batavia Academica*, 8 (1990), 3–34.
—— 'De technische ontwikkeling van Nederland in de vroeg-moderne tijd', *Jaarboek voor de geschiedenis van bedrijf en techniek*, 8 (1991), 9–37.
—— 'Technological Change and the economic Expansion of the Dutch Republic, 1580–1680', in K. Davids and L. Noordegraaf (eds.), *The Dutch Economy in the Golden Age* (Amsterdam, 1993), 79–104.
DECAVELE, J., *De dageraad van de Reformatie in Vlaanderen* (2 vols.; Brussels, 1975).
—— 'De mislukking van Oranje's "democratische politiek" in Vlaanderen', *BMGN* 99 (1984), 626–50.
—— 'Willem van Oranje, de "Vader" van een verscheurd Vaderland (1577–1584)', *Handelingen der Maatschappij voor Geschiedenis en Oudheidkunde te Gent*, 38 (1984), 69–80.
—— 'Brugse en Gentse mendicanten op de brandstapel in 1578', in H. Soly and R. Vermier (eds.), *Beleid en bestuur in de oude Nederlanden. Liber Amicorum Prof. Dr. M. Baelde* (Ghent, 1993), 73–94.

DEIJK, F., 'Elie Benoit (1640-1728), Historiographer and Politician after the Revocation of the Edict of Nantes', *NAK* 69 (1989), 54-92.

DEKKER, R., *Holland in beroering* (Baarn, 1982).

—— 'De staking van de Amsterdamse katoendrukkersknechts in 1744', *Textielhistorische Bijdragen*, 26 (1986), 24-38.

—— 'Revolutionaire en contrarevolutionaire vrouwen in Nederland, 1780-1800', *TvG* 102 (1989), 545-63.

—— 'Labour Conflicts and Working-Class Culture in Early Modern Holland', *International Review of Social History*, 35 (1990), 377-420.

—— ' "Private Vices, Public Virtues" revisited: The Dutch Background of Bernard Mandeville', *History of European Ideas*, 14 (1992), 481-98.

DELFOS, L., *Die Anfänge der Utrechter Union 1577-1587* (Berlin, 1941).

DEQUEKER, L., 'Heropleving van het Jodendom te Antwerpen in de zeventiende eeuw?', *De Zeventiende Eeuw*, 5 (1989), 154-61.

DESPRETZ-VAN DE CASTEELE, S., 'Het protectionisme in de Zuidelijke Nederlanden gedurende de tweede helft der 17e eeuw', *TvG* 78 (1965), 294-317.

DEURSEN, A. TH. VAN, 'De Raad van State en de Generaliteit (1590-1606)', *BGN* 19 (1964-5), 1-48.

—— *Honni soit qui mal y pense? De Republiek tussen de mogendheden (1610-1612)* (Amsterdam, 1965).

—— *De val van Wezel* (Kampen, 1967).

—— *Bavianen en slijkgeuzen* (Assen, 1974).

—— 'Staat van oorlog en generale petitie in de jonge Republiek', *BMGN* 91 (1976), 44-55.

—— *Het kopergeld van de Gouden Eeuw* (4 vols; Assen, 1978-80).

—— *Plain Lives in a Golden Age* (English trans. of above; by M. Ultee, Cambridge, 1991).

—— 'De Raadpensionaris Jacob Cats', *TvG* 92 (1979), 149-61.

—— 'Tussen eenheid en zelfstandigheid', in S. Groenveld and H. L. P. Leeuwenberg (eds.), *De Unie van Utrecht* (The Hague, 1979), 136-54.

—— 'Maurits', in Tamse (ed.), *Nassau en Oranje*, 83-109.

—— 'De Republiek der Zeven Verenigde Nederlanden (1588-1880)', in J. C. H. Blom and E. Lamberts (eds.), *Geschiedenis van de Nederlanden* (Rijswijk, 1993), 118-80.

DHONDT, L., 'De conservatieve Brabantse omtwenteling van 1789 en het proces van revolutie en contrarevolutie in de Zuidelijke Nederlanden tussen 1780 en 1830', *TvG* 102 (1989), 422-50.

DIBON, P. A. G., *L'Enseignement philosophique dans les universités néerlandaises à l'époque pré-cartésienne (1575-1650)* (Paris, 1954).

—— (ed.), *Pierre Bayle. Le philosophe de Rotterdam. Études et documents* (Amsterdam, 1959).

DIEDERIKS, H., *Een stad in verval. Amsterdam omstreeks 1800* (Amsterdam, 1982).

DIEDERIKS, H., 'Amsterdam 1600-1800. Demographische Entwicklung und Migration', in H. Schilling and W. Ehbrecht (eds.), *Niederlande und Nordwestdeutschland* (Cologne, 1983), 328-46.

DIERICKX, M., *L'Érection des nouveaux diocèses aux Pays-Bas, 1559-1570* (Brussels, 1967).

DIJK, H. VAN, and ROORDA, D. J., 'Sociale mobiliteit onder regenten van de Republiek', *TvG* 84 (1971), 306-28.

—— *Het patriciaat in Zierikzee tijdens de Republiek* (n.p. 1979).

DIJK, J. H. VAN, 'Bedreigd Delft', *BVGO* 6th ser. (1928), 177-98.

—— 'De geldelijke druk op de Delftse burgerij in de jaren 1572-76', *BVGO* 7th ser. 5 (1935), 169-86.

DIJKSTERHUIS, E. J., *Simon Stevin* (The Hague, 1943).

—— *The Mechanization of the World Picture* (1959; English edn. Princeton, NJ, 1986).

DILLEN, J. G. VAN, 'Amsterdam als wereldmarkt der edele metalen in de 17e en 18e eeuw', *De Economist* (1923), 538-50, 583-98, 717-30.

—— 'Effectenkoersen aan de Amsterdamsche beurs', *EHJ* 17 (1931), 1-46.

—— 'Summiere staat van de in 1622 in de provincie Holland gehouden volkstelling', *EHJ* 21 (1940), 167-89.

—— *Het oudste aandeelhoudersregister van de kamer Amsterdam der Oost-Indische Compagnie* (The Hague, 1958).

—— *Van Rijkdom en regenten* (The Hague, 1970).

DISNEY, A. R., *Twilight of the Pepper Empire* (Cambridge, Mass., 1978).

DIXON HUNT, J., 'Reckoning with Dutch Gardens', *Journal of Garden History*, 8 (1988), 41-60.

DOELEMAN, F., *De heerschappij van de Proost van Sint Jan in de Middeleeuwen, 1085-1595* (Zutphen, 1982).

DOLLINGER, P., *The German Hansa* (1964; English trans. London, 1970).

DOORNKAT KOOLMAN, J. TEN, *Dirk Philips, vriend en medewerker van Menno Simons* (Haarlem, 1964),

DORBAN, M., 'Les Débuts de la révolution industrielle', in *La Belgique autrichienne*, 121-62.

DORSTEN, J. A. VAN, *Poets, Patrons and Professors* (Leiden, 1962).

—— and STRONG, R. C., *Leicester's Triumph* (Leiden, 1964).

DROSSAERS, S. W. A., *Diplomatieke betrekkingen tusschen Spanje en de Republiek der Vereenigde Nederlanden, 1678-1684* (The Hague, 1915).

DUBBE, B., and VROOM, W. H., 'Mecenaat en kunstmarkt in de Nederlanden gedurende de zestiende eeuw', in *Kunst en Beeldenstorm*, catalogue of the Rijksmuseum Amsterdam (The Hague, 1986), 13-37.

DUDOK VAN HEEL, S. A. C., 'Waar waren de Amsterdamse katholieken in de zomer van 1585?', *JGA* 77 (1985), 13-53.

—— 'Een kooplieden-patriciaat kijkt ons aan', in *De smaak van de elite*, catalogue of the Amsterdam Historical Museum (The Hague, 1986), 19-39.

—— 'Amsterdamse schuil of huiskerken?', *Holland*, 25 (1993), 1-10.
DUITS, H., *Van Bartholomeusnacht tot Bataafse opstand* (Hilversum, 1990).
DUKE, A., *Reformation and Revolt in the Low Countries* (London, 1990).
DUKER, A. C., *Gisbertus Voetius* (3 vols.; Leiden, 1897-1914).
DUPLESSIS, R. S., *Lille and the Dutch Revolt* (Cambridge, 1991).
DURME, M. VAN, *Antoon Perrenot... Kardinaal van Granvelle* (Brussels, 1953).
ECHEVARRÍA BACIGALUPE, M. A., 'Un episodio en la guerra económica hispano-holandesa', *Hispania*, 46 (1986), 57-70.
ECKBERG, C. J., *The Failure of Louis XIV's Dutch War* (Chapel Hill, NC, 1979).
ECKERT, W. P., *Erasmus von Rotterdam. Werk und Wirkung* (2 vols.; Cologne, 1967).
EDWARDS, E., 'The Amsterdam City Government 1672-1683/4', unpublished research paper delivered to the Low Countries History Seminar at the Institute of Historical Research, London.
EEKHOF, A., *De theologische faculteit te Leiden in de 17e eeuw* (Utrecht, 1921).
—— 'David Flud van Giffen en Johannes Braunius', *NAK* 20 (1927), 65-80.
ELIAS, J. E., *De vroedschap van Amsterdam* (2 vols.; Haarlem, 1903-8).
—— *Het voorspel van den eersten Engelschen Oorlog* (2 vols; The Hague, 1920).
ELLIOTT, J. H., *The Count-Duke of Olivares* (New Haven, Conn./London, 1986).
ELZINGA, S., *Het voorspel van den oorlog van 1672* (Haarlem, 1926).
—— 'Le Tarif de Colbert de 1664 et celui de 1667 et leur signification', *EHJ* 15 (1929), 221-73.
EMMANUEL, I. S, and EMMANUEL, S. A., *A History of the Jews of the Netherlands Antilles* (2 vols.; Cincinatti, 1970).
EMMER, P. C., 'The West India Company, 1621-1791', in L. Blussé and F. Gaastra (eds.), *Companies and Trade* (Leiden, 1981), 71-96.
—— 'Suiker, goud, en slaven; de Republiek in West Afrika en West-Indie, 1647-1800', in *Overzee; Nederlandse Koloniale Geschiedenis, 1590-1975* (Haarlem, 1982).
ENGELEN, T. L. M., *Nijmegen in de zeventiende eeuw*, Nijmeegse studiën 7 (Nijmegen, 1978).
ENSCHEDÉ, J. W., 'Papier en papierhandel in Noord-Nederland gedurende de zeventiende eeeuw', *Tijdschrift voor boek- en bibliotheekwezen*, 7 (1909), 97-188, 205-31.
—— 'Jean Nicolas de Parival en zijn *dialogues françois*', *BVGO* 5th ser. 2 (1915), 53-85.
EPKEMA, E., 'Pieter de Groot', *Tijdschrift voor Geschiedenis, Land- en Volkenkunde* 24 (1909), 173-87, 240-55.
EVANS, R. J. W., *The Making of the Habsburg Monarchy, 1550-1700* (Oxford, 1979).

EVENHUIS, R. B., *Ook dat was Amsterdam. De kerk der hervorming in de Gouden Eeuw*, vols. i–ii (Amsterdam, 1965–6).
EXALTO, K., 'Willem Teellinck (1579–1629)', in T. Brienen *et al.* (eds.), *De Nadere Reformatie* (The Hague, 1986), 17–48.
FABER, J. A., 'The Decline of the Baltic Grain Trade in the Second Half of the Seventeenth Century', *Acta Historiae Neerlandicae*, 1 (1966), 108–31.
—— *Drie eeuwen Friesland* (2 vols.; Leeuwarden, 1973).
—— 'De achttiende eeuw', in J. H. van Stuijvenberg (ed.), *De economische geschiedenis van Nederland* (Groningen, 1977), 119–56.
FABER, J. A., DIEDERIKS, H., and HART, S., 'Urbanisering, industrialisering en milieuaantasting in Nederland in de periode van 1500 tot 1800', *AAG Bijdragen*, 18 (1973), 251–71.
FARNELL, J. E., 'The Navigation Act of 1651', *Economic History Review*, 2nd ser. 16 (1964), 439–54.
FAULENBACH, H., *Weg und Ziel der Erkenntnis Christi. Eine Untersuchung zur Theologie des Johannes Coccejus* (Neukirchen, 1973).
FEDEROWICZ, J. K., *England's Baltic Trade in the Early Seventeenth Century* (Cambridge, 1980).
FEENSTRA, H., *Drentse edelen tijdens de Republiek* (n. p. 1985).
—— *Adel in de Ommelanden* (Groningen, 1988).
FEYS, E., 'De kerkelijke vertegenwoordiging in de Staten van Vlaanderen, (1596–1648)', *BMGN* 100 (1985), 405–26.
FLORIN, H., 'Simon Stevin (1548–1620)', in A. J. J. van de Velde *et al.* (eds.), *Simon Stevin, 1548–1948* (Brussels, 1948).
FOCKEMA ANDREAE, S. J., *De Nederlandse staat onder de Republiek* (Amsterdam, 1962).
—— *Album Studiosorum Academiae Franekerensis* (Franeker, 1968).
FONTAINE, P. F. M., *De Raad van State* (Groningen, 1954).
FONTAINE VERWEY, H., 'Le Rôle d'Henri de Brederode et la situation juridique de Vianen pendant l'insurrection des Pays-Bas', *Revue du Nord*, 40 (1958), 297–302.
FORMSMA, W. J., *De Ommelander strijd voor zelfstandigheid in de 16e eeuw (1536–1599)* (Assen, 1938).
—— 'De aanbieding van de landheerlijkheid over Groningen aan de hertog van Brunswijk in de jaren 1592–4', *BMGN* 90 (1975), 1–14.
—— *et al.* (eds.), *Historie van Groningen. Stad en Land* (Groningen, 1976).
FOUW, A. DE, *Onbekende raadpensionarissen* (The Hague, 1946).
FRANCÈS, M., *Spinoza dans les pays néerlandais de la seconde moitié du XVIIe siècle* (Paris, 1937).
FRANKEN, M. A. M., *Coenraad van Beuningen's politieke en diplomatieke aktiviteiten in de jaren 1667–1684* (Groningen, 1966).
FREDERIKS, J. G., 'Het Kabinet schilderijen van Petrus Scriverius', *Oud-Holland*, 12 (1894), 62–3.

FREEDBERG, D., *Dutch Landscape Prints* (London, 1980).
—— 'Art and Iconoclasm, 1525-1580: The Case of the Northern Netherlands', in *Kunst and Beeldenstorm*, Rijksmuseum exhibition catalogue (The Hague, 1986), 39-84.
—— 'Science, Commerce and Art', in D. Freedberg and J. de Vries (eds.), *Art in History, History in Art* (Santa Monica, Calif., 1991), 377-428.
FREMANTLE, K., *The Baroque Town Hall of Amsterdam* (Utrecht, 1959).
FRIJHOFF, W. TH. M., 'De Paniek van juni 1734', *AGKN* 19 (1977), 170-233.
—— 'Katholieke toekomstverwachting ten tijde van de Republiek', *BMGN* 98 (1983), 430-59.
—— 'Non satis dignitatis... Over de maatschappelijke status van geneeskundigen tijdens de Republiek', *TvG* 96 (1983), 379-406.
—— (ed.), *Geschiedenis van Zutphen* (Zutphen, 1989).
—— 'Verfransing? Franse taal en Nederlandse cultuur tot in de revolutietijd', *BMGN* 104 (1989), 592-609.
—— 'The Dutch Enlightenment and the Creation of Popular Culture', in Jacob and Mijnhardt, *The Dutch Republic in the Eighteenth Century*, 292-307.
FRITSCHY, J. M. F., *De Patriotten en de financien van de Bataafse Republiek* (The Hague, 1988).
FRUIN, R., *Verspreide geschriften*, ed. P. J. Blok *et al.* (10 vols.; The Hague, 1900-4).
—— *Geschiedenis der staatsinstellingen in Nederland tot den val der Republiek* (The Hague, 1901).
—— *Tien jaren uit den Tachtigjarigen Oorlog, 1588-1598* (The Hague, 1924).
GAASTRA, F., 'The Shifting Balance of Trade of the Dutch East India Company', in L. Blussé and F. Gaastra (eds.), *Companies and Trade* (Leiden, 1981), 47-70.
—— 'De VOC in Azië tot 1680', in *NAGN* vii. 174-219.
—— *Bewind en beleid bij de VOC, 1672-1702* (Zutphen, 1989).
—— *Geschiedenis van de VOC* (Zutphen, 1991).
GABRIËLS, A. J. C. M., *De heren als dienaren en de dienaar als heer. Het stadhouderlijk stelsel in de tweede helft van de achttiende eeuw* (The Hague, 1990).
GACHARD, L. P., *Histoire politique et diplomatique de Pierre-Paul Rubens* (Brussels, 1877).
GANS, M. H., *Memorboek* (Baarn, 1971).
GEBHARD, J. F., *Het leven van Mr Nicolaas Cornelisz. Witsen (1641-1717)* (2 vols.; Utrecht, 1881).
GEIKIE, R., and MONTGOMERY, I. A., *The Dutch Barrier, 1705-1719* (Cambridge, 1930).
GELDER, H. A. ENNO VAN, *De levensbeschouwing van Cornelis Pieterszoon Hooft* (Amsterdam, 1918).
—— *Revolutionnaire Reformatie* (Amsterdam, 1943).

GELDER, H. A. ENNO VAN, *Nederlandse dorpen in de 16e eeuw* (Amsterdam, 1953).
—— *Erasmus, schilders, en rederijkers* (Groningen, 1959).
—— *The Two Reformations of the Sixteenth Century* (The Hague, 1961).
—— *Van Beeldenstorm tot Pacificatie* (Amsterdam/Brussels, 1964).
—— 'Nederland geprotestantiseerd?', *TvG* 81 (1968), 445–64.
—— *Getemperde vrijheid* (Groningen, 1972).
GELDER, H. E. VAN, 'Hervorming en hervormden te Alkmaar', *Oud-Holland*, 40 (1922), 92–123.
GELDER, R. VAN, 'De Republiek als rariteitenkabinet', *TvG* 102 (1989), 213–19.
GELDEREN, M. VAN, 'The Machiavellian Moment and the Dutch Revolt: The Rise of Neostoicism and Dutch Republicanism', in G. Bock *et al.* (eds.), *Machiavelli and Republicanism* (Cambridge, 1990), 205–24.
—— *The Political Thought of the Dutch Revolt, 1555–1590* (Cambridge, 1992).
GEMERT, L. VAN, 'De Haagsche Broeder-Moord: Oranje ontmaskerd', *Literatuur*, 1 (1984), 268–76.
GERLACH, H., *Het proces tegen Oldenbarnevelt en de 'maximen in den staat'* (Haarlem, 1965).
Geschiedenis van Breda, ii. *Aspecten van de Stedelijk historie, 1568–1795* (no editor) (Schiedam, 1977).
GESELSCHAP, J. E. J. (ed.), *Gouda. Zeven eeuwen stad* (Gouda, 1972).
GEURTS, P. A. M., *De Nederlandse Opstand in de pamfletten* (Nijmegen, 1956).
—— *Het eerste grote conflict over de eigen rechtspraak der Leidse universiteit* (Utrecht, 1964).
—— *Voorgeschiedenis van het Statencollege te Leiden (1575–1593)* (Leiden, 1984).
GEYL, P., *Christoforo Suriano* (The Hague, 1913).
—— 'De agent Wolters over de woelingen van 1747 en 1748', *BMHG* 43 (1922), 45–128.
—— *Geschiedenis van de Nederlandse stam* (3 vols.; Amsterdam/Antwerp, 1948–9).
—— *The Revolt of the Netherlands, 1555–1609* (1932; 2nd edn. London, 1958).
—— *Studies en strijdschriften* (Groningen, 1958).
—— *Oranje en Stuart, 1641–1672* (1939; Zeist/Arnhem, 1963).
GIBBS, G. C., 'The Role of the Dutch Republic as the Intellectual Entrepot of Europe in the Seventeenth and Eighteenth Centuries', *BMGN* 86 (1971), 323–49.
—— 'Some Intellectual and Political Influences of the Huguenot Émigrés in the United Provinces, c.1680–1730', *BMGN* 90 (1975), 255–87.
GILTAIJ, J., *et al.*, *Perspectiven: Saenredam en de architectuurschilders van de 17e eeuw*, catalogue of the Museum Boymans-van Beuningen, Rotterdam (n.p. 1991).
GINDELY, A. *Geschichte des dreissigjährigen Krieges* (4 vols.; Prague, 1869–80).
GLASIUS, B., *Geschiedenis der Nationale Synode te Dordrecht* (2 vols.; Leiden, 1860–1).

GLAWISCHNIG, R., *Niederlande, Kalvinismus und Reichsgrafenstand, 1559-1584* (Marburg, 1973).
GOETERS, W., *Die Vorbereitung des Pietismus in der reformierten Kirche der Niederlande bis zur labadistischen Krisis 1670* (Leipzig, 1911).
GONNET, C. J., *Wallen en poorten van Haarlem* (Haarlem, 1881).
—— 'Oude schilderijen in en van de stad Haarlem', *Oud-Holland* (1933), 132-44.
GOONEWARDENA, K. W., *The Foundation of Dutch Power in Ceylon 1638-1658* (Djambatan, 1958).
GOSLINGA, A., *Slingelandt's Efforts towards European Peace* (The Hague, 1915).
GOSLINGA, C. CH., *The Dutch in the Caribbean and in the Guianas, 1680-1791* (Assen, 1985).
GOSSES, I. H., and JAPIKSE, N., *Handboek tot de staatkundige geschiedenis van Nederland* (The Hague, 1920).
GOTTSCHALK, M. K. E., *Historische geografie van westelijke Zeeuws-Vlaanderen* (Assen, 1955).
GRAFTON, A., *Joseph Scaliger: A Study in the History of Classical Scholarship* (2 vols; Oxford, 1983-93).
GRAPPERHAUS, F. H. M., *Alva en de Tiende Penning* (Zutphen, 1982).
GRAYSON, J. C., 'The Civic Militia in the County of Holland, 1560-81', *BMGN* 95 (1981), 35-63.
GREVER, J. H., 'Committees and Deputations in the Assemblies of the Dutch Republic 1666-68', *PER* 1 (1981), 13-33.
—— 'The Structure of Decision-Making in the States General of the Dutch Republic 1660-68', *PER* 2 (1982), 125-52.
—— 'The French Invasion of the Spanish Netherlands and the Provincial Assemblies in the Dutch Republic 1667-68', *PER* 4 (1984), 25-35.
—— 'The States of Friesland: Politics and Society during the 1660s', *PER* 9 (1989), 1-25.
GRIJZENHOUT, F., 'A Myth of Decline', in Jacob and Mijnhardt, *The Dutch Republic in the Eighteenth Century*, 324-37.
GRIMM, C., *Frans Hals: The Complete Work* (1989; English trans. New York, 1990).
GRISEBACH, L., *Willem Kalf, 1619-93* (Berlin, 1974).
GROENENDIJK, L. F., 'Petrus Wittewrongel', in T. Brienen et al. (eds.), *Figuren en thema's van de Nadere Reformatie* (Kampen, 1987), 64-70.
GROENHUIS, G., *De predikanten* (Groningen, 1977).
GROENVELD, S., *De Prins voor Amsterdam* (Bussum, 1967).
—— *Hooft als historieschrijver* (Weesp, 1981).
—— *Verlopend getij. De Nederlandse Republiek en de Engelse Burgeroorlog 1640-1646* (Dieren, 1984).
—— ' "Een enckel valsch ende lasterlijck verdichtsel". Een derde actie van Prins Willem II in Juli 1650', in Groenveld et al. (eds.), *Bestuurders en Geleerden*, 113-25.

GROENVELD, S. 'The English Civil Wars as a Cause of the First Anglo-Dutch War, 1640–52', *Historical Journal*, 30 (1987), 541–66.
—— 'The Mecca of Authors? States Assemblies and Censorship in the Seventeenth-Century Dutch Republic', *BN* 9 (1987), 63–86.
—— 'Willem II en de Stuarts, 1647–1650', *BMGN* 103 (1988), 157–81.
—— ' "Breda is den Bosch waerd". Politieke betekenis van het innemen van Breda in 1625 en 1637', *Jaarboek van de vereniging 'De Oranjeboom'*, 41 (1988), 94–109.
—— ' "C'est le père, qui parle". Patronage bij Constantijn Huygens (1596–1687)', *Jaarboek Oranje-Nassau Museum* (1988), 53–106.
—— *Evidente factiën in den staet. Sociaal-politieke verhoudingen in de 17e-eeuwse Republiek der Verenigde Nederlanden* (Hilversum, 1990).
—— ' "J'equippe une flotte très considerable": The Dutch Side of the Glorious Revolution', in R. Beddard (ed.), *The Revolutions of 1688* (Oxford, 1991), 213–45.
—— *et al.* (eds.), *Bestuurders en Geleerden* (Amsterdam, 1985).
GROOT, A. H. DE, *The Ottoman Empire and the Dutch Republic 1610–1630* (Leiden/Istanbul, 1978).
GROOT, J. M. DE, 'Schilderijen van Aelbert Cuyp', in *Aelbert Cuyp en zijn familie. Schilders te Dordrecht*, catalogue of the Dordrechts Museum (n.p. 1978).
GROSHEIDE, D., 'Enige opmerkingen over de Reformatie en het humanisme in de Noordelijke Nederlanden', in *Serta Historica* (3 vols.; Kampen, 1967–72), ii. 72–93.
GUDLAUGSSON, S. J., *Geraert Ter Borch* (2 vols.; The Hague, 1959).
GUIBAL, C. J., *Democratie en oligarchie in Friesland tijdens de Republiek* (Assen, 1934).
—— *Johan Willem Friso en zijn tijd* (Amsterdam, 1938).
GÜLDNER, G., *Das Toleranz-Problem in den Niederlanden im Ausgang des 16. Jahrhunderts* (Lübeck, 1968).
GUTMAN, M. P., *War and Rural Life in the Early Modern Low Countries* (Princeton, NJ, 1980).
HAAK, B., *The Golden Age: Dutch Painters of the Seventeenth Century* (London, 1984).
HAAS, J. A. K., *De verdeling van de landen van Overmaas, 1644–62* (Assen, 1978).
HAENTJENS, A. H., *Simon Episcopius als apologeet van het Remonstrantisme* (Leiden, 1899).
HAGEDORN, B., *Ostfrieslands Handel und Schiffahrt vom Ausgang des 16. Jahrhunderts bis zum Westfälischen Frieden (1580–1648)* (Berlin, 1912).
HAITSMA MULIER, E. O. G., *The Myth of Venice and Dutch Republican Thought in the Seventeenth Century* (Assen, 1980).
—— *Het Nederlandse gezicht van Machiavelli* (Hilversum, 1989).
—— 'Between Humanism and Enlightenment: The Dutch Writing of History', in Jacob and Mijnhardt, *The Dutch Republic in the Eighteenth Century*, 170–87.
HAKS, D., *Huwelijk en gezin in Holland in de 17e en 18e eeuw* (Utrecht, 1985).

—— 'Libertinisme en Nederlands verhalend proza, 1650-1700', in G. Hekma and H. Roodenburg (eds.), *Soete minne en helsche boosheit. Seksuele voorstellingen in Nederland* (Nijmegen, 1988), 85-108.

HALEY, K. H. D., *An English Diplomat in the Low Countries: Sir William Temple and John de Witt, 1665-1672* (Oxford, 1986).

—— *The British and the Dutch* (London, 1988).

HALLEMA, A., *Hugo de Groot. Het Delftsch Orakel (1583-1645)* (The Hague, 1946).

HAMEL, J. A. VAN, *De eendracht van het land* (Amsterdam, 1945).

HAMILTON, A., *The Family of Love* (Cambridge, 1981).

HARKX, W. A. J. M., *Helmondse textielnijverheid in de loop der eeuwen* (Tilburg, 1967).

HARLINE, C. E., *Pamphlets, Printing and Political Culture in the Early Dutch Republic* (Dordrecht, 1987).

HART, M. C. 'T, *In Quest of Funds: Warfare and State Formation in the Netherlands, 1620-50* (Leiden, 1989).

—— *The Making of a Bourgeois State: War, Politics, and Finance during the Dutch Revolt* (Manchester, 1993).

—— 'Autonoom maar kwetsbaar. De Middelburgse regenten en de opstand van 1651', *De Zeventiende Eeuw*, 9 (1993), 51-62.

HART, S., *Geschrift en getal* (Dordrecht, 1976).

—— 'Rederij', in G. Asaert et al. (eds.), *Maritieme geschiedenis der Nederlanden* (4 vols.; Bussum, 1976), ii. 106-25.

HARTOG, M. W., 'Prins Willem III en de hertogshoed van Gelderland, 1673-5', *Gelre*, 69 (1976/7), 125-55.

HARVARD, H., *Michiel van Mierevelt et son gendre* (Paris, 1892).

HASQUIN, H., 'Le Joséphisme et ses racines', in *La Belgique autrichienne, 1713-1794*, (Europalia 87 Österreich) (Brussels, 1987), 201-38.

—— 'Le Temps des assainissements (1715-40)', ibid. 71-94.

HAZEWINCKEL, H. C., *Geschiedenis van Rotterdam* (3 vols.; Amsterdam, 1940-2).

HEERES, W. G., 'Annual Values of Amsterdam's Overseas Imports and Exports, 1697 to 1798', in W. G. Heeres et al. (eds.), *From Dunkirk to Danzig* (Hilversum, 1988), 263-80.

HEERINGA, T., *De Graafschap* (Zutphen, 1934).

HEININGEN, H. VAN, *Batenburg: eeuwenlang twistappel* (Wijchen, 1987).

HÉLIN, E., 'Demografische ontwikkeling van de Zuidelijke Nederlanden, 1500-1800', in *NAGN* v. 169-94.

HERINGA, J., *De eer en hoogheid van de staat* (Groningen, 1961).

—— (ed.), *Geschiedenis van Drenthe* (2 vols.; Meppel/Amsterdam, 1985).

HERMANS, J. M. M., 'Wat lazen Friezen aan het einde van de Middeleeuwen?', *De Vrije Fries*, 70 (1990), 7-38.

HERWAARDEN, J. VAN, 'Geloof en geloofsuitingen in de late middeleeuwen in de Nederlanden', *BMGN* 98 (1983), 400-29.

HIBBEN, C. C., *Gouda in Revolt* (Utrecht, 1983).
HIRSCHAUER, CH., *Les États d'Artois de leurs origines à l'occupation française, 1340–1640* (2 vols.; Paris/Brussels, 1923).
Hoeven, F. P. VAN DER, *Bijdrage tot de geschiedenis van den Sonttol* (Leiden, 1855).
HOFMAN, H. A., *Constantijn Huygens (1596–1687)* (Utrecht, 1983).
HOLT, M. P., *The Duke of Anjou and the Politique Struggle during the Wars of Religion* (Cambridge, 1986).
HOLTHUIS, P., 'Deventer in oorlog. Economische aspecten van de militaire conjunctuur, 1591–1609', *EHJ* 50 (1987), 32–50.
HOLTHUIZEN-SEEGERS, G. H. J., and NUSTELING, H. P. H., 'Arnhem tussen 1665 en 1744', *Gelre*, 78 (1987), 65–105.
HOOGEWERFF, G. J., *Jan van Scorel. Peintre de la Renaissance hollandaise* (The Hague, 1923).
—— *Geschiedenis van de St Lucasgilden in Nederland* (Amsterdam, 1947).
HOOP SCHEFFER, J. G. DE., *Geschiedenis der kerkhervorming in Nederland van haar ontstaan tot 1531* (2 vols.; Amsterdam, 1873).
HOUTMAN-DE SMEDT, H., 'De Zuidelijke Nederlanden, 1598–1780', in I. Schöffer *et al.* (eds.), *De Lage Landen van 1500 tot 1780* (1978; Amsterdam, 1991), 317–408.
—— 'Het prinsbisdom Luik, 1581–1787', ibid. 409–24.
HOUTTE, J. A. VAN, *Economische en sociale geschiedenis van de Lage Landen* (Zeist/Antwerp, 1964).
—— 'De zestiende eeuw', in J. A. van Stuijvenberg (ed.), *De economische geschiedenis van Nederland* (Groningen, 1977), 49–78.
HOUTZAGER, H. L., 'Gelukkig geneesheer tot Delft. Reinier de Graaf (1641–73)', *Holland*, 23 (1991), 163–72.
HOYNCK VAN PAPENDRECHT, A., *De Rotterdamsche plateel- en tegelbakkers en hun product, 1590–1851* (Rotterdam, 1920).
HSIA, R. PO-CHIA, *Society and Religion in Münster, 1535–1618* (New Haven, Conn., 1984).
HUBERT, E., *Les Pays-Bas espagnols et la République des Provinces-Unies depuis la paix de Munster jusqu'au traité d'Utrecht (1648–1713)* (Brussels, 1907).
HUGENHOLZ, F. W. N., 'The 1477 Crisis in the Burgundian duke's dominions', *BN* 2 (1962), 33–46.
HUISMAN, M., *La Belgique commerciale sous l'Empereur Charles VI* (Brussels, 1902).
HUIZINGA, J., *Erasmus of Rotterdam* (1924; London, 1952).
—— *The Waning of the Middle Ages* (1919; Harmondsworth, 1965).
—— *Verzamelde werken* (9 vols.; Haarlem, 1948–53).
HUUSSEN, A. H., 'Sodomy in the Dutch Republic during the Eighteenth Century', in R. P. Maccubbin (ed.), *Unauthorized Sexual Behaviour during the Enlightenment* (Williamsburg, Va., 1985), 169–78.

—— 'Doodstraf in Friesland', *De Vrije Fries*, 72 (1992), 65-74.
IJSSEWIJN, J., 'The Coming of Humanism in the Low Countries', in H. A. Oberman (ed.), *Itinerarium Italicum: Essays in Honour of P. O. Kristeller*, (Leiden, 1975), 193-304.
ISRAEL, J. I., *The Dutch Republic and the Hispanic World, 1606-1661* (Oxford, 1982).
—— 'Spanje en de Nederlandse Opstand', in F. Wieringa (ed.), *Republiek tussen vorsten. Oranje, Opstand, Vrijheid, Geloof* (Zutphen, 1984), 51-60.
—— *European Jewry in the Age of Mercantilism, 1550-1750* (Oxford, 1985).
—— *Dutch Primacy in World Trade, 1585-1740* (Oxford, 1989).
—— 'The Amsterdam Stock Exchange and the English Revolution of 1688', *TvG* 103 (1990), 412-40.
—— *Empires and Entrepots* (London, 1990).
—— (ed.), *The Anglo-Dutch Moment: Essays on the Glorious Revolution and its World Impact* (Cambridge, 1991).
—— 'The "New History" versus "Traditional History" in Interpreting Dutch World Trade Primacy', *BMGN* 106 (1991), 469-79.
—— 'William III and Toleration', in O. Grell *et al.*, *From Persecution to Toleration: The Glorious Revolution and Religion in England* (Oxford, 1991), 129-70.
—— 'Propaganda in the Making of the Glorious Revolution', in S. Roach (ed.), *Across the Narrow Seas* (London, 1991), 167-78.
—— 'England's Mercantilist Response to Dutch World Trade Primacy, 1647-1674', *BN* 10 (1992), 50-61.
ITTERSZON, G. P., *Franciscus Gomarus* (The Hague, 1929).
JAANUS, H. J., *Hervormd Delft ten tijde van Arend Cornelisz (1573-1605)* (Amsterdam, 1950)
JACOB, M. C., *The Radical Enlightenment: Pantheists, Freemasons and Republicans* (London, 1981).
—— 'Radicalism in the Dutch Enlightenment', in M. C. Jacob and W. Mijnhardt (eds.), *The Dutch Republic in the Eighteenth Century* (Ithaca, NY, 1992), 224-40.
JANSE, A., *Grenzen aan de macht* (The Hague, 1993).
JANSEN, J. C. G. M., 'Crisis en herstructurering in en rond Maastricht (1560-1640)', *Bijdragen tot de geschiedenis*, 73 (1990), 141-63.
JANSEN, H. P. H., *Hoekse en Kabeljauwse twisten* (Bussum, 1966).
—— 'De Bredase Nassaus', in Tamse (ed.), *Nassau en Oranje*, 13-44.
JANSMA, T. S., 'Philippe le Bon et la guerre hollando-wende (1438-1441)', *Revue du Nord*, 42 (1960), 5-18.
—— 'Hanze, Fugger, Amsterdam', *BMGN* 91 (1976), 1-22.
JAPIKSE, N., *De verwikkelingen tusschen de Republiek en Engeland van 1660-1665* (Leiden, 1900).
—— *Johan de Witt* (Amsterdam, 1915).

JAPIKSE, N., *Prins Willem III: De Stadhouder-koning* (2 vols.; Amsterdam, 1930–3).
JAPPE ALBERTS, W., *Geschiedenis van de beide Limburgen* (2 vols.; Assen, 1974).
—— and JANSEN, H. P. H., *Welvaart in wording. Sociaal-economische geschiedenis van Nederland van de vroegste tijden tot het einde van de middeleeuwen* (The Hague, 1964).
—— *et al.* (eds.), *Geschiedenis van Gelderland* (Zutphen, 1975).
JENNISKENS, A. H., *De magistraat van Nijmegen, 1619–1648* (Nijmegen, 1973).
JONES, J. R., *Marlborough* (Cambridge, 1993).
JONG, C. DE, 'De Walvisvaart', in G. Asaert *et al.*, *Maritieme geschiedenis der Nederlanden* (4 vols.; Bussum, 1976), ii. 309–14.
JONG, E. DE, ' "Netherlandish Hesperides": Garden Art in the Period of William and Mary, 1650–1702', *Journal of Garden History*, 2–3 (1988), 15–40.
JONG, J. DE, *Een deftig bestaan. Het dagelijks leven van regenten in de 17e en 18e eeuw* (Utrecht/Antwerp, 1987).
JONG, JAN DE, *De voorbereiding en constitueering van het kerkverband der Nederlandsche Gereformeerde kerken in de zestiende eeuw* (Groningen, 1911).
JONG, J. J. DE, *Met goed fatsoen. De elite in een Hollandse stad: Gouda, 1700–80* (The Hague, 1985).
JONG, O. J. DE, *De Reformatie in Culemborg* (Assen, 1957).
—— 'De eerste drie Noord-Hollandse synoden', *NAK* 58 (1977/8), 190–204.
—— 'Voetius en de tolerantie', in J. van Oort *et al.*, *De onbekende Voetius* (Kampen, 1989), 109–16.
JONGBLOET-VAN HOUTTE, G., 'De belegering en de val van Antwerpen belicht vanuit een koopmansarchief', *BMGN* 91 (1976), 23–43.
JONGE, H. J. DE, 'The Study of the New Testament', in Th. H. Lunsingh-Scheurleer *et al.* (eds.), *Leiden University* (Leiden, 1975), 65–110.
JONGSTE, J. A. F. DE, *Onrust aan het Spaarne. Haarlem in de jaren 1747–51* (The Hague, 1984).
—— 'Hollandse stadspensionarissen tijdens de Republiek' in Groenveld *et al.* (eds.), *Bestuurders en Geleerden*, 85–96.
—— ' "Een bewind op zijn smalst". Het politiek bedrijf in de jaren 1727–47', in *NAGN* ix. 44–59.
—— 'Beeldvorming rond Frederik II van Pruisen in de Republiek', *TvG* 104 (1991), 499–531.
—— 'The Restoration of the Orangist Regime in 1747', in Jacob and Mijnhard, *The Dutch Republic in the Eighteenth Century*, 32–59.
KAAJAN, H., *De groote synode van Dordrecht in 1618–19* (Amsterdam, 1918).
KALMA, J. J. and VRIES, K. DE (eds). *Friesland in het rampjaar 1672* (Leeuwarden, 1972).
—— *et al.* (eds.), *Geschiedenis van Friesland* (Drachten, 1968).
KALVEEN, C. A. VAN, 'De definitieve vestiging van de Reformatie te Amersfoort, 1579–81', *NAK* 62 (1982), 28–54.

KANNEGIETER, J. Z., *Geschiedenis van de vroegere Quakergemeenschap te Amsterdam* (Amsterdam/Haarlem, 1971).
KAPER, R., *Pamfletten over oorlog of vrede. Reakties van tijdgenoten op de vredesonderhandelingen van 1607-1609* (Amsterdam, 1980).
KAPLAN, B. J., 'Hubert Duifhuis and the Nature of Dutch Libertinism', *TvG* 105 (1992), 1-29.
KAPLAN, Y., *From Christianity to Judaism: The Story of Isaac Orobio de Castro* (Oxford, 1989).
KAPPELHOF, A. C. M., *De belastingheffing in de Meierij van Den Bosch gedurende de Generaliteitsperiode (1648-1730)* (Tilburg, 1986).
KATZEN, M. F., 'White Settlers and the Origin of a New Society, 1652-1778', in M. Wilson and L. Thompson (eds.), *The Oxford History of South Africa* (2 vols.; Oxford, 1969), i. 187-228.
KELLENBENZ, H., 'Der Pfeffermarkt um 1600 und die Hansestädte', *Hansische Geschichtsblätter*, 74 (1956), 28-49.
KEMP, C. M. VAN DER, *Maurits van Nassau* (4 vols.; Rotterdam, 1843).
KERKHOVEN, J. M., and BLOM, H. W., 'De la Court and Spinoza', in H. W. Blom and I. W. Wildenberg (eds.), *Pieter de la Court en zijn tijd* (Amsterdam, 1986).
KERNKAMP, G. W., *De sleutels van de Sont* (The Hague, 1890).
—— *De Utrechtsche Academie, 1636-1815* (2 vols.; Utrecht, 1936).
—— *Prins Willem II* (Amsterdam, 1943).
KERNKAMP, J. J., *Handel op den vijand, 1572-1609* (2 vols.; Utrecht, 1931-4).
KEUNING, J., *Petrus Plancius. Theoloog en geograaf 1552-1622* (Amsterdam, 1946).
KEYES, G. S., *Esaias van den Velde (1587-1630)* (Groningen, 1984).
KLAVEREN, G. VAN, 'Utrecht zonder regering, 1673-4', *Jaarboekje van 'Oud-Utrecht'* (1925), 93-109.
—— 'Nicolaas Chevalier en zijn "Chambre de Raretez" ', *Jaarboekje van 'Oud-Utrecht'* (1940), 141-57.
KLEIJNTJENS, J. C. J., and VAN CAMPEN, J. W. C., 'Bescheiden betreffende den Beeldenstorm van 1566 in de stad Utrecht', *BMHG* 53 (1932), 63-245.
KLEIN, P. W., 'De heffing van de 100e en 200e penning van het vermogen te Gouda', *EHJ* 3 (1965) 41-62.
—— 'De zeventiende eeuw', in J. H. Stuijvenberg (ed.), *De economische geschiedenis van Nederland* (Groningen, 1977), 79-118.
—— 'Nederlandse glasmakerijen in de zeventiende en àchttiende eeuw', *EHJ* 44 (1982), 31-43.
KLEIN, S. R. E., 'Republikanisme en patriottisme', *TvG* 106 (1993), 179-207.
KLEP, P. M. M., 'Het historisch moderniseringsproces van bevolking en arbeid: Belgisch Brabant 1700-1900', *EHJ* 42 (1979), 15-25.
—— 'Urban Decline in Brabant (1374-1806)', in H. van der Wee (ed.), *The Rise and Decline of Urban Industries in Italy and the Low Countries* (Leuven, 1988), 261-86.

KLERK, F. H. DE, 'Zestiende-eeuwse processies in Goes', in A. Wiggers et al., *Rond de kerk in Zeeland* (Delft, 1991), 83-93.
KLEVER, W. N. A., 'Insignis opticus', *De Zeventiende Eeuw*, 6 (1990), 47-64.
—— 'Inleiding' to Franciscus van den Enden, *Vrije Politijke Stellingen* (Amsterdam, 1992), 13-119.
KLUIVER, J. H., 'Zeeuwse reacties op de Acte van Seclusie', *BMGN* 91 (1976), 406-28.
KLUYSKENS, J., 'Justus Lipsius' levenskeuze: het irenisme', *BMGN* 88 (1973), 19-37.
—— 'De klassieke oudheid, propaedeuse van het Christendom: het streven van Justus Lipsius', in F. de Nave (ed.), *Liber Amicorum Leon Voet* (Antwerp, 1985), 429-40.
KNAPPERT, L., *De opkomst van het protestantisme in een Noord-Nederlandsche stad* (Leiden, 1908).
KNEVEL, P., 'Onrust onder schutters', *Holland*, 20 (1988), 158-74.
KNUTTEL, W. P., *De toestand der Nederlandsche Katholieken ten tijde der Republiek* (2 vols.; The Hague, 1892-4).
—— 'Ericus Walten', *BVGO* 4th ser. 1 (1900), 345-455.
—— *Balthasar Bekker, de bestrijder van het bijgeloof* (1906; Groningen 1979).
—— *Verboden boeken in de Republiek der Vereenigde Nederlanden* (The Hague, 1914).
KOCH, A. C. F., 'The Reformation in Deventer in 1579-80', *Acta Historiae Neerlandicae*, 6 (1973), 27-66.
KOENIGSBERGER, H. G., 'Why did the States General of the Netherlands Become Revolutionary?', *PER* 2 (1982), 103-11.
—— 'Orange, Granvelle and Philip II', *BMGN* 99 (1984), 573-95.
—— 'Fürst und Generalstaaten. Maximilian I in den Niederlanden, 1477-93', *Historische Zeitschrift*, 242 (1986), 557-79.
KOHL, W., *Christoph Bernhard von Galen: Politische Geschichte des Fürstbistums Münster 1650-1678* (Münster, 1964).
KOK, J. A. DE, *Nederland op de breuklijn Rome-Reformatie* (Assen, 1964).
KOKKEN, H., *Steden en Staten* (The Hague, 1991).
KOLMAN, R. J., *De reductie van Nijmegen (1591) Voor en naspel* (Groningen, 1952).
KOOIJMANS, L., *Onder regenten. De elite in een Hollandse stad. Hoorn (1700-80)* (Dieren, 1985).
—— 'Een Hollandse visie op de Oostenrijkse Successieoorlog', *Holland*, 25 (1993), 11-23.
KOOPMANS, J. W., *De Staten van Holland en de Opstand* (The Hague, 1990).
KOSSMANN, E. H., *Politieke theorie in het zeventiende-eeuwse Nederland* (Amsterdam, 1960).
—— *The Low Countries, 1780-1940* (Oxford, 1978).
—— *Politieke theorie en geschiedenis. Verspreide opstellen en voordrachten* (Amsterdam, 1987).

KOTTE, W., *Van Gelderse bloem tot franse lelie. De franse bezetting van de stad Arnhem, 1672-1674* (Arnhem, 1972).
KRAMER, J. F., 'De Luthersche gemeente te Groningen in de 17e eeuw', *NAK* 16 (1921), 280-97.
KRIKKE-FRIJNS, A. J. M., 'Het ontstaan en de ontwikkeling van de R. K. armen-en wezenzorg in de 18e en 19e eeuw in Leiden', in Marsilje *et al.* (eds.), *Uit Leidse bron geleverd*, 295-302.
KRONENBERG, M. E., *Verboden boeken en opstandige drukkers in de hervormingstijd* (Amsterdam, 1948).
—— 'Uitgaven van Luther in de Nederlanden verschenen tot 1541', *NAK* 40 (1953), 1-25.
KRULL, A. F., *Jacobus Koelman. Een kerkhistorische studie* (Sneek, 1901).
KÜHLER, G. H., *Geschiedenis der Nederlandsche doopsgezinden in de zestiende eeuw* (1932; Haarlem, 1961).
—— *Het socinianisme in Nederland* (1912; Leeuwarden, 1980).
KUILE, E. H. TER, 'De werkzaamheid van Lieven de Key in Haarlem', in *Oud-Holland* (1938), 245-52.
KUILE, G. J. TER, 'Het graafschap Lingen onder de Oranjes', *Verslagen ... van de Vereeniging tot beoefening van Overijsselsch regt en geschiedenis*, 68 (1953), 13-31.
KURETSKY, S. D., *The Paintings of Jacob Ochtervelt (1634-1682)* (Montclair, NJ, 1979).
KURTZ, G. H., *Willem III en Amsterdam, 1683-1685* (Utrecht, 1928).
—— *Haarlem in het rampjaar 1672* (Haarlem, 1946).
KUYPER, W., *Dutch Classicist Architecture* (Delft, 1980).
LABROUSSE, E., *Pierre Bayle* (2 vols.; Dordrecht, 1985).
LADEMACHER, H., *Die Stellung des Prinzen von Oranien als Statthalter in den Niederlanden von 1572 bis 1584* (Bonn, 1958).
—— 'Wilhelm III von Oranien und Anthonie Heinsius', *Rheinische Vierteljahresblätter* 34 (1970), 252-66.
—— *Geschichte der Niederlande* (Darmstadt, 1983).
LANCÉE, J. A. L., *Erasmus en het Hollands Humanisme* (Utrecht, 1979).
LAWRENCE, C., 'Hendrick de Keyser's Heemskerk Monument: The Origins of the Cult and Iconography of Dutch Naval Heroes', *Simiolus*, 28 (1993), 265-95.
LEEB, I. L., *The Ideological Origins of the Batavian Revolution* (The Hague, 1973).
LENTING, L. E., 'De benoeming van Graaf Johan van Nassau tot Stadhouder van Gelderland', *KHG* 4th ser. 5 (1864), 82-111.
—— 'Gelderland in betrekking tot de Unie van Utrecht', *BVGO* NS 4 (1866), 259-343.
LESGER, C., *Huur en conjunctuur. De woningmarkt in Amsterdam, 1550-1850* (Amsterdam, 1986).

LESGER, C., *Hoorn als stedelijk knooppunt* (Hilversum, 1990).
LEVY-VAN HELM, J., 'De Haarlemse schuttersstukken', in M. Carasso-Kok and J. Levy-van Helm (eds.), *Schutters in Holland. Kracht en zenuwen van de stad* (Haarlem, 1988), 104-23.
LIEBURG, F. A. VAN, *De Nadere Reformatie in Utrecht ten tijde van Voetius* (Rotterdam, 1989).
LIESKER, PH., *'Die Staatswissenschaftlichen Anschauungen Dirck Graswinckels* (Freiburg, 1901).
LIEVENSE-PELSER, E., 'De Remonstranten en hun kerk', *Jaarboek Amstelodamum*, 67 (1975), 121-36.
LIGTENBERG, C., *De armenzorg te Leiden tot het einde van de 16e eeuw* (The Hague, 1908).
LIJNDRAJER, P., *De ontwikkeling der stadhouderlijke macht onder Frederik Hendrik* (Amsterdam, 1859).
LINDE, J. M. VAN DER, *Surinaamse suikerheren en hun kerk* (Wageningen, 1966).
LINDE, S. VAN DER, *Jean Taffin* (Amsterdam, 1982).
LINDEBOOM, G. A., *Herman Boerhaave: The Man and his Work* (London, 1968).
LINDEBOOM, J., *Het Bijbelsche humanisme in Nederland* (Leiden, 1913).
——*Stiefkinderen van het Christendom* (The Hague, 1929).
LOENEN, J. VAN, *De Haarlemse brouwindustrie voor 1600* (Amsterdam, 1950).
LOGAN, A. M. S., *The 'Cabinet' of the Brothers Gerard and Jan Reynst* (Amsterdam, 1979).
LONCHAY, H., *La Rivalité de la France et de l'Espagne aux Pays-Bas (1635-1700)* (Brussels, 1896).
LOOSJES, J., *Geschiedenis der Luthersche kerk in de Nederlanden* (The Hague, 1921).
LOURDAUX, W., 'Les Dévots modernes, rénovateurs de la vie intellectuelle', *BMGN* 95 (1980), 279-97.
LUNSINGH SCHEURLEER, TH. H., and POSTHUMUS MEYJES, G. H. M. (eds.), *Leiden University in the Seventeenth Century: An Exchange of Learning* (Leiden, 1975).
MAANEN, I. J. VAN, and VERMEULEN, K., 'Het lagere volk van Amsterdam in de strijd tussen patriotten en oranjegezinden, 1780-1800', *TvSG* 20 (1980), 331-56.
MAANEN, R. C. J. VAN, 'De vermogensopbouw van de Leidse bevolking in het laatste kwart van den zestiende eeuw', *BMGN* 93 (1978), 1-42.
MAARSEVEEN, J. G. S. J., 'De Republiek en Frankrijk in het begin van de 17e eeuw', *Spiegel der Historie*, 4 (n.d.), 413-68.
MADDENS, N., *De beden in het graafschap Vlaanderen tijdens de regeering ven Keizer Karel V (1515-50)*, Standen en Landen, 72 (Kortrijk, 1978).
——'Invoering van de "Nieuwe Middelen" in het Graafschap Vlaanderen tijdens de regering van Keizer Karel', *Belgische Tijdschrift voor Filologie en Geschiedenis*, 62 (1979), 342-63, 861-98.

MALENGREAU, G., *L'Esprit particulariste et la révolution des Pays Bas au XVIe siècle* (Leuven, 1936).
MALSSEN, P. J. W. VAN, *Louis XIV d'après les pamphlets répandus en Hollande* (Paris, n.d.).
MALTBY, W. S., *Alba: A Biography of Fernando Alvarez de Toledo Third Duke of Alba, 1507–82* (Berkeley Los Angeles, 1983).
MANKE, I., *Emanuel de Witte 1617–1692* (Amsterdam, 1963).
MARÉCHAL, G. 'Inleiding' to Johannes Duijkerius, *Het leven van Philopater* (1691 and 1697; Amsterdam, 1991).
MARKISH, Sh., *Erasmus and the Jews* (Chicago, 1986).
MARNEF, G., *Het Calvinistisch bewind te Mechelen, 1580–1585* (Kortrijk, 1987).
—— 'Brabants Calvinisme in opmars', *Bijdragen tot de geschiedenis*, 70 (1987), 7–22.
—— 'Repressie en censuur in het Antwerps boekenbedrijf, 1567–76', *De Zeventiende eeuw*, 8 (1992), 221–31.
MARONIER, J. H., *Jacobus Arminius. Een biografie* (Amsterdam, 1905).
MARSILJE, J. W. et al. (eds.), *Uit Leidse bron geleverd* (Leiden, 1989).
MARTIN, W., *Het leven en werken van Gerrit Dou* (Leiden, 1901).
MARX, J., 'Un grand imprimeur au XVIIIe siècle: Elie Luzac fils (1723–96)', *Revue Belge de philologie et d'histoire*, 46 (1968), 779–86.
MEERE, J. M. M. DE, and NOORDEGRAAF, L., 'De sociale gelaagheid van Amsterdam in de Franse tijd', *JGA* 69 (1977), 156–75.
MEERTENS, P. J., *Letterkundig leven in Zeeland in de zestiende en de eerste helft der zeventiende eeuw* (Amsterdam, 1943).
MEESTER, B. DE, *Le Saint-Siège et les troubles des Pays-Bas (1566–1579)* (Leuven, 1934).
MEESTER, G. A. DE, *Geschiedenis van de Staten van Gelderland* (Harderwijk, 1864).
MEIHUIZEN, H. W., *Galenus Abrahamsz (1622–1706)* (Haarlem, 1954).
—— *Menno Simons* (Haarlem, 1961).
MEIJ, J. C. A. DE, *De watergeuzen en de Nederlanden, 1568–1572* (Amsterdam, 1972).
MEILINK-ROELOFSZ, M. A. P., *De vestiging der Nederlanders ter kuste Malabar* (The Hague, 1943).
MEINECKE, F., 'Petrus Valckeniers Lehre von den Interessen der Staaten', in *Aus Politik und Geschichte. Gedächtnisschrift für Georg von Below* (Berlin, 1928), 146–55.
MEINSMA, K. O., *Spinoza en zijn kring* (The Hague, 1896).
MELLES, J., *Joachim Oudaan. Heraut der verdraagzaamheid, 1628–1692* (Utrecht, 1958).
—— *Ministers aan de Maas* (The Hague, 1962).
MELLINK, A. F., *De wederdopers in de Noordelijke Nederlanden, 1531–44* (Groningen, 1953).

MENTINK, G. J., and VAN DER WOUDE, A. M., *Demografische ontwikkeling te Rotterdam en Cool in de 17e en 18e eeuw* (Rotterdam, 1965).
MENK, G., *Die Hohe Schule Herborn in ihrer Frühzeit (1584–1660)* (Wiesbaden, 1981).
MEULEN, P. VAN DER, *De comedies van Coornhert* (Assen, 1945).
MEYERE, J. A. L. DE, 'Utrechtse schilderkunst in de tweede helft van de 16de eeuw', *Jaarboek Oud-Utrecht* (1978), 106–41.
MICHMAN, J. 'De emancipatie van de Joden in Nederland', *BMGN* 96 (1981), 78–82.
MIEDEMA, H., 'The Appreciation of Paintings around 1600', in G. Luijten *et al.* (eds.), *Dawn of the Golden Age: Northern Netherlandish Art 1580–1620*, Rijksmuseum exhibition catalogue (Amsterdam, 1993), 122–35.
MIJNHARDT, W. W., 'De Nederlandse Verlichting. Een terreinverkenning', *Kleio*, 19 (1978), 245–63.
—— *Tot Heil van 't Menschdom. Culturele genootschappen in Nederland, 1750–1815* (Amsterdam, 1987).
—— 'The Dutch Enlightenment: Humanism, Nationalism, and Decline', in Jacob and Mijnhardt, *The Dutch Republic in the Eighteenth Century*, 197–223.
MILLER, A., *Sir Joseph Yorke and Anglo-Dutch Relations, 1774–80* (The Hague, 1970).
MIMS, S. L., *Colbert's West India Policy* (New Haven, Conn., 1912).
MOLTKE, J. W. VON, *Govaert Flinck, 1615–1660* (Amsterdam, 1965).
MONTIAS, J. M., *Artists and Artisans in Delft* (Princeton, NJ, 1982).
—— *Vermeer and his Milieu* (Princeton, NJ, 1989).
—— 'Art Dealers in the Seventeenth-Century Netherlands', *Simiolus*, 18 (1988), 244–56.
—— 'Works of Art in Seventeenth-Century Amsterdam', in Freedberg and de Vries (eds.), *Art in History, History in Art*, 331–72.
MOORE, S. F. C., 'The Cathedral Chapter of St Maarten at Utrecht before the Revolt' (University of Southampton Ph.D. thesis, 1988).
MÖRKE, O., 'Konfessionalisierung als politisch-soziales Strukturprinzip. Das Verhältnis von Religion und Staatsbildung in der Republik der Vereinigten Niederlande im 16. und 17. Jahrhundert', *TvSG* 16 (1990), 31–60.
—— 'De hofcultuur van het huis Oranje-Nassau in de zeventiende eeuw', in P. te Boekhorst *et al.* (eds.), *Cultuur en maatschappij in Nederland, 1500–1800. Een historisch-antropologisch perspectief* (Meppel, 1992), 39–78.
MOUT, M. E. H. N., *Bohemen en de Nederlanden in de zestiende eeuw* (Leiden, 1975).
—— 'Het intellectuele milieu van Willem van Oranje', *BMGN* 99 (1984), 596–625.
—— 'In het schip: Justus Lipsius en de Nederlandse Opstand tot 1591', in Groenveld *et al.* (eds.), *Bestuurders en Geleerden*, 55–64.
MULLER, P. L., *De staat der Vereenigde Nederlanden in de jaren zijner wording, 1572–94* (Haarlem, 1872).

—— 'Spanje en de partijen in Nederland in 1650', *BVGO* NS 7 (1872), 136–83.
MULTHAUF, L. S., 'The Light of Lamp-Lanterns: Street Lighting in 17th-Century Amsterdam', *Technology and Culture*, 26 (1985), 236–52.
MUNCK, L. DE, *Heusden* (Heusden, 1970).
NAGTEGAAL, P., 'Stadsfinanciën en stedelijke economie', *EHJ* 52 (1989), 96–147.
NAUTA, D., *Samuel Maresius* (Amsterdam, 1935).
—— *Opera minora* (Kampen, 1961).
NAUWELAERTS, M. A., *Latijnse school en onderwijs te 's-Hertogenbosch tot 1629* (Tilburg, 1974).
NAVE, F. DE (ed.), *Antwerpen en de scheiding der Nederlanden (17 Augustus 1585)* (Antwerp, 1986).
NEALE, J. M., *A History of the So-Called Jansenist Church of Holland* (Oxford, 1858).
NÈVE, P. L., *Het Rijkskamergerecht en de Nederlanden* (Assen, 1972).
NIEROP, H. F. K. VAN, *Beeldenstorm en burgelijk verzet in Amsterdam, 1566–7* (Nijmegen, 1978).
—— *Van ridders tot regenten* (n.p. 1984; English trans.: *The Nobility of Holland* (Cambridge, 1993)).
NIEUWENHUIS, T., *Keeshonden en Prinsmannen* (Amsterdam, 1986).
NIJENHUIS, I. J. A., *Een joodse philosophe. Isaac de Pinto (1717–1787)* (Amsterdam, 1992).
NIJENHUIS, W., *Adrianus Saravia* (c. *1532–1613*) (Leiden, 1980).
—— 'De publieke kerk veelkleurig en verdeeld bevoorrecht en onvrij', in *NAGN* i. 325–43.
NOBBS, D., *Theocracy and Toleration* (Cambridge, 1938).
NOORDAM, D. J., 'Prostitutie in Leiden in de 18e eeuw', in D. G. H. de Boer (ed.), *Leidse facetten. Tien studies over Leidse geschiedenis* (Zwolle, 1982), 65–102.
NOORDEGRAAF, L., *Daglonen in Alkmaar, 1500–1850* (Amsterdam, 1980).
—— 'Nijverheid in de Noordelijke Nederlanden', in *NAGN* vi. 12–26.
—— 'Levensstandaard en levensmiddelenpolitiek in Alkmaar vanaf het eind van de 16e tot in het begin van de 19e eeuw', *Alkmaarse Historische Reeks*, 4 (1980), 55–100.
—— and VALK, G., *De gave Gods. De Pest in Holland vanaf de late middeleeuwen* (Bergen, 1988).
NORTH, N., *Kunst und Kommerz im goldenen Zeitalter* (Cologne, 1992).
NOTTEN, M., *Rombout Verhulst, beeldhouwer (1624–98)* (The Hague, 1907).
NUSTELING, H. P. H., *Welvaart en werkgelegenheid in Amsterdam, 1540–1860* (Amsterdam, 1985).
—— 'The Netherlands and the Huguenot Émigrés', in J. A. H. Bots and G. H. M. Posthumus Meyjes (eds.), *La Révocation de l'Édit de Nantes et les Provinces-Unies 1685* (Amsterdam, 1986), 17–34.

NUSTELING, H. P. H., 'Periods and Caesurae in the Demographic and Economic History of the Netherlands, 1600-1900', *Economic and Social History in the Netherlands*, 1 (1989), 87-111.

—— 'Strijd om de commerciele suprematie in de zeventiende en achttiende eeuw', *Tijdschrift voor de Economische Geschiedenis in Nederland*, 6 (1992), 5-23.

OBERMAN, H. A., 'Wessel Gansfort: *Magister contradictionis*', in F. Akkerman, G. C. Huisman, and A. J. Vanderjagt (eds.), *Wessel Gansfort (1419-1489) and Northern Humanism* (Leiden, 1993), 97-121.

O'CONNOR, J. T., *Negotiator out of Season: The Career of Wilhelm Egon von Fürstenberg (1629-1704)* (Athens, Ga., 1978).

O'DONNELL, H., *La fuerza de desembarco de la Gran Armada contra Inglaterra (1588)* (Madrid, 1989).

OERLE, I. H. A. VAN, *Leiden binnen en buiten de stadsvesten* (2 vols.; Leiden, 1975).

OESTREICH, G., *Neostoicism and the Early Modern State* (Cambridge, 1982).

OLDEWELT, W. F. H., 'De scheepvaartsstatistiek van Amsterdam in de 17e en 18e eeuw', *Jaarboek Amstelodamum*, 45 (1953), 114-51.

—— 'De beroepsstructuur van de bevolking der Hollandse stemhebbende steden volgens de kohieren van de familiegelden van 1674, 1715 en 1742', *ESHJ* 25 (1989), 167-248.

OOSTERHOFF, F. G., *Leicester and the Netherlands, 1586-1587* (Utrecht, 1988).

OP 'T HOF, W. J., 'De Nadere Reformatie in Zeeland', in A. Wiggers *et al.* (eds.) *Rond de kerk in Zeeland* (Delft, 1991), 37-82.

—— 'De godsdienstige ligging van Johan de Brune', in P. J. Verkruijsse *et al.* (eds.), *Johan de Brune de Oude (1588-1658)* (Middelburg, 1990), 26-53.

OSTEN SACKEN, C. VON DER, *El Escorial. Estudio iconológico* (n.p. 1984).

OTTENHEYM, K. A., *Philips Vingboons (1607-1678), Architect* (Zutphen, 1989).

OUDENDIJK, J. K., *Johan de Witt en de zeemacht* (Amsterdam, 1944).

OUVRÉ, H., *Aubéry du Maurier. Étude sur l'histoire de la France et de la Hollande, 1566-1636* (Paris, 1853).

OVERDIEP, G., *De Groninger schansenkrijg (1589-94)* (Groningen, 1970).

OVERMEER, W. P. J., *De hervorming te Haarlem* (Haarlem, 1904).

OZINGA, M. D., *De Protestantsche kerkenbouw in Nederland van hervorming tot franschen tijd* (Amsterdam, 1929).

PALACIOS PRECIADO, J., *La trata de negros por Cartagena de Indias* (Tunja, 1973).

PANGE, J. DE, *Charnacé et l'alliance franco-hollandaise* (Paris, 1905).

PARAVACINI, W., 'Expansion et intégration. La noblesse des Pays-Bas à la cour de Philippe le Bon', *BMGN* 95 (1980), 298-314.

PARKER, G., *The Army of Flanders and the Spanish Road, 1567-1659* (Cambridge, 1972).

—— *The Dutch Revolt* (London, 1977).

—— *The Thirty Years' War* (London, 1984).

—— *The Military Revolution* (Cambridge, 1988).

PATER, J. C. H. DE, *Maurits en Oldenbarnevelt in den strijd om het Twaalfjarig Bestand* (Amsterdam, 1940).
—— 'Leicester en Overijssel', *TvG* 64 (1951), 245-76.
PATHUIS, A., 'Het handschrift "Ommelands eer" ', *AGKN* 7 (1965), 1-110.
PAUWELS, J. L., *Verzamelde opstellen* (Assen, 1965).
PEER, A. J. J. M. VAN, 'Drie collecties schilderijen van Jan Vermeer', *Oud-Holland*, 72 (1957), 92-103.
PERCIVAL-PRESCOTT, W., 'The Art of the Van de Veldes', in *The Art of the Van de Veldes* (National Maritime Museum, London, 1982), 23-32.
PETTEGREE, A., *Emden and the Dutch Revolt* (Oxford, 1992).
PHILIPS, J. F. R., 'Enige aanduidingen omtrent de bevolkingsontwikkeling ... in het gebied van de huidige provincie Nederlands Limburg', *Jaarboek van het sociaal-historisch centrum voor Limburg*, 20 (1975), 1-47.
PIRENNE, L. P. L., *'s-Hertogenbosch tussen Atrecht en Utrecht (1576-79)* (Tongerlo, 1959).
PLAAT, G. VAN DER, 'Lieuwe van Aitzema's kijk op het stadhouderschap in de Republiek (1652-1669) en de crisis van 1650', *BMGN* 103 (1988), 341-72.
PLANTENGA, J. H., *L'Architecture religieuse dans l'ancien duché de Brabant (1598-1713)* (The Hague, 1926).
PLOOS, J. J. A., 'Adriaan Ploos van Amstel (1585-1639)', *Jaarboek Oud-Utrecht* (1980), 43-94.
POELHEKKE, J. J., *Geen blijder maer in tachtig jaer. Verspreide studien* (Zutphen, 1973).
—— *Frederik Hendrik, Prins van Oranje* (Zutphen, 1978).
POL, F. VAN DER, *De Reformatie te Kampen* (Kampen, 1990).
POL, L. C. VAN DE, 'Beeld en werkelijkheid van de prostitutie in de zeventiende eeuw', in G. Hekma and H. Roodenburg (eds.), *Soete minne en helsche boosheit. Seksuele voorstellingen in Nederland, 1300-1850* (Nijmegen, 1988), 109-44.
POLASKY, J., 'The Success of a Counter-Revolution in Revolutionary Europe: The Brabant Revolution of 1789', *TvG* 102 (1989), 413-21.
POLISENSKY, J., *Tragic Triangle: The Netherlands, Spain and Bohemia, 1617-21* (Prague, 1991).
POLLENTIER, F., *De admiraliteit en de oorlog ter zee onder de Aartshertogen (1591-1609)* (Brussels, 1972).
POLMAN, P., *Katholiek Nederland in de achttiende eeuw* (3 vols.; Hilversum, 1968).
PONT, J. W., *Geschiedenis van het Lutheranisme in de Nederlanden tot 1618* (Haarlem, 1911).
POORT, M., 'English Garrisons in the United Provinces 1585-1616', in Bannatyne, *The Dutch in Crisis, 1585-1588*.
POPKIN, J. D., 'Print Culture in the Netherlands on the Eve of the Revolution', in Jacob and Mijnhardt, *The Dutch Republic in the Eighteenth Century*, 273-91.

POPKIN, R. H., *The History of Scepticism from Erasmus to Spinoza* (Berkeley/Los Angeles, 1979).
—— *Isaac La Peyrère (1596–1676)* (Leiden, 1987).
—— 'Some Aspects of Jewish–Christian Interchanges in Holland and England, 1640–1700', in J. van den Berg and E. G. E. van der Wall, *Jewish–Christian Relations in the Seventeenth Century* (Dordrecht, 1988), 3–32.
—— *The Third Force in Seventeenth-Century Thought* (Leiden, 1992).
PORTA, A., *Joan en Gerrit Corver. De politieke macht van Amsterdam, 1702–48* (Assen, 1975).
POST, R. R., *Kerkelijke verhoudingen in Nederland voor de Reformatie* (Utrecht, 1954).
—— *The Modern Devotion* (Leiden, 1968).
POSTHUMUS, N. W., *De geschiedenis van de Leidsche lakenindustrie* (3 vols.; The Hague, 1908–39).
—— *An Inquiry into the History of Prices in Holland* (2 vols.; Leiden, 1946–64).
POSTMA, F., 'Viglius van Aytta en Joachim Hopperus', *BMGN* 102 (1987), 29–43.
—— 'Nieuw licht op een oude zaak: de oprichting van de nieuwe bisdommen in 1559', *TvG* 103 (1990), 10–27.
POSTMA, J. M., *The Dutch in the Atlantic Slave Trade 1600–1815* (Cambridge, 1990).
POT, G. R. M., 'Tussen medelijden en spaarzaamheid. De regenten van het Leidse huiszittenhuis, 1700–95', *Holland*, 20 (1988), 65–85.
POT, J., *Het beleg van Zierikzee* (Leiden, 1925).
PRAK, M. R., *Gezeten burgers. De elite in een Hollandse stad, Leiden 1700–80* (n.p. 1985).
—— 'Burgers in beweging. Ideaal en werkelijkheid van de onlusten te Leiden in 1748', *BMGN* 106 (1991), 365–93.
—— 'Citizen Radicalism and Democracy in the Dutch Republic: The Patriot Movement of the 1780s', *Theory and Society*, 20 (1991), 73–102.
PRAKASH, O. *The Dutch East India Company and the Economy of Bengal, 1630–1720* (Princeton NJ, 1985).
PRICE, J. L., *Culture and Society in the Dutch Republic during the Seventeenth Century* (London, 1974).
—— 'William III, England and the Balance of Power in Europe', *Groniek*, 101 (1988), 67–78.
—— *Holland and the Dutch Republic in the Seventeenth Century* (Oxford, 1994).
PUT, E. ' "Het fundament van eene welgeregelde republique". De Antwerpse zondagsscholen in de 17e eeuw', *De Zeventiende Eeuw*, 5 (1989), 11–20.
RAA, F. J. G. TEN, and BAS, F. DE, *Het Staatsche leger, 1568–1795* (11 vols.; Breda/The Hague, 1911–50).
RACHFAHL, F., *Wilhelm von Oranien und der Niederländische Aufstand* (3 vols.; Halle, 1906–24).
RADEMAKER, C. S. M., 'Scriverius and Grotius', *Quaerendo*, 7 (1977), 46–57.

—— *Life and Work of Gerardus Joannes Vossius (1577–1649)* (Assen, 1981).
RAMSAY, G. D., *The Queen's Merchants and the Revolt of the Netherlands* (Manchester, 1986).
RATELBAND, K., 'Inleiding' to *Reizen naar West-Afrika van Pieter van den Broeke, 1605–14* (The Hague, 1950).
REES, O. VAN, *Verhandeling over de 'Aanwijsing der Politike Gronden'... van Pieter de la Court* (Utrecht, 1851).
REITSMA, R., *Centrifugal and Centripetal Forces in the Early Dutch Republic: The States of Overijssel, 1566–1600* (Amsterdam, 1982).
REX, W., *Essays on Pierre Bayle and Religious Controversy* (The Hague, 1965).
REIJNDERS, C., *Van 'Joodsche Natiën' tot joodse Nederlanders* (Amsterdam, 1970).
—— 'Joden en overheid in het 18-eeuwse Naarden', *Studia Rosenthaliana*, 6 (1972), 76–85.
RIDDER-SYMOENS, H. DE, 'Buitenlandse studenten aan de Franeker universiteit, 1585-1811', in G. Th. Jensma *et al.* (eds.), *Universiteit te Franeker, 1585–1811*, 73–89.
RIETBERGEN, P. J. A. N., *De eerste landvoogd Pieter Both (1568–1615, gouverneur-generaal van Nederlands-Indië)* (2 vols.; Zutphen, 1987).
—— ' 's-Werelds Schouwtoneel. Oorlog, Politiek en Economie in noord-west Europa ten tijde van Willem III', in A. G. H. Bachrach *et al.* (eds.), *Willem III De Stadhouder-koning en zijn tijd* (Amsterdam, 1988), 51–87.
—— 'A Fateful Alliance?', in Israel (ed.), *The Anglo-Dutch Moment*, 463–79.
RIJN, G. VAN, *Atlas van Stolk. Katalogus* (9 vols.; Amsterdam, 1895).
RODRÍGUEZ-SALGADO, M. J., *The Changing Face of Empire: Charles V, Philip II and Habsburg Authority, 1551–1559* (Cambridge, 1988).
RODRÍGUEZ VILLA, A., *Ambrosio Spínola, primer marqués de los Balbases* (Madrid, 1905).
ROEGIERS, J., 'De Jansenistische achtergronden van P. F. de Neny's streven naar een "Belgische Kerk" ', *BMGN* 91 (1976), 429–54.
ROESSINGH, H. K., 'Het Veluwse inwonertal, 1526–1947', AAG *Bijdragen*, 11 (1964), 126–50.
—— 'Tobacco Growing in Holland in the Seventeenth and Eighteenth Centuries', *Acta Historiae Neerlandicae*, 11 (1978), 18–54.
ROGGE, H. C., *Caspar Janszoon Coolhaes* (2 vols.; Amsterdam, 1856–8).
—— *Johannes Wttenbogaert en zijn tijd* (3 vols.; Amsterdam, 1874–6).
ROGIER, L. J., *Geschiedenis van het katholicisme in Noord-Nederland in de 16e en 17e eeuw* (3 vols.; Amsterdam, 1945–7).
—— *Paulus Buys en Leicester* (Nijmegen, 1948).
—— 'De Ware Vrijheid als oligarchie (1672–1747)', in G. A. M. Beekelaar *et al.* (eds.), *Vaderlands Verleden in Veelvoud* (The Hague, 1975), 292–311.
ROLDANUS, C. W., *Coenraad van Beuningen, staatsman en libertijn* (The Hague, 1931).

ROLDANUS, C. W., 'Adriaen Paets, een Republikein uit de nadagen', *TvG* 50 (1935), 134–66.
ROOD, W., *Comenius and the Low Countries* (Utrecht, 1970).
ROODEN, P. VAN, *Constantijn l'Empereur (1591–1648)* (Leiden, 1985).
—— and WESSELIUS, J. W., 'The Early Enlightenment and Judaism', *Studia Rosenthaliana*, 21 (1987), 140–53.
ROODENBURG, H., *Onder censuur. De kerkelijke tucht in de gereformeerde gemeente van Amsterdam, 1578–1700* (Hilversum, 1990).
ROORDA, D. J., 'Prins Willem III en het Utrechtse regeringsreglement', in *Van Standen tot Staten. 600 Jaar Staten van Utrecht* (Utrecht, 1975), 91–133.
—— *Partij en factie* (Groningen, 1978).
—— 'The Peace of Nijmegen', in J. A. H. Bots (ed.), *The Peace of Nijmegen, 1676–1679* (Amsterdam, 1980), 17–28.
—— 'Le secret du Prince. Monarchale tendenties in de Republiek, 1672–1702', in A. J. C. M. Gabriëls et al. (eds.), *Rond Prins en patriciaat. Verspreide opstellen* (Weesp, 1984), 172–92.
ROS, F. U., *Rennenberg en de Groningse Malcontenten* (Assen, 1964).
ROSENBERG, J., *Rembrandt: Life and Work* (London, 1964).
ROSENFELD, P., 'The Provincial Governors from the Minority of Charles V to the Revolt', *Standen en Landen*, 17 (1959), 1–63.
ROWEN, H. H., *The Low Countries in Early Modern Times* (London, 1972).
—— *John de Witt: Grand Pensionary of Holland* (Princeton, NJ, 1978).
—— *The Princes of Orange* (Cambridge, 1988).
—— *The Rhyme and Reason of Politics in Early Modern Europe: Collected Essays*, ed. G. E. Harline (Dordrecht, 1992).
ROYALTON-KISCH, M., *Adriaen van de Venne's Album* (London, 1988).
ROYEN, P. C. VAN, *Zeevarenden op de koopvaardijvloot omstreeks 1700* (Amsterdam, 1987).
RUMMEL, E., 'Nameless Critics in Erasmus' Annotations on the N.T.T', *Bibliothèque d'Humanisme et Renaissance*, 48 (1986), 41–57.
RUSSELL, M. A., 'Hendrik Vroom and the Origins of Dutch Marine Painting' (Ph.D. thesis, University of Maryland, 1983).
—— 'Seascape into Landscape', in Ch. Brown (ed.), *Dutch Landscape: The Early Years* (London, 1986), 63–71.
SALOMONS, A. F., 'De rol van de Amsterdamse burgerbeweging in de wetsverzetting van 1672', *BMGN* 106 (1991), 198–219.
SAS, N. C. F. VAN, 'Vaderlandsliefde, nationalisme en vaderlands gevoel in Nederland, 1770–1813', *TvG* 102 (1989), 471–95.
—— 'The Patriot Revolution: New Perspectives', in Jacob and Mijnhardt, *The Dutch Republic in the Eighteenth Century*, 91–122.
SASSEN, F., *Geschiedenis van de wijsbegeerte in Nederland* (Amsterdam, 1959).
—— *Het wijsgerig onderwijs aan de Illustre School te Breda, 1646–69* (Amsterdam, 1962).

—— *Het wijsgerig onderwijs aan de Illustre School te 's-Hertogenbosch (1636–1810)* (Amsterdam, 1963).
SCHAIK, A. H. M. VAN, 'Johan Christiaan van Erkel (1654–1734) en de vrijheid der Bataafse kerk', *AGKN* 17 (1975), 131–202.
SCHAMA, S., *Patriots and Liberators; Revolution in the Netherlands 1780–1813* (London, 1977).
—— 'The Enlightenment in the Netherlands', in R. Porter and M. Teich (eds.), *The Enlightenment in National Context* (Cambridge, 1981), 54–71.
—— *The Embarrassment of Riches* (London, 1987).
SCHEERDER, J., *De Beeldenstorm* (Bussum, 1974).
SCHENKEVELD-VAN DER DUSSEN, M. A., 'Inleiding' to A. Pels, *Gebruik en misbruik des toneels* (Culemborg, 1978).
SCHEPPER, H. DE, 'Vorstelijke ambtenarij en bureaukratisering in regering en en gewesten van 's konings Nederlanden (16e–17e eeuw)', *TvG* 90 (1977), 358–77.
—— 'De Grote Raad van Mechelen', *BMGN* 93 (1978), 389–411.
—— 'De burgelijke overheden en hun permanente kaders 1480–1579', in *NAGN*, v. 312–49.
—— *Belgium Nostrum, 1500–1650* (Antwerp, 1987).
SCHERFT, P., 'Philips Willem, een displaced person', *Oranje-Nassau Museum Jaarboek* (1980), 27–48.
SCHIERBEEK, A., *Jan Swammerdam (1637–80)* (Lochem, 1947).
—— *Antoni van Leeuwenhoek* (Lochem, 1950).
SCHILFGAARDE, A. P. VAN, *De graven van Limburg Stirum en de geschiedenis hunner bezittingen* (3 vols.; Assen, 1961).
SCHILLING, H., 'Bürgerkämpfe in Aachen zu Beginn des 17. Jahrhunderts', *Zeitschrift für historische Forschung*, 1 (1974), 175–231.
—— 'Die Politische Elite nordwestdeutscher Städte in den religiösen Auseinandersetzungen des 16. Jahrhunderts', in W. J. Mommsen (ed.), *Stadtbürgertum und Adel in der Reformation* (Stuttgart, 1979), 235–308.
—— 'Calvinismus und Freiheitsrechte', *BMGN* 102 (1987), 403–34.
—— 'Die Konfessionalisierung im Reich. Religiöser und gesellschaftlicher Wandel in Deutschland zwischen 1555 und 1620', *Historische Zeitschrift*, 246 (1988), 1–45.
SCHLOSS, CHR., 'Early Italianate Genre Paintings by Jan Weenix', *Oud-Holland*, 97 (1983), 69–97.
—— *Travel, Trade and Temptation: The Dutch Italianate Harbour Scene (1640–80)* (Ann Arbor, Mich., 1982).
SCHMAL, H., 'Patterns of De-Urbanization in the Netherlands between 1650 and 1850', in H. van der Wee (ed.), *The Rise and Decline of Urban Industries in Italy and the Low Countries* (Leuven, 1988), 287–306.
SCHNEIDER, A. VON, *Caravaggio und die Niederländer* (Amsterdam, 1967).
SCHNEPPEN, H., *Niederländische Universitäten und deutsches Geistesleben* (Münster, 1960).

SCHOEK, R. J., 'Agricola and Erasmus', in Akkerman and Vanderjagt (eds.), *Rodolphus Agricola Phrisius*, 181-8.
—— *Erasmus of Europe* (Edinburgh, 1990).
SCHÖFFER, I., 'The Batavian Myth during the sixteenth and seventeenth centuries', in I. Schöffer, *Veelvormig verleden* (Amsterdam, 1987).
SCHOLLIERS, E., 'De materiële verschijningsvorm van de armoede voor de industriële revolutie', *TvG* 88 (1975), 451-67.
—— 'De eerste schade van de scheiding', in J. Craebeckx et al. (eds.), *1585: op gescheiden wegen* (Leuven, 1988).
SCHREINER, J., 'Die Niederländer und die norwegische Holzausfuhr im 17. Jahrhundert', *TvG* 49 (1934), 303-28.
SCHRENK, G., *Gottesreich und Bund im älteren Protestantismus vornehmlich bei Johannes Coccejus* (Gütersloh, 1923).
SCHRYVER, R. DE, *Jan van Brouchoven, Graaf van Bergeyck, 1644-1725* (Brussels, 1965).
SCHULTE NORDHOLT, J. W., *The Dutch Republic and American Independence* (1979; Chapel Hill, NC, 1982).
SCHULTEN, C. M., and SCHULTEN, J. W. M., *Het leger in de zeventiende eeuw* (Bussum, 1969).
SCHUTTE, G. J., *De Nederlandse Patriotten en de koloniën* (Groningen, 1974).
—— 'De Republiek der Verenigde Nederlanden, 1702-1780', in I. Schöffer et al. (eds.), *De Lage Landen van 1500 tot 1780* (1978; Amsterdam, 1991), 269-316.
—— 'Willem IV en Willem V', in Tamse (ed.), *Nassau en Oranje*, 189-228.
—— *Een Hollandse dorpssamenleving in de late achttiende eeuw* (Franeker, 1989).
—— 'Gereformeerden en de Nederlandse revolutie in de achttiende eeuw', *TvG* 102 (1989), 496-516.
SCHWARTZ, G., *Rembrandt: His Life, his Paintings* (Harmondsworth, 1985).
—— *The Dutch World of Painting* (Maarssen, 1986).
SCOTT, H. M., 'Sir Joseph Yorke, Dutch Politics and the Origins of the Fourth Anglo-Dutch War', *Historical Journal*, 31 (1988), 571-89.
SCREECH, M. A., *Erasmus: Ecstasy and the Praise of Folly* (1980; 2nd edn. London, 1988).
SEELIGMANN, S., 'Het Marranen-probleem uit oekonomisch oogpunt', *Bijdragen . . . van het Genootschap voor Joodsche wetenschap in Nederland*, 3 (1925), 101-36.
SEGAL, S., *A Prosperous Past: The Sumptuous Still Life in the Netherlands, 1600-1700* (The Hague, 1989).
SELLIN, P. R., *Daniel Heinsius and Stuart England* (Leiden, 1968).
SICKENGA, J., *Het Hof van Friesland gedurende de zeventiende eeuw* (Leiden, 1869).
SIMON, I., 'Hendrik Niclaes und das "Huys der Liefde"', in D. Hofman (ed.), *Gedenkschrift für Wilhelm Foerste* (Cologne, 1970), 432-53.

SIMONI, A. E. C., '1598: An Exchange of Dutch Pamphlets and their Repercussions in England', in Th. Hermans and R. Salverda (eds.), *From Revolt to Riches* (London, 1993), 129–62.
SLEE, J. C. VAN, *De Rijnsburger Collegianten* (1895; Utrecht, 1980).
—— *De Illustre School te Deventer, 1630–1878* (The Hague, 1916).
SLICHER VAN BATH, B. H., *Een samenleving onder spanning* (Assen, 1957).
—— (ed.), *Geschiedenis van Overijssel* (Deventer, 1970).
SLIVE, S., *Jacob van Ruisdael* (New York, 1981).
SLOT, B. J., *Abel Tasman en de ontdekking van Nieuw Zeeland* (Amsterdam, 1992).
SLOTHOUWER, D. F., *De paleizen van Frederik Hendrik* (Leiden, 1945).
SLUIJTER, E. J., *De 'heydensche fabulen' in de Noordnederlandse schilderkunst, 1590–1670* (Leiden, 1986).
—— *Leidse fijnschilders* (Zwolle, n.d.).
SLUIS, J., VAN, *Herman Alexander Röell* (Leeuwarden, 1988).
SLUITER, E., 'Dutch–Spanish Rivalry in the Caribbean Area, 1594–1609', *Hispanic American Historical Review*, 28 (1948), 165–96.
SMID, M., *Ostfriesische Kirchengeschichte* (Pewsum, 1974).
SMIT, E. J. TH., 'Neercassel en Huissen (1675–79)', *AGKN* 17 (1975), 203–12.
SMIT, F. R. H., *Bestuursinstellingen en ambtenaren van de Landschap Drenthe (1600–1750)* (Assen, 1984).
SMIT, J., 'Hagepreeken en beeldenstorm te Delft 1566–7', *BMHG* 45 (1924), 206–50.
SMIT, J. G., 'De ambtenaren van de centrale overheidsorganen der Republiek in het begin van de zeventiende eeuw', *TvG* 90 (1977), 378–90.
SMIT, W. A. P., *Van Pascha tot Noah. Een verkenning van Vondels drama's* (3 vols.; Zwolle, 1956–62).
SMITH, G. L., *Religion and Trade in New Netherland* (Ithaca, NY, 1973).
SNELDERS, H. A. M., 'Antoni van Leeuwenhoek's Mechanistic View of the World', in L. C. Palm and H. A. M. Snelders (eds.), *Antoni van Leeuwenhoek, 1632–1723* (Amsterdam, 1982), 57–78.
SOLY, H., 'Economische ontwikkeling en sociale politiek in Europa tijdens de overgang van middeleeuwen naar nieuwe tijden', *TvG* 88 (1975), 584–97.
SONNINO, P., *Louis XIV and the Origins of the Dutch War* (Cambridge, 1988).
SPAANS, J., *Haarlem na de Reformatie* (The Hague, 1989).
SPIERENBURG, P., *Judicial Violence in the Dutch Republic* (Amsterdam, 1978).
SPIERTZ, M. P. G., 'De ontwikkelingsgang van de katholieke missie in Friesland, 1606–89', *AGKN* 21 (1979), 262–92.
—— 'Achtergronden van het Breve Memoriale een geruchtmakend anti-Jansenistisch geschrift uit 1697', *AGKN* 26 (1984), 180–207.
—— 'Priest and Layman in a Minority Church: The Roman Catholic Church in the North Netherlands, 1592–1686', *Studies in Church History*, 26 (1989), 287–301.

SPIERTZ, M. P. G., 'De kerkeraad van Zutphen in beraad (1591-1621)', in G. Ackermans *et al.* (eds.), *Kerk in beraad* (Nijmegen, 1991), 177-93.
—— 'Jansenisme in en rond de Nederlanden 1640-1690', *Trajecta*, 1 (1992), 114-67.
—— 'Anti-jansenisme en jansenisme in de Nederlanden in de achttiende en negentiende eeuw', *Trajecta*, 1 (1992), 233-51.
—— 'De katholieke geestelijke leiders en de wereldlijke overheid in de Republiek der Zeven Provincien', *Trajecta*, 2 (1993), 3-20.
—— *Reformatie en herleving van het katholicisme in Nijmegen (1591-1623)* (Nijmegen, 1993).
SPIJKER, W. VAN 'T, 'De acta van de Synode van Middelburg (1581)', in J. P. van Dooren (ed.), *De nationale Synode te Middelburg* (Middelburg, 1981), 64-127.
—— 'Voetius practicus', in J. van Oort *et al.* (eds.), *De onbekende Voetius* (Kampen, 1989), 242-56.
SPRUNGER, K. L., *Dutch Puritanism: A History of the English and Scottish Churches in the Netherlands* (Leiden, 1982).
SPRUNGER, M., 'Faillissementen. Een aspect van geestelijke tucht bij de Waterlands-doopsgezinde gemeente te Amsterdam in de zeventiende eeuw', *Doopsgezinde Bijdragen*, 17 (1991), 101-30.
SPRUYT, B. J., 'Humanisme, evangelisme en Reformatie in de Nederlanden, 1520-30', in W. de Graaf *et al.* (eds.), *Reformatie in meervoud* (Kampen, 1991), 26-54.
SPUFFORD, P., *Monetary Problems and Policies in the Burgundian Netherlands 1433-1496* (Leiden, 1970).
STECHOW, W., *Dutch Landscape Painting in the Seventeenth Century* (1966; Oxford, 1981).
STEEN, CH., *A Chronicle of Conflict: Tournai, 1559-1567* (Utrecht, 1985).
STEUR, A. G. VAN DER, 'Johan van Duivenvoirde en Woude (1547-1610), heer van Warmond, admiraal van Holland', *Hollandse Studien*, 7 (1975), 179-272.
STOLS, E., *De Spaanse Brabanders of de handelsbetrekkingen der Zuiderlijke Nederlanden met de Iberische wereld, 1598-1648* (Brussels, 1971).
—— 'Handel, geld- en bankwezen in de Zuidelijke Nederlanden, 1580-1650', in *NAGN* vii. 128-36.
STORK-PENNING, J. G., *Het grote werk* (Groningen, 1958).
STRAUB, E., *Pax et Imperium* (Paderborn, 1980).
STRIEN, C. D. VAN, *British Travellers in Holland during the Stuart Period* (Leiden, 1993).
STRUICK, J. E. A. L., *Gelre en Habsburg, 1492-1528* (Arnhem, 1960).
SUIJKERBUIJK, J. A. S. M., *Archief van Anthonie van der Heim, 1737-46* (The Hague, 1983).
SUTTON, P., *Pieter de Hooch* (Oxford, 1980).

SWART, K. W., *The Miracle of the Dutch Republic as Seen in the Seventeenth Century* (Inaugural lecture; London, 1969).
—— *William the Silent and the Revolt of the Netherlands* (London, 1978).
—— 'Wat bewoog Willem van Oranje de strijd tegen de Spaanse overheersing aan te binden', *BMGN* 99 (1984), 554-72.
—— 'Willem de Zwijger', in Tamse (ed.), *Nassau en Oranje*, 47-82.
—— *Willem van Oranje en de Nederlandse Opstand 1572-1584* (The Hague, 1994).
SWETSCHINSKI, D. M., 'The Portuguese Jewish Merchants of Seventeenth-Century Amsterdam: A Social Profile' (Brandeis University Ph.D. thesis, 1979).
SWILLENS, P. T. A., *Jacob van Campen. Schilder en bouwmeester, 1595-1657* (Assen, 1961).
SYMCOX, G., 'Louis XIV and the Outbreak of the Nine Years War', in R. Hatton (ed.), *Louis XIV and Europe* (London, 1976), 179-212.
SYPESTEYN, J. W. VAN, *Geschiedkundige bijdragen* (2 vols.; The Hague, 1864-5).
TAMSE, C. A. (ed.), *Nassau en Oranje* (Alphen aan de Rijn, 1979).
TAVERNE, E., *In 't land van belofte* (Maarssen, 1978).
TERWEN, J. J., 'De ontwerpgeschiedenis van de Marekerk te Leiden', *Opus Musivum* (Assen, 1964), 231-56.
—— and OTTENHEYM, K. A., *Pieter Post (1608-1669)* (Zutphen, 1993).
TEX, J. DEN, *Oldenbarnevelt* (5 vols.; Haarlem, 1960-72).
—— *Oldenbarnevelt* (English version, 2 vols.; Cambridge, 1973).
—— 'De Staten in Oldenbarenvelt's tijd', in *Van Standen tot Staten. 600 jaar Staten van Utrecht (1375-1975)* (Utrecht, 1975), 51-89.
THEISSEN, J. S., *Centraal gezag en Friesche vrijheid* (Groningen, 1907).
—— *De regering van Karel V in de Noordelijke Nederlanden* (Amsterdam, 1922).
THEUNISZ, J., *Carolus Clusius* (Amsterdam, 1939).
THIELEN, TH. A. M., *Geschiedenis van de enclave Groenlo-Lichtenvoorde* (Zutphen, 1966).
THIJS, A. K. L., 'De nijverheid te Antwerpen voor en na 1585', in f. de Nave (ed.), *Antwerpen en de scheiding der Nederlanden* (Antwerp, 1986), 79-83.
—— *Van Geuzenstad tot katholiek bolwerk* (n.p. 1990).
THIJSSEN-SCHOUTE, C. L., 'Le Cartésianisme aux Pays-Bays', in E. J. Dijksterhuis et al. (eds.), *Descartes et le cartésianisme hollandais* (Paris/Amsterdam, 1950), 183-260.
—— *Nederlands Cartesianisme* (1954; Utrecht, 1989).
—— *Uit de Republiek der letteren. Elf studien* (The Hague, 1967).
THOMAS, W., 'De mythe van de Spaanse Inquisitie in de Nederlanden van de zestiende eeuw', *BMGN* 105 (1990), 325-53.
TIDEMAN, J., *De Remonstrantsche broederschap* (Haarlem, 1847).
TILMANS, K., *Aurelius en de Divisiekroniek* (Hilversum, 1988).
—— 'Cornelius Aurelius (c.1460-1531) praeceptor Erasmi', in Akkerman and Vanderjagt, *Rodolphus Agricola Phrisius*, 200-10.

TOEBACK, P., 'Het kerkelijk-godsdienstige en culturele leven binnen het noordwestelijk deel van het hertogdom Brabant (1587–1609)', *Trajecta*, 1 (1992), 124–43.
TOPS, N. J., *Groll in de zeventiende en achttiende eeuw* (Groenlo, 1992).
TRACY, J. D., *A Financial Revolution in the Habsburg Netherlands* (Berkeley/Los Angeles, 1985).
—— *Holland under Habsburg Rule, 1506–1566* (Berkeley/Los Angeles, 1990).
TREVOR-ROPER, H. R., *The European Witch-Craze* (Harmondsworth, Middx., 1969).
TRIMP, J. C., *Jodocus van Lodensteyn. Predikant en dichter* (Kampen, 1987).
TROOST, W., 'William III, Brandenburg and the Construction of the Anti-French Coalition, 1672–88', in Israel (ed.), *The Anglo-Dutch Moment*, 299–344.
—— and WOLTJER, J. J., 'Brielle in hervormingstijd', BMGN (1972), 307–53.
TROOSTENBURG DE BRUYN, C. A. L. VAN, *Hervormde kerk in Nederlandsch Oost-Indië* (Arnhem, 1884).
TROSÉE, J. A. G. C., *Verraad van George van Lalaing, graaf van Rennenberg* ('s-Hertogenbosch, 1894).
TUCK, R., *Philosophy and Government, 1572–1651* (Cambridge, 1993).
TUKKER, C. A., *Classis van Dordrecht van 1573 tot 1609* (Leiden, 1965).
TÜMPEL, CHR., *Rembrandt. Kwadraat monografie* (Utrecht, 1992).
TURCK, M., 'Die Lakenhal in Leiden. Architektur als politisches Zeugnis', in Marsilje *et al.* (eds.), *Uit Leidse bron geleverd*, 401–6.
TURNBULL, G. H., *Hartlib, Dury and Comenius* (London, 1947).
UBACHS, J. H., *Twee heren, twee confessies. Maastricht, 1632–1673* (Assen, 1975).
UNGER, J. H. W., 'De standbeelden van Desiderius Erasmus', *Rotterdamsch Jaarboekje* (1890), 265–85.
UNGER, R. W., *Dutch Shipbuilding before 1800* (Assen, 1978).
—— 'Dutch Herring Technology and International Trade in the Seventeenth Century', *Journal of Economic History*, 40 (1980), 253–79.
—— 'Scheepvaart in de Noordelijke Nederlanden', in *NAGN* VI. 109–22.
UNGER, W. S., 'De publikatie der Sonttabellen voltooid', *TvG* 71 (1958), 147–205.
UYTVEN, R., VAN, 'Oudheid en middeleeuwen', in J. H. van Stuijvenberg (ed.), *De economische geschiedenis van Nederland* (Groningen, 1977), 1–48.
—— 'Crisis als cesuur, 1482–1494', in *NAGN* V. 420–35.
—— 'Splendour or Wealth? Art and Economy in the Burgundian Netherlands', *Transactions of the Cambridge Bibliographical Society*, 10 (1992), 101–24.
VALVEKENS, P. E., *De Inquisitie in de Nederlanden der zestiende eeuw* (Brussels, 1949).
VANDENBOSSCHE, H., *Adriaan Koerbagh en Spinoza*, Mededelingen vanwege het Spinozahuis, 38 (Leiden, 1978).

VANDENBROEKE, C. V., and VANDERPIJPEN, W., 'The Problem of the "Agricultural Revolution" in Flanders and in Belgium: Myth or Reality', in H. van der Wee and E. van Cauwenberghe (eds.), *Productivity of Land and Agricultural Innovation in the Low Countries (1250-1800)* (Leuven, 1978).

VANPAEMEL, G., 'Kerk en wetenschap: de strijd tegen het cartesianisme aan de Leuvense universiteit', *De zeventiende eeuw*, 5 (1989), 182-9.

VEEN, J. S. VAN, 'De overgang op kerkelijk gebied te Nijmegen in 1578 en 1579', *NAK* 16 (1921), 172-93.

VEENENDAAL, A. J., *Het Engels-Nederlands condominium in de Zuidelijke Nederlanden tijdens de Spaanse Successieoorlog, 1706-1716* (Utrecht, 1945).

—— (ed.), *Johan van Oldenbarnevelt. Bescheiden betreffende zijn staatkundig beleid en zijn familie* (2 vols.; The Hague, 1962-7).

VEEZE, B. J., *De raad van de Prinsen van Oranje tijdens de minderjarigheid van Willem III (1650-68)* (Assen, 1932).

VELDMAN, I. M., 'Maarten van Heemskerck's visie op het geloof', *Bulletin van het Rijksmuseum*, 35 (1987), 193-210.

VELEMA, W. R. E., 'Revolutie, contrarevolutie en het stadhouderschap, 1780-1795', *TvG* 102 (1989), 517-33.

—— 'Elie Luzac and Two Dutch Revolutions', in Jacob and Mijnhardt, *The Dutch Republic in the Eighteenth Century*, 123-46.

VERCRUYSSE, J., *Voltaire et la Hollande* (Geneva, 1966).

—— 'La Fortune de Bernard Nieuwentyt en France au XVIIIe siècle et les notes marginales de Voltaire', *Studies on Voltaire and the Eighteenth Century*, 30 (1964), 223-46.

VERHEES-VAN MEER, J. TH. H., *De zeeuwse kaapvaart tijdens de Spaanse Successieoorlog 1702-13* (Middelburg, 1986).

VERHEYDEN, A. L. E., *Le Conseil des troubles. Liste des condamnés (1567-73)* (Brussels, 1961).

VERHOFSTAD, K. J. W., *De regering der Nederlanden in de jaren 1555-9* (Nijmegen, 1937).

VERMASEREN, B. A., 'Sasbout Vosmeer en het voormalige kapitel van Sion in 1592', *AGKN* 23 (1981), 189-219.

VERMAUT, J., 'Structural Transformation in a Textile Centre: Bruges from the Sixteenth to the Nineteenth Century', in H. van der Wee (ed.), *The Rise and Decline of Urban Industries in Italy and the Low Countries* (Leuven, 1988), 187-20.

VERMIJ, R. H., 'De Staten van Holland en de adel in de periode van de Opstand', *Holland*, 18 (1986), 215-25.

—— 'Het copernicanisme in de Republiek', *TvG* 106 (1993), 349-67.

VERSTEGEN, S. W., *Gegoede ingezetenen. Jonkers en geerfden op de Veluwe, 1650-1830* (Arnhem, 1990).

VET, J. J. V. M. DE, *Pieter Rabus (1660-1702)* (Amsterdam, 1980).

VIJLBRIEF, I., *Van anti-aristocratie tot democratie* (Amsterdam, 1950).

VISSER, C. CH. G., *Luther's geschriften in de Nederlanden tot 1546* (Assen, 1969).
VISSER, H. B., *De geschiedenis van den sabbatsstrijd onder de gereformeerden in de zeventiende eeuw* (Utrecht, 1939).
VISSER, J. C., 'Dichtheid van de bevolking in de laat-middeleeuws stad', *Historisch Geografisch Tijdschrift*, 3 (1985), 10–22.
VOET, L. *Antwerp: The Golden Age* (Antwerp, 1973).
VOETEN, P., 'Antwerpens handel over Duinkerken tijdens het Twaalfjarig Bestand', *Bijdragen tot de geschiedenis inzonderheid van het oud hertogdom Brabant*, 39 (1956), 67–78.
VOOGT, N. J. J. DE, *De Doelistenbeweging te Amsterdam in 1748* (Utrecht, 1914).
VOOGT, W. I. DE, *Geschiedenis van het muntwezen der Vereenigde Nederlanden* (Amsterdam, 1874).
VOOYS, C. G. N. DE, *Geschiedenis van de Nederlandse taal* (Groningen, 1952).
VOS, P. H. D. DE, *De vroedschap van Zierikzee van de tweede helft der 16e eeuw tot 1795* (Middelburg, 1931).
VRANKRIJKER, A. C. J. DE, *De motiveering van onzen opstand* (Nijmegen, 1933).
—— *De staatsleer van Hugo de Groot en zijn Nederlandsche tijdgenoten* (Nijmegen, 1937).
VREEDE, G. W., *Inleiding tot eene geschiedenis der Nederlandsche diplomatie* (3 vols.; Utrecht, 1856–61).
VRIELINK, J. C., 'Harderwijk in de Gelderse Plooierijen 1702–17', *Herderewichkroniek*, 8 (1981), 1–46.
VRIES, B. W., *From Pedlars to Textile Barons* (Amsterdam, 1989).
VRIES, J. DE, *The Dutch Rural Economy in the Golden Age, 1500–1700* (New Haven, Conn., 1974).
—— 'An Inquiry into the Behaviour of Wages in the Dutch Republic and the Southern Netherlands', *Acta Historiae Neerlandicae*, 10 (1978), 79–97.
—— *Barges and Capitalism*, AAG Bijdragen, 21 (Wageningen, 1978).
—— *European Urbanization, 1500–1800* (London, 1984).
—— 'The Dutch Rural Economy and the Landscape', in Christopher Brown (ed.), *Dutch Landscape: The Early Years* (London, 1986), 79–86.
—— 'Art History', in Freedberg and de Vries (eds.), *Art in History, History in Art*, 249–84.
—— 'The Labour Market', in K. Davids and L. Noordegraaf (eds.), *The Dutch Economy in the Golden Age* (Amsterdam, 1993), 55–78.
VRIES, PH. DE, 'Christiaan Huygens entre Descartes et le siècle des lumières, *Theoretische Geschiedenis*, 6 (1979), 3–19.
VRIES, R. J. DE, *Enkhuizen, 1650–1850* (Amsterdam, 1987).
VRIJER, M. J. A. DE, *Henricus Regius* (The Hague, 1917).
WAARDT, H. DE, *Toverij en samenleving. Holland 1500–1800* (The Hague, 1991).
WADDINGTON, A., *La République des Provinces-Unies, la France, et les Pays-Bas espagnols, 1630–50* (2 vols.; Lyons, 1895–7).

WADE, I. O., *The Clandestine Organization and Diffusion of Philosophic Ideas in France from 1700 to 1750* (Princeton, NJ, 1938).
WAGENAAR, L. H., *Hervormer van Gelderland. Levensbeschrijving van Johannes Fontanus* (Kampen, 1898).
WAITE, G. K., *David Joris and Dutch Anabaptism 1524-1543* (Ontario, 1990).
WALL, E. G. E. VAN DER. *De mystieke chiliast Petrus Serrarius (1600-69) en zijn wereld* (Leiden, 1987).
—— 'Profetie en providentie: de Coccejanen en de vroege verlichting', in P. Bange et al. (eds.), *Kerk en Verlichting* (Zwolle, 1990), 29-37.
—— 'Orthodoxy and Scepticism in the early Dutch Enlightenment', in Popkin and Vanderjagt (eds.), *Scepticism and Irreligion* (Leiden, 1993), 121-41.
WANSINK, H., 'Holland and Six Allies: The Republic of the Seven United Provinces', *BN* 4 (1971), 133-55.
—— *Politieke wetenschappen aan de Leidse Universiteit, 1575-1650* (Utrecht, 1981).
WARNSINCK, J. C. M., *De vloot van de koning-stadhouder, 1689-90* (Amsterdam, 1934).
WATERBOLK, E. H., *Rond Viglius van Aytta* (Leeuwarden, 1980).
—— *Vigliana* (Groningen, 1975).
WEE, H. VAN DER, *The Growth of the Antwerp Market and the European Economy* (3 vols.; The Hague, 1963).
—— 'Handel in de Zuidelijke Nederlanden', in *NAGN* vi. 58-74.
—— 'Antwoord op een industrieele uitdaging. De Nederlandse steden tijdens de late middeleeuwen en nieuwe tijd', *TvG* 100 (1987), 169-84.
—— 'De Overgang van middeleeuwen naar Nieuwe Tijd', in I. Schöffer et al. (eds.), *De Lage Landen van 1500 tot 1780*, (1978; Amsterdam, 1991), 11-37.
—— 'Industrial Dynamics and the Process of Urbanization and De-urbanization in the Low Countries', in H. van der Wee (ed.), *The Rise and Decline of Urban Industries in Italy and the Low Countries* (Lenven, 1988), 328-75.
WEEVERS, TH., *Poetry of the Netherlands in its European Context, 1170-1930* (London, 1960).
WEILER, A. G., 'De betekenis van de Moderne Devotie voor de Europese cultuur', *Trajecta*, 1 (1992), 33-48.
WELLENS, R., *Les États Généraux des Pays Bas des origines à la fin du règne de Philippe le Beau (1464-1506)* (Heule, 1974).
WELTEN, J. B. V., *Hervormers aan de Oosterschelde* (Amsterdam, 1991).
WERNHAM, R. B., 'The Mission of Thomas Wilkes to the United Provinces', in J. Conway Davies (ed.), *Studies Presented to Sir Hilary Jenkinson* (Oxford, 1957), 423-55.
—— 'English Policy and the Revolt of the Netherlands', *BN* 1 (1960), 29-40.
WERTHEIM-GIJSE WEENINK, A. H., *Democratische bewegingen in Gelderland 1672-1795* (Amsterdam, 1973).

WERTHEIM-GIJSE WEENINK, A. H., *Burgers in verzet tegen regentenheerschappij. Onrust in Sticht en Overstitcht 1703-6* (Amsterdam, 1976).
—— 'Een kwarteeuw burgerverzet in de beide Nederlanden (1678-1719)', *BMGN* 99 (1984), 408-34.
WESSEL, J. H., *De leerstellige strijd tusschen Nederlandsche Gereformeerden en Doopsgezinden in de zestiende eeuw* (Assen, 1945).
WESSELS, H. D., 'Ketterij in de graafschap, 1520-43', *Gelre*, 71 (1980), 51-80.
WESTERGAARD, W., *The Danish West Indies under Company Rule (1671-1754)* (New York, 1917).
WESTRA, F., *Nederlandse ingenieurs en de fortificatiewerken in het eerste tijdperk van de Tachtigjarige Oorlog, 1573-1604* (Alphen aan den Rijn, 1992).
WHALEY, J., *Religious Toleration and Social Change in Hamburg, 1529-1819* (Cambridge, 1985).
WHEELOCK, A. K., *Perspective, Optics and Delft Artists around 1650* (New York, 1977).
WIECHMANN, A., 'Van Academia naar Akademie', in A. Wiechmann and L. C. Palm (eds.), *Een elektriserend geleerde. Martinus van Marum (1750-1837)* (Haarlem, 1987), 33-66.
WIELE, J. VAN DER, 'De Inquisitierechtbank van Pieter Titelmans in de zestiende eeuw in Vlaanderen', *BMGN* 97 (1982), 19-63.
WIERSUM, E., *De gedwongen vereeniging van Stad en Lande in 1594* (Groningen, 1898).
WIJMINGA, P. J., *Festus Hommius* (Leiden, 1899).
WIJN, J. W., *Het krijgswezen in den tijd van Prins Maurits* (Utrecht, 1934).
—— *Het beleg van Haarlem* (1943; The Hague, 1982).
WIJNNE, J. A., *De geschillen over de afdanking van 't krijgsvolk in de Verenigde Nederlanden in de jaren 1649 en 1650* (Utrecht, 1885).
WIJSENBEEK-OLTHUIS, TH. F., *Achter de gevels van Delft* (Hilversum, 1987).
WILLEMSEN, R., *Enkhuizen tijdens de Republiek* (Hilversum, 1988).
WILSON, CH., *Queen Elizabeth and the Revolt of the Netherlands* (London, 1970).
—— *Profit and Power: A Study of England and the Dutch Wars* (1957; The Hague, 1978).
WINTER, P. J. VAN, *Westerwolde. Generaliteitsland* (Groningen, 1948).
—— *De Zeven Provinciën* (Haarlemse Voordrachten, 13; Haarlem, 1954).
—— 'De Acte van Navigatie en de Vrede van Breda', *BGN* 4 (1949), 27-65.
WINTLE, M., 'De economie van Zeeland in 1808', *Archief Koninklijk Zeeuwsch Genootschap der Wetenschappen* (1985), 97-136.
WIT, C. H. E. DE, *De strijd tussen aristocratie en democratie in Nederland 1780-1848* (Heerlen, 1965).
—— *De Nederlandse revolutie van de achttiende eeuw* (Oirsbeek, 1974).
WIT, H. F. DE, *Gorcums heren. Regenten politiek 1650-1750* (Gorcum, 1981).
WOLTJER, J. J., *Friesland in hervormingstijd* (Leiden, 1962).
—— *De Leidse universiteit in verleden en heden* (Leiden, 1965).

—— 'De politieke betekenis van de Emdense synode', in D. Nauta *et al.* (eds.), *De Synode van Emden. Oktober 1571* (Kampen, 1971), 22-49.

—— 'Dutch Privileges, Real and Imaginary', *BN* 5 (1975), 19-35.

—— *Kleine oorzaken, grote gevolgen* (Leiden, 1975).

—— 'De Vrede-makers', *TvG* 89 (1976), 299-312.

—— 'Wisselende gestalten van de Unie', in S. Groenveld and H. L. P. Leeuwenberg (eds.), *De Unie van Utrecht* (The Hague, 1979), 88-101.

—— 'Willem III en Leiden', in Marsilje *et al.* (eds.), *Uit Leidse bron geleverd*, 417-31.

WORP, J. A., 'Dirk Rodenburg', *Oud-Holland*, 13 (1895), 65-89, 143-73, 209-37.

—— *Geschiedenis van het drama en van het toneel in Nederland* (2 vols.; Rotterdam, 1903).

WOUDE, A. M. VAN DER, *Het Noorderkwartier* (3 vols.; Wageningen, 1972).

—— 'Demografische ontwikkeling van de Noordelijke Nederlanden, 1500-1800', in *NAGN* 5, 102-68.

—— 'Onderwijs en opvoeding (1500-1800), in *NAGN* vii. 256-63.

—— 'De Schilderijproduktie in Holland tijdens de Republiek', in J. C. Dagevos *et al.* (eds.), *Kunst-zaken. Particulier initiatief en overheidsbeleid in de beeldende Kunst* (The Hague, 1991), 7-10.

WOUDE, C. VAN DER, *Hugo Grotius en zijn Pietas Ordinum Hollandiae ac Westfrisiae vindicata* (Kampen, 1961).

—— *Sibrandus Lubbertus* (Kampen, 1963).

YPEIJ, A., and DERMOUT, J. J., *Geschiedenis der Nederlandsche Hervormde Kerk* (6 vols; Breda, 1819-27).

YSSELSTEIN, G. T., *Van linnen en linnenkasten* (Amsterdam, 1946).

—— *Geschiedenis der tapijtweverijen in de Noordelijke Nederlanden* (2 vols.; Leiden, 1936).

ZANDEN, J. L. VAN, 'De economie van Holland: de periode 1650-1805: groei of achteruitgang?', *BMGN* 102 (1987), 562-609.

—— 'De prijs van de vooruitgang?', *EHJ* 51 (1988), 80-92.

—— 'Op zoek naar de "missing link" ', *TvSG* 51 (1988), 359-86.

—— *The Rise and Decline of Holland's Economy* (Manchester, 1993).

ZIJLSTRA, S., ' "Tgeloove is vrij". De tolerantiediscussie in de Noordelijke Nederlanden tussen 1620 and 1795', in M. Gijswijt-Hofstra (ed.), *Een schijn van verdraagzaamheid* (Hilversum, 1989), 41-68.

ZIJP, A., *De strijd tusschen de Staten van Gelderland en het Hof, 1543-1566* (Arnhem, 1913).

ZIJP, R. P., 'Spiritualisme in de 16e eeuw, een schets', in *Ketters en papen onder Filips II*, exhibition catalogue of the Rijksmuseum Het Catharijneconvent, Utrecht (The Hague, 1986), 75-93.

ZIJPP, N. VAN DER., *Geschiedenis der doopsgezinden in Nederland* (Arnhem, 1952).

ZILVERBERG, S. B. J., 'Lancelot van Brederode en zijn geschrift "Van de Apostatie" ', *NAK* 50 (1969/70), 230-43.

ZWITSER, H. L., 'Het quotenstelsel onder de Republiek der Verenigde Nederlanden', *Mededelingen van de Sectie Militaire Geschiedenis Landmachtstaf*, 5 (1982), 5-57.
—— '*De Militie van den staat*' (Amsterdam, 1991).

译后记

16世纪60年代尼德兰爆发反抗西班牙的大起义，1579年乌得勒支同盟在险恶的环境中成立。面对强大的西班牙，没人能预知这个新兴国家的未来。然而，在仅仅几十年的时间里，这个偏居一隅、人口稀少的国家便成为政治、军事、经济和文化上的先进国家。它创立了新颖、复杂且不断引发纷争的政治制度；发展了繁荣的商业经济，乃至首屈一指的世界贸易；在文化领域诞生了冯德尔、伦勃朗、格劳秀斯、斯宾诺莎等大家，成为欧洲思想、艺术、科学的中心。本书的主体部分描绘的正是荷兰历史上这一伟大的时代。

而对这一时代的论述，早在奇迹尚未结束时就已开始。英语世界当中最早震惊于荷兰成就并为之记录的是威廉·坦普尔爵士。他于1668—1670年间担任英格兰驻荷兰大使，并在卸任后多次私下到访荷兰。1673年，坦普尔出版《尼德兰联省观察》(*Observations upon the United Provinces of the Netherlands*)。一方面，他称赞荷兰在17世纪的商业发展、财富和人口的增长，以及强大的海军与城镇驻防；另一方面，他也为荷兰在第三次英荷战争中的惨败而震惊。由此，坦普尔希望探讨荷兰共和国的崛起和发展——它缘何伟大，又如何一步步走向衰败。而他尤为关注的是荷兰的政治、宗教和贸易。该书提供丰富的理论以及精准的史实、洞见，在接下来的几十年里反复再版，影响深远。如今仍是了解17世纪荷兰的重要材料。

到19世纪中后期，历史学者才开始以档案为基础，系统生动地编撰荷兰共和国的历史。而在英语世界造成广泛影响的是约翰·洛思罗普·莫特利（John Lothrop Motley）。他并非职业历史学者，曾任美国驻英国外交官。1856—1867年间，莫特利先后出版了三卷本的《荷兰共和国的崛起》（The Rise of the Dutch Republic）和四卷本的《联合尼德兰历史》（History of the United Netherlands）。前者取得了尤为巨大的商业成功。在创作过程中，莫特利查阅了众多档案和原始材料，做了许多原创性的研究，但他的作品并不客观沉静，反而极具戏剧性。奥伦治的威廉被塑造成英雄人物，西班牙的腓力二世则扮演反派角色。此外，他采用自由-新教视角的叙事，将政治自由与新教并列，君主制与天主教则成了专制和压迫的代名词。尽管莫特利的叙述和观点在当时就遭到一些荷兰职业史学家的反对，但在长达半个多世纪的时间里，许多普通读者脑海中的荷兰共和国都是由他描绘的。部分原因或许在于，莫特利的写作模式正是19世纪偏见的典型代表。

到20世纪30年代，这套叙事开始被彼得·盖尔（Pieter Geyl）的论述取代。与坦普尔和莫特利不同，盖尔是荷兰人。他曾在英国任教，他的历史著作在英国，乃至世界范围内都产生了重大影响。盖尔自1930年开始出版他的巨著《尼德兰人史》（Geschiedenis van de Nederlandse stam）*。这是一部经典政治史，以大起义、荷兰与周边国家的战争、东西印度公司的发展为主要内容。盖尔尤为关注民族国家和民族主义的问题，认同一种基于共同的语言和文化的民族概念。而

---

* 这套书在1930—1937年间出版第一版，共三卷。第一卷讲述1609年之前的历史，第二卷为1609—1688年，第三卷为1688—1751年。之后经过不断扩充、修改，这套书于1961—1962年出版六卷本的最终版，第一卷为1581年间的历史，第二卷是1581—1648年，第三卷为1648—1701年，第四卷为1701—1751年，第五卷为1751—1792年，第六卷则是1792—1798年的历史，而这仍是一部未写完的著作。

比利时的佛兰德人与荷兰人在种族、语言和文化上具有相似性。由此，盖尔秉持一种"大尼德兰"的观点，支持佛兰德运动——佛兰德人争取在比利时自治、保留荷兰文化的权利。于是，这部历史著作中的一个重要议题就是尼德兰是如何分裂的。盖尔认为，大起义之后，南北尼德兰的分裂并非自然结果。尽管宗教因素依然重要，但盖尔不像此前的历史学者那样，强调新教反抗天主教所带来的影响。他转而细致地分析了地理和军事因素，主张分裂的主要原因在于西班牙军队无法克服几条大河的阻碍征服北尼德兰。因为扎实的材料和严谨的论证，这套书在很长一段时期内都被视为荷兰历史的权威叙事。盖尔关于尼德兰民族的观点至今仍有影响力。如伊斯雷尔在本书所述："一个庞大的尼德兰共同体在16世纪70年代被人为地摧毁，这样的信念随后发展成了稳固的共识"（Ⅱ）。而伊斯雷尔等学者则指出，盖尔忽视了南北由于不同现实处境而早已产生的差异。

1941年，荷兰著名文化史家约翰·赫伊津哈（Johan Huizinga）出版《17世纪的荷兰文明》（*Nederland's beschaving in de zeventiende eeuw*）。赫伊津哈与小他几岁的彼得·盖尔一起，是20世纪荷兰最伟大的两位历史学家，但两人的研究领域不尽相同。赫伊津哈因欧洲文化史研究闻名，彼得·盖尔则见长于16—18世纪的荷兰史，尤其是政治史。不同于《尼德兰人史》的厚重，《17世纪的荷兰文明》是一本短篇幅的小册子，里面概述了荷兰的政治经济情况，较详细地介绍了那里的艺术家，并总结了开放、宽容、和谐的荷兰精神。它可读性强、流传范围广。赫伊津哈盛赞荷兰取得的成就，并将荷兰的崛起归功于她的经济和政治优势。在经济方面，商人阶层的崛起和欣欣向荣的商业发展得益于国家干预的缺失。在政治方面，荷兰的政治体制有着特殊主义的因素，它复杂、分散、低效，但比欧洲君主的冒险政策更明智和人道。赫伊津哈提出的一个著名论断是，荷兰是欧洲的例外，而非常态。今天，人们依旧将赫伊津哈的作品视为经典。然而在历史研究领域，学者们如今更强调荷兰与欧洲的共性，欧洲的视角，以及当时的历史语境。

20世纪50年代之后，荷兰史学跟随西方史学发展的步伐，进入了大规模扩张的时期。史学领域先后受到经济史、新文化史、思想史等思潮的洗礼，诞生出形形色色的研究成果。

20世纪后半叶，经济史盛极一时。鉴于荷兰经济在黄金时代的飞速增长及其给欧洲造成的巨大影响，研究荷兰经济和社会结构的作品层出不穷。著名经济史学者扬·德弗里斯（Jan de Vries）对荷兰经济做了细致的考察。他早年通过翻阅税单、堂区登记表和其他地方记录，发现荷兰乡村在近代早期就实现了农业专门化，过半的乡村人口从事非农业劳动。约20年后，德弗里斯与范德沃德（A. van der Woude）共同编写了《第一个现代经济体》(*The First Modern Economy: Success, Failure, and Perseverance of the Dutch Economy, 1500—1815*)，这是一部荷兰共和国的新经济史。他们认为当时已到了对经济史研究进行整合的时候。这本书综合性地描述了这个复杂的经济体及其兴衰，并将其置于欧洲的历史环境中，置于经济理论的框架中。

尽管政治史相对衰弱，但荷兰的政治制度得到了更为细致的考察。例如普莱斯（J.L. Price）在代表作《17世纪的荷兰省与荷兰共和国：特殊主义政治》(*Holland and the Dutch Republic in the Seventeenth Century: The Politics of Particularism*)中力图超越传统的宪政史，由下而上地考察荷兰政治体系的运行。他考察了荷兰省在共和国政府中的角色，以及荷兰省与各个省份的关系，将注意力放在政治体系的实际运行上，而非正式的、宪政意义的制度上。最终，普莱斯主张，正是由于去中心化，荷兰的政治体系在实践上相当成功。这一论点是富有争议的，在许多历史学者看来，去中心化和特殊主义共和国政体存在重大弊端。

思想文化领域也出现了不少观点新颖的研究，如范格尔德伦（Martin van Gelderen）的《荷兰大起义的政治思想》（*The Political Thought of the Dutch Revolt, 1555—1590*）。关于这点，大起义相关的政治思想长期以来并不被视作一种政治理论，因为缺少连贯性或权威性的政治论著佐证。范格尔德伦曾考察了1555—1590年间的800篇政论文章以探究大起义的政治思想。其中内容涉及服从与反抗，关于新政府的主张以及对主权问题和政教关系的讨论。但范格尔德伦并不是要自己建构一套系统、连贯的理论体系，而是借助约翰·波考克（J.G.A. Pocock）和昆廷·斯金纳（Quentin Skinner）的思想史研究方法，将这些观念置于16世纪欧洲政治思想的语境（如意大利的共和主义和胡格诺君主派）中进行考察。西蒙·沙玛（Simon Schama）则采用了新文化史的路径，从物质生活入手，探讨荷兰人共同的精神世界。

概而言之，从彼得·盖尔著作出版到伊斯雷尔写作本书的几十年里，荷兰共和国史的研究发生了天翻地覆的变化。多少历史学者不断挖掘新材料，采用新的研究理论和方法，探索了新的研究领域。到20世纪90年代，正如德弗里斯和范德沃德所言，是时候对现有的众多材料和成果进行整理，并书写新的荷兰共和国史了。

乔纳森·伊斯雷尔本科毕业于剑桥大学，在牛津大学获得博士学位。在职业生涯早期，他主要以政治史、经济史的路径，研究现代早期的荷兰以及西班牙与荷兰构建的海洋帝国。在创作《荷兰共和国：崛起、兴盛与衰落（1477—1806）》时，伊斯雷尔的期许是展现荷兰黄金时代的全貌。他的确以宏大的篇幅，依托新的材料和研究，从政治、经济、宗教和文化的角度，描绘了荷兰共和国的方方面面。

《荷兰共和国：崛起、兴盛与衰落（1477—1806）》是一部以政治发展作为主要线索的历史著作，其中既包括对重大政治事件进程的描绘，也包含对政治体制演变的评述。该书有传统上对大人物和联省机构的描写，但也花费更多笔墨论述荷兰去中心化和特殊主义的政治——如各个城市的自治权、荷兰省的霸权、各省之间的冲突以及格劳秀斯等人在省主权问题上的讨论。伊斯雷尔在政治方面反复强调的一个观点是：在大起义之前，虽然不存在明确的南尼德兰或北尼德兰意识，但由于不同政治管理模式和经济文化活动方式，南北尼德兰早在1572年之前就处于割裂状态中了。这是对彼得·盖尔民族观有意识的修正。

由于经济史的长足发展，且是伊斯雷尔熟悉的研究领域，本书加入了大量的经济史内容，包括荷兰的国内经济和国际贸易。在国内经济方面，作者讨论荷兰的人口、移民、城市化、乡村和城镇的制造业、金融业，并描述普通民众和移民的生活。在这些问题上，如他自己所言，伊斯雷尔受到德弗里斯等经济史学者的影响和帮助。在国际贸易方面，书中探讨了早期的波罗的海大宗货运、欧洲贸易，乃至黄金时代依托东印度公司和西印度公司在亚洲和美洲展开的远洋贸易。不过伊斯雷尔本人先前的著作就对荷兰的国际贸易和殖民帝国进行了更为详尽的探讨，可作为本书的补充。

宗教问题的讨论仍然占据了较大篇幅，但新教早已不再等同于反抗压迫、追求自由。伊斯雷尔描述的是一个从一开始就陷入分裂和纷争的宗教改革。荷兰归正会内部存在抗辩派与反抗辩派你死我活的斗争，这既是教派冲突也是政治冲突。伊斯雷尔还花了许多篇幅描述荷兰境内被归正会排挤的宗教少数群体，包括天主教、路德宗、唯灵论者、家庭教派、犹太教等。荷兰社会对宽容的长时期争论证明，宽容用了多么长的时间才成为一个原则，而它的实践又充满了不确定性。

伊斯雷尔耗费了相当的篇幅讨论荷兰的思想、艺术和科学发展，尤为值得注意的是思想领域。他论述了例如鹿特丹的伊拉斯谟、格劳秀斯、斯宾诺莎等重要思想家，以及荷兰独具特色的启蒙运动。伊斯雷尔强调在特定语境中理解人物和事件，因此这些思想家又被置于他们参与的政治活动和社会活动中。值得一提的是，大约从2000年开始，伊斯雷尔的研究兴趣转向了近现代思想史，他尤其关注启蒙运动和法国大革命的思想观念。他将斯宾诺莎视为激进启蒙思想的鼻祖，这一观点或许来源于他对荷兰历史的研究。近二十年来，伊斯雷尔出版了多本篇幅宏大的著作以讨论启蒙运动和大革命，而其中大量观点也引起了众多学者的关注和争论。

荷兰共和国似乎既充满了中世纪色彩，又带有现代性。大起义时而被视为最后一场宗教革命，时而被视为第一场现代革命。伊斯雷尔用一千多页的篇幅，描绘了这样一幅全景式的画卷。他详述了从勃艮第时代到法国大革命这三百多年间荷兰的渐变，意图在更宽广的时空里更好地理解大起义和黄金时代的人和事。同时本书涉及当前荷兰近代早期史研究的几乎各个领域，是与前辈和同代学者的一场宏大的对话和讨论。伊斯雷尔就诸多著名论点提出修正,当然其中的争论仍在继续。对于读者而言,无论是渴望了解荷兰共和国史,还是渴望了解共和国史的研究,这都是一本极佳的入门书籍。

本书也是"牛津现代早期欧洲史"系列的首部作品。这套书是"牛津现代欧洲史"系列的补充,意图综合性地叙述欧洲主要国家社会、经济、政治和文化各个方面的历史。从这个角度来说,伊斯雷尔成功地完成了任务,并且为该系列的其他项目做了示范。

在本书出版之际,感谢天喜文化让我获得翻译本书的机会。本书篇幅长、涉及词汇生涩,翻译过程艰辛,感谢出版社各位编辑在翻译和出版过程中给予的帮助与包容。由于学力所限,翻译中仍难免会有不足和错漏,恳请读者不吝赐教,批评指正。

天壹文化